精神分析引論

全面
精神分析對醫學、心理學、人類學以及史學、文學、藝術和哲學都有不同程度的影響。

圖解
精選300餘張超現實主義畫派風格的繪畫，全方位、立體式闡述佛洛伊德思想的精髓。

易讀
通俗、簡潔的語言、深入淺出地為讀者講述了精神分析學說的基本理論和方法。

A GENERAL INTRODUCTION TO PSYCHOANALYSIS

透視人類玄妙心靈的百科全書
助你擺脫精神困境的必讀經典

掀起人類科學思想史上的
第三次思維革命

西格蒙德・佛洛伊德 著
南玉祥 譯

國家圖書館出版品預行編目資料

全彩圖解：精神分析引論 ／ 佛洛伊德作；南玉祥譯-- 三版，
-- 臺北市：海鴿文化，2025.08
面； 公分. -- （文瀾圖鑑；63）
ISBN 978-986-392-572-9（平裝）

1. 精神分析學

175.7　　　　　　　　　　114008989

書　　　名	全彩圖解：精神分析引論
作　　　者：	西格蒙德・佛洛伊德
譯　　　者：	南玉祥
美 術 構 成：	含章行文
封 面 設 計：	九角文化設計
發 　行 　人：	羅清維
企 畫 執 行：	林義傑、張緯倫
責 任 行 政：	陳淑貞
出　　　版：	海鴿文化出版圖書有限公司
出 版 登 記：	行政院新聞局局版北市業字第780號
發 　行 　部：	台北市信義區林口街54-4號1樓
電　　　話：	02-27273008
傳　　　真：	02-27270603
信　　　箱：	seadove.book@msa.hinet.net
總 　經 　銷：	創智文化有限公司
住　　　址：	新北市土城區忠承路89號6樓
電　　　話：	02-22683489
傳　　　真：	02-22696560
網　　　址：	https://reurl.cc/myMQeA
香港總經銷：	和平圖書有限公司
住　　　址：	香港柴灣嘉業街12號百樂門大廈17樓
電　　　話：	（852）2804-6687
傳　　　真：	（852）2804-6409
出 版 日 期：	2025年08月01日　三版一刷
定　　　價：	499元
郵 政 劃 撥：	18989626　　　　戶名：海鴿文化出版圖書有限公司

《圖解：精神分析引論》由含章行文圖書發行股份有限公司授權出版

編者序
FOREWORD

在19世紀之前，心理學是屬於哲學範疇的。在19世紀中期，自然科學的發展對早期心理學產生了極大的影響，這個時候心理學的研究也逐漸開始重視實驗方法的使用。德國的費希納在1860年開創了心理物理學，德國的艾賓浩斯開創記憶的實驗研究。馮特於1879在萊比錫大學建立了世界上第一個心理學實驗室，標誌著科學心理學的誕生。這也是心理學實驗方法的運用使這一學科成為科學的轉折點。之後的100多年，隨著心理學派的增加和發展，也使得這一學科的體系不斷完善。

佛洛伊德在1900年出版的《夢的解析》一書標誌著現代心理學的建立。他的另一部巨著《精神分析引論》則比較系統地深入淺出地介紹了精神分析的一般理論。精神分析是一種治療神經症的方法，也是一種研究心理功能的技術，後來便成為了一種心理學的理論，也是現代心理學的一個重要學派。精神分析對人類學、醫學、心理學甚至於史學、文學藝術和哲學都產生了不同程度的影響。

精神分析體系是以自我或超我與潛意識慾望的矛盾為基礎的。他在文中提到的過失心理學以及神經症的解釋都是建立在這個基礎之上的。

佛洛伊德在此書中提出了關於「性」的話題，人們誤以為他是性生活的自由主義者。但事實上，他卻不是這樣的人。舒爾茲說，「值得我們注意的是：佛洛伊德雖然這樣熱烈地強調『性』在我們情緒生活中的作用，但他個人對於『性』卻始終堅持一種極端否定的態度。他時常會提醒告知『性』的危險，甚至對非神經症者來說也是這樣，他告知人們必須努力克服一般動物的需要。他說，過於頻繁的性行為是會使人墮落的，會污損精神和肉體的。他本人在41歲時，便已完全沒有性行為了。」

所以，我們應該正確地認識佛洛伊德，他「不是改良派，而只是觀察派」，或僅僅只是治療神經症的醫生而已。他在治療病人時，發現病人的本能慾望不能很好地發洩出來而壓抑成病。因此，他認為人世間的道德法律要求人對於「性」的犧牲，往往超出了人們所能負擔的程度，所以，他將「性」強調到了一個不適當的程度，以致造成了理論上的乖謬。

佛洛伊德的影響力在心理學家中是極為罕見的。他對心理學的主要貢獻是關於人類動機的研究，就如波林所說，「動力心理學的重要來源當然是佛洛伊德」。人們都知道，馮特及其學生的實驗心理學，繼承了聯想心理學和生理心理學的傳統，從事感知覺的研究，重視意識的內省分析，對於人的行為及其動力或動機的分析是比較忽視的。但是佛洛伊德的精神分析對卻對傳統的實驗心理學發揮了很好地補充作用。所以，引起了人們的重視和歡迎。

美國《圖書》雜誌曾經這樣評價佛洛伊德：「世界上如果沒有佛洛伊德，20世紀可能會大不相同，我們不會對自己的內心世界有如此深的瞭解，而且這個時代也會少許多優秀的藝術家。」

美國學者歐內斯特‧瓊斯曾這樣評價佛洛伊德的《精神分析引論》：「精神分析已經由佛洛伊德這位最合適的作者填補了，我們臨床的醫生甚至是整個心理醫學界都應該感謝他所付出的努力。以後在研究相關問題時，我們可以毫不遲疑地說：『這是一本開始研究精神分析的好書。』」

人們儘管對佛洛伊德的學說存在著質疑，但他本人還是以極大的勇氣和評判精神大膽地為我們揭示了人類不為人知內心世界。

《精神分析引論》是學習精神分析學的標準入門教材，此書完成於1915-1917年，是由佛洛伊德在維也納大學講授精神分析學說的演講稿組成。全書總共有三卷：過失心理學、夢和神經症通論，共分28章。此書用通俗、簡潔的語言、深入淺出地為我們講述了精神分析學說的基本理論和方法。

此書最大的特點就是運用插圖和圖解的形式，用更為形象化的畫面，全方位、立體式闡述佛洛伊德思想的精髓。佛洛伊德對夢境及生命中潛意識的透視，引導著人類更加徹底地瞭解了自己，同時對此所涉及的人文領域都留下了難以複製的影響。

本書有近300多幅插圖，極大地豐富了我們的大腦，將人類不凡的思想表現得更為靈活、生動，形式的多變，使得原著的重要思想更加凸顯，同時也規避了晦澀難懂的表述方式，是每一代學人都值得收藏的心靈書籍。

目錄
Content

第一卷　過失心理學

第 一 章　緒論 / 010

第 二 章　過失心理學 / 019

第 三 章　過失心理學（續） / 032

第 四 章　過失心理學（續完） / 051

第二卷 夢

第五章 初步的研究及其困難 / 072

第六章 初步的假說與釋夢的技術 / 093

第七章 顯意和隱意 / 106

第八章 兒童的夢 / 117

第九章 夢的檢查作用 / 127

第十章 夢的象徵作用 / 142

第十一章 夢的工作 / 162

第 十二 章　夢的舉例及其分析 / 175

第 十三 章　夢的原始的與幼稚的特點 / 192

第 十四 章　慾望的滿足 / 208

第 十五 章　幾點疑問與批判的觀察 / 225

第三卷　神經症通論

第 十六 章　精神分析法與精神病學 / 238

第 十七 章　症候的意義 / 250

第 十八 章　創傷的執著——潛意識 / 265

第 十 九 章　抗拒與壓抑 / 277

第 二 十 章　人們的性生活 / 291

第 二十一 章　力比多的發展與性的組織 / 307

第 二十二 章　發展與退化的各方面、病原學 / 325

第 二十三 章　症候形成的過程 / 342

第 二十四 章　一般的神經過敏 / 359

第 二十五 章　焦慮 / 373

第 二十六 章　力比多說：自戀 / 391

第 二十七 章　移情作用 / 409

第 二十八 章　分析療法 / 429

第一卷

過失心理學

　　過失心理學，屬於日常生活的精神分析的內容，透過對過失，比如舌誤、筆誤、讀誤、聽誤、遺忘等日常生活中的過失現象的分析探討人的潛意識問題。佛洛伊德指出過失並不完全是過失，過失本身也是有意義的。至於過失產生的原因，他提出了「機體或心理的原因可以引起的注意的擾亂就是各種過失的原因」的說法。

第一章

緒 論

諸位可能從平日的讀書或者看新聞中或多或少知道一些有關精神分析方面的知識，但是我並不清楚你們對此瞭解多少。鑑於我的題目是「精神分析引論」，顧名思義，所以我只好假設你們對於這一領域一無所知，需要我從頭講給你們聽。

精神分析學的鼻祖　佛洛伊德 攝影

西格蒙德·佛洛伊德（1856.5.6-1939.9.23），猶太人，奧地利精神病醫生及精神分析學家，精神分析學派的創始人。佛洛伊德的精神分析理論不僅作為一種心理學派對心理的發展產生了巨大的推動作用，而且在一些資本主義國家裡，佛洛伊德主義同樣作為一種哲學思潮在一般意識形態領域也得到了廣泛的傳播。

也許大家對精神分析瞭解不夠，不過有一件事我覺得你們應該是知道的，那就是：精神分析是治療神經錯亂症的一種方法。這個方法與其他治療方法是截然不同的。一般來說，醫生想要患者接受一種新的治療時，都會對這一治療的便利和療效誇大其辭，以使患者相信自己能被治癒。以我的觀點，這種方法也不錯，患者安然接受治療，療效通常會有所增加。不過若是運用精神分析法來治療神經症患者，那我們採用的手段可就大不一樣了。我們會告訴患者，這種治療方法使用起來十分困難，需要很長的時間，而他本人也需要付出極大的努力和犧牲；而對於療效，我們也並不確定，如果他希望痊癒，就要自己去瞭解、適應這種治療方法，不僅要努力，還要學會忍耐。

為什麼我們要採取這種迥異於常規的治療態度？這當然有其合理的原因了，這些原因接下來我會慢慢告訴各位。可能你們會覺得我在演講時，就像對待神經症患者一樣對待你們，如果你們覺得不適的話，那麼我奉勸你們不用來聽我的下一次演講。我現在為大家講述的，只是一些關於精神分析的並不完整的知識，當然這些知識也不足以

第一章 緒論

使你們對精神分析形成一種清晰的認識。你們所接受的教育，你們的思維慣性，都會使你們不自覺地對精神分析產生排斥，如果你們希望能真正瞭解我說的話，恐怕你們必須努力克服這種本能的抵抗。我不能斷定，我這次的講演到底會讓你們對於精神分析有多少理解，不過有一點我想我很明白，那就是你們在聽完我的演講後，絕不會學會如何去研究精神分析，更不會運用精神分析做治療。還有一點，我想諸位當中會有人不滿足淺嘗輒止，希望能夠更深入地瞭解精神分析，不過我必須對那位仁兄說，我不會鼓勵你，反之，我要警告你，你的想法是非常危險的。根據目前的社會現實，選擇了精神分析這一行業，他不會有在學術上成功的機會，如果他開始營業，他就會發現所有人都在以懷疑的眼光看著他，他會遭遇誤解和敵視，甚至會受到一些不理智的人的迫害。現在整個歐洲都陷入了戰爭漩渦，到處民怨沸騰，你可以猜到他需要應付的麻煩絕對是無法估量的。

不過，一門新的學科總會吸引到一些人不顧一切地來瞭解和接受。各位當中如果有人就算是被嚴重警告，仍然堅持來聽第二次演講，那我絕對十分歡迎。然而我必須在你們入門之前告訴你們精神分析領域所存在的困難。

首先是精神分析的教學和闡述問題。在你們進行醫學研究時，習慣用眼睛觀察，比如說觀察人體解剖的標本、觀察試管中的沉澱物、觀察神經受刺激後肌肉的收縮等；當你們從業時，你們就會接觸患者，你們會用眼睛觀察患者的症狀、分析發病的原因、瞭解病理作用的效果；若是你們從事外科，你們可以看到手術的實施，甚至自己去嘗試；而我們常見的神經症治療，一般都是透過對患者的症狀、怪異的表現、日常的言行等方面的觀察，使我們的腦海中產生了一系列直觀的印象，然後我們再對這些印象做進一步的分析。所以說，醫學院的老師們在教學生時通常都是在說明和指導，他們就像是博物館的導遊，引導著你們去直接接觸所觀察的對象，只有你們親身經歷過了，才會相信存在著這些事實。

不過精神分析就不一樣了。可能會令人失望，但是精神分析的治療中，醫生除了與患者談話之外，不會有任何其他方法。在這一治療過程中，患者說出他過去的經歷、對於現狀的認知、傾訴心中的苦惱，然後表達出他的心情和希望，在患者訴說時，醫生要靜靜地傾聽，在適當時設法引導患者的思維，讓他注意到一些事情，在他困惑時給予一些解釋，並仔細觀察他對此或肯定或否定的反應。患者的親友只相信他們親眼看到的，或者電影中所展示的治療方法，對於「談話也即治療」這種方法無不表示懷疑，不過他們懷疑的原因純粹是一種感性想像，根本不合邏輯。而且他們認為神經症患者所感知的病痛，只不過是他的胡思亂想，實際上根本就不存在。說話和巫術在本質上是一回事。我們運用話語可以使人喜悅，也可以打擊人的信心，使人絕望。教授們運用話語傳授給學生知識，使他們獲得能力，演講家運用話語使聽眾感動，以影響他們的選擇。話語可以引起人們的情感波動，我們常用話語來感應彼此的心靈，它真算得上一個能有效影響他人的工具，這和巫術真的沒什麼區別。所以，我們不要看低心理治療過程中的談話，

011

精神分析引論
A General Introduction to Psychoanalysis

治療

圖中一位抽著煙斗的人正在和一位裸體美人下棋,這看他們似乎就應該是這樣的,沒有什麼不妥,遠離看客對她裸體的評價,這是人類釋放痛苦的一種方法,透過下棋可以暫時忘記這種困惑,我們也可以把它看成是一種心理治療的方式。

如果你們聽到醫生與患者在進行語言上的交流,應該覺得安慰。

不過你們若想聽到他們的談話,恐怕也非常難。因為醫生在對患者作精神分析的談話時,是不允許有人旁聽的,整個治療過程也不能讓公眾知曉。我們在講述神經症學時,有時會請神經衰弱症或臆病(一譯「歇斯底里」)的患者來做自我介紹,不過他們至多會敘述一下自己的病症,絕不會再涉及其他。如果想要患者詳細介紹他的病情,那只有在對治療醫生特別信任的情況下,而且在那種情況下一定不能有與患者沒有關係的第三者在場,否則他會一直沉默著。我們希望患者說的都是他們內心深處的思想和情感,這是他們的秘密,他們不會願意告訴別人,甚至於他們自己也不願意知道。

所以說,你們無法去參觀精神分析的治療過程了。如果你們希望學習精神分析,那只能憑藉道聽途說了,不過這種間接地瞭解對於你們在精神分析這一領域形成獨立的判斷是非常困難的。所以,最好的辦法是,你們要相信演說者所講的內容。

假設你們現在不是在聽精神病學,而是在上歷史課,你們的教授給你們講的是亞歷山大大帝的傳記和成功之道。那麼,教授講給你們的歷史,你們憑什麼相信它的真實性?實際上,亞歷山大的事跡比之精神病學更不靠譜,為什麼?因為歷史教授們絕對沒有參與過亞歷山大大帝的戰事,而精神分析教授們則絕不會沒有實踐治療的經歷。如果你請求歷史教授們拿出證據證明他所講的關於亞歷山大大帝的歷史,他可能會讓你們去翻閱普魯塔克、阿利安、狄奧多羅斯等人的記載,這些人所處的時代與亞歷山大差不多;或者他會帶你去欣賞他收藏的亞歷山大時代的錢幣和石雕,以及描繪伊蘇斯戰爭的油畫。不過嚴格來講,他所提供的這些證據只能使人相信亞歷山大和他那些歷史功績的存在。所以你們可能又要開始批判了,或許你們覺得關於亞歷山大的記載不夠詳實,或許你們覺得一些重要的歷史細節缺少足夠的證明。不過,在你們離開教室後,我相信,你們絕不會去懷疑亞歷山大大帝是否真的存在。原因有兩點:一來,歷史教授們絕不會要你們相信他們自己都懷疑的歷史,因為這對他們有害無益;二來,自古以來,史學家

第一章 緒論

亞歷山大的伊蘇斯之戰 阿爾布雷希特·阿爾特多費爾 德國 版面油畫 1529年 德國慕尼黑舊畫廊收藏

　　伊蘇斯之戰是波斯國王大流士與馬其頓大帝亞歷山大之間的一場決定性戰役。位於圖中左方位置坐在馬拉戰車上的是亞歷山大大帝，畫上方吊著一幅巨大的鑲板裝飾，說明了亞歷山大打敗大流士的戰績，也突出了亞歷山大大帝想要征服整個世界的野心。整個畫面充滿了戲劇性的衝突和強烈的戰爭氣氛。

013

對於重要歷史人物和歷史事件的記載，很少有自相矛盾之處。如果你們懷疑某人的記載有誤，可以用兩種方法來測驗，第一是判斷作偽對他來說有沒有好處，第二就是查閱其他人的記載是否與他一致。運用這種測驗方法，你們就可以得出亞歷山大大帝在歷史上是確鑿無疑的存在這一結果，不過測驗尼羅特和摩西的結果可能要差一些，畢竟他們比不上亞歷山大在歷史上那麼顯赫。將測驗歷史的方法用之於精神分析，你們就可以知道演說者關於精神分析的講話有什麼可懷疑之處了。

我想你們心中肯定會有這樣的疑慮：我們無法公開參觀精神分析的治療過程，又缺少真實有效的證據，那麼我們該如何來做研究，如何去相信它的實效？的確，研究精神分析是一件非常不容易的工作，而且目前對它有深入研究的人也是屈指可數。不過，若是學習也並非無路可循，比如說「自我研究」，就可以作為研究精神分析的入門課程。這個「自我研究」並非完全是「三省吾身」那種，由於我想不到一個更合適的詞，只好用這個有點牽強的詞彙來描述它。自我研究是這樣的，假如我們掌握了一些自我分析的知識，那麼你們就可搜集自己常有的心理現象，將之用於自我分析。等到你們的自我分析完成後，你們就會相信，精神分析的發展會受到多方面的限制，但是它所表述的方法和效果絕不是在欺騙大眾。假如你們希望學到更多，你們可以像患者一樣接受精神分析教授的治療，然後利用這次機會仔細觀察精神分析者在治療過程所使用的精妙技藝。這個方法非常不錯，你們可以試一試，不過它只適用於個人，不要所有人同時去接受分析。

精神分析的第二個困難，其實並非來自於它本身，而是你們在平日的醫學研究中逐漸產生的。你們受醫學訓練時所養成的那種心理態度與精神分析所需要的心理態度是截然不同的。你們經常用解剖學來解釋有機體的技能和失調，用物理結構或者化學反應來說明病理，然後用生物學的知識來做進一步的解釋。你們從來沒有關注過精神領域的生

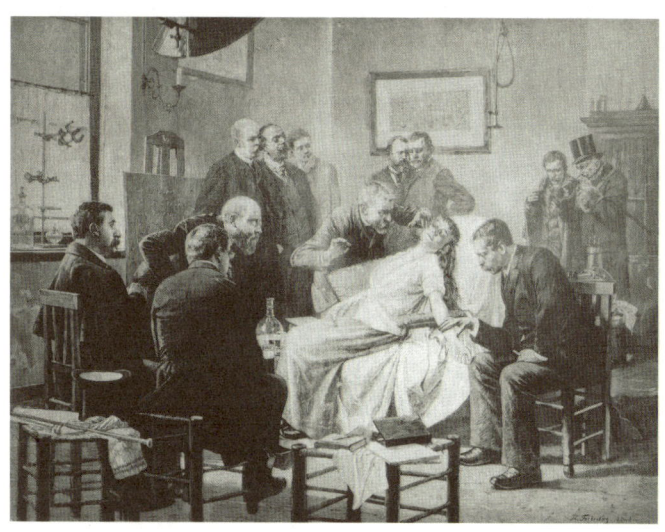

被麻醉的女病人
德國 版畫

圖片的主體是一位半躺著被麻醉的女病人，她的周圍是一群臨床的外科醫生，右上角最邊上的一位醫生還在冷漠地抽著香煙，女病人似乎只是他們的一個實驗品而已，等她醒來，這一切都將過去。也許是女病人沒有辦法去承受這些旁人的眼光，所以醫生用麻醉的方法滿足了她的「精神世界」。

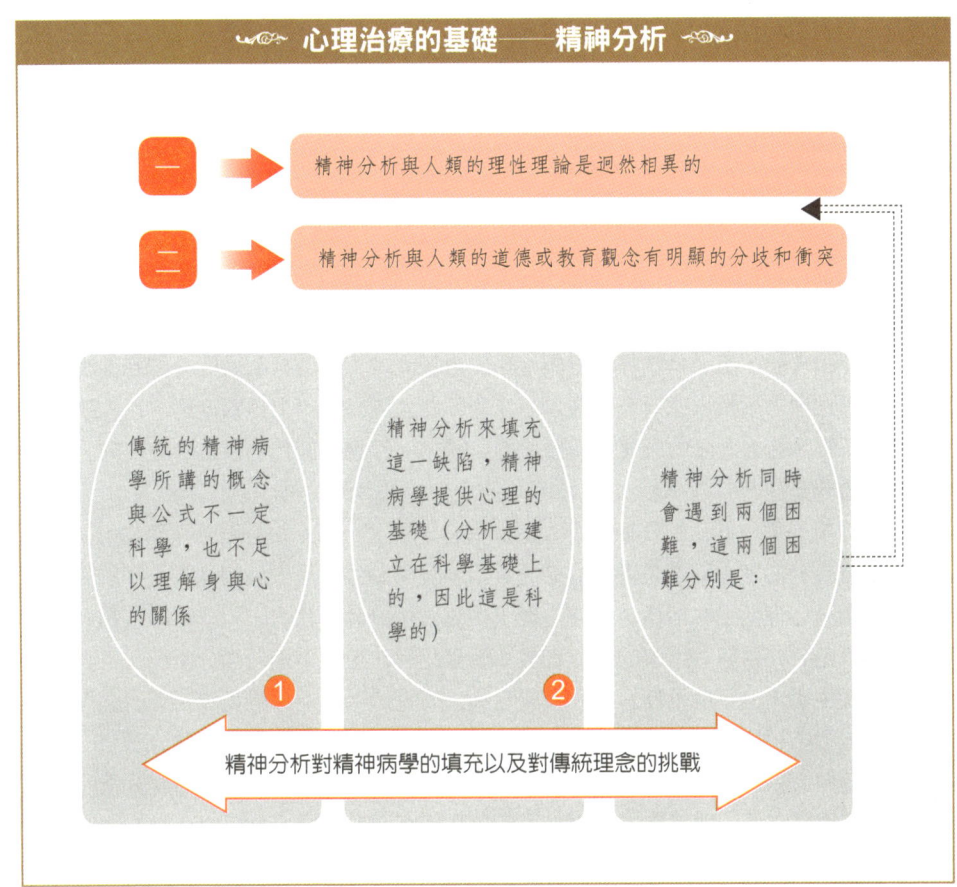

活，因為你們並不知道精神生活是複雜有機體發展到最後的精華產物，所以你們對於精神分析這方面一無所知。你們經常懷疑精神分析的價值，認為它不屬於科學，而是一門藝術，它應該是詩人、哲人、神學家和普通民眾所掌握的，與你無關。你們這種思維，是不會讓你們成為一名優秀的醫生的，因為醫生在治療患者時，他最先瞭解的，就是患者的精神生活。你們認為江湖術士和巫師都是在招搖撞騙，然而由於你們對精神生活缺乏重視，所以恐怕只有讓那些招搖撞騙的江湖術士和巫師來治療患者的精神生活了。

你們過去接受的教育所存在這一缺陷，是情有可原的。我知道，你們在學校所學習的課程中，並沒有一種用於輔助醫學研究的哲學科目。不管是敘述性心理學、思辨哲學，還是用來幫助感官生理學研究的實驗心理學，都不足以教會你們理解身與心的關係，或者懂得精神生活的失衡與調節。傳統的精神病學雖然也講解了許多精神失調的症狀，並輔以各種臨床圖書佐證，但就算是研究精神病學的專家，也懷疑書中所講的概念與公式是否科學。書中的圖畫所描述的精神病症狀究竟是如何引發的，彼此之間有何聯繫，這都是個謎：可能它們與頭腦的變動沒有聯繫上，也可能彼此聯繫上了，卻不能解

釋清楚。只有當這些精神失常的症狀被診斷為有機體所患疾病導致的後果時,那麼精神病才可能得到治療。所以,精神病學關注不到精神生活的這一缺陷,就需要精神分析來填充了。精神分析法用來為精神病學提供心理的基礎,要求有一種相同的原因來說明身體和精神的病狀。為了達到這種效果,就必須放棄以往的偏見,不論是解剖學方面的,還是生理學或化學方面的,應該運用純粹的心理學概念來治療患者。最初你們可能會覺得奇怪,但是很快你們就會發現它的療效了。

最後還有一個困難,這個困難與你們的教育或者心理態度無關,它是由精神分析的本質屬性引起的。精神分析有兩項足以激怒人類的理念,第一是精神分析與人類的理性理論是迥然相異的,第二是精神分析與人類的道德或教育觀念有明顯的分歧和衝突。然而不論是理性理論還是道德或教育觀念,它們都是人類幾千年進化的產物,以人類的情緒力量為基礎,在人們心中有著無與倫比的影響力。若想打破它們在人們心中的固有地位,無疑難於上青天。

精神分析的第一個命題就可能令人不快,它認為:一個人的心理過程基本上是潛意識的,而意識的心理過程則是人的心靈分離的部分和動作。過去我們認為心理的就是意識的,意識是心理活動的特徵,所以心理學被看做是研究意識的一門學科。這種觀點太普遍了,以至於任何與它抵觸的內容都被認為是胡說八道。不過精神分析不得不與這一傳統見解產生衝突,不得不反對「心理即意識」的說法。精神分析認為,人的心理包括感情、慾望和思想等,其中慾望和思想都可以是潛意識的。不過由於精神分析這一主張與傳統心理學大相逕庭,即便是那些有著冷靜科學頭腦的專家也不再對精神分析存有同情心,反而懷疑它是一門荒唐搗亂的巫術。我為什麼還要堅持「心理即意識」的說法有失偏頗呢?當然你們現在並不能很快理解。假設潛意識真的存在,那麼在人類發展進程中會在什麼時期否認它?或者否認它到底有什麼好處?你們肯定也猜想不到。只能說,心理活動到底是意識還是超脫於意識之上,辯論這一問題只不過是文字之爭,並無實際意義。我想要告訴你們的是,承認潛意識的心理過程,是對人類和科學開闢新領域、新觀點的一個重要舉措。

接下來我要敘述關於精神分析的第二個命題了,你們一定猜想不到第二個命題與第一個命題之間存在著什麼密切的聯繫。第二個命題可算是精神分析的一個重要創見,它認為,一個人的性衝動,不論是廣義上的還是狹義上的,都是導致精神病和神經症的重要原因,當然,這在過去沒有人會意識到。而一些瘋狂的觀點認為:性衝動實際上對人類心靈最高文化的成就以及社會和藝術所做出的最大貢獻。

以我的看法,精神分析法之所以為公眾仇視,其原因就在於這個結論。你們肯定想知道形成這一結論的緣由。我的理解是,人類在現代社會上生存,面臨著巨大的競爭壓力,所以他們極力克制自己的原始慾望,努力去創造文化。文化之所以能被不斷改造,正是由於歷代都有人加入社會生活,繼續為了公共利益而放棄本能的衝動。在其所犧牲的本能衝動中,最重要的就是性的本能。於是,性的含義被昇華了,換句話說,性捨棄

第一章 緒論

女人與鳥

米羅 西班牙 布面油畫 1949年 英國倫敦塔特陳列館收藏

西班牙畫家米羅的這幅「女人與鳥」是抽象性超現實主義的典型作品，米羅毫無疑問是這個派別的代表人物。圖中將女人和鳥的一些共同特徵很好的融合成一體，這都是源自畫家潛意識夢境中所湧現出的描繪。米羅的繪畫作品中總是在變幻的形式背後蘊藏著豐富的內容。他一生中也曾涉及過其他領域，如石版畫、蝕版畫以及陶瓷的創作。

了它的最初目標，而轉向一種更為高尚的社會目標。不過由此而形成的秩序卻不夠穩健，因為性衝動從來就不容易被控制，任何參與文化事業的人免不了遇到性衝動高漲的危險。而人的性衝動一旦得到釋放，它就會恢復它的最初目標，如此一來，人類創造的文化就將面臨最大的危機了。有鑑於此，社會公眾都不願意指出性與社會發展的關係，也不願意承認性的本能有多大的勢力或者討論性生活對每個人的重要性。為了克制自己的慾望，對於性的問題，所有人都避而不談。所以，精神分析這一命題肯定是要受社會非難的，它被公眾認為是不道德的、醜惡的、極端危險的。不過社會的這種責難是很難長久的，因為精神分析的理論可以說是科學研究的成果，如果想要駁斥它，沒有充足的正當理由，是絕不可能將之駁倒的。對於不如己意的東西，便斥之為虛妄荒謬，然後東拼西湊一些理由來反駁它，這就是人類的本性。所以，如果社會要宣布某一它不願接受的事物是不真實的，比如說精神分析，它就會運用一些源自情感衝動的具體理由來詆毀精神分析的理論，並且堅持偏見，以抵抗我們的有力反駁。

精神分析引論
A General Introduction to Psychoanalysis

我們絕不會對這種反面的理論趨勢表示妥協。只要我們堅持我們努力研究所得來的事實,我們就一定能取得成效。我們認為,在科學研究的範圍內,我們不必去顧及其他人的成就,不管它們是否合理。

以上所說,就是你們在學習精神分析法時所要面臨的一些問題。對於你們初學者來說,可能我說的困難太多了。假如你們不會因此而退縮,我就繼續講下去。

劫持　保羅‧塞尚 法國

人類和動物都有性本能,因為這是保存物種的主要方式。性衝動是一種對性行為的渴望或者衝動,它不僅限於性器官而且也連及整個身體和整個的心靈。這是塞尚一幅早期作品,畫面中充滿了陰鬱的痛苦,人物充滿了不祥感,平靜的表面下隱藏著混亂的激情。劫持、強姦與凶殺是一直縈繞在塞尚心中的主題。

第二章

過失心理學

我們先不用假設,而是從觀察事實入手。對於所需要的事實,我們可以從日常生活中那些經常遇見然而很少有人會注意的現象中選取。我們所選的現象,任何人都會有,與疾病沒有關係。現在我說一些你們經常會犯的過失,譬如說,你在表述一件事情時用錯了詞,這是舌誤;或者你在寫作的時候寫錯了字,這是筆誤,筆誤一般很明顯,不過也經常被忽略;再或者,你閱讀時念錯了讀音,這是讀誤;聽錯了人家說的話,這叫聽誤。還有一種過失,它是由於短暫性的遺忘所致,譬如說一個人記不起他熟悉的人的名字,雖然在過去與他一見面便能認出來;又或者,一個人忘記了他準備去做的事,可是很快他又想起來了,這些都是短暫性遺忘。此外還有一種遺忘,譬如說東西放錯了位置以致後來找不到了,這也是遺忘的一種,它不是短暫性遺忘,但是略異於普通的遺忘,因為我們對於這種遺忘感覺懊惱又無法想明白。還有一些過失,譬如說一個人知道某件事不確定,但有時候他總會信以為真,像這種情況,現實中有很多。這種遺忘雖然也有短暫性,不過他與前一種遺忘屬於同類。

上面列舉的諸多過失,在德文中的名詞均以「ver」開頭,這表明了它們彼此之間的聯繫。這些過失通常是短暫性的,並不重要的事情,對於生活也不會有太大的影響,譬如說丟失了小物品或者忘記了做家務,對於當事人來沒什麼重要。因此很多過失是不會

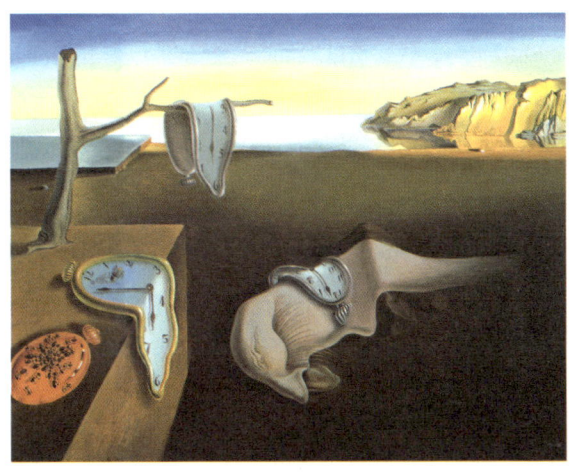

記憶的永恆 薩爾瓦多·達利 西班牙 油畫 1931年 紐約現代美術館藏

達利是一位具有非凡才能和想像力的藝術家,他以探索潛意識的意象著稱。這幅「記憶的永恆」非常典型地體現了他早期的超現實主義畫風。畫面中最令人稱奇的那三隻軟塌塌的鐘錶,彷彿時間也已經疲憊不堪了,於是都鬆垮了下來。達利的這一靈感來自於精神病人潛意識,他讓我們看到了一個現實生活中根本不可能看到的離奇而有趣的景象,讓正常人體驗到精神病人世界的秩序。

精神分析引論
A General Introduction to Psychoanalysis

偵探　巴斯特・基頓

圖為巴斯特・基頓在電影《少年夏洛克》中飾演的一位業餘偵探。偵探僅僅靠表象是無法偵破案件的，必須從細微之處著手，層層剝離，不能放過任何蛛絲馬跡。只有這樣，才能有重大發現，「細微」的力量是不能忽視的。

引起人們的注意的，更不會令他們有興趣去處理。

但現在，我要請你來研究這些現象，可能你們會不耐煩，你們要反駁我說：「這世上有太多的關於精神錯亂方面的神秘奧妙的事情需要去解釋，我們何必要在這些無足輕重的過失上浪費時間，這真的是很無聊啊。如果我們能夠去解釋一個耳聰目明的正常人如何能在大白天看到或者聽到一個根本就不存在的事物或聲音，或者去解釋一個人突然開始認為他的親友們在迫害他，再或者運用什麼方法去證明一個連孩子都覺得荒唐的幻想，那麼，整個社會肯定會對精神分析另眼相待。我們如今坐在這裡分析一個演講者為什麼會說錯字，或者一個家庭主婦為什麼會丟失了鑰匙這些雞毛蒜皮的小事，還不如把我們的時間和精力投入到意義更為重大的事情的研究中去。」

如果你們心中有這樣的疑問，那麼我的回答是：「同學們，不要著急，你們的反駁是沒有對應主題的。精神分析並沒有規定說從來不研究瑣碎的小事，恰恰相反，精神分析所觀察和研究的材料往往是被其他學科認為是瑣碎的、平凡的、無關緊要的事情，甚至可以說是事實材料中的廢料。你們認為一個重大的事件肯定會有重大的表現，當然，這種觀點不能算錯，但是，在某一時刻或者某種情況下，重大的事件也可以透過瑣碎的小事表現出來。這個很容易舉例說明，譬如說，在座的眾多年輕男孩子，你們是如何知道自己已經博取女孩子的歡心了？莫非你們一定要女孩子明示，或者給你一個熱烈的擁抱你們才能確認？難道女孩子趁別人不注意時看你一眼，或者拉一拉你的手，你們就不能明白她的心意嗎？再譬如說，你是一個偵探，你正在偵察一個謀殺案，那麼你會如何去搜集線索？莫非你認為罪犯應該在現場留下一張名片或者相片，這樣的線索才有價值？難道你不會透過現場的蛛絲馬跡來找尋你需要的線索？不要輕視任何微小的事物，透過它們，我們也許會有重大的發現，它們的價值是我們無法估量的。如果你們認為我們應該首先關注世界上那些重大的科學問題，我自然不會反對。不過你們從事重大科學項目研究，我認為不會有什麼好處，你們第一步只是做了選擇，但是第二步該如何做，很多人都會陷入迷茫的。對於科學工作，我的看法是，如果前面有一條適合你的路，那你就照著這條路走下去，不要保守，不要帶有偏見，你應當勇往直前，義無反顧。你也可以透過對各種事件之間關係的研究，做一些微不足道的工作，那麼你也會逐步走向研究重大科學項目的道路上。」

第二章 過失心理學

　　我希望你們能從這個觀點出發,對這些普通人的微小過失產生研究的興趣。現在,我想先提問那些對精神分析一無所知的人,他們是如何來解釋這些小過失。

　　他肯定會滿不在乎地說:「這都是些不值得解釋的小事。」他說這句話是什麼意思?難道他認為這些小事是獨立的,與其他的事情沒有任何聯繫?如果他這麼想,那就大錯特錯了。不論是什麼人,不論在什麼方面,如果否認了自然規律中的因果關係,無異於將最基本的世界觀都拋棄了。即便是宗教的世界觀也不會如此荒謬,根據基督教的教義,如果沒有上帝的旨意,即使是一片鴻毛也不能無緣無故落地。不過,我想我們這位朋友不會再堅持他的第一個答案,他肯定會做出讓步,他會說,我要去研究這些現象,一定會在短時間內找到合理的答案。這些小過失一定是因為身體機能的輕微錯亂或者精神鬆懈所導致的。這些現象很容易找得到。譬如說,一個人平時言辭流暢,然而在某個時刻說錯了話,那他一定是他太疲倦了,或者太興奮了,再或者在想其他事情的結果。這也很容易證實。一個人若疲倦或者患了頭痛症,經常會說錯話。最常見的一種說錯話的情況是忘記了合適的名詞,很多人都會驀地忘記了想要表達的名詞,那種情況下,大概他的頭痛症就要發作了;當一個人處於興奮狀態,他也經常說錯話,或者做錯

紙牌遊戲　巴爾蒂斯　法國　1948-1950年

　　圖中兩個年輕人身體都還像孩子,但是臉上卻洋溢出兩性相互吸引的喜悅,巴爾蒂斯用最為細膩的筆觸表現了人類性意識的覺醒。同性相斥,異性相吸,這是自然規律中不可違背的因果關係,這也是人類世界觀中最為基本的定律,世界萬物皆是如此。

事；如果一個人走神或者注意力不集中，也很容易忘記眼下要做的事情或者準備計劃的事項。譬如說他出門的時候正在思考一本書的內容，以至於他忘記帶自己的雨傘。我們可以根據自己的經驗來理解，如果一個人對於某件事太過專注，他很有可能會忘記本來的計劃或者與他人的約定。

彈琴的女人　雅各布・奧奇特韋爾　荷蘭　油畫

圖中有一位年輕的女士，穿著絢麗的猩紅色服裝，正在熟練地彈著鋼琴，美妙的音樂感染著她身邊的每一個人。如果是手法熟練的鋼琴師，很容易依照自己的慣性來彈奏，殊不知，習慣性的動作更容易增加出錯的危險，偶爾的過失是人的一種興奮和疲勞狀態的表現。

第二章 過失心理學

他的這些話似乎是很容易理解的,也沒有什麼可反駁的,不過這些話是不能滿足我們的期望的,所以不會引起我們多大的興趣的。先讓我們來研究一些他對於過失所解釋的理論。實際上,他所說的這些過失發生的條件,並不屬於同一類。循環系統的疾病和失調是導致常態機能錯亂的生理根據,而疲勞、興奮或者煩惱等情緒,則是心理、生理的原因,這些都可以歸結為理論。疲倦、興奮和煩惱可以分散人的注意力,以至於不能專心從事活動,很容易干擾正在做的事情而使其不能很好地完成。神經中樞的血液循環如果遇到問題或變化也會引起同樣的後果,一樣分散人的注意力。總的來說,由於身體或者心理的原因造成的注意力的混亂才是形成各種過失的主要原因。

迷惑的木雕 芭芭拉·赫普沃思 1963年

這件作品欣賞者的第一感覺像是一個被切開的蘋果一樣,實際上卻跟這個一點關係也沒有。藝術家的這件雕塑手法以及對它的曲線刻畫,主要是反映藝術家早年居住的故鄉——約克鎮鄉間起伏不定的地形的回憶,主要是想為我們傳達一種與大自然和諧一體的感覺。

不過這種解釋對於研究精神分析並沒有太多的幫助,我們只好將之拋棄了。說實話,如果對這一問題作進一步的研究,就會發現,其實這個「注意力」與事實並不完全相符,至少不能由「注意力」來推斷一切。我們都知道,很多人經常在發生過失或遺忘的時候,並不覺得興奮或者疲勞,他們會認為自己仍處於一種常態。只有當他們在事後認識到了自己所犯的過失,他們才會將這些過失歸因於他們不願承認的一種興奮或疲勞狀態。而且,這一問題,也絕不是注意力的強弱問題,即便是加強注意力,事情也不一定會成功。同樣,注意力被分散,事情也不見得會失敗。每個人,都有很多動作是習慣性的,就算注意力不夠集中,他也可以憑藉習慣性的動作而成功。譬如說走路,也許你不知道目的地在哪兒,但是你一定不會走偏了路,這是每個人都能感知到的。再譬如說手法精湛的鋼琴師,他可以不假思索地彈奏出曲調,當然,他也會偶爾犯一些小錯誤。習慣性彈奏很容易增加出錯的危險,但是鋼琴師卻在不斷地練習以求彈琴的動作變得有習慣性,要知道這樣很容易出錯的。但是我們知道,在很多動作沒有給予他們過多的注意時,他們會取得非常好的成績,而有時候一個人太渴望成功,以致不敢稍微分散注意力,這樣反而容易出錯。當然,你們會說他是因為太興奮了,可是,為什麼興奮不能用於集中注意力上以追求他期望的目標?這些我們現在都還無法瞭解。我們所得出的結論是:如果一個人在重要的講話中說錯了要說的話,那就不能只用心理生理學或注意說來解釋了。

對於這些過失,其實還有其他次要的特徵,而這些特徵也不是某些理論能解釋清楚

的。譬如說一個人忘記了朋友的姓名，十分懊惱，他一直在努力回憶，然而總是想不起來。為什麼他雖然很懊惱，卻始終無法記起那個到了嘴邊就能脫口而出的名字呢？依據我們上述提及的理論是無法解釋的。還有一種特徵是，錯誤很多，彼此連接，或者相互替換。譬如說一個人忘記了一次約會，所以在第二次約會時他時刻謹記在心，然而到最後卻發現自己記錯了時間；再譬如說，有個人想用聯繫的方法記住一個名字，但是他在首先回憶第一個名字的時候，卻忘記用以提示第一個名字的第二個名字，於是他便追憶第二個名字，卻又忘記了為第二個名字作提示的第三個名字，如此循環，終是沒有記起來。排版時的一種錯誤與前面的差不多，這種錯誤常見於時政報紙上，譬如說有一家報紙在報導一次節宴，其中有句話錯誤：「His Highness, the Clown Prince（到會者有呆子殿下）」，到了第二日，該報登文道歉說：錯句應為「His Highness, the Crow-Prince（到會者公雞殿下）」。顯然，這也是錯的。還有一個例子，有一位將軍秉性怯懦，有一位隨軍記者希望採訪他，給他寫信稱他為「this battle-scared veteran（意思是臨戰而懼的將軍）」，翌日他再次寫信致歉說，昨天的話應改為「the bottle-scarred veteran（意思是好酒成癖的將軍）」。這又錯了。據說這些錯誤都是因為打字機中有怪物在搗鬼，這個傳言的寓意那就不屬於心理生理學所涵蓋的範圍了。

講錯話也有可能是受暗示影響。我們來舉一個例子說明，有一位新演員在話劇《奧爾良市少女》中出演一個重要角色，他有一句台詞是：「The Constable sends back his sword（警察局長將劍送回去了）」。在排演的時候，喜歡開玩笑的主角有好幾次對膽怯的新演員說，可以將台詞改為「The Komfortabel sends back his steed（獨馬車將馬送回去了）」。在正式演出時，這位新演員雖然被告誡不要說錯，但可能就是因為受了告誡的影響，他竟然說了那句錯誤的台詞。

對於這些過失的特徵，僅憑分心說無法說清楚，不過這也並不意味著分心說或者注意說就是錯誤的。可能它需要加入某一個環節，那麼它的理論才是完美無缺的。所以，對於許多過失，我們可以從另一方面來考慮。

我們選擇舌誤的例子來進行探究。雖然筆誤和讀誤也有例子可循，但是我們要記得，之前我們曾經所討論的，只是在什麼場所和什麼情況下我們會說錯話，而我們所得出的結論也只適用於舌誤這一點。你也許會問，為什麼只有這個特殊的錯誤，其他的呢？回答這一問題，恐怕要對過失的性質加以考慮了。如果這個問題得不到回答，而過失的結果又無法解釋，那麼即使生理學方面的理論已經提出了，但在心理學方面，它們仍然算是偶然發生的現象。譬如說，我說錯了一個字，我可以用無數的方式說錯它，比如說用1000個其他字代替那個對的，或者將那個對的變成其他的意思。可能發生的錯誤有很多，但是為什麼只會發生這個錯誤，究竟有什麼原因呢？難道僅僅是偶然發生的？這一問題究竟會有合理的答案嗎？

語言學家梅林格和精神病學家邁爾於1895年嘗試過解答舌誤的問題。他們收集了大量的事例，用敘述的手法將之羅列。他們的做法當然不是在解釋，不過可以引導解釋。

第二章 過失心理學

兩人將舌誤分為「倒置」、「預見」、「語音持續」、「混合」、「替代」五種。讓我們舉一些例子來說明。譬如說，一個人本要說「黃狗的主人」，結果說成了「主人的黃狗」，這種舌誤就屬於倒置了。再譬如，一個旅館的服務生給大主教送茶，他便敲大主教的門，大主教問誰在敲門，那服務生一慌張，就說：「我的奴僕，大人來了。」這也可以看做是倒置的一個典例。

語句中的單詞出現的「混合」的情況，就如神父們常說的：「How often do we feel a half-warmed fish within us.」還有的情況是，有人想要說自己「這次是被迫的單相思」，然而卻經常說錯，因為「這次是被迫的」，它就是一個凝縮的例子。至於語音持續這種情況，通常是因為已經說出的語音影響了將要說出的語音的正常發生，譬如說在敬酒時應說「各位，讓我們大家乾杯（auzustossen）來祝福我們領袖的健康」，卻說錯成「各位，請大家打嗝（aufzustossen）來祝福我們領袖的健康」。

有這樣一個例子，議會中有一位議員稱另一位議員為「honourable member for Central

精神分析引論
A General Introduction to Psychoanalysis

Hell（意思是中央地獄裡的榮譽會員）」，他實際上是把hull（機構）說錯成了hell（地獄）；還有一個例子，一名士兵對朋友說：「我希望我們有1000名士兵戰敗在山上」，他是把fortified（守衛）說成了mortified（戰敗）。這兩個都屬於「語音持續」的例子。如何來解釋上述兩例出現的舌誤呢？對於第一個例子，他說「ell」這一音節時，應該是

聖格雷戈里　馬斯特・西奧多里克　捷克　蛋彩顏料繪於木板上 1360年 布拉格國家美術館

教皇聖格雷戈里是教會四位偉大的神學家之一，最偉大的學者型聖人。圖中他一隻手拿著筆一隻手拿著角製墨水瓶正在寫作；在他的上方有一個桌子，下方是他常用的聖典。他表情充滿了睿智，雙手強大而有力。我們彷彿從圖中能聆聽到他那令人驚嘆的聖音。

第二章 過失心理學

從前面的「member for Central」這一短語持續下來的，而第二個例子，則是「men（士兵）」一詞中的「m」音節持續下來而形成了「mortified」。不過這些例子都不常見，現實中「混合」的情況最常見。譬如說，一名男士對一名女士說，能否一路上「送辱（begleit-digen）」她，顯然是說錯話了，「送辱」這個詞是由「護送（begleiten）」和「侮辱（beleidigen）」這兩個詞混合而成的，但是由於男士的魯莽，以致說錯了話。以他這樣的性子，是很難討得女孩子的歡心的。再舉個例子，一位柔弱的女子聲稱自己得了一種無法治癒的怪病（incurable infernal disease），infernal可能是internal的舌誤，internal disease 意思是內病；還有某位夫人說，男性根本就不瞭解女性所有的「無用的」特質（ineffectual qualities），ineffectual可能是affectional（感情的）的舌誤，這些都可以看作是「替代」。

邁爾和梅林格對這些事例的解釋很難說完美，他們認為一個單詞的音和音節的音值有高低之分的，較高音值的音能夠影響較低音值的音。這種觀點明顯是以「少有的預見」和「語音持續」為依據的。對於他們說的這兩種舌誤情況而

貝蒂・弗利丹

貝蒂・弗利丹是女權運動的領袖。1963年由她所著《女性的秘密》一經出版，便成為婦女們「提高了意識」的暢銷書。她於1966年與其他女權主義者一起創建了全國婦女組織，大大提升了婦女法在社會上的地位。圖中的弗利丹正在發表激情演說。

言，即便是音值的高低真的存在，也不會產生什麼問題。實際上，最常見的一種舌誤是「替代」，也就是用一個單詞代替另一個相似的單詞，有很多人認為，只要單詞相似就足以作解釋了。譬如說一位教授在講課時，說了一句話：「我不願（geneigt）評價上任教授的優點。」「不願」實則是「不配（geeignet）」的替代。

不過最普遍最容易引起注意的舌誤就是將應說的話語說反了。這種說反話的情況不是由於音節類似導致思維混亂而造成的，而是大部分人都認為相反的兩個單詞之間必然存在著某種牢固的聯繫，所以在內心裡總是對這些詞有密切的聯想，心中有了一個詞，便會立即想起它的反義詞。譬如說，國會議長在一次會議中準備宣布會議開始，但是他卻說：「各位，由於今天到會者達不到法定人數，所以，我只好宣布散會了。」

所有對其他事物的聯想，都有可能因為像是在搗鬼而引起人們的不快。舉個例子，有一次，工業界領袖、大發明家西門子的孩子與赫爾姆霍茲的孩子結婚，他們請來了著名的生理學家杜布瓦・萊蒙在宴會上做演說。生理學家的演說詞當然是非常動人的，但是在最後大家舉杯祝福新人時，他卻說：「願Siemens and Halske 百年好合。」這導致了

主人家的不滿。因為Siemens and Halsk 本是一家舊報刊的名字,在柏林家喻戶曉,就像倫敦人熟悉Crosse and Blackwell那樣。

所以說,對於語句的類似和音值應當十分在意,對於單詞的聯繫也要予以重視。不過這還不夠,就某一種事例來說,如果我們想圓滿地解答這些錯誤,那就需要將前面所提及的和所想過的內容重新研究一遍。根據梅林格的觀點,任何舌誤的例子都屬於「語音持續」,只是有些舌誤的起源比較遠而已,並非剛說過的語句。如果真是他所說的那樣,那我只能承認我的研究成果沒有任何價值,看來舌誤真的很難被理解。

不過,再仔細研究一些上面列舉的事例,我們會發現一種很有趣的現象。我們一直都在討論,引起舌誤的原因到底有哪些,卻從來沒想過去研究舌誤的結果。如果我們花些時間來研究舌誤的結果,可能會得到這樣一個結論:有些舌誤是一種有意義的現象。也就是說,舌誤的結果其實可以看做是一種有目的心理過程,它是一種有內容和有意義的表示。過去我們只會談論過失或者錯誤,如今看來,過失或者錯誤有時候也是一種合理的行為,它只不過是突然出現,替代了那些人們期望的行為而已。

對於某些事例來說,過失的意義有著明顯的效用。譬如說,國會議長在會議開始時卻宣布散會,我們瞭解了引起過失的原因,就不難揣測議長說話的用意了。他肯定認為人數沒到齊,這次會議絕不會有什麼好結果,還不如痛痛快快地散會。像這樣的過失,它的含義是很容易猜想出來的。再譬如說,一位女士讚美另一位女士說:「我敢說你頭上的這頂漂亮的帽子肯定是你裁成的(cufgepatzt)。」她將「繡成(aufgeputzt)」說成了「裁成」,其實

巴黎婦人 皮埃爾·奧古斯特·雷諾瓦 法國
布面油畫 1874年 威爾士國家博物館

雷諾瓦是法國印象派畫家,圖中的女性有著嬌豔的面容,茂盛而又俏皮的捲髮,畫家完美地抓住了巴黎年輕女性的本質,她帶著時髦、款式新穎的帽子,穿著柔軟的藍色裙子。但依舊能從她的臉上看到忙亂之中的一絲尷尬。

028

第二章 過失心理學

言外意是你這頂帽子是別人做的。還有一個例子,一位婦人素來剛愎自用,一次她跟人說:「我丈夫請醫生為他制訂食譜,醫生說他不需要吃其他食物,只要吃我為他選好的東西就行了。」這種過失,其含義不言而喻。

我們現在假定大多數的過失和舌誤是有意義的,在過去我們沒有關注到過失的意義,但是如今我們必須給予他更多的關注了,至於其他方面只好先退居其次了。先不談生理的或心理的條件,我們應該將注意力轉向關於過失意義以及意向的純粹心理學的研究。那麼,我們現在就要運用這一方法,對於上面提及的過失的事例做更深入的討論。

不過在討論之前,你們要注意另一條線索,劇作家經常利用舌誤或者其他過失來作為藝術表現的手法。這一點說明了劇作家也認為舌誤或者過失是一種有意義的現象,所以他有意地製造過失。劇作家很少會有筆誤,因為這種筆誤會成為劇中角色的舌誤。如果有筆誤,一定是劇作家想運用這種過失來表達一種深層次的意義,我們也可以研究出這意義是什麼,

威廉・莎士比亞 馬丁 雕刻

《威尼斯商人》是莎士比亞早期的重要作品,是一部具有極大諷刺性的喜劇。劇本中主要反映資產階級和高利貸者之間的矛盾。莎士比亞被公認為英國文學史和戲劇史上最傑出的詩人和劇作家,他也是西方文藝史上最傑出的作家之一。他被譽為英國的民族詩人,他流傳下來的作品包括38部劇本、154首十四行詩、兩首長敘事詩和其他詩作。

也許是劇作家是想表示劇中人物正在分心、或者興奮過度、或者太疲勞了。當然,如果劇作家只是表達這層意義,那我們就不需要過於關注了。在現實中過失可能並沒有什麼深意,它只是心理過程中的一次偶然事件,可能僅有偶然的意義,但在藝術上,劇作家卻可以運用文學手法賦予過失一種深意,已達到期望中的藝術效果。所以說,我們要研究舌誤,向語言學家或者精神病學家求助是沒用的,應求助於劇作家。

席勒的著作《華倫斯坦》中第一幕第五場就有一個過失的事例。在上一幕中,少年比科洛米尼護送華倫斯坦那美麗的女兒回到了營地,在營地裡,他向華倫斯坦公爵表示真心擁護並極力主張和平。在少年退下去後,他的父親奧克塔維奧和大臣奎斯登貝格顯得十分吃驚。於是就有了第五場的一段對話:

奎斯登貝格:啊!難道就這樣嗎?朋友,我們就看著他受騙嗎?我們真要他離開我們嗎?為什麼不叫他回來,現在就打開他的眼睛讓他看清楚?

奧克塔維奧:(從沉思中慢慢振奮起來)他已經打開了我的眼睛,我都看清楚了。

奎斯登貝格:你看見什麼了?

029

奧克塔維奧：這該死的旅行！

奎斯登貝格：為什麼這樣說？你到底指的是什麼？

奧克塔維奧：朋友，來吧！我要順著這個不幸的預兆，用我自己的眼睛來看個究竟。跟我來吧！

奎斯登貝格：什麼？我們要到哪裡去？

奧克塔維奧：（匆忙地說）到她那裡去，到她本人那裡去。

奎斯登貝格：到誰那裡去？

奧克塔維奧：（更正了自己的話）到公爵那裡去。來，跟我去吧！

奧克塔維奧本意是說「到公爵那裡去」，然而他卻說成了「到她那裡去」，由此可見他對於公爵的女兒有一種暗戀的情愫。

蘭克在莎士比亞的戲劇中找到了一個更為深刻的事例。這個事例見於《威尼斯商人》中那位幸運的求婚者巴薩尼奧選擇那三個寶器箱的那一場。我給你們讀一段蘭克的評語：

莎士比亞在他的劇作《威尼斯商人》第三幕第二場中所創造的舌誤對於劇作所表達的情感以及敘述手法的靈活性來說，是一種最好的手段。這個舌誤與我的著作《日常生活的心理病理學》中引用《華倫斯坦》一劇中的舌誤很相似，由此可見劇作家對於這種過失的結構和意義有著深刻的理解，而且一般觀眾都能領會到。鮑西亞受迫於她父親的希望，只能靠運氣來為自己選擇丈夫，而她最終也避開了那些她不喜歡的求婚者，而與巴薩尼奧走在了一起。巴薩尼奧是她喜歡的人，在那天他也來求婚了，鮑西亞怕她選錯了箱子，就想告訴他，即便他選錯了，仍然會得到她的愛，可是由於對父親立過誓言，她不能明說。於是，莎士比亞在鮑西亞內心激烈衝突的情況下，對波斯納說了下面的話：

我請你稍等一下！等過了一天或兩天，再來冒險吧！如果你選錯了，我就失去了一位朋友，所以我請你忍耐一下吧！我覺得我不能失去你，這可不是關於愛情的……也許我應該告訴你該如何來選擇，可是我被誓言約束住了，我不能那樣做，但這樣子你很可能選不到我。不過，我一想到你會選錯，我就想違背我的誓言。不要看著我，你的眼睛征服了我，將我分為兩半：一半屬於你，另一半也屬於你……不過我應該說是屬於我自己的，既是我的，當然也是你的，所以一切都屬於你了。

鮑西亞其實是在暗示他，在他選擇箱子之前，她就屬於他了，對他十分愛慕。不過這些話本來是不應該說出來的，所以劇作家就利用了舌誤這種方式來表達鮑西亞的情感，這樣既可以使巴薩尼奧安心選箱子，也可以使觀眾懸著的心鬆弛下來，耐心地等待著選箱子的結果。

大家要仔細研究一下鮑西亞在說的那段話結束時是如何巧妙地將自己說錯的話和更正的話調和，使它們並不抵觸，又如何掩飾其過失的。她最後那句話是：「既是我的，當然也是你的，所以一切都屬於你了。」

第二章 過失心理學

有一些非醫學領域的名師學者,他們曾經因為某種獨特的觀察而發現了過失的意義,所以這些人可算是我們這一學說的先驅了。眾所周知,利克頓伯格是一位滑稽的諷刺家,歌德評價他說:「如果他講了一個笑話,那麼這個笑話的背後肯定隱藏著某個問題,或者解決問題的方法。有一次他諷刺一個人說他常將angenommon(意思相當於『假定』)讀成Agamemnon,因為他最熟悉的就是《荷馬史詩》了。」利克頓伯格說的這句話可算作對讀誤的解釋。

在下一次的演說中,我們將研究劇作家對於心理錯誤的觀點是否合乎情理?

拉奧孔　埃爾·格列柯　希臘　布面油畫　1610年　華盛頓國家美術館

《荷馬史詩》是相傳由古希臘盲詩人荷馬創作的兩部長篇史詩《伊利亞特》和《奧德賽》的統稱。兩部史詩都分成24卷,以古代傳說的口頭文學為創作背景,依靠樂師的背誦而流傳,反映了西元前11世紀到西元前9世紀的社會情況。拉奧孔是《荷馬史詩》中的一個悲劇人物,畫面中的最右邊是兩位身分神秘的人,她們或許是命運三天使,亦或是對希臘國度情有獨鍾的女神,她們帶來了毀滅特洛伊城的不祥之雲。《荷馬史詩》被譽為「希臘的聖經」。

第三章
過失心理學（續）

在上次的演說中我們只是討論了過失的原因和結果，但沒有提及過與影響它的有意行為的關係。我們已經討論過了，對於某些例子來說，過失存在著意義。但如果過失有意義這一觀點能在一個更廣的範圍內成立，那麼對於過失意義的研究將會比對引起過失的條件的研究有趣得多。

究竟如何來解釋心理過程的意義，我們應該有相同的立場。在我看來，所謂的意義就是指心理過程所表示的意向或者意向在心理程序中所占的地位。根據我們所研究的眾多事例，其實「意義」的含義也可以用「意向」或者「傾向」來表述。那麼，到底是由於「意義」的真實存在，還是由於我們誇大了過失的詩意，才使我們認為過失是有意向的存在呢？

我們仍以舌誤作為例子，考察它的多方面的表現，就可以瞭解到，我們所收集的那些事例都有著十分明顯的意義或意向的，尤其是那些將話說反了的事例。譬如說國會議長在致辭時，首句便說「宣布散會」，他這句話不難聽懂，其意義或意向就是他要散會。你可能會說：「他自己要這樣說的，我們只是抓住了他的錯誤。」不過你們不要急於表示反對。你們可能以為散會是不可能的，以為自己知道他要說開會，而不是散會，以為他很清楚他自己的意向，就是要說開會的。如果你們這樣想，那就是忘了我們的目的只是討論過失，至於過失與擾亂過失的意向的關係，留待我們以後再講。你們現在犯了邏輯思維上的「偷換觀念（begging the question）」的錯誤，在討論時隨意處理問題了。

1885年的佛洛伊德

1885年春天，佛洛伊德被任命為維也納大學醫學院神經症理學講師。同年八月份，他在布呂克教授推薦下獲得一筆為數可觀的留學獎學金，之後他便隻身前往巴黎拜在沙可門下學習催眠，並在沙爾彼得里哀爾醫院實習。

第三章 過失心理學（續）

基督使盲者復明　喬其諾·阿塞雷托 義大利 布面油畫 1640年 卡內基藝術博物館

　　畫面中基督將自己的身體俯向農夫粗糙的面部，將自己有力的手指伸向農夫的盲眼。我們從周圍人的神情上就可以看出，基督使農夫的眼睛復明了！從基督的面部表情我們可以看出，儘管讓農夫復明的方法很簡單，但卻不是一件輕鬆的事情，他聚精會神的樣子很像一位高明的外科醫生。畫面明暗的處理，對於基督是恰如其分的。

　　在其他的例子中，舌誤所表示的意義或意向雖然不是所要說的話的反面，不過它的意思仍會呈現出一種矛盾的思想。譬如說上面講過的那位教授，他說了：「我不願（geneigt）評價上任教授的優點。」「不願」是「不配（geaignet）」的舌誤，雖然「不願」與「不配」並非完全相反的單詞，但是這句話所表示的意義已經與教授的初衷大相逕庭了。

　　還有一些例子則說明了舌誤在其所要表示的意義之外又增加了第二個意義，因此那句錯語便像是幾句話的濃縮。譬如說，那個剛愎自用的太太談及丈夫的飲食時說：「他只要吃喝我選擇的食物即可。」這句話的言外意好像在說：「他當然可以選擇自己的飲食，不過他需要吃些什麼，那些食物對他是否有用，最好還是由我來替他選擇。」舌誤經常給人一種濃縮的印象，譬如說，一位解剖學教授在演講完鼻腔的構造後，他問聽眾是否能瞭解，聽眾們給出了肯定的答覆，於是那位教授便感慨地說：「這可真是難以置信。通常真正瞭解鼻腔構造的人，即便是在上百萬人的大都市裡，也只有一指之數……不，不，我的意思是說屈指可數。」他這段話說了那麼多，實際上會被聽眾濃縮成一種

033

精神分析引論
A General Introduction to Psychoanalysis

意義：真正懂得鼻腔構造這一學術的只有他一個人。

在大多數舌誤事例中，它的意義是顯而易見的，但是在某些例子中，它的意義卻很難理解，與我們期望的意義往往不同。譬如說讀錯了一個名詞，或者念出的語音毫無意義，這些事例都很常見。若只以它們所謂依據的，應該可以解答「過失到底有沒有意義」這一問題。不過，如果將這些事例作進一步的研究，可能就會發現這樣一個事實，就是這種過失很容易被理解的。說實話，這些看似很難理解的事例與前面列舉的比較容易理解的事例之間的差別並不是很大。

邁爾和梅林格講述了一個事例，有人問馬的主人馬怎麼了，馬的主人說：「它可是『慘過（stad）』，可能再過一個月（It may take another month）。」那人不明所以，問他什麼意思，馬的主人說，他想起了一件悲慘的事情（a sad business）。原來他是把sad（慘）和take（過）拼湊在一起，就成了「stad（慘過）」。

還有個人例子，一個人在談起一件有爭議的事情時，他說了句：「於是一些事實又開始『發骯（refilled）』了。」其實他的意思是說「發現」這些事實是「骯髒」的，但是他將「發現（revealed）」與「骯髒（filthy）」合併成了「發骯」。

你們是否還記得有一位男士要「送辱」一位素不相識的女士？前面我們透過分析將「送辱」一詞拆解為「護送」和「侮辱」，而現在我們已經不需要去證明我們的分析是否正確了。從這些例子來看，即便是它們表示的意義仍是模糊不清，但基本上是可以將之解釋為兩種不同話語意向的糅合或衝突。不同的是，在第一組的舌誤中，一個意向與其他意向完全排斥，演說者將自己要說的話說反了，而在第二組的舌誤中，一個意向只是歪曲或更改了其他意向，所以就造成了一種混合性字形，它可能有意義，也可能沒有。

現在我們已經理解了多數舌誤的隱義了。如果

方托馬斯 胡安·格里斯 西班牙 布面油畫 1915年 華盛頓國家美術館

胡安·格里斯是一個唯一可以和畢卡索相提並論的立體主義畫家。這幅畫的名字來源於一部恐怖小說的名字，畫中的報紙隨意地變換著顏色，中間還有一個黑黃相間，看起來好像是交通信號燈一樣的神秘幾何體，它同時似乎也在強調這又是一本充滿了恐怖氛圍的懸疑小說一樣，令人毛骨悚然。

第三章 過失心理學（續）

我們明白了一組舌誤的意義，那麼過去不能理解的另一組舌誤現在也可以很輕鬆地領悟了。譬如說以前所講的名詞形式的改變，雖然不見得都是由兩個類似名詞的聯繫而造成的，但是它的第二種意義很容易就能看出來。有些名詞變式並非舌誤所致，也很常見。這些名詞變式經常用於諷刺一個人的名字，這是一種普遍的罵人方式。知識分子和上層人士雖然鄙薄這種方式，但也不願徹底拋棄它，一般是將它偽裝成笑話，當然，這種笑話相當低級。隨便舉一個例子，在過去，法國總統Poincare，他的名字曾被寫成是「Schweinskarre（蠢豬一樣）」。更進一步說，這種諷刺方式還可以用於因舌誤而造成的人名變式，如果這種情況屬實的話，那麼我們就可以解釋那些因舌誤而造成的滑稽可笑的變名了。譬如說，一名議員稱另一名議員為「中央地獄裡的名譽會員（honourable memberfor Central Hell）」，這一變名十分形象，雖然滑稽可笑，但常常令人不快，結果就是會場內安靜的氣氛一下子就被擾亂了。因為這些人名變式明顯帶有諷刺的意義，透

社會棟梁　喬治·格羅斯　德國　布面油畫　1926年　柏林國家博物館

　　格羅斯曾被一次世界大戰的恐慌搞得精神分裂，從他的繪畫作品中，我們可以看到他對整個世界的控訴和整個人類的蔑視。《社會棟梁》是一幅令人感到恐怖的作品，畫面最前端即是社會棟梁的組成，他們腦中充斥著對愚蠢的想法，甚至只是一坨糞便！畫家對他們的厭惡貫穿著整個畫面，作品的名字含有極其強烈的諷刺意味。

過仔細分析我們可以斷定它所蘊含的另一層意思是：「你千萬不要相信，我只是開個玩笑，沒有別的意思，誰要是撒謊騙人，他一定會下地獄。」其他的將一些中性詞拼湊成粗俗的話語的舌誤也適用於上面的解釋。

有些人開玩笑，喜歡將一些中性詞變成粗話，這種現象大家應該都熟悉。有的人可能只是覺得好笑，但是如果你真遇到這樣的事情，你最好去問問那人，這是無意的舌誤還是有意的笑話。

我們好像並沒有費多大的功夫就解答了過失之謎。過失是在一定條件下引起的事件，它是一次重要的心理活動，往往是有兩種不同的意向同時引起或彼此競爭的結果，而且它是有意義的。在解決了這些問題後，你們一定有許多疑惑，那麼我就先來解答你們的疑惑，這樣我們討論的成果才能成為大家共同的信仰。當然，我不想以草率的回答來敷衍你們，讓我們一起來慢慢討論每一件事情。

你們會有什麼疑問呢？可能你們會問我，我們對於舌誤事例的解釋是否可用來說明所有舌誤的事例？還是只能說明少數的舌誤事例？還有，關於舌誤的理論是否運用到其他過失的種類上，如讀誤、筆誤、遺忘、做錯事等等。再其次，興奮、疲倦、注意力不集中等因素在過失心理學中有著怎樣的地位？至於舌誤中互相競爭的兩種意向，有一種是明顯的，另一種則常常隱藏著，那麼我們如何來推斷那種不明顯意向的意義？除了這些問題，你們還有沒有其他問題？如果沒有的話，我就開始回答了。首先我要提醒你們，我們討論過失，不只是想瞭解過失，更是為了探索精神分析的內在規律。所以，我要向你們提一個問題：到底是哪種目的或傾向在干涉心理活動的意向？干涉的傾向和被干涉的傾向之間存在著哪種關係？在我們揭開了過失的秘密後，我們就要開始朝著一個新的研究方向努力了。

你們第一個問題，這些解釋適用於所有舌誤的。我的回答是肯定的。為什麼呢？我們觀察一個舌誤事例，從而發現一種規律，但是我們不能證明所有的舌誤都受這一規律的支配。為了我們的研究目的，前面的那句理論其實並不重要。即使我們所解釋的舌誤事例只是一小部分，但是將得出的結論用來說明精神分析的確是相當有效的，況且，誰能證明我們所解釋的舌誤只是小範圍內的事例呢？第二個問題，對於舌誤的解釋能否用於其他過失？我也可以給予你們肯定的答覆，因為在以後討論筆誤、讀誤等事例時，你們會慢慢信服的。不過，為了演講的方便，我想我們還是先將這個問題暫且放下，等我們充分研究了舌誤後再來討論。

一些專家認為虛幻系統的擾亂、疲倦、興奮、分心以及注意力不集中等情況是心理機制的重要內容，但是這種觀點對於我們來說，會有什麼意義呢？如果過失的心理機制真是上面所說的情況，那麼這一問題便有明確的答覆了。我過去對你們說過，我並不否認上述因素的存在。說實話，精神分析對於其他學科的觀點一般是不會有異議的。精神分析只是對以前的心理生理學知識添加一些新的內容。以前被忽視而現在由精神分析所補充的內容，很可能就是引起事件的最重要因素。那些由於興奮、疲倦、循環系統紊

第三章 過失心理學（續）

兩個弗麗達
弗麗達·卡洛 墨西哥 布面油畫 1939年 墨西哥現代藝術博物館

這是作者本人的自畫像。弗麗達認為自己有兩種個性：右邊的她代表的是墨西哥人，弗麗達穿著傳統服裝，手拿一幅她深愛的里維拉的畫像；左邊的她是她世故的一面，她穿得像一個歐洲婦女，帶著荊棘項鏈與蜂鳥的自畫像。她的心由一根細的動脈線連接。世故的她已透過離婚切斷了她的動脈，血正不斷地從裙子中滲出，而墨西哥的她仍然把動脈綁到前夫的肖像上，這是對里維拉將她視為單純的，對待她如同普通農婦一樣，完全聽他命令驅使的一種抗議。

亂以及注意力不集中而產生的生理傾向，自然能夠導致舌誤，這是日常工作和生活的常見現象，你們一定都很熟悉。然而，即便是我們承認了這些因素又能說明什麼呢？它們並不是引起舌誤的必需條件，一個完全健康乃至正常的人，他也可能會產生舌誤。所以說，生理方面的因素只是次要方面，只能為引起舌誤的精神因素提供一些方便。我舉一個過去使用過的比喻。譬如說，我正在黑夜中一塊僻靜的場地上散步，突然強盜出現在我面前，他搶走了我的錢、我的手錶。當時我沒有看清楚強盜的容貌，所以我在向警察局控訴時說：「黑夜和僻靜搶走了我的財物。」警察局局長就告訴我：「先生，從事實來講，你好像很迷信機械唯物主義的觀點。你控訴的應該是一個沒有看清容貌、趁黑夜和僻靜將你身上的財物劫走、膽大妄為的匪徒。所以我覺得，現在最要緊的事是捉賊，逮捕了匪徒，你還可以領回你的財物呢。」

心理生理的因素包括興奮、疲倦、注意力不集中等，不過它們並不算是引起舌誤的真正原因。它們只是幾個名詞而已，換句話說，它們是一幕門簾，我們需要掀開門簾看清楚裡面才對。所以，我們的問題是，到底興奮或疲倦是由什麼引起的？還有，音值、單詞的類似、某些單詞共有的聯想，都會影響舌誤的發生，他們給予了我們研究過失的一條道路。但是，就算是有這麼一條路，我們就必須一直走下去嗎？最起碼，我們需要一個動機，逼迫著我們沿著這條路走下去。可惜這個動機並不存在。所以說，這些音值和單詞的聯想就和生理因素差不多，只能算是引起舌誤的原因，但卻不能用來真正解釋

精神分析引論
A General Introduction to Psychoanalysis

攔路強盜　薩洛蒙·范·雷斯達爾 荷蘭 布面油畫 1656年 柏林國家博物館

田野上寂靜而凝重，農民在麥田旁悠閒地聊天，還有一隊騎著馬的人趕著牲畜行走在田野的小路上。遠處高聳的教堂提醒我們那裡正在發生一場緊張而激烈的事件。而近處這些悠閒的人們似乎並沒有發覺有什麼不對，在一群強盜的攻擊下，絕望的人們向這邊奔逃，搖曳的大樹似乎也在助興。

舌誤現象。我演說的內容中，有許多字詞都與其他字詞在讀音類似，或者與其意義相反或相同的單詞之間有著密切的聯想，不過我很少會用錯詞。大哲人馮特認為，一個人因為身體疲勞而進入了聯想狀態，那麼心理活動的意向很容易受這一聯想狀態的影響而產生舌誤。這個觀點看起來很有道理，不過未免與人的固有經驗相抵觸了。分析大多數例子就會發現，真正引起舌誤的，並非身體或者聯想方面的原因。

最令我感興趣的是你們的另一個問題：如何來判斷兩種互相干涉的傾向？可能你們不知道，這個問題具有重要的意義。兩種傾向中容易被人認知的，是被干涉的傾向，做錯事的人在事後都會發現它，並承認它。另一種傾向，即干涉的傾向則常受到懷疑。我以前曾說過，這一傾向某些時候也是十分明顯的，只要我們敢於認錯，我們就會在錯誤的結果中發現它的面目。譬如說國會議長把應該說的話說反了，表面上他是準備開會的，然而在他的內心卻想要閉會。如果你能明白這一事例，我就不需要再多加解釋了。對於其他事例來說，干涉的傾向不過使本來的傾向換了個樣子，並沒有將本質的自我表現出來。那麼我們該用什麼方法在一個變式中發現那干涉的傾向呢？

第三章 過失心理學（續）

前面我們對事例中的被干涉傾向進行分析時，運用了許多簡單而有效的方法，為什麼不換個思維這樣想，我們在測定被干涉的傾向時運用的方法，其實也可以用來測定干涉的傾向。譬如說，一個人說錯了話，我們便立刻質問他，那麼他就會說出本來要說的話。馬的主人說：「啊，它可慘過（stad）。不！它可能再過一個月。」我們可以問他為何要說「慘過」，他會說：「我本來想說這是一件悲慘的事情。」在明白錯誤後，他會對說過的話予以修正，這就是干涉的傾向。還有那個說「發骯」二字的人，問他為什麼這樣說，他說他原意是說這是一件骯髒的事情，但是他不想出口成章，就換了另一個詞表示。這種情況，其干涉的傾向和被干涉的傾向一樣明顯。上述的事例以及我對他們的解釋，都不是我或者為我提供材料的朋友捏造出來的，這些都是我精心挑選的。我們應該問那些說話者為什麼會出錯，請他們給予解釋。如果我們不這樣問，他們也許就會忽視這一錯誤而不願去解釋。然而，只要我們詢問了，他們就會將心中最初的想法說出來。你們必須明白，這樣一個簡單的提問以及它產生的後果，就是我們所討論的精神分析的雛形了。

威廉‧馮特

威廉‧馮特，是德國著名心理學家、生理學家，心理學發展史上的開創性人物。他被普遍公認為是實驗心理學和認知心理學的創建人。還有少數人認為，他也創立了社會心理學，因為他在晚年已經不滿足於僅僅研究最基本的直接體驗，而是致力於探索一些更高級的心理活動。

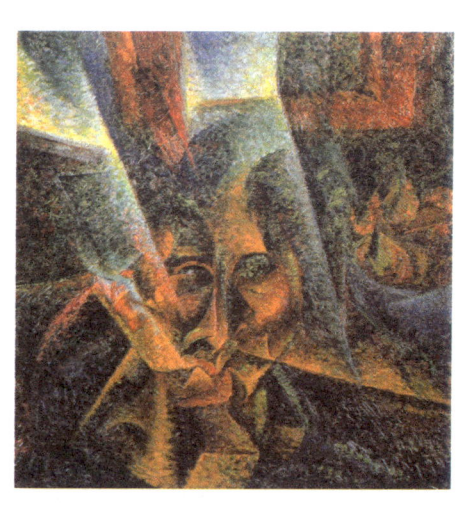

人頭＋光線＋環境　波丘尼‧翁貝托　布面油畫 1912年

畫中的人頭、光線和環境相互影響，相互干涉，旋轉的、片斷的體塊滑過畫面。藍色與紅色的構圖形式裡，冒出一個頭，這是一個只有透過萬花筒才能看到的世界。這幅作品主要表現波丘尼想要與印象相連的複合感覺。

精神分析引論
A General Introduction to Psychoanalysis

　　為什麼現在才和你們討論精神分析，因為我擔心若是一開始就給你們灌輸精神分析的概念，你們不免對它產生抵抗性。你們之前不是想反駁我，說那些出錯者所說的話根本就不可靠嗎？可能你們覺得他們應該滿足你們請他解釋的要求，將他最初的想法告訴你們，不過這錯誤是否是因這最初的想法而起，我們現在還無法證明。也許是這種原因，也許不是，更甚者，他們也許會有另外一種想法，只是沒告訴我們而已。

　　看起來你們有些輕視心理事實了。你們可以這樣想，如果有個人對某一物質作化學分析，他測定出某一成分的重量為多少毫克，然後他根據這個重量，得出了一個結論。那麼，你們是否會認為，一個化學家因為覺得物質中的那一成分會有其他重量，而對他的結論產生懷疑？其實所有人都知道，那一物質成分不會有其他重量，所以，就應該在這一成果的基礎上立刻開始研究出更深入的結論。至於心理事實，大致也是如此。如果某人在被質問時說的是這一想法而不是那一想法，你們就不相信他所說的話，認為他一定有其他想法，那就是你們的錯了。這其實是你們不願意放棄內心的幻想。所以，在心理事實這個問題上，我只能說，我們的觀點是截然相反的。

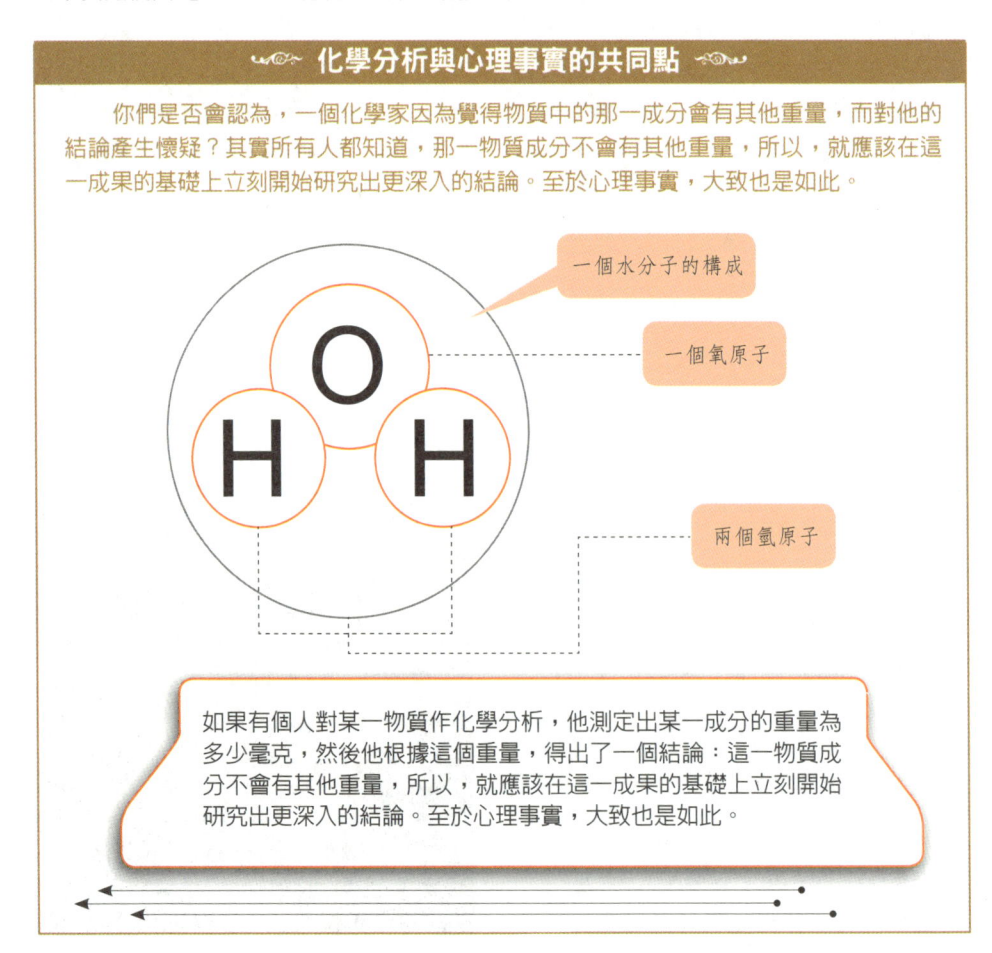

化學分析與心理事實的共同點

你們是否會認為，一個化學家因為覺得物質中的那一成分會有其他重量，而對他的結論產生懷疑？其實所有人都知道，那一物質成分不會有其他重量，所以，就應該在這一成果的基礎上立刻開始研究出更深入的結論。至於心理事實，大致也是如此。

- 一個水分子的構成
- 一個氧原子
- 兩個氫原子

如果有個人對某一物質作化學分析，他測定出某一成分的重量為多少毫克，然後他根據這個重量，得出了一個結論：這一物質成分不會有其他重量，所以，就應該在這一成果的基礎上立刻開始研究出更深入的結論。至於心理事實，大致也是如此。

可能你們馬上有了新的反駁，你們會說：「我們明白精神分析法是一種獨特的手段，能為被分析者解決精神分析的問題。譬如說宴會上的那位客人說，請大家起來打嗝來祝福主人的健康，你說這過失中干涉的傾向是譏諷，與賓客的意向相矛盾，可這只是你的一面之詞，只不過是根據那個與舌誤無關的觀察得來。如果你去詢問那位演說家為什麼說錯話，他一定不會承認他在侮辱主人翁，而且會極力與你爭辯。如果你對於他人的觀點被當事者否認了，難道你還不會放棄你這個無法證明的解釋？」

很好，你們的這次反駁非常有力。我能夠想像，那位我不認識的演說者是個什麼樣子，可能他是首席賓客的助理，可能他是一位年輕的老師，也有可能他是一個有為的青年才俊。而且我也知道，如果我問他剛才的錯話是否不太尊敬主人的情感，肯定會發生一番爭吵。他不僅會不耐煩，甚至暴跳如雷地對我說：「你問得太多了，你要是再問一句，就別怪我不客氣了。你知不知道，你的懷疑足以毀掉我一生的事業，我只是說了兩次『auf』，以至於將anstossen說成了aufstossen，這屬於梅林格所稱的『語音持續』情況，本質上沒有什麼惡意。你只要知道這些就夠了。」他的反應令人吃驚，這的確是一個強有力的反駁啊。我也明白我不應該再懷疑他了，不過如果他的錯誤真的沒有惡意的話，那也用不著反應如此激烈吧。我只是在做一次生理學研究，他根本就不需要那麼憤怒。可能你們不會認同我這一想法，不過你們要仔細想一想，像他這樣的人，應該知道該說什麼不該說什麼吧。

那麼他到底知不知道呢？這恐怕只能是一個疑問了。

你們覺得已經將我駁倒了麼？你們可能會說：「那是你的能力問題了。如果出錯者的解釋與你的看法相符合，你就會說你所懷疑的問題一點兒也沒錯，這可是你自己說的；但如果出錯者說的與你的看法不相符，你就會說他的解釋根本不可靠，請大家不要相信。」

你們說的這種情況非常好，不過我可以舉出一個相似的事例。譬如說在法庭上，被告認罪，法官就相信他；被告不認罪，法官就不相信他。如果不這樣，法律就不能貫徹實施了。當然，這樣做也會有失誤，不過你們應該明白，在大部分情況下這種法律制度是有效的。

又有人在說：「難道你是法官嗎？犯錯者在你面前就成了被告嗎？舌誤在你眼裡就成了罪過嗎？」

你們先不要急於反駁我這個比喻。現在的問題是，關於過失的解釋，我們之間是存在著分歧的，這些分歧我現在還沒有辦法來調解，所以，我提出法官與被告的例子只希望能緩和一些我們的分析。有一點你們必須承認，如果我們對過失的解釋被犯錯者承認，那麼毫無疑問我們的觀點是正確的；但如果犯錯者不願意承認，甚至不願與我們見面，不給我們一個質問的機會，那麼我們就無法獲取直接的證據了。所以，我們只能像法官那樣，利用其他證據來推出我們的結論。法官在審案時，為了還原事實真相，通常都會用間接的證據來證明。雖然精神分析不需要間接的證據來作分析，但在某些情況下

精神分析引論
A General Introduction to Psychoanalysis

審判 　西德尼·諾蘭爵士 澳大利亞 釉彩繪於畫板上 1947年 坎培拉國家美術館

在這場審判中，畫家將描繪的人物克利完全隱藏了起來，避開他的敵人們，在法律和規則的力量的包圍下，克利被他的假面所隱藏。巴瑞法官的表情更為豐富，在畫家眼中，他懼怕這個奇特的罪犯身上近乎神秘的力量。克利獨自站在滿是敵意的法庭上，而陪審團卻在怒視著他，然而，就是這些賦予了他英雄的氣概。在畫家眼中，其震撼的力量完全來自於那個假面。

也可以考慮一下。如果你認為科學涵蓋的只是已經被證明的命題，那你就理解錯了。如果你對於科學有這樣的要求，就太不公平了。實際上，只有那些充滿了權威慾甚至於要以科學教條代替宗教教條的人才會有這樣的要求。如果將科學作為教條來開，那麼真正明白無意的理論只是極少數。科學涵蓋的內容主要是對不同程度的機率的描述。科學家最大的特徵就是，他們在不斷創造能夠接近真理的東西，雖然缺少徹底的證明，但也能將之運用到創造性的工作中。

如果犯錯者不想去解釋過失的緣由，那麼我們該從哪裡去搜集用於解釋的證據呢？我們有兩個資料來源：首先，可以根據那些非過失導致的相似現象，譬如說一個人因舌誤而產生的變式和因故意而產生的變式，雖然都會有取笑之意，但前者屬於過失導致的現象，後者屬於非過失導致的現象。其次，可以根據引起過失的心理情境和過失者的性格以及未犯過失前的思想情感，很有可能過失就是過失者思想情感的反應。通常來說，我們根據一般原則分析得來的過失意義，只能算是一種推測，一種暫時的結論，我們必

第三章　過失心理學（續）

須在以後對過失者的心理情境進行研究，求得證據，有時候還有研究了過失意義的進一步表現後，方能證明我們的推測是否準確。

我們現在只是分析舌誤這種過失，雖然我可以舉出很多例子，但是我恐怕很難給予你們足夠的證據。像那位要「送辱」女士的青年，她其實是很害羞的；而那位聲稱丈夫應該吃喝自己為他選擇的食物的夫人，也許是一位治家嚴謹的主婦。要向你們說明白這些例子真不太容易，我還是再舉另一個例子吧。在一次俱樂部會議上，一位年輕人在發表演說猛烈地抨擊委員會，他稱委員會的委員為「Lenders of the Committee（委員會中的放貸者）」，用「Lenders（放貸者）」替代了「member（委員）」。根據我的推測，當時肯定有一些與放貸有關的干涉傾向在他抨擊委員會時活躍著。後來有人告訴我，原來這位演講者有金錢上的困難，他正準備借貸。依據這一事實，那麼這種干涉傾向就可以被理解為這樣一種想法：「大家在抗議的時候可要謹慎一些，那些委員們可都是借錢給你們的人啊！」

如果讓我講其他過失類別，我同樣可以給予你們一些有間接證據的事例。

如果一個人忘記了某一個熟人的名字，就算他極力回憶也未能想起來，那麼我們可以推測，他一定是對這個熟人沒有好感，所以內心深處不想去記住他。如果我們能瞭解這一層面的意義，就可以討論以下幾種過失的心理情境了

譬如說，Y先生愛戀上了一位女士，然而那位女士並不喜歡Y先生，而且不久，她就和X先生結婚了。Y先生與X先

心臟或記憶　弗麗達・卡洛　墨西哥　1937年　私人收藏

圖片中最為震撼人心的是畫家本人被切斷動脈的巨大心臟，湧出鮮紅的血，象徵她極度痛苦。卡洛的這幅作品完成於里維拉和她的妹妹克里斯蒂娜發生性愛關係之後的兩年左右。圖中卡洛被畫成短髮的模樣，這也預示她與里維拉離婚之後，內心的憤怒和不平，木棒刺穿身體，心臟被挖空，懸浮在空中的一幅，都清楚地顯示出她所承受的苦難和無助感。

043

精神分析引論
A General Introduction to Psychoanalysis

生很早就認識了，並且一直有業務上的往來，然而現在Y先生總是忘記X先生的名字，在需要聯繫他的時候，就要先向別人詢問X先生的名字。很顯然，Y先生的心裡是想將這位幸運的情敵徹底忘掉，永遠也不願想起他了。

再譬如說，一位女士向醫生打聽一個他們都認識的朋友，但是她只記得這位朋友結婚前的姓氏，卻忘記了她結婚後的姓氏。她也承認了，她對朋友的婚事持反對態度的，並且非常討厭朋友的丈夫。

關於名稱的遺忘，在後面我們會有詳細的論述，但現在我們要來關注一下引起遺忘的心理情境。

最常見的遺忘是「決心」遺忘，「決心」的遺忘者通常都有一種與「決心」相反的情感，阻止了「決心」的發生。這不僅僅是精神分析教授的觀點，普通民眾在日常生活中也會察覺出這種情感，只不過他們不願承認罷了。如果一個施惠者忘記了求惠者的請求，那麼即使施惠者道歉了，求惠者的心中也很難會心無芥蒂。求惠者肯定會

看見死靈

這是一幅現實與幻想相結合作品，圖中的裸體女子是畫家年輕時候的情人瑪娜奧・杜巴巴烏，她一個人躺在黑暗之中，她心裡總是疑神疑鬼，畫面中那個詭異、黑色的幽靈就是她幻想的產物，她最討厭的事就是畫家又去妓女那裡，那個幽靈就是她的幻象。

認為，施惠者太忽視他了，他答應了自己的請求，卻一直沒有兌現。所以說，遺忘在工作和生活中，時常會引起怨恨，對於這種過失的意義，精神分析教授和普通民眾之間倒沒有什麼太大的分歧。你們可以想像一下，有一天女主人看到有客人來，卻對他說：「你今天來了，可是我卻忘記了今天的約會，什麼也沒有準備。」或者另一種情形，一位青年要對他的女朋友說，他將他們以前所定的約會全部忘記了，當然，他不會坦然承認的，而是在瞬間編造出種種無法踐約赴會的理由，以至於他現在都沒有給女友任何消息，而實際上這些事實荒謬不可信。眾所周知，在軍隊中，遺忘是不能作為任何藉口求得寬恕而免於懲罰，軍隊的這一規定是被公眾所認可的。如此一來，所有人都會承認遺忘的意義，並且知道那意義是什麼。如果他們能將這種認識運用在其他過失上面，公開承認過失，那麼過失的問題自然就會有一個明確的答案。

在普通民眾的心中，「決心」遺忘的意義是毋庸置疑的，以至於不少劇作家也運用這種過失來表現相似的意義。如果你們看過蕭伯納的著作《凱撒與克里奧佩特拉》，應該會記得，在本劇的最後一幕凱撒離場時，忽然覺得自己忘記了一件重要的事情，並為此而感到不安。後來他想起來了，他沒有和克里奧佩特拉告別。蕭伯納運用這個藝術手法來表現凱撒的自大性格。實際上，凱撒從沒有過這樣的性格，也從沒有這種渴望。追溯歷史事實你們就會發現，凱撒曾帶著克里奧佩特拉共赴羅馬，況且，凱撒遇刺時，克里奧佩特拉和她的孩子還在羅馬，後來才離城逃走。

這些「決心」遺忘的事例所具有的意義都太過於明顯了，所以對於我們的研究目的實際上並沒有很多幫助。我們的目的是要從心理情境中找尋出過失意義的線索，所以我們應該討論一些不易理解的過失，如遺失物品。你們認為遺失物品會引起煩惱，卻絕對不會認為遺失物件也是有目的的。不過我可以舉例說明，譬如說，一名青年遺失了一支他非常喜愛的鉛筆，這支鉛筆是他的姐夫送給他的。幾天前，他收到了姐夫寄來的一封信，信的末尾寫道：「我現在沒有時間和心情鼓勵你去遊手好閒。」隨同書信寄來的就是這支鉛筆。如果不知道這件事，我們很難解釋說他遺失鉛筆是有意還是無意的，不過現在這名青年就不免被懷疑有遺棄贈品之嫌了。這樣的例子俯拾皆是，一個人遺失物品，可能是因為和贈物者吵架不願記起他，也可能是喜新厭舊，想換一個更新更好的。還有損毀或失落物品，也可以是前面的幾種目的。譬如說，一個小孩在他的生日前弄壞

一個像克里奧帕特拉七世（埃及女王）的女人的石灰石頭像 西元前50-30年 工藝品

克里奧佩特拉，埃及歷史上一位極富傳奇色彩的女政治家，她在十七歲便登上王位，她是埃及的最後一個法老，也是最後一個女王。之後不久，她與自己的弟弟——托勒密十三世爭奪王位，後與羅馬大帝凱撒結盟。凱撒被敵人暗殺後，克里奧佩特拉又成了安東尼的情人。

兒童和玩具　凱特・格林納威 插畫

凱特・格林納威是英國維多利亞時代最有影響力的童書插畫家。圖中的兩個小孩，各自拿著自己喜歡的玩具，拉著小車的小孩似乎更喜歡她旁邊小孩手裡的玩具，不知道她願不願意給她玩？

了所有的玩具和衣服，你們會認為這是一件偶然發生的事情？

如果一個人因為遺失物品而甚覺不安，他肯定不會相信他的遺失行為是有意的，不過我們可以從他遺失的心理情境中發現一種暫時的或永遠的遺棄意向。下面的事例會是一個很好的證明。

曾經有一個人給我講述了這樣一個故事：幾年前，我和妻子經常發生誤會。雖然我知道她是一個賢慧的妻子，但是她有些冷淡了，我總覺得我們之間缺少感情。有一次她散步歸來，送給我一本書，她覺得這本書可以使我快樂。我知道她在關心我，我答應讀這本書，不過我對它並不感興趣，一轉身就將它扔到雜物堆中。過了幾個月，我突然想起了這本書，想找出來讀一讀，然而我翻箱倒櫃卻再也找不到。又過了幾個月，我的母親生病了，母親的住處與我家距離較遠，妻子就先到母親那邊看護著她。由於妻子的悉心照料，母親的病情慢慢好轉，最終康復了。我知道這是妻子的功勞，所以對妻子充滿了感激之情。在一天晚上，我回到家中，走到書桌前，將抽屜打開，當時我並不清楚我有沒有尋書的意圖，但是我很清楚地看到，那本我多次找尋而不可得的書竟然出現在我的面前。

沒有了遺失的動機，失物便很快就找尋到了。

這樣的例子，我還可以列舉很多，不過我覺得沒有必要。在我的《日常生活心理病理學》這本書中，你們就可以發現很多有關過失的事例，這些事例都可以證明同一個事實：任何錯誤都是有目的。不過我希望你們還能從這些事例中瞭解該如何從伴隨錯誤產生的心理情境推測或者證明錯誤的意義。在這裡我不想再旁徵博引，因為我們對這些過失現象的研究只是作為精神分析的入門。現在，我對於過失，還有一點要說，就是重複的和混合的過失。我們對於這一點的解釋可透過後面的事例來證明。

重複的和混合的過失是過失中意義最為明顯的。如果我們要證明過失是有意義的，只分析這一過失就足夠了。因為他們的意義便是最愚蠢的人也能瞭解，便是最挑剔的人

也會深信無疑。任何導致重複的錯誤，都是有某種用意的，而絕非毫無根據。至於一種過失轉化為另一種過失，更容易發現引起過失的因素，這種因素不是過失的變式，也不是引起過失的手段，而是利用過失而達到目的一種傾向。可以給你們舉一個簡單的重複遺忘事例，瓊斯不知道為什麼將一封已經寫好的信擱在書桌上數天而沒有郵寄。後來她決定去投遞了，然後卻發現自己忘記在信封上填寫收信人的姓名和地址，故而投遞的時候又被退回來了，等她補填完，再去郵局投遞時，卻又發現自己忘記了貼郵票，以至於

夫妻間的交流

這是一幅18世紀法國後期的一幅油畫，圖中描繪了一對恩愛的夫妻在他們的私人圖書館裡，交流讀書的心得。拋卻城市的喧囂，夫妻間的這種交流無疑是一種讓人羨慕的親密享受。

精神分析引論
A General Introduction to Psychoanalysis

又未投遞成功。後來，她終於承認了，自己隱約有不想投遞此信的意向。

還有一個例子，講的是誤拿了他人的物品然後又把物品遺失。有一位女士和她的畫家姐夫到羅馬旅遊，他們在羅馬的德國朋友盛情接待了他們，還送給了畫家姐夫一枚古色典雅的金章。這位女士因為姐夫並未表示出對這一精緻禮物的喜歡而感到十分不悅。等她姐姐來後，她立即就回國了。她回到了家，打開行李一看，竟發現自己將這枚金章帶了回來，至於如何帶回來的，她一點兒印象也沒有。於是她立刻寫信告訴姐夫說，第二天就會歸還誤拿的禮物，誰知到了第二天，卻發現金章突然不見了，怎麼找也找不到，以至於她沒能如約寄還。後來女士明白自己遺失金章是有用意的，她其實是想將這件禮物據為己有。

你們應該還記得，我之前給你們講過一個遺忘過失的例子。有一個人忘記了一次重要約會，於是第二天，他決定不再忘記，然而他到達約會地點才發現那天根本就不是約會的時間。我有一個朋友，他愛好文學又喜歡科學，他根據自己的經歷告訴了我一個類似的事例。他對我說：「幾年前，我被選為一個文學會的評論員，但當時我以為我可以利用職務之便使我的劇本在戲院公演，由於沉溺於此事，我多次忘記了出席會議。後來，我讀了你對於這一問題研究的著作，我很自責。我認為文學會的人對我已經沒有幫助了，所以我也不再去開會，這樣做太卑鄙了。於是，我決定在下週五的會議上無論如何也要出席，我時刻提醒著自己，而且我最後也去赴會了。可是讓我驚奇的是，我到達會場後，卻發現大門是關著的，而且已經散會了。我才發現，我記錯了開會日期，當時已經是星期六了。」

1906年的佛洛伊德

這張照片是佛洛伊德的兒子為其拍攝的，他在1904年出版的《日常生活中的心理病理學》是他流傳最廣的一本著作。書中主要探討了關於缺陷的心理作用，比如遺忘、失言、筆誤、錯放東西等等。書中揭示了許多看似偶然、毫無意義的行為，以及許多簡單地歸結為「自由意志」的舉動，實際上是人們沒有意識到的隱秘而矛盾的願望所驅使的。

羅馬金章　晚期古董　西元4世紀

這個特別的金章中心，放置著最偉大的羅馬皇帝——康斯坦丁一世，那精湛的鏤空工藝讓人嘆為觀止。

第三章 過失心理學（續）

　　我原本想多搜集些事例，不過現在我需要你們往下討論，你們要看一看那些雖然已有解釋但仍需要最終證實的事例。

　　這些事例的關鍵和我們猜想的一樣，我們不知道甚至無法推測角色的心理情境，所以，我們的解釋只是一種假設，說不上正確和權威。不過後來又發生了另外的事件，而這一事件正好可以用來證實我們的解釋。舉一個例子，有一次我在一對新婚夫妻家裡做客，年輕的女主人為我講述了她最近的一件小事，她說她和丈夫度完蜜月回來後的第一天，她的丈夫便去上班了，她便邀請她的姐姐一起上街購物，在街上她忽然看到了一位男士，便用肘子碰了碰姐姐說：「你看，那是K先生。」天啊，她竟然忘記了K先生就是與她結婚不久的丈夫。當我聽了這個故事，深感不安，但也不敢亂加猜想。過了幾年，那對夫妻離異了，他們婚姻的不幸使我再次想起了那個小小的故事。

　　梅特講過一個故事：一位女士在結婚的前一天，竟然忘記了試穿新婚禮服，以致為她做禮服的裁縫焦急萬分，等女士想起來此事時已經是深夜了，沒機會再試衣了。而女士結婚不久，丈夫就和她離異了。以梅特的觀點來講，她被丈夫離棄和忘記試衣不無關

巴黎街景　居斯塔夫・開依波特　法國　布面油畫　1877年　芝加哥藝術博物館

開依波特是一位被社會歷史學家所創造出來的奇怪的藝術家。他的這幅畫作表現的是1877年的一個下午，一男一女在一個特殊的時刻，手裡撐著傘，行走在一條特殊的街道。光線冷峻、街道冷清、細雨紛飛。

049

精神分析引論
A General Introduction to Psychoanalysis

阿爾諾芬尼的婚禮 楊‧凡‧愛克 布面油畫 1434年 現存倫敦國家美術館

這幅畫向我們揭示了婚姻的真正含義。年輕的新郎用手輕輕地伸向新娘的手，這是一個莊嚴的時刻。水果，忠實的小狗，念珠，沒有穿鞋的雙腳，還有就是掛在牆上一切都在其中的鏡子。所有的一切都是如此的和諧美好，同時也顯示出凡‧愛克作品所特有的可愛的責任感。

係。我也知道一個事例，一位剛與丈夫離異的女士，她在花銷上，經常使用娘家的姓氏簽字，就這樣沒過多久，她本人又被尊稱為「小姐」了。我還知道一些其他女士，他們在新婚蜜月期間遺失了結婚戒指，他們的結婚過程，就是造成戒指遺失的原因。再舉另一個奇怪的事例，德國有一位著名的化學家，在他結婚的那天，他沒有到教堂去，反而去了實驗室，以致於婚也沒有結成，後來，他再也不結婚了。

可能你們會認為這些事例中的過失屬於古人所說的預兆。實際上，預兆就是過失，譬如說失足跌倒，這種預兆屬於客觀的事件，不屬於主觀的行動。不過，你們可能不會相信，要判斷某一事例到底是屬於客觀的事件還是主觀的行為，其實並不容易，因為主動的行為通常會偽裝為一種被動發生的行為。

仔細回顧我們過去的生活經驗，你們也許會發現，如果我們有決心和勇氣將一些過失看做成預兆，並在它的意義還不明顯的時候就將它看做是某一種傾向的暗示，我們絕對可以避免不少煩惱和失望。然而實際上，我們通常沒有這個決定和勇氣，害怕被譏諷為迷信，況且預兆也未必都會變成現實。接下來，我會告訴你們，為何預兆不一定會變成現實。

第四章

過失心理學（續完）

　　我們已經證實了，過失是有意義的，並且以此為基礎來進行下一步的研究。不過我還要聲明一點：雖然我相信有這種可能，但我從不主張所有的過失都是有意義的，實際上根據我們的研究目的，也不需要有此主張。我們只需要證明過失具有普遍意義就足夠了。各種過失的形式有明顯的差異，有些舌誤、筆誤只是生理變化的結果，那遺忘名稱或決心的過失則不是，不過有些遺失物品的事例被認為是無意的行為。不管怎麼說，前面我們分析出的理論只適用於日常生活中的一部分過失，而不是全部。在你們認定某種過失是由於兩種「傾向」互相競爭、互相衝突而引起的心理行為時，你們也必須謹記前面的這條限制。

　　以上所述，就是我們研究精神分析的第一個成果。過去的心理學沒有意識到這種彼此牽制的情況，更不會瞭解是這種牽制引起了各種過失。現在，我們已經擴充了心理現象的範圍，使心理學出現了以前從未認可的心理現象。

　　我們先來討論一下「過失是心理行為」這句話。「過失是心理行為」是否比「過失有意義」的內涵更為豐富呢？我不這樣認為，前一句話比後一句話的涵義更加模糊，或者說更容易引起誤解。凡是在心理活動中觀察到的一切，都可以認為是心理現象，但是如何判斷它是否為一種特殊的心理現象？由於有機體的變化而產生的心理現象，不屬於

魏瑪國際精神分析會議

1911年

站在中間的人便是佛洛伊德，離他不遠，在前排就坐穿著皮草的女性是佛洛伊德的學生、知識界著名的女性——安德列亞斯·莎樂美。他們這群人將向全世界的人們宣布佛洛伊德的各種新發現。

精神分析引論
A General Introduction to Psychoanalysis

心理學研究的範圍，它是一般的心理現象；在心理過程中產生的，並使有機體的某一部分發生一系列變化的心理現象，就是特殊的心理現象。所以，我們說過失有意義，更容易理解一些，過失的意義指的就是它的重要性、意向、或傾向。

有一組現象和過失非常相似，但不能稱之為「過失」，我們通常稱他們為「偶然的或症候性動作」。這些動作沒有動機，也無任何意義，更沒有什麼用處，看起來就像是多餘的。一方面他們不像過失一樣，有第二個用以衝突或牽制的傾向，另一方面，他們又像極了我們平日裡表示情緒的姿勢和動作。這些偶然發生的又沒有明顯目的的動作，包括拽弄衣服、抓撓身體、伸手觸及其他物品或者哼哼哈哈自娛自樂等，基本上屬於可有可無。不過我認為這些動作是有意義的，和過失一樣有同樣的解釋，都應該被視作正常的心理動作，他們都屬於心理過程中的重要表現。不過對於

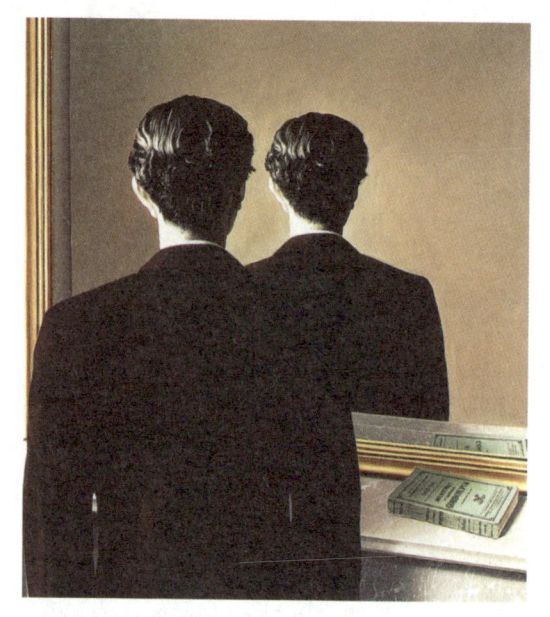

特殊的心理現象（細部） 瑞內・馬格里特 比利時 布面油畫 1937年 博伊斯・范・伯寧恩博物館

這幅圖給了觀眾無以比擬的心靈震撼。我們在平日裡，一般都很難相信自身的現實性，我們到底是誰？在別人眼裡我們到底是什麼樣子的？我們如何才能知道別人眼中的自己到底是什麼樣子的？這幅作品中的男子在鏡中卻異常地看到了自己的背影，這些正是超現實主義的作用，這是我們無法用邏輯思維去理解的。

這些動作，我不想作深入的討論，我們還是回過頭來討論過失吧。因為對於過失的討論可以使許多關於精神分析的重要問題變得很清楚。

我們討論過失，有幾個很有趣卻從未被解答的問題。我們之前說過，過失是由兩種不同傾向互相干涉的結果，第一個是被干涉的傾向，第二個是干涉的傾向。被干涉的傾向不會引起其他問題，而關於干涉的傾向，則有兩個問題尚未清楚。第一就是，那些主動干涉其他傾向的究竟是些什麼傾向？第二個問題，干涉的傾向和被干涉的傾向之間到底存在什麼關係？

我們再以舌誤為切入點來解釋，先回答第二個問題，再回答第一個問題。

舌誤中的干涉傾向，從意義上說，是與被干涉的傾向有關聯。在一些事例中，干涉的傾向往往是對被干涉的傾向的更正、補充或者反擊，不過在某些意義模糊的事例中，干涉的傾向和被干涉的傾向看起來毫無聯繫。

第一種關係可以在已經研究過的事例中尋找到證據。通常來說，凡是將應說的話說

反了的舌誤，其干涉的傾向都是與被干涉的傾向相反的，由此得出的結論是，這一措施是由兩種截然對立的意向互相競爭導致的結果。譬如說，那位議長宣布閉會，他這一舌誤的意義其實是說：「我宣布開會，但是我寧願閉會。」還有，一家時政類報紙被人詬病腐敗，於是它便撰文申辯，在辯文的結尾用了一句話：「讀者應該深知本報素來秉著大公無私的態度為社會服務。」然而受託寫此辯文的編輯卻疏忽大意，將「大公無私的態度」寫成了「最自私的態度（in the most interested manner）」。他這一錯誤的意義，很可能是這樣的：「我不得不寫這篇文章，但是報紙內幕如何，我知道得很清楚。」又如，一位民眾代表要向國王直言進諫，然而他後來見到國王時卻感到惶恐，於是便產生了舌誤，將直言進諫改為了婉言勸告。

上面列舉的事例，第二傾向和第一傾向的關係十分密切，其干涉的作用有更正、補充和引申等。譬如說，一個人要想表述「事情發生了」，然而覺得直說「事情是骯髒的」更好，於是便產生了「事情是發骯的」錯誤；猶如那位生理學教授說：「明白這一問題的人屈指可數，可能更少，真正只有一個人明白，這也很好，算是一指可數了」；還有那位太太說：「我的丈夫可以吃喝自己喜歡的事物，不過你們知道我不會允許他吃

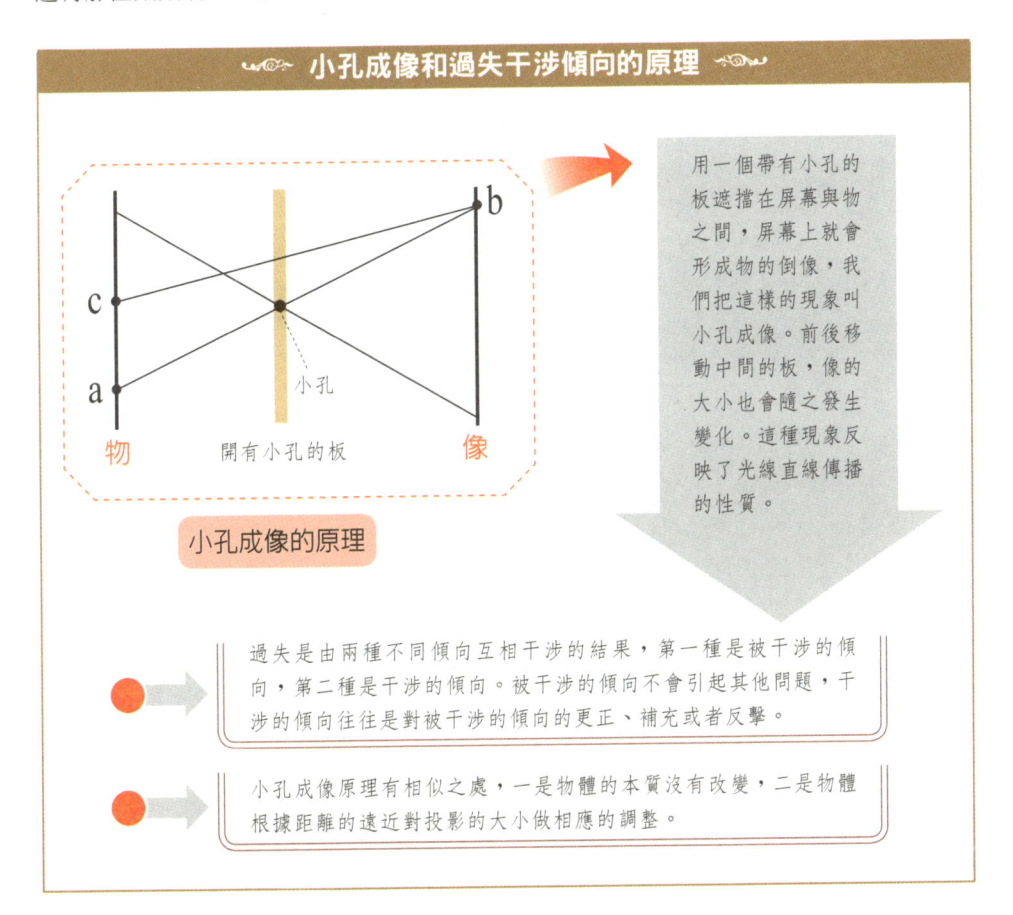

小孔成像和過失干涉傾向的原理

小孔成像的原理

用一個帶有小孔的板遮擋在屏幕與物之間，屏幕上就會形成物的倒像，我們把這樣的現象叫小孔成像。前後移動中間的板，像的大小也會隨之發生變化。這種現象反映了光線直線傳播的性質。

→ 過失是由兩種不同傾向互相干涉的結果，第一種是被干涉的傾向，第二種是干涉的傾向。被干涉的傾向不會引起其他問題，干涉的傾向往往是對被干涉的傾向的更正、補充或者反擊。

→ 小孔成像原理有相似之處，一是物體的本質沒有改變，二是物體根據距離的遠近對投影的大小做相應的調整。

散步 奥古斯特・馬克 德國 布面油畫 1914年 斯圖加特國家美術館

公園裡，人們在悠閒地散步，他們穿戴整齊，卻沒有面孔。只有一位身穿白衣的年輕婦人，她身體微傾似乎在看著什麼，畫家馬克本能中對溫順的本性情有獨鍾，這種溫順的本性可愛並且光芒四射。

其他食物，他應該吃喝我為他選擇的食物」。就這些事例而言，其中過失皆因為被干涉的傾向和干涉的傾向存在著直接而密切的關係。

彼此干涉的傾向，如果沒有關係，那就令人奇怪了。如果干涉的傾向和被干涉的傾向之間不存在任何關係，那麼干涉的傾向到底從何而來呢？它又是在什麼情況下表現出來呢？要解答這兩個問題，就需要我們仔細觀察了。透過對一個人過失的觀察，就可以知道干涉的傾向來源於此人剛才的一種思維，它表現出來時便是思維將要結束了。至於這種思維是否會表現為一種語言，這並不重要。這種思維也可以被視作是「語音持續」的一種，不過不一定是話語的持續罷了。如果是「語音持續」情況下的過失，那麼其干涉傾向和被干涉傾向也會有一種聯想的關係，只是這種關係在過程中是找不到的，所以這至多算是一種勉強的關係吧。

還有一個生活中的事例，這是我自己觀察得來的。我在美麗的多羅密特山遊玩時，邂逅了兩名來自維也納的女士。她們出來散步，我便與她們同行了一段路，在路上我們討論旅途中的快樂和勞頓。忽然一名女士說這種遊歷生活很不舒服，她還說了一句：

第四章 過失心理學（續完）

「天天都要在太陽底下走，熱得外衣……和別的東西都濕透了，這可不是一件快樂的事情。」她在說那句話時，在某一點上略有遲疑。後來，她接著說：「如果有nach hose 換一換……」hose的意思是內褲，這名女士的本意是說nach hause（到我家裡）。我們不用對這一舌誤做分析，因為你們是很容易明白的。其實那名女士是想列舉一些衣服的名稱，如外衣、襯衫、內褲等，然而因為要注重禮儀，所以「內褲」沒有說出來。不過在她說的第二句話中（這是一句內容獨立的話），那個沒有沒說出來的字卻因為音節相似而變成了hause的近似音了。

我們現在可以討論剛才一直沒有回答的第一個問題了，那就是：運用獨特的方式來干涉其他傾向的到底是什麼傾向？宏觀來說，它們的種類很多，而我們的目的則是研究出它們的共同元素。我們以這個目的對眾多事例加以研究，就會發現，它們大致可以分為三種。第一種是犯錯者知道他的干涉的傾向，而且在出錯時也感覺到這種傾向。譬如

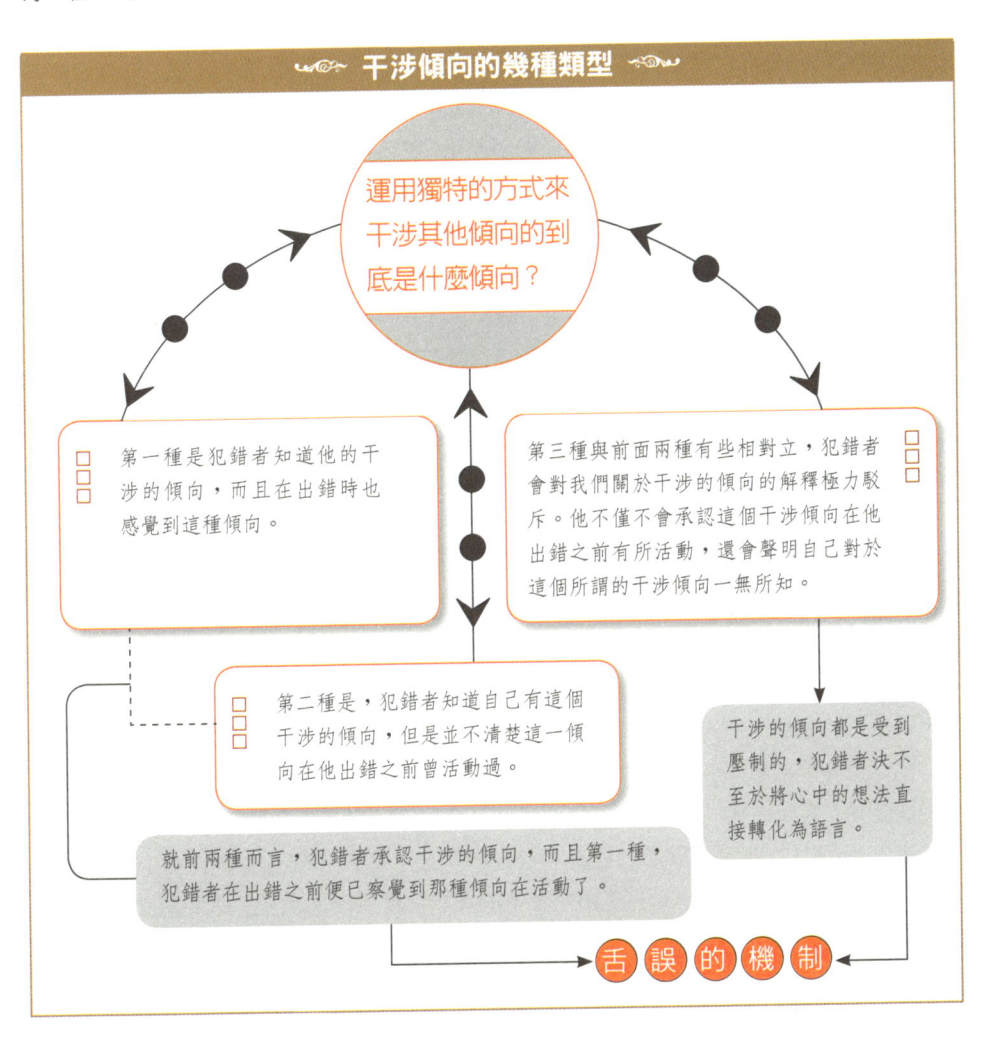

干涉傾向的幾種類型

運用獨特的方式來干涉其他傾向的到底是什麼傾向？

第一種是犯錯者知道他的干涉的傾向，而且在出錯時也感覺到這種傾向。

第二種是，犯錯者知道自己有這個干涉的傾向，但是並不清楚這一傾向在他出錯之前曾活動過。

第三種與前面兩種有些相對立，犯錯者會對我們關於干涉的傾向的解釋極力駁斥。他不僅不會承認這個干涉傾向在他出錯之前有所活動，還會聲明自己對於這個所謂的干涉傾向一無所知。

就前兩種而言，犯錯者承認干涉的傾向，而且第一種，犯錯者在出錯之前便已察覺到那種傾向在活動了。

干涉的傾向都是受到壓制的，犯錯者決不至於將心中的想法直接轉化為語言。

舌誤的機制

說「發骯」這一舌誤，犯錯者不僅會承認他所批評的事情是骯髒的，而且也會承認自己有意這樣說，只是後來又阻止了話說出來。第二種是，犯錯者知道自己有這個干涉的傾向，但是並不清楚這一傾向在他出錯之前曾活動過。所以，他可能會接受我們的觀點，但不免會覺得詫異。相比舌誤，這種態度在其他過失中更容易找到。第三種與前面兩種有些相對立，犯錯者會對我們關於干涉的傾向的解釋極力駁斥。他不僅不會承認這個干涉傾向在他出錯之前有所活動，還會聲明自己對於這個所謂的干涉傾向一無所知。譬如說「打嗝」那個事例，我們在這件事例上的觀點是有分歧的。我向犯錯者說明了干涉的傾向，他便反駁我。我當然不相信犯錯者沒有這種傾向，仍堅持我的觀點，但是你們被他的激情所感動，覺得我應該放棄那一固執的觀點，最好採用過去的心理生理學理論，將他這種過失視作單純的生理行為。你們為什麼會有如此見解，我大概能猜想得到，不過我的觀點有這樣一個假設：如果犯錯者沒有意識到的傾向能透過他的錯誤表示出來，那麼我就可以透過對事物現象的分析而推斷其本質。這個說法不僅僅新奇，它可能有著重大的意義，所以你們難免又要產生疑問了。我能猜想你們的疑問是什麼，而且我也承認你們的疑問是合理的。不過有一點你們要明白：過失說在之前我們已經運用了諸多事例證實了，如果你們非要讓它成為一種合乎邏輯的理論，那麼你們就要去大膽假設、小心求證了，否則，你們剛剛求得的過失說恐怕不得不被放棄了。

現在，我們先將放下爭議，先來分析這三種舌誤的三種機制的共同元素。幸運的是，這共同元素十分明顯。就前兩種而言，犯錯者承認干涉的傾向，而且在第一種，犯錯者在出錯之前便已察覺到那種傾向在活動了。不過，不論是哪一種，干涉的傾向都是受到壓制的，犯錯者決不至於將心中的想法直接轉化為語言，所以他只能是說錯了話；換言之，那不被允許表現的傾向，或者反抗犯錯者的意志，或者改變犯錯者本來意向的傾向，或者與被干涉的傾向聯合起來，或者替代被干涉的傾向，而是自己得到表現的，就是舌誤的機制。

在我看來，第三種的舌誤與描述它的機制是完全協調的，我的假想是，這三種舌誤的根本區別只是在於壓制某一傾向的有效程度不同。就第一種而言，它的傾向是明顯存在的，犯錯者在說話前已經知到了，只是在說話時極力壓制它，雖然被壓制，但是它從錯誤中得到了補償；而第二種被壓制得更早，在說話前，這一傾向就開始被壓制著，不過它仍是引起舌誤的原因。對於第三種舌誤的解釋，更可以簡單化，一種傾向即便收到了長時間的壓制，得不到表現，雖然說話者堅決否認這一傾向的存在，不過我相信，這一傾向仍然能被感知到。如果撇開第三種舌誤，只分析前兩種，你們一定可以得出這樣一個結論：對於說話的干涉傾向的壓制，是舌誤的不可獲取的條件。

現在我們對於過失的解釋已經有了長足的進展。我們不僅知道過失是有目的和有意義的心理現象，而且也知道它是由兩種不同傾向彼此干涉的結果，更知道這些傾向中如果有一個傾向想要透過干涉另一個傾向而得到表現，那麼其本身就必須受到了一些阻遏禁止它的行為。通俗地講，一種傾向只有先受到壓制，然後才能干涉其他傾向。當然

第四章 過失心理學（續完）

聖安東尼的誘惑　薩爾瓦多·達利　西班牙　油畫　1946年　布魯塞爾皇家美術館藏

手中高舉十字架的聖安東尼是本畫的主人翁，他是西元前4世紀時開始修道的聖人，他在禁慾修行的過程中，信仰上曾經受到多方面妄想的考驗。作品中，大象背上手托雙乳的女性從聖杯中竄了出來，聖安東尼為了驅除惡念而高舉十字架，達利為我們構建了一個奇妙的象徵世界。

了，這並不算是對於過失現象的最完美的解釋。不過我們可以引出一個更深入的問題，大致就是，我們知道的越多，出現新問題的機率也就越大。我們心中時常都會有這樣一個疑問：事情的處理為什麼不能更簡單一點呢？如果一個人的內心有一種意向去阻擊另一種傾向不表現出來，一旦阻擊成功，這一傾向就完全沒有了表現的可能，然而阻擊失敗了，那麼這一傾向就會得到充分的表現。過失是一種調解的產物，過失中的兩種衝突的傾向，都會取得部分的成功和部分的失敗。除了少數的事例，被壓制的傾向通常都不會被完全阻擊，不過它也不能按照最初的目的表現出來。根據我們的猜測，這種牽制或者說是調解的發生，先前必有某種特殊的條件，只是這些條件到底是什麼，我們卻無法推測出來。我也不認為只要我們對過失作深入的研究，就能發現這些未知的條件。首先，我們必須對心理活動的這種模糊境界做徹底的研究，只有透過研究而得出的模擬，才能使我們敢於對關於過失的進一步解釋，做出必要的假設。不過有一點你們需要注意，我們在研究過失時，經常依據對某一微小現象的分析，這是非常危險的。有一種心

精神分析引論
A General Introduction to Psychoanalysis

維也納大學醫學院教授群 版畫 1882年

這是維也納大學醫學院的成員，這裡邊有化學、解剖、外科、病理學、精神病醫學等領域的代表人物。佛洛伊德的精神分析研究也是從這裡開始的。

理錯亂叫做綜合妄想症，就是喜歡根據某一微小的現象來解釋一切。我當然不會認為用這種方法得到的結論是對的。如果我們要避免這種危險，那就必須擴大觀察的範圍，從多方面、各樣式的心理活動入手，努力積累許多相似的現象。

所以，我們現在要先放下對過失的研究了。在你們去觀察現象之前，你們要注意一件事：你們必須牢牢記住我們以前用來研究過失事例的方法，時刻將它們當做一種參考。你們從那些事例中瞭解了，我們研究心理學的目的到底是什麼。我們不僅是描寫心理現象並加以分類，也是要將心理現象視作是心與力平衡的結果，它是有著特定目標的某種傾向的表現，這些傾向有的是互相聯合，有的則是彼此對抗。我們應該對心理現象作一種動的解釋，有了這個解釋，那些我們推論過的想像便比我們觀察到的現象有著更為重要的意義了。

我們雖然不再研究過失了，不過仍要對整個問題做一次俯瞰式的觀察。在觀察時，有些我們看到的事實是熟悉的，有些則是陌生的，不過已經不需要再去分析了。對於過失的分類，前面已經列舉了，共有三種，第一種是舌誤、筆誤、讀誤、聽誤等；第二種是遺忘，包括遺忘名稱、遺忘姓名、遺忘決心等；第三種是誤放、誤拿和遺失物品等。總的來說，我們所研究的過失，一般屬於遺忘，一般屬於動作的錯誤。

前面我們已經討論了舌誤，不過還要再添加一些內容。有些帶感情的小錯誤也屬於舌誤，這相當有趣。人們的普遍心理是，自己說錯了話往往沒有注意，如果有人提醒，他也不願意承認說錯了話，然而聽到別人說錯了話，他卻毫不客氣地指出來。實際上，舌誤是有傳染性的，當別人發生舌誤時，自己也經常會跟著說錯。對於這些瑣碎的小錯誤，我們很容易就發現其背後的動機，但是卻很難知道隱藏在其心理過程中的性質。譬如說，一個人由於受到某一個音節的干擾，將長音發成了短音，在他意識到錯誤後，不論其有何動機，通常都會將後面的一個短音發成長音，透過製造一個新錯誤來彌補上一次錯誤，或者是另一種情況，將雙元音「oy」或「ew」發成了單元音「i」，然後說話者便將後面的單元音「i」發成「oy」或「ew」。這種行為似乎都有這樣一種含義：不願意聽的人認為說話者疏忽了本國的語言習慣，而作為補償的那個錯誤則是要引起聽的人對

第四章 過失心理學（續完）

於前面錯誤的注意，並表示自己認識到這一錯誤。一般來說，最常見最簡單而最不重要的舌誤，都是由於語音的濃縮或提前發出。譬如說，長句說錯，一定是由於後面那個要說的字影響了前一個字的發音的結果。這種舌誤會讓人覺得說話者對這句話不耐煩，甚至不願意說它。我們似乎到達了一條分界線，一條精神分析的過失論和一般生理學的過失論的分界線，而這條分界線十分模糊。根據我的假設，在這些事例中，干涉的傾向要反抗那些要說的話，不過我們只知道干涉傾向的存在，卻不知它有什麼目的。它所引起的擾亂，由於語音的影響，或者聯想的關係，都可以看做是注意力不集中時所說的話的結果。不過這種舌誤的目的並不在於分散注意力，也不在於引起一種聯想的傾向，而在於干涉原來傾向的存在。由於上面講的事例與其他的舌誤有很大不同，我們無法從它的結果推測出它的性質。

接下來我們開始討論筆誤。筆誤的機制和舌誤一樣，所以對於筆誤，我們提不出什麼新的見解，至多是給過失的理論稍微添加一些知識。筆誤中那些普遍存在的小錯，譬如將後面一個字甚至最後一個字提前寫出來，通常表現出書寫者不喜歡寫字或者缺少耐心。至於那些明顯的筆誤，則往往表明了干涉的性質和傾向。通常來講，我們在讀信時發現了筆誤，就會想到作者在寫信時內心不夠平靜，不過我們當然猜不出其中的緣由了。因為筆誤和舌誤一樣，經常當事者自己都很難發現。下面這一事實非常值得我們來分析，有些人習慣在發信前將書信重讀一遍，而有些人則不這樣做，不過這些不重讀的人偶然重讀一遍他們寫的信，通常都會發現信中有很明顯的筆誤並加以更正。這該如何解釋呢？從表面上看，他們似乎知道了自己寫信時寫錯了字，但是我們能相信是這麼一回事嗎？

實際上關於筆誤的意義還有一個有趣的事例。你們應該還記得殺人犯H的事。他冒充細菌專家，從科研院盜取了一種極度危險的病菌，用來殺害那些他憎恨的人。有一次，他寫信給科研院的醫生，控訴他們的培養菌沒有什麼效力，卻把字寫錯了，他本意是說：「在我試驗老鼠和豚鼠（Mausen

四色畫框一號　羅伯特　美國　丙烯和石墨繪於畫布上　1983年　私人收藏

　　萬事萬物都具有統一性和連貫性。畫家在作品中乍一看似乎不知道他想要表達什麼，但他卻是真誠的。他希望我們不要看事物的表象，而是要注重事物的本質。這是一種純粹的藝術創造。這幅作品看似不像一個整體，卻沒有發現這四塊分離的板塊被一條連續的、橢圓的細線組織在一起，這條線強有力的將不協調的四塊圖形組成了一個整體。

059

精神分析引論
A General Introduction to Psychoanalysis

und Meerschweinchen）時」，卻誤寫成了「在我試驗人類（Menschen）時」。這一筆誤曾引起了院內醫生的關注，可惜他們並沒有從中推測出什麼結論。你們對此事有什麼看法呢？如果那些醫生們將這一筆誤認作是口供而仔細偵察，可能就會發現殺人犯的犯罪意圖並及時破獲，那不是一件天大的好事？這個事例已經說明了，如果不瞭解我們所研究的過失論，那就會導致嚴重的後果。不過，雖然我們對殺人犯的這一筆誤有所懷疑，可是如果真將他當做犯罪口供也的確有些反應過度了。實際上，任何事情都是相當複雜的，筆誤當然算是一種可循的跡象，但是僅以筆誤作為偵察的理由是不夠的。我們可以由筆誤判斷出寫信者有害人的意圖，卻不能確定這種意圖究竟來自於一種害人的明確計劃，還是只屬於一種不切實際的幻想。而且，即便我們有這樣的懷疑，當事者可以用充足的主觀

神父的聖壇　聖·安布羅斯 米夏埃爾·帕赫 奧地利 約1480年 布面油畫 慕尼黑聖壇畫陳列館

四位神父之中，聖·安布羅斯可能是最具吸引力的神父。畫面中他擺出一副正在寫字的姿勢，兩隻手上各拿了一支筆，面帶微笑聆聽聖音。他兩隻手可以同時書寫，這也是中世紀可以成為大學問家的有力證明。

理由來否認這種意圖的存在，然後斥責我們的想法是無稽之談。等到後來我們討論心理現實與物質現實的區別時，你們就可以瞭解這各種的可能。雖然我們對於筆誤還不能有徹底的判斷，不過前面的事例再一次證明了過失是有意義的。

　　讀誤的心理情境是有別於舌誤和筆誤的。在讀誤中，其兩個彼此干涉的傾向有一個被感覺性的刺激所替代，可能會缺乏堅持性。一個人所讀的內容不是他心理活動的產物，也不同於他要寫的東西，所以在大部分的事例中，讀誤都是以一個字完全替代另一個字的，而這兩個字除了字形相同外，通常沒有任何關連。思想家利希滕貝格以「Agamemnon」替代「Angenommen」的例子可算是讀誤中的典型例子。如果想去探索引起讀誤的干涉傾向，你們可以撇開全文而將以下兩個問題作為分析研究的切入點：第一個是，對於讀誤的結果（即替代進去的字）進行聯想時，內心所產生的第一個想法是什麼？第二個，讀誤在什麼情況下才會發生？一般地來說，解答了第二個問題就足夠對讀

讀書的女孩

讓-奧諾雷‧弗拉戈納爾　法國　布面油畫　1776年　華盛頓國家美術館

　　畫中的女孩長著小巧的鼻子，即便是她的側面也是一副很可人的模樣。頭上繫著一條暖色的絲帶，身上亮色的絲衣，將她襯托的更加動人。她手裡拿著一本《聖經》，但她的表情所傳達給我們的訊息，好像她在讀詩歌或小說一樣。

精神分析引論
A General Introduction to Psychoanalysis

一個倦怠的讀者在閱讀　法國 油畫

　　閱讀是一件令人愉快的事情，畫中描繪一個慵懶的讀者在讀書。她的屋子充滿了東方的異國情調：最為顯眼的就是那一排日本特色的面具，還有武士用的武器和女士的雨傘。19世紀90年代，日本與世界各國開始貿易交流，其中最主要的是家具、服裝和外國式的假髮。

誤做出解釋了。譬如說，一個人在陌生的城市中旅遊，一次逛街時覺得尿急，於是他在一棟樓房的二樓上看見了一間屋子的門上掛著寫有「Closethaus（便所）」的牌子。不過他開始懷疑為何這個牌子會掛在這樣一個樓房上，後來他才看清楚了，原來牌子上的字是「Corsethaus」。對於其他過失的事例來說，如果本意和錯誤在含義上沒有什麼聯繫，那就必須詳加分析，不過這種精神分析，要有訓練精熟的技術和堅定不移的信念才有可能會成功。至於對讀誤的解釋，通常用不著這麼麻煩。就「Agamemnon」這個讀誤來說，根據它所替代的字不難推測出引起讀誤的心理過程。還有，在這次歐戰中，我們經常會聽到城鎮或將軍的名稱以及軍事術語，以致我們在看到類似的字樣時，往往就會誤讀成某城鎮或某將軍的名字或者軍事名詞。當我們接觸到那些不感興趣的事物，往往以心中所想的事物替代，思想的影子遮住了我們的新知覺，因此便很容易發生讀誤了。

有時候所讀的材料也會引起一種干涉的傾向，從而產生誤讀，將原文中的某些字改為相反的字樣。如果你強迫某人讀他不喜歡的文章，那麼分析研究將會證明他的每一個讀誤都起因於他對這篇文章的厭惡。

對於前面所講的那些讀誤事例來說，他們由於比較常見，容易理解，以致組成過失機制的兩個要素並不明顯。這兩個要素是什麼呢？第一就是兩種彼此干涉傾向的衝突，第二是一種傾向被壓制後便以發生過失作為補償。當然，不是所有的這類矛盾會發展成為讀誤，但是與讀誤有關的意向的衝突可要比讀誤之前所承受的壓制要明顯得很。由於遺忘而產生過失的種種情況，則可以很容易觀察到其中的兩大要素。

「決心」的遺忘，通常只有一種意義。對於這種意義的解釋，一般人也會承認，前面我們已經討論過了。干涉「決心」實行的傾

一個祈禱的人 莫雷托·達·布雷夏 義大利 布面油畫 1545年 倫敦國家美術館

這幅畫可能是畫家當時為一個家族墓地的教堂所創作，畫中的男子正在祈禱，也許他想對這個神聖而私密的時刻留一個紀念。從他的眼神中，可以看出，他決心接受神的指引，指引他走向天國。

精神分析引論
A General Introduction to Psychoanalysis

摒棄物欲的決心 弗朗西斯科‧德‧蘇巴蘭 西班牙 1635年 布面油畫 倫敦國家美術館

聖徒懷著虔誠之心跪在上帝的面前，金色的光芒照亮了他的長袍，我們能清晰地看到他衣服上的補丁還有破爛的衣袖，和粗糙的腰帶。所有的這些都是在暗示，他這一生要與貧窮為伴，摒棄一切物欲的決心。

向往往是一種反抗的傾向，是一種不情願的感情。這種反抗的干涉傾向是毋庸置疑了，我們只需要來分析它為什麼不用一種明確的方式表示出來。對於這種傾向不得不保密的動機，根據我們的推測，通常是這種意思：當事者很清楚，如果他明確將這種反抗傾向表示出來，那麼必將受到譴責，但如果運用過失這種方式，不僅可以免受指責，而且一般都能達到目的。不過，假如一個人在決心實行之前，心理情境發生了很大的變化，以致他覺得沒有必要實行決心了，那麼，雖然他忘記了決心，但卻不屬於過失的範疇。很簡單的原因，既然用不著記憶，忘記也就理所當然了。而這種記憶就會被暫時地甚至永久地消除了。只有決心在應該實行時沒有被取消，忘記決心，才算是一種過失。

通常來講，忘記決心的事例千篇一律，很容易使人看明白，以致很難引起人們研究的興趣。不過，研究這種過失，還是有兩點可以增長我們的知識的。之前已經說過，決心遺忘的發生，必然有一種反抗的傾向，這種觀點是對的，不過透過更進一步的研究，我發現這種「反抗意向（counter-will）」分為兩種：直接的和間接的。直接的傾向就是我們前面討論過的，那麼什麼是間接的呢？可以用幾個事例來加以說明。譬如說施惠者沒有將求惠者推薦給第三者，可能是他對於這位求惠者沒有什麼好感，所以不想為他引薦，這也可以解釋為施惠者不想幫助求惠者。不過，真實的情況可能複雜得多。施惠者不想引薦，可能另有隱情，也許與求惠者無關，而是他與第三

者關係不太好。所有說，在現實生活中，你們可不要隨便使用你們對於遺忘的解釋。雖然施惠者已經詳細解釋了他的過失，不過求惠者極有可能因為多疑而冤枉施惠者。又如，一個人忘記了某個約會，最常見的原因就是，他不想和約會的人見面，不過如果對事例詳加分析，可能會得出另一種解釋，就是干涉的傾向於約會的人無關而是與約會的地點有關，約會的地點給予了他痛苦的回憶，所以他不願意去那裡。再譬如說，一個人忘記了投遞書信，也許忘記的反抗傾向與信的內容毫無關聯，或者信的本身並沒有

獻給無名畫家 安塞爾姆‧基弗 德國 1983年 匹茲堡卡內基藝術博物館

畫家創作這幅作品的初衷是為了紀念那些在二戰中被人遺忘的畫家或是其被毀壞的作品。畫面的前景充斥著一片烏黑和焦黃，還有那血紅的土地，這幅作品中，畫家加了一種會自然腐爛的稻草，表現時間的流逝；還有那個大墳墓，是拼貼而成的，也是對痛苦的一種諷刺。畫家用這種方式就是希望人類能遺忘這種曾經的痛苦和邪惡。

什麼危害,之所以被放置不理,是由於寫信人聯想到了過去的一封信,而這封信引起了使他感到憎惡。所以,我們可以這樣說,過去那封令人憎恨的信使得他對如今這封沒有任何危害的信也產生了厭惡之感。總之,我們在對某事件運用我們的解釋時,必須要慎重考慮。要知道,心理學可以解釋的事件,在實際生活中通常還有許多其他的意義。

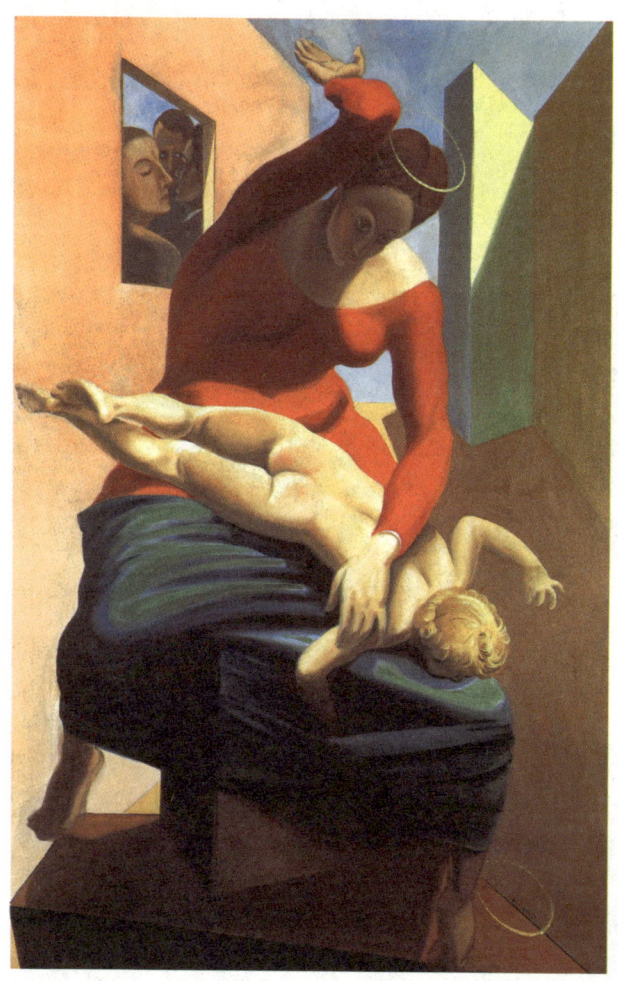

如果真是如此,你們可能就會變得疑惑了。也許你們會認為間接的「反抗意向」可以用以證明當事者的過失是病態的,不過我要告訴你們,實際上在健康的和常態的範圍也可以遇見這種過失。還有一點,你們不要以為我剛才所講的,是在承認我們的解釋是不靠譜的。過去我講過,忘記實行決心,這其中就有多種意義,不過這只是針對那些沒經過分析只是根據一般理論加以解釋的事例而說的。如果對事例中的人作細緻的分析,那麼那種反抗的傾向究竟是直接的還是間接的,就可以很明確推測出來。

現在我們講第二點:假設我們已經透過對大多數事例的分析研究而證明了「決心」遺忘是由「反抗意向」的干涉而產生的,那麼即便是被分析者堅決否認我們關於有「反抗傾向」存在的解釋,我們也必須堅持自己的觀點,而不再懷疑。舉幾個常見的遺忘事例,如忘記還書、忘記還錢。我們可以肯

對聖教的反抗 恩斯特 德裔法國畫家 油畫 1926年 科隆路德維美術館藏

這是恩斯特最具有衝擊力的作品之一。他曾參與達達主義和超現實主義社團活動,他的這一作品一經展出,即被印上了褻瀆神明的烙印,使得他最後被逐出教會。畫中他對傳統宗教提出了挑撥性的反抗,他在作品中用維納斯責打丘比特的情景,構成了這幅暴力且不安定的畫面。

第四章 過失心理學（續完）

定地說，忘記還書或者忘記還錢的人，他一定有不想還書或還錢的意圖。雖然他一定會否認，但是他卻不能對自己的行為做出合理的解釋。所以，我們可以告訴他有這種意向，只是他自己沒有察覺到，不過忘記這一過失已經將這種意向暴露了。也許他還會極力為自己辯解，說自己僅僅是遺忘而已，這種情況我們過去經常遇見，所以你們也不必再與他爭論了。對於過失的解釋我們已經用了很多事例來證明，如果我們現在要將種種解釋引申為邏輯理論，那麼就得假定人們根本不知道自己有多種能導致重大後果的傾向。不過我們這樣的做法免不了和一般心理學以及普通民眾的觀點發生衝突了。

至於遺忘名稱、外國人名或外國文字等，同樣也是由於和這些名詞直接的或間接的互不融合的傾向。前面我列舉了多個實例

理查德·耶茲夫人　吉爾伯特·斯圖爾特　美國

吉爾伯特·斯圖爾特被認為是美國最著名的肖像畫家之一。對我們來說，我們更多的是欣賞畫家精湛的繪畫手法，還有他獨特的風格。但是理查德·耶茲卻是一位商人的妻子，對這位商人來說她的名字很重要，因為其他人是替代不了的。

來說明直接的反抗意向，實際上針對這種情況，間接的反抗意向更常見一些。不過要解釋這種間接的傾向，就需要細心的分析了。譬如說這次歐戰，我們被迫放棄了許多娛樂活動，所以我們對於名稱的記憶，都因受到一些與我們風牛馬不相及的名稱的影響而妨害了記憶力。像我曾經記不住畢森茲鎮（Bisenz）的名字，實際上，我對這個城鎮沒有直接的厭惡，只是因為我曾在奧維多的畢森支大廈（the palazzo bisenzi）度過一段愉快的時光，而畢森茲和畢森支在發音上相似，我就慢慢淡忘了這個名字，在想起這個小鎮時常會記起畢森支大廈。對於遺忘名詞的動機，最初我們應有這樣一個原則（這個原則在神經症症候的發生上有極為重要的作用）簡單來說就是，與痛苦情感有關的事物，回憶起它便會引起痛苦，所以一個人的記憶便會極力反抗對此事物的回憶。這種避免痛苦的傾向，其實就是遺忘名詞以及其他過失的最終目的。

實際上，用心理生理學的觀點來解釋人們對名詞的遺忘是最合適的，因為遺忘的發生，未必都存在一種避免痛苦的傾向。根據我的研究，一個人若有遺忘名詞的意向，不

精神分析引論
A General Introduction to Psychoanalysis

達爾文 工藝品 1881年

查爾斯・羅伯特・達爾文，英國生物學家、博物學家，達爾文早期因地質學研究而著名，而後又提出科學證據，證明所有生物物種是由少數共同祖先，經過長時間的自然選擇過程後演化而成。到了1930年，達爾文的理論成為對演化機制的主要詮釋，並成為現代演化思想的基礎，在科學上可對生物多樣性進行一致且合理的解釋，是現今生物學的基石。

僅是出於此名詞的厭惡，也不僅因為此名詞令他想起不愉快的過去，還因為此名詞會使他聯想到一些熟悉的事物。此名詞被固定在某一具體位置上，客觀上從未與其他事物產生聯繫，然後由於人們有記住某一名詞的意向，就在主觀上將它們聯繫在一起，由此而造成的聯想反而使人更快地遺忘此名詞。如果你們瞭解了記憶系統的結構，就不會對這種情況感到疑惑了。對於這一解釋，最好的事例就是人的名字了。一個人的名字，對於不同的人來說有不同的意義，譬如說提奧多這個名字，對大多數人來說並無任何意義，但是對於他的父母、子女、兄弟、朋友來說，其中的意義卻非常特殊。根據我的分析，你們當中有一部分人肯定不會遺忘這個名字叫提奧多的人，不過另一部分人可能就會覺得這一名字應當用來稱呼自己的親友，所以對這個叫提奧多人便有些忽視了，以致很快就忘記了他。如果這個由聯想引起的牽制和痛苦作用下的牽制以及間接的反抗意向相符合，那麼對於名詞遺忘的原因，你們就知道其實也是十分複雜的。不過，若是我們對這些事例作深入的研究，也是可以解開這些複雜的原因的。

相比名詞的遺忘，經驗和印象的遺忘更能表現出一種明顯的避免痛苦的意向。不是所有這類遺忘都可被稱為過失，一般來說，如忘記了剛發生過的事情或者忘記了某一件重要事情中的一個細節這些非常規、不合理的遺忘，才可被稱為過失。到底我們如何會對過去失去印象，特別是那些對我們很重要的往事，譬如說兒童時期的遊戲。如何來解釋遺忘，雖然避免痛苦或引起聯想的傾向都會產生遺忘，但他們只是眾多原因中的兩個。避免痛苦的回憶也能產生遺忘，這在前面已經被證實過了。這個原因被許多心理學家所注重，甚至生物學家達爾文。達爾文明白這一點，所以他謹慎地搜集了與他學說相對的觀點，以免以後需要參考時忘記了這些東西。

有些人聽到避免痛苦的傾向會引起遺忘這一見解時，便忍不住會反駁。根據他們的說法，痛苦的回憶才是最難遺忘的，因為痛苦的回憶，如曾經遭受的打擊和恥辱，通常不會受主觀意志的支配，他們講述的事實是對的，但他們的觀點卻站不住腳。人的內心其實就是兩種對立動機互相擾亂互相競爭的地方，換一種說法就是，心靈是由兩種相反的意向組成的。如果出現了一種新的傾向，則會立刻出現另一種與之相反的傾向，而且兩者是完全並存的。關於這兩種傾向，最大的問題就是：他們到底是什麼關係？

遺失和誤拿物品不僅有多種意義，而且還會表現出來多種動機，我們可以饒有興趣地討論這種遺忘。遺失是所有這類遺忘事例中的共同目的，不過它們的理由和動機卻不

第四章　過失心理學（續完）

盡相同。一個人遺失了物品，可能是此物品已毀壞，可能是他想換一個新的，可能是他已經厭倦了此物品，也可能他厭惡此物品的贈送者，更可能是他不想記起獲取此物品的情形。一般來說，不僅是遺失物品，損毀物品也可以表示相同的目的。根據有關研究顯示，在我們的社會中，私生子通常都比正常家庭的孩子要虛弱，這與幼兒園對老師們對孩子的教育方法無關，而是他們對於獨生子不夠關心才造成了這種結果。同樣的解釋也適用於對物品的保管。

遺失一個物品，與它是否失去價值無關，即便此物品仍具有原來的價值，然而主人可能會有一種想法，丟棄了它就可以避免更大的損失了。根據我的觀察發現，現在還是很流行這種棄物消災的方法，而且我們對於物品的損失也是出於自願。還有，洩憤或者自罰，也是遺失物品常見的動機。總的來說，物品的遺失，其動機是數不勝數的，不能單一而論。

不論是誤拿物品，還是行為出錯，實際上都是為了達到一種不合理的目的，而且都是採用偶然發生錯誤這種方式，這和其他的過失是一樣的。舉個例子，我的一位朋友由於某種原因被迫乘火車去農村探望朋友，實際上他很不情願，所以在一個站口換車時，他竟然鬼使神差地坐上了返程的火車。還有，一位旅人想在某處休息一會，可是他已經和人約好了見面，必須馬上趕路，於是他便撥慢了手錶，並最終耽誤了約會。又譬如說過去我的一位患者，基於他的病情，我建議他在住院期間不要和妻子通電話。有一次，他本想打電話給我，誰知卻撥錯了號碼，打到了他妻子那裡。上述例子都十分明顯地表明了行為出錯的意義。現在我為大家講述一個工程師的告白，透過他這一事例你們會深切明白損毀物品的意義了。

「我在一所中學工作時，曾和幾名同事主動參與了關於彈力的實驗，基本上每天都待在實驗室中。然而想不到的，等到我們過了計劃的時間，這一實驗遠遠沒有完成。有一次，我和同事F來到實驗室準備工作，他突然說自己家中有許多事情要處理，他不能繼

返程的火車　插畫

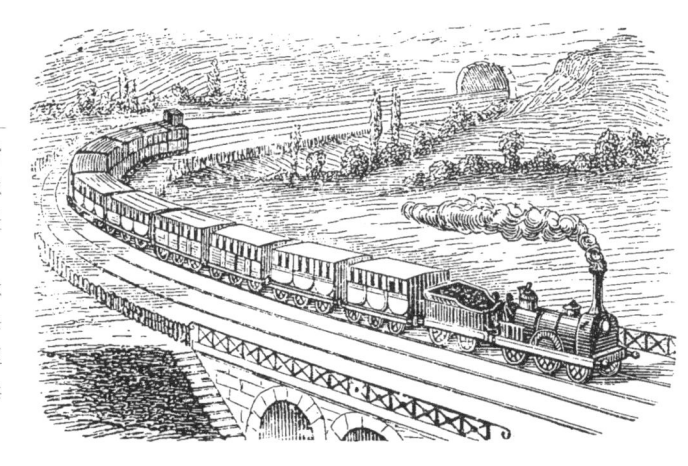

一個人如果不願意違背他人的意願，最終還是會強行執行自己的意願。即便是踏上了去看望他人的火車，最終還是會順從自己的意願，踏上返程的列車。實際上都是為了達到一種不合理的目的，而且都是採用偶然發生錯誤這種方式。

精神分析引論
A General Introduction to Psychoanalysis

隨時停止的機器

人們總是想「事遂人願」，有意想讓事情發生，但又不敢主動去做，沒想到卻在無意間發生了，這是過失心理的表現。過失大都是必然的，其實都是由潛意識的慾望造成的。就像文中的機器一樣。

續在實驗室待下去。我理解他這話的意思，對他感到同情，於是我開玩笑地說，最好這機器像上星期一樣，再壞一次，那麼我們就可以停工休息了。事情是這樣的，在我們幾名同事中，F是負責管理壓力機的閥門，他需要做的工作就是打開閥門，使儲藏器中的壓力慢慢進入水壓機的氣缸內。組長站在水壓計旁邊，在壓力適中的時候，就大喊一聲：『停止！』這時F就將閥門向右旋轉，將儲藏器關閉。由於儲藏器內的壓力全部灌入了壓力機內，連接管承受不住，就有一個突然破裂了。當時這件事並沒有造成什麼危害，而我們則幸運地提前回家。後來我們有一次聊天提起這件事，不過F已經想不起那天我對他開的玩笑了，而我卻記憶猶新。這讓我覺得那次的事故中他的操作行為絕對是有意的。」

當你們明白了這一點，也許你們就開始思考家裡的傭人打破東西到底是有意的還是無意的，一個人使自己受了傷到底是有意的還是無意的。你們可以對一切產生懷疑，而且你們的懷疑都可以透過分析研究來證實的。

以上我所講的，都可以歸為過失心理學，實際上我對它的解釋並不夠完美，它還有很多問題尚待研究和解決。不過，如果你們能夠聽明白我的演講，並且決定為了接受這種新的學說而稍微改變自己的信仰，那麼我會非常高興，至於那些沒有解決的問題，留待以後再說吧。因為僅憑對過失的研究，不能解釋一切，在後面我們會結合其他的理論來進行研究。過失是普遍存在的有意義有價值的現象，它不是一種病態的現象，人們從日常工作和生活就能觀察得到。這就是我們對於過失的基本解釋。還有一個問題一直沒有為你們解答，在演講結束前我給你們指出來，你們問過我：「如果根據對這眾多事例的分析研究，人們對過失有了充分的瞭解，他們已經意識到了過失一種有意義有目的現象，那麼他們還要反對精神分析的解釋，而仍將過失看作是一種無意義的、偶然的現象？」

對於你們這個問題，你們肯定希望得到我的解答，不過我並不打算作任何解釋。因為我希望你們不必藉助我，自己去領會理解，那麼你們最後會得到正確答案的。

第二卷

夢

　　在這一部分，佛洛伊德夢論的傑出貢獻在於，他首次提出了夢的心理分析的假說，分析了夢的象徵性及活動方式，指出了夢對瞭解精神病因的意義。這一點，可以與巴甫洛夫對夢的生理機制的分析相媲美。夢的部分是精神分析理論體系形成的一個重要標誌。

第五章
初步的研究及其困難

　　我和我的同事布洛伊爾已經發現，神經症患者所表現出來的種種幻想都是深埋於下意識之中，如果能使其將幻想說出來，那麼患者就有痊癒的可能。所以，基於這種發現，我們創造了精神分析法。我們透過這種治療方法與患者溝通，讓他們談自己的幻想，而我們察覺，他們的很多幻想都來自於夢。這不由得讓我們懷疑，是否夢有一種特

尋找道路　傑克·巴特勒·耶茲　愛爾蘭　布面油畫　1951年　柏林愛爾蘭國家美術館

這是一幅精神分析的圖畫，畫家的一生都在畫馬，他喜歡牠們身上的忠誠和牠們奔跑的速度。畫面中的這匹馬是他的幻想，他想著自己也許就是這匹馬，也許就是這匹馬的主人。這種情境下的畫家，是感覺不到自己力量的存在的，他正和這匹風馳電掣般的駿馬一同向前奔去。

殊意義？

　　精神分析法的程序是先讓患者說出他們的幻想，包括夢，然後再研究種種幻想的意義。不過，我這次的演講卻要反過來講，先為你們闡述夢的意義。不僅是因為研究夢是研究神經症的基礎，也不僅因為夢本是就是神經症的一種症狀，還因為普通人也會做夢。夢是一種普遍存在的現象，所以我們研究起來有很多便利。基於夢的普遍性，我們基本上可以透過對普通人的夢進行分析研究就可以求得我們所需要的一切知識了。

　　和過失一樣，夢也屬於精神分析的研究範疇。不過夢和過失一樣，雖然普遍地存在，但也普遍地被忽視，大多數人都認為他們毫無價值可言。而且，相對於過失，夢的研究更不被認同。對於過失的研究，它只是被忽視而已，不過一經發現，通常都會被立即更正。有人和我說，我們應當去研究更為重要的事實，而不是研究無關緊要的過失，然而透過我們前面的討論，對於過失的研究實際上是有很大的收穫，而且我相信它也將慢慢地為世人所接受。對於夢的研究可就不同了，在大部分看來，研究夢毫無意義，而且是一件可恥的事情，因為夢的意義根本不屬於科學範疇，只有神秘主義者才會對它感興趣。在精神病學和病理學中，如腸胃炎、慢性咽炎等許多重要的病症等著醫生去解決，他們怎麼還會有心思和時間去研究夢這種無聊的東西呢？夢是虛幻縹緲的，它不是一種社會事實，根本就不值得去研究。

　　還有一個問題會成為研究夢的阻礙，那就是夢的不確定性。人的幻想通常是很明確的，譬如說一個人說：「我是救世主耶穌。」其幻想的內容是明白無疑的。可是夢卻不是這樣。不論是哪個人，他都很難將自己的夢完整地敘述出來。即便他可以敘述一個大概，但是恐怕他自己都不能拍胸脯保證所說的一定是真實的夢境，絕對沒有更改或者增刪。實際上，一個人對於自己所做的夢，一般只能記住其中一些微小的片段，而這些微

夢　巴勃羅・畢卡索　西班牙　布面油畫　1932年　紐約岡茲收藏館

　　畫中人物是畢卡索始終鍾情的一個人物——瑪麗・瑟雷斯。她曾經深深地吸引著畢卡索，並且隨後將自己的一生都交給了畢卡索。作品中，畢卡索將瑪麗的臉部切成兩半，但依然不能阻擋她那如月般的美麗和柔弱的氣質，整體就如夢一樣。

精神分析引論
A General Introduction to Psychoanalysis

女人和一條白狗　盧西恩·佛洛伊德　德國　布面油畫　1951-1952年作　英國倫敦塔特陳列館收藏

此畫的作者是奧地利精神分析學派的心理學創始人佛洛伊德的孫子，畫中的女人是畫家的第一任妻子凱瑟琳和一條英國種的大狗斜靠在一沙發上。畫家用柔和的白色筆調來畫，使畫面顯得簡單，也略顯蒼白。

小的片段，是不足以成為心理學家或精神分析教授用以研究或治療的根據。

不合理的批評很難服眾，那些諷刺科學家研究夢的人，實際上他們的觀點處於一種極端。曾經有人認為過失微小、無關緊要而否認研究過失的意義，但是我們可以用「因小失大」的道理來解釋。對於那些聲稱夢的內容根本無法明確的言論，我們的反駁是：任何事物都有它的特點，這種特點是我們無法掌控的，而夢的特點就是它的不確定性，而且，有些夢的內容還是可以明確的。在精神病學的研究對象中，有許多其他事物同樣具有不確定的特點，譬如說強迫症和臆想症，但是同樣有許多在社會上享有聲譽的專家來對它們進行研究。舉個例子，我以前治療過一位臆想症患者，她是一位女士。她是這樣向我訴說自己的病情的：「我最近精神狀況很不好，心中總是有一種幻想，我似乎以前殺害過一個生物，好像是一個小孩，哦，不，應該是一條狗，當時我似乎是將他從橋上推了下去，哦，也可能是用其他方法。我記不清楚了。」

雖然由於夢的不確定性，人們很難記清楚夢的內容，但是我們在對夢做分析研究

第五章 初步的研究及其困難

時，大可不必糾結於此，只要我們將人們說出來的所有內容定為真實的夢境就行了。當然，可能他有忘記的，可能他對夢的內容做過更改或增刪，不過我們用不著考慮這些。

　　任何一個人都不應該忽視所做的夢，認為它沒有價值。根據我的研究，人們所做的夢，不論是幸福的，還是悲慘的，它經常會在醒後還持續影響著人們的情緒，有時會長達一天。而根據醫學家的觀察分析，神經症患者的精神錯亂以及幻想等症狀，很多都來自於夢境；還有，歷史記載表明，古人的許多偉大功業都是因夢引起的。不過，在當今社會，包括科學家在內的大多數人都有輕視夢的心理，這其中的原因，我的看法是，由於古人十分重視夢的意義，而致使了崇尚科學的現代人去反對它。眾所周知，還原歷史事實是一件異常困難的事情，沒有誰可以對某一歷史事件做出明確的判斷，不過有一件事我們可以很清楚地知道，那就是，古人和我們一樣都會做夢。我們已經做過考證，

印第安的占卜儀式

　　古人認為夢具有重要的意義和重大的價值，他們將夢看做是未來的預兆，圖中的男女正在表演一個美洲本土的祭祀舞蹈，這些舞蹈在許多部落文化中有著重要的地位。他們有求陽光的，有求雨的，也有向神祈禱的，也有占卜的，也有祈禱豐收的，圖中在桿上的人頭像應該是部落已經去世的成員，這個人能夠給這個部落帶來驕傲、和平和繁榮。

古人認為夢具有重要的意義和重大的價值，他們將夢看做是未來的預兆，所以，古希臘人和東方的中國人一樣，每逢對外征戰時，隨軍一定會有一個解夢者，這就和現在出征肯定會帶偵察員以刺探敵情差不多。最著名的就是古希臘的帝王亞歷山大，他每次出征，都要將全國最有名的解夢者帶在身邊。譬如說有一次他率軍進攻泰兒城，當時地處海島的泰兒城防禦非常堅固，屢攻不下，以致亞歷山大大帝有棄攻之意。不過一個夢改變了他的想法。在某天晚上，他夢到一個半獸人在他面前瘋狂地跳著舞，醒來後他就召解夢者為他解釋此夢，解夢者說這表明我們很快就會破城了。亞歷山大大帝大受鼓舞，翌日便下令繼續攻城，最終在經過了一個慘烈的戰鬥後攻陷了泰兒城。在古希臘羅馬時期，伊特拉斯坎人和羅馬人喜歡用各種方法占卜未來，而解夢術就是其中最著名最流行的，受到社會各階層的推崇。據傳生於阿德里安帝時代的阿爾特米多魯斯寫過一本關於解夢的書，可惜此書今天已經失傳了。在我們這個時代，夢已經被人們完全忽視，而解夢術也已經退化，個中原因我也不清楚。不過，科學的進步絕不是解夢術退化的原因，因為在歐洲黑暗的中世紀，比解夢術更荒謬的事物都被保存了下來，而解夢術決不至於被人們丟棄。有一個可以明確的事實就是：在過去的上千年裡，人們對於夢的興趣逐漸消退，以致對夢的研究被看做是迷信，所以這種活動只被保留在那些思想未開化的人群中，而解夢術則只能被用於解釋那些在夢中抽的彩券號碼。不過另一個事實是，現代的科學經常會涉及到對夢的研究，當然，它的動機僅在於對心理生理學觀點的證實。根據醫學家的見解，夢並不是一種心理過程，而是物理刺激在心理上的反映。譬如說賓茲在1876年對於夢的解釋，他說：「夢是一種毫無意義、不合常規的物理過程，它並不像靈魂不朽等學說一樣，具有永久的生命力，它只是一種短暫的過程。」還有海洋學家莫里，他認為所謂的夢就是一個舞蹈家在瘋狂地跳舞，而且這種舞蹈雜亂無章，與人們的協調性運動完全相反。古人對於夢也有一種解釋，他們認為夢的內容就像是「一個不懂音樂的人在運用他那不靈活的十個指頭在鋼琴的鍵盤上胡亂彈奏所發出的聲音。」

　　以上列舉的「解釋」，實際上是對夢的意義的闡述，不過前人解夢，通常不會談及夢的意義。譬如說在馮特等近代哲學家的著作中，他們只是分析了夢境與現實思想的區別，透過這種比較來貶低夢的價值；他們認為夢境與現實沒有聯繫，在夢境中人類的知識會慢慢消失，他們會失去批評能力，至於其他的能力也會減弱。又如現代科學對於夢的研究，也只是為我們提供了一點點知識，那就是人們所受的物理刺激會影響夢的內容；還有，挪威作家福爾德曾用兩大卷書的內容討論對夢的研究成果，然而其全部內容總結成一句話就是，睡眠時的姿勢變換會對夢也會有影響。不過，前人的這些解釋，已經可以為我們對夢的研究提供借鑑了。現在的問題是，如果我們真去研究夢的意義，那麼正統的科學界會怎樣評價我們？當然，批判是難免的，不過我們仍然會堅持實驗，決不退縮。我們已經研究出過失是有意義的，那麼夢為什麼不能有意義呢？現代科學很少去研究過失的意義，實際上它是普遍存在的。所以我們研究夢的意義，最好以古人的觀點，像古時的解夢者一樣去做研究吧。

睡眠姿勢對睡眠的影響

睡眠姿勢是睡眠過程中特有的肢體語言，是受意識控制極少的下意識動作，所以它為我們傳達出的訊息一般不具有欺騙性，可以真實地反映人們的心理狀態。

胎兒式睡姿

這是人們最常見的一種睡姿。這種睡姿的人會將自己的身體蜷縮成胎兒式，這一類型人大多外表堅強，但內心敏感。當他第一次遇到別人的時候，通常都比較羞澀，但是一會兒就放鬆了。

→ 胎兒式 ←

原木式睡姿

側躺入睡，同時兩個胳膊就在身體兩側。這種睡姿的人容易相處，喜歡成為人群中的一員，信任陌生人，不過容易上當。

→ 原木式 ←

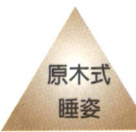

嚮往式睡姿

採用側躺，並且兩個胳膊放在前面睡姿的人，據認為天性開朗，但是可能會多疑，並有一點憤世嫉俗。他們往往不容易下決定，但是一旦決定了就很難回頭。

→ 嚮往式 ←

士兵式睡姿

平躺著睡覺，胳膊就放在身體的兩邊。採用這種睡姿的人，一般比較安靜和隱忍。他們不喜歡大呼小叫，但是對自己和別人都要求很高。

→ 士兵式 ←

平趴式睡姿

平趴在床上，胳膊放在枕頭周圍，臉轉向一側。採用這種睡姿的人，往往是喜歡社會活動的傲慢的人，他們不喜歡批評和極端的處境。

→ 平趴式 ←

海星式睡姿

平躺著，但是手臂放在枕頭旁邊。採用這種睡姿的人往往能成為好朋友，因為他們總是願意傾聽別人的話，或者在別人需要的時候伸出援手。他們往往不喜歡成為關注的焦點。

→ 海星式 ←

精神分析引論
A General Introduction to Psychoanalysis

首先我們要做的，就是確立我們的研究方向，確定夢的含義。什麼是夢？真的是很難給它定義。不過大家都熟悉夢，心中應該有一個大致的概念，所以也不需要為它下定義。我們要做的，就是去發現夢的特點。夢境無所不包，每個夢境都是獨一無二的世界，那麼任意兩個夢境之間有沒有什麼共同之處呢？如果我們能找出所有夢的共同之處，或許我們就能發現夢的特點了。

我們可以很容易地想到夢的第一個共同之處，那就是睡眠。夢屬於睡眠中心理活動，這和我們清醒時的活動相似，不過也有區別。亞里斯多德對夢的看法是，夢與睡眠的關係可能更為密切。這其中的關係需要我們以後詳加研究。有時候我們在夢中會突然被驚醒，而當我們醒來時，腦海中仍有夢的痕跡。這似乎表明了，夢境不僅存在於睡眠

回歸娘胎

人的一生有1/3的時間處於睡眠階段，那麼我們就是有1/3的時間仍處於娘胎之中。睡眠就像是一種脫離人世或者回歸娘胎的生活，雖然它變得很模糊，但是卻很溫暖，而且不受外界的影響。有很多人睡覺的時候都喜歡蜷縮成一團，就像在娘胎中一樣。不知你們每天早上醒來的時候都有重獲新生的感覺？

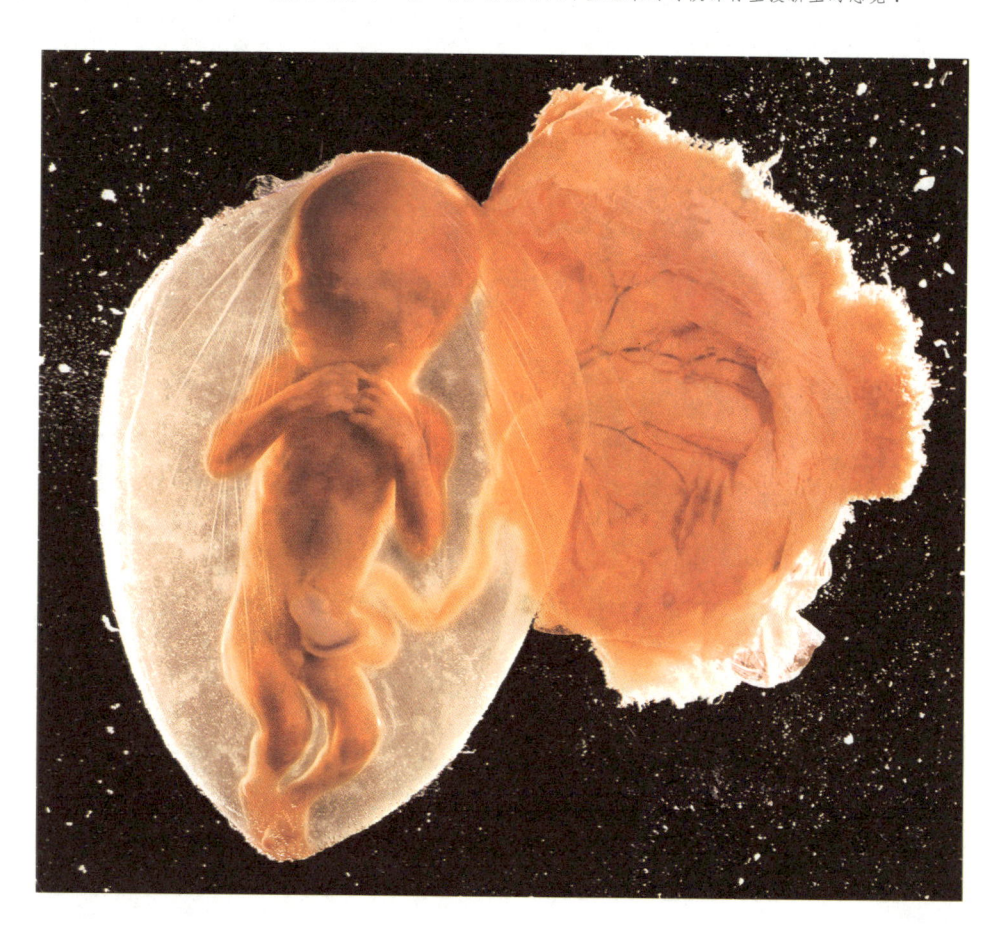

中，也存在於清醒的時候。不過，我們應該先來關注睡眠。這就產生了一個問題：我們該如何來理解睡眠呢？

心理學不研究睡眠，它屬於生理學或生物學範疇。不過如何給睡眠下一個科學定義，至今科學家們還存在有諸多爭議。睡眠有一個與心理有關的特性還是被廣泛認可，那就是：人們之所以睡眠，是他對現實生活失去興趣，不願再參與現實生活了。換句話說，如果我對現實生活感到厭倦，我就去睡眠，睡之前，我也會對現實生活說：「我要睡覺了，不要打擾我了。」不過那些不知疲倦的孩子們關於睡眠的話可能與我們恰恰相反，他們會說：「我不累，我不想睡覺，讓我再玩一會兒。」對於睡眠的目的，生物學的觀點是蟄伏，而心理學的觀點是對現實失去興趣。可以這樣說，人們處於現實生活中，有太多身不由己，但又不能完全與現實生活隔離，所以只好暫別一會兒，他們才能忍受。睡眠就像是一種脫離人世或者回歸娘胎的生活，它雖然很模糊，但很溫暖，而且獨立於世，不受外界影響，而我們在日復一日的重複著這樣的生活。很多人在睡眠的時候都習慣蜷曲成一個球狀，這和他們在娘胎中的樣子很相似。我們每日一般都有8小時的睡眠時間，以這個情況來說，我們的人生有1/3仍處於娘胎中。你們每個人每天早上醒來時是否覺得自己像是獲得了新生？我們說夢醒時分，通常都有這樣的含義：「我們重新來到了這個世界。」基於這種觀點，或許我們對於新生嬰兒的看法是錯誤的，我們認為一個新生命來到了這個世界，但是嬰兒可能就不覺得，可能他覺得自己只是度過了一個漫長的睡眠。所以，在我們對新生嬰兒祝福的時候，應該說：「歡迎你看見了世界。」

如果上述所說的特性就是睡眠的本質屬性，那麼夢就和睡眠毫無關係，倒讓人覺得在睡眠中夢是多餘的。我們通常都有這樣一種觀點：如果睡眠中沒有夢，那麼醒來時會覺得睡得很舒服、很充足。所以我們在睡眠中，都在努力克制內心不要胡思亂想，一旦存在心理活動，那麼我們的睡眠就無法獲得一個安靜的情境，而是會有夢，這些夢就是對那些殘餘的心理活動的反應。這樣看來，似乎夢就沒有什麼意義了。過失有意義，因為它是人們清醒時的活動的一種表現，而夢存在於睡眠中，實際上人們的心理活動已經停止了，它只是對一些亂突亂撞的殘餘的反應，這其中真的會有什麼意義嗎？即便是有意義的，人們已經入睡，它的意義對於人們又有什麼用？由此我們可以得出這樣一個結論，夢是一種被人們無法控制的心理活動存在於睡眠中的產物，或者之前所說的，是物理刺激所引起的心理現象。夢是對人們殘餘心理活動的反應，它影響了人們的睡眠，所以並不能歸入精神分析的範疇。所以說，我們現在就應該放棄對夢的研究了。

然而我們可以這樣做嗎？雖然夢似乎沒有意義，但它是一種存在無疑的現象，而且它也有許多尚未被解開的疑問，為什麼我們不嘗試對這些疑問加以解釋呢？既然夢是對殘餘心理活動的反應，那麼為什麼心理活動不完全停止呢？這個問題就值得我們去做一番研究。也許是有些意念人們無法控制，也許是一些物理刺激對心靈影響太深，以至於心理不得不對他們持續反映著。所以說，夢就是睡眠中對於某種刺激的一種反應方式。從這一觀點出發，我們大概就可以對夢做出解釋了。首先我們要做的，就是研究在各種

精神分析引論
A General Introduction to Psychoanalysis

各樣的夢中，都是由於什麼刺激影響睡眠，以致產生了反應的夢。透過這種研究，夢的第一個普遍特性就可以被我們獲得。

夢的普遍特性究竟有幾個？這個目前沒有確論。不過它還有一個特性我們可以感知到，但描述出來不是很容易。人在睡眠中的心理活動和清醒時的心理活動是完全不同的。在夢中，我們相信我們所看到的、所聽到的、所做的一切事情，然而它們實際上只是對刺激的反應。而夢對刺激的反應，主要表現為圖像，當然我們也會感覺到聲音、情感等，不過很少。所以，我們常說敘述夢境難，就在於我們要把夢中虛幻的圖像轉化為現實中的語言，而這些圖像往往是模糊的。我經常聽到有人說：「我說不清夢見了什麼，但是我能把它的大概畫出來。」這話很好地印證了夢的模糊性。我們在夢中的經歷和在現實中的經歷，最大的區別不在於情商的降低，雖然在夢中我們常常表

無憂無慮的沉睡者 雷尼‧馬格利特 比利時

馬格利特是20世紀比利時最傑出的超現實主義畫家。這幅作品中的人好像睡在一個木箱子裡邊，他夢裡所見到的東西都一目瞭然地呈現在觀眾面前。看著睡眠者安詳的樣子，感覺不到他夢境的存在，但這些殘留的碎片一定是他心理活動的反映。

現出低能。它們最大的區別是一種本質的區別，不過我們現在無法指。心理學家費希納在過去也說過夢中的生活和現實的生活是截然不同的。雖然我們無法賦予這句話以更深的意義，不過它是最先令人明白，夢是一種奇妙的幻象。前面我們將夢的內容比作是一個音樂外行在隨性彈奏鋼琴，實際上這並不完全準確，因為每一個音調都是琴鍵的反應，它有現實基礎，只是最後沒有奏成樂曲而已。關於夢的第二個普遍特性，夢境與現實不同，雖然我們無法瞭解更多，不過應當時刻謹記。

你們是否對夢的其他普遍特性感興趣，不過要令你們失望了。我已經做過大量的

觀察分析，然而再也不能發現第三個了。不過透過分析，我卻知道了夢的眾多不同之處，比如說夢的長短，夢境的清晰程度，夢中情感的多少，對於夢的記憶深淺。這所有的不同我們在夢中是感覺不到的，需要我們在現實中細心去思考。先說夢的長短，有的夢時限很短，往往只有一個圖像或者一種情感，甚至只有一句短話，有的夢歷經的時間較長，而夢的內容也是豐富而複雜的，人們的經歷可以貫穿一件事情的始終。夢的清晰程度也有很大不同，有些夢條理分明，就和現實中的經歷一樣，所以人們醒來時很容易想起夢的內容，並知道自己做了夢，而有的夢則非常模糊，內容也是雜亂無章，醒來時根本就記不起自己夢到了什麼，甚至會懷疑自己是否做夢了。即便是同一個夢，也會有部分內容清晰，而另一部分模糊混亂。一般來說，相對清晰的夢境，它的內容都是連貫順暢，甚至含有神奇或滑稽的意象，而那些模糊混亂的夢，往往充滿了荒謬、怪誕等內容。在夢中，人們常常會因為某一圖像而觸動情感，他們可能會悲傷，以致落淚，可能會恐懼，也可能會喜悅興奮，總之，在現實生活中所具有的情感，在夢中都會有。不過在夢中所獲得的情感通常醒來後就會立即消失的無影無蹤，當然，也有少部分會留在人們的印象中，持續很長時間，人們往往會為了記住這種情感而忘記現實中的很多事情。夢的記憶時限跨度非常大，有的夢往往醒來後就忘了，有的夢則可能由於十分美好，而一直保留在人們的記憶中，比如小時候做的英雄夢，可能幾十年後人們還會記得，就好像是昨天剛做的一樣。最大的不同還是夢的內容，不論是不同人做的夢，還是同一人做的不同夢，很少有相

詩、琴演奏者 奧拉齊奧·金蒂萊斯基 義大利 約1610年 布面油畫 華盛頓國家美術館

夢是一種奇妙的幻想，這幅畫也用夢幻的筆觸渲染出這樣一種氣圍。演奏者將自己的臉轉向音樂本身，她在仔細思考自己的指法是否正確。不管人們能否從這聽到音樂之聲，但也會靜靜地融入其中。

精神分析引論
A General Introduction to Psychoanalysis

水的賜予 弗麗達·卡洛 墨西哥 1938年

　　卡洛的這幅畫表現的是她躺在浴缸中所看到的景物，所有的一切都是清晰可見，卻又模糊不清，超現實主義詩人布荷東十分喜愛這幅畫，並將它作為自己書中的一幅插圖。畫面中高聳挺立於一切之上的是美國帝國大廈，這裡有男性陽具的隱喻。畫面中的男女，漂浮的衣服，半露的雙腳……乍一看就像是孩子們放在浴缸中的玩具一樣，那從腳趾跟流出的鮮血不禁讓人心生恐怖，整個畫面都與性和死亡有關。

同的，夢就像是路人甲，可能人們這輩子只會見到他一次，也有些夢是相同的，或者十分相似，只是稍微有所改變。總之，人在睡眠時的心理活動基本上是對前一天經歷的反應，在這些心理活動中，有許多片段可以影響夢的內容，所以夢的內容絕對不是完全相同的。

對於夢的諸多不同的解釋，除了與人們的心理活動有關外，我認為，還應該考慮人們由醒入睡的過渡狀態和睡眠質量這兩個因素。假設這兩個解釋是確鑿無疑的，那麼我們可以斷定，當夢境處於將要覺醒狀態時，夢的清晰程度以及人們在夢中的精神意識都會增強，人們會察覺到自己是在做夢，他會發現，夢中的經歷似乎是合理的，然而又有太多的地方很不合理，並且圖像轉換很快，突然之間，他又有了許多其他的經歷。不過，根據心理學家的觀點，人的心理活動不會因為睡眠的深淺程度而產生如此極速的變化，所以夢境的改變很難與心理活動扯上關係。根據這種觀點，我們所假設的兩個因素都無法得到證實。這樣一來，我們就沒有更好的辦法來解釋夢境的差異了。

如果我們想要對夢的性質有深入的瞭解，恐怕必須先放棄對夢的意義的研究，首先

女神酒吧間　馬奈 法國 1881年 倫敦考陶爾德美術館藏

這是馬奈生命中最後的傑作。當時馬奈的病情相當嚴重，畫中的吧台都是他模仿實物臨時搭建的，這名酒吧女招待也是他臨時雇用的一名女模特兒。馬奈傾注全力捕捉這迷人的氣氛，後來這幅作品與《春》在巴黎展出時，受到了極大的好評，並為巴黎市民所接受。

精神分析引論
A General Introduction to Psychoanalysis

鬧鐘　工藝品　德國

做夢的人最後都是聽到一種聲音而結束夢境的，這種聲音雖然在夢裡都各不相同，但在現實中卻都是由鬧鐘的聲音所引起的。由此可見，外部環境的刺激對夢是有一定影響的。這也是夢的形成的其中一個原因。

從夢的普遍特性來做分析。前面我們討論了夢和睡眠的關係，認為擾亂睡眠的刺激是形成夢的根本原因。心理學對於夢的研究也做過許多試驗，最著名的當屬我講過的伏耳德，他透過實驗證明了夢的內容是對外界刺激的反應。現在我們也可以透過一些實驗來證明他這一結論，不過我還是先將前人所做的一些典型實驗講給你們聽。物理學家莫里曾做的一個試驗非常有趣，他在入睡前，將香水噴灑在身子周圍，然而他就夢見了自己來到了開羅，在法琳娜時裝店內經歷了許多荒誕而又恐怖的冒險活動，後來，有個人在他的脖頸上輕輕一按，他就夢見了一位小時候給他診過病的醫生在給他脖子敷藥，又有一個人在他的額頭上滴了一滴涼水，他立刻就夢見了自己身處義大利的酒吧，正在品嚐那裡的白酒，而且身上流了很多汗。

有一組刺激夢的試驗或許可以解釋上面的幾種現象。有一位敏銳的觀察者希爾布朗特曾經根據對鬧鐘聲音的反應而產生的夢境做出了三次記錄，以下是他所敘述的三個夢：

「這是春天的一個清晨，我在鄉間的小道上漫步，我穿過了一塊綠意濃鬱的田野，來到了鄰村。這時我看到許多村民穿著乾淨的衣服，捧著讚美詩走向教堂。今天是禮拜日，他們是去參加祈禱了。我也想去，和他們一起到了教堂，可是我突然覺得很熱，就在教堂外找了一處地方休息。忽然我看到教堂的敲鐘人走進那座很高的閣樓，原來閣樓內有一口銅鐘，鐘聲響起時，村民就要開始祈禱了。我趕緊回到教堂內，然而鐘聲許久都沒有響起。我正在納悶，這時鐘聲突然響起來了，非常尖銳，我只覺得頭腦一震，於是從睡夢中醒來了。我才發現，原來那尖銳的聲音是鬧鐘發出的。」

第二個夢是這樣的：「這是個豔陽高照的日子，地面仍被厚厚的積雪所覆蓋。我和友人約好了去滑雪，等了許久才找到了滑雪車。我和朋友先從行囊中取出暖腳袋套上，然後上了車。此時駕車的馬兒正嘶鳴著等我發車的信號，於是我準備妥當後，就拉起了車上的鈴鐺，沒想到將鈴鐺搖得太猛了，它發出了一種熟悉的鈴聲，但絕不是鈴鐺本來的聲音。這聲音十分響亮，以至於我被驚醒了。原來是鬧鐘的聲音使我醒來。」

還有第三個夢：「我在餐廳內看到一名服務生端著一高摞盤子向後廚走去。那一摞餐盤如一個金字塔般，危危欲墜，隨時都有跌落的危險。我提醒那位服務員：『小心，你的盤子可能會摔在地上。』他回答說，『沒事，我已經習慣這樣端盤子了。』不過我還是忍不住跟在他後面，為他擔心。我生怕他出事，然而偏偏就出事了，那服務生進門時，右腳被門檻絆了一下，結果他手中端的盤子全摔在了地上，成了碎片。但是那摔碎

第五章 初步的研究及其困難

的聲音非常奇怪，不僅有規律，而且十分震耳，像是鐘聲。我立刻醒來了，才知道那是鬧鐘的鈴聲。」

這些夢的內容十分連貫而合理，雖然與人們平常做的夢有所不同，不過條理巧妙，易於理解，所以對於這些夢我們也沒有什麼疑問。總結這三個夢，會發現它們的共同之處就是，每一個夢境都是以一種聲音結束，做夢人在聽到這種聲音後醒來，然後知道這聲音是鬧鐘發出的。前面我們討論了夢的形成，不過關於夢還有很多我們不知道的。就如上述的案例，人們在做夢之前，其心理活動並沒有鬧鐘這一概念，而且夢中也沒有鬧鐘的存在，然而卻有另一種聲音替代鬧鈴響起，該如何解釋鬧鈴響起時，人們會在夢中聽到一種聲音呢？在每一個事例中，對於擾亂睡眠的刺激，其解釋都是不一樣的。這到底是怎麼回事？至今仍沒有公認的觀點。如果我們想要對夢有足夠的瞭解，就需要解釋清楚上面的夢例，為何做夢人在夢中，偏偏只聽到一種代表鬧鐘的聲音？我們不得不對他的實驗結論持懷疑態度，雖然擾亂睡眠的刺激在夢中得以表現，但是為什麼剛好會以那種方式出現？他並沒有解釋這一問題。還有莫里的實驗，他所說的夢境，其中許多圖像都是由刺激直接引起的，比如說那個科隆香水夢裡那荒誕的冒險活動，這其中有許多現象我們現在都無法解釋。

當有刺激侵擾睡眠的時候，夢中就會出現相似的刺激以喚醒夢中人，這一觀點並不足以幫助我們瞭解外界刺激對於夢的影響。實際上，大部分夢的情境，都要比上述的三個夢例複雜得多，我們很難去理解。我們不是一受外界刺激就會醒來，比如說早上我們回憶昨晚的夢時，我們無法確認夢中的某一怪異情境是受哪一個侵擾睡眠的刺激的影響。曾經有一次我在夢醒之後推斷出是受到了一種聲音的刺激，不過這是來自於夢結束時的情境的暗示。事情是這樣的：我曾經在蒂洛勒西山上居住過一段時間。有一天清晨，我醒來後意識到自己夢見了教皇逝世，我不知道這個夢的含義，後來妻子告訴我說：「難道天快亮時你沒

鐘聲

如果不是外部聲音的干擾，做夢的人是不知道為什麼自己的夢中會出現這些奇怪的東西和聽到可怕的聲音的。圖中敲鐘的聲音似乎響徹整個費城的街道上空，向人們預告著一個新時代的到來。

聽見附近教堂中發出的可怕的鐘聲嗎？」可能我當時睡得太沉，的確什麼也沒聽見，若不是妻子對我說此事，我還真不明白我為什麼會做那樣一個奇怪的夢。做夢人會因為受到外界刺激的侵擾而產生夢，不過他醒來時卻不知道究竟是什麼刺激？這種情況或許很多，或許極少，當然，多少不是問題。問題是，如果沒有人告訴他在睡眠中有某種刺激發生，他是決不會相信夢的內容與外界刺激有關。實際上，我們不需要再去瞭解外界刺激對於夢的影響了，原因很簡單，那些侵擾睡眠的刺激只能解釋新夢境的產生，至於解釋夢的反應，卻是不夠的。

不過我們也不必急於承認這一學說沒有用，從另一個角度也可以對此加以分析。到底是什麼刺激侵擾人們的睡眠，影響夢境，這並不重要。我認為，夢所反應的，不僅僅是外界的刺激，還有內在的刺激，也就是身體的刺激。這一觀點與前人的看法差不多，前人對於夢的形成，普遍的觀點是：夢源自胃。不過人們在醒來時，很難發現侵擾睡眠的身體刺激，所以我們也無法來證實這一觀點。不過對於身體刺激，我們可以透過對某些經驗進行分析來驗證。總之，一個人的生理狀況絕對可以對所做的夢產生影響。人們在夢境中，經常會經歷膀胱的膨脹或者生殖器的興奮等生理情況，這應該是每個人都不會否認的。除此之外，還可以透過夢境中的其他事情來推測它們的產生是與身體內的某種刺激有關，因為在人的夢境中，常常會有某種類似身體刺激的事情。生理學家施爾納也主張夢源自身體刺激這一觀點，他列舉過一些很有代表性的事例來證明。譬如說，他夢見了站成兩排的孩子，他描述這些孩子們：明眸清眉，烏髮脂膚，兩排孩子相視而對，本來，兩排孩子互相拉著手，後來又放開了，過了一會兒又拉起了手。他形容這些孩子們像牙齒，而他醒來後果然從牙床上拔出了一顆鬆動的壞牙。還有，有一次他夢見了一條狹長的小徑，他解釋說是受小腸的刺激而產生的，這一說法似乎也說得過去。根據施爾納的觀點，夢境的內容都是類似於身體刺激的某種事物。

透過我們的分析，似乎可以得出這樣的結論：外在刺激和內在刺激對於夢境的形成具有同樣的作用。不過，對於內在刺激的觀點，依然缺少足夠的支持。人們所做的大部分夢，當醒來時都不會意識到身體刺激的影響，以至於無法去證明，只有少部分夢，才會使人聯想到與身體的刺激有關。內在刺激和外在刺激一樣，它們對於夢的影響只能說明夢對它們有所反應，卻並不能真正說明夢源自它們。所以，對於大部分夢來說，它們的起源至今仍然無法解答。

你們在對這些刺激進行研究時，是否會注意到夢境的另一個特點？這些刺激不僅在夢中得以表現，並且它們還被化簡為繁，被其他事物做替代，以適合於夢境。這就是夢的另一方面，具有改造刺激的特點，你們一定對此很感興趣，若是我們能對此特點做出解釋，那麼也許我們就能發現夢的本質了。一個人所做夢的內容，不僅要考慮哪些最易影響夢境的因素，還有一些偶然性的元素也需要考慮。不列顛國王統一三島，為表祝賀，莎士比亞寫了著名的劇作《馬克白》，但是我們根據這一歷史事實就能猜測出劇作的內容嗎？就能明白劇作的主題思想和人物的象徵意義了嗎？答案當然是不能。同樣的

第五章 初步的研究及其困難

科丹小路　尤特里羅　1911年　巴黎蓬皮杜國立現代美術館藏

夢境大多是由身體的刺激而來，如果夢到自己經過一條狹長的小路，那一定是受腸道的刺激而產生的。這幅作品是尤特里羅「白色時期」所描繪的。作品中描繪的是蒙馬特山丘，以及山丘頂上矗立的聖心堂後方其中一條細窄石階的通道。作品名稱是根據當地地主的名字所取的。

精神分析引論
A General Introduction to Psychoanalysis

道理,內在刺激和外在刺激僅僅是促成了夢的產生,卻並不能真正說明夢的本質。

關於夢的第二個普遍特性,就是其入睡前的心理活動,我們很難作深入的瞭解,以至於無法運用它來做進一步的探索。人們在夢中的經歷,可以完全用刺激學說來解釋嗎?如果夢中的經歷真的就是那些刺激的反應,要知道,圖像占據了夢境的大部分內容,開始影響視覺的刺激極為少見,這又該如何解釋呢?還有,在夢中所聽到的演說,難道在我們睡眠時,真有類似的話語傳入我們的耳朵中嗎?這種疑問,我可以十分肯定地回答:不可能。

如果夢的共同屬性不足以讓我們以之為出發點來對夢作深入的瞭解,那麼我們就來

憐憫　威廉·布萊克　倫敦 1795年　英國倫敦塔特陳列館收藏

作品描繪了莎士比亞作品一個章節的情景,馬克白正考慮著謀害鄧肯的後果:「憐憫,像一個新生嬰兒,跨過天國的小天使如一陣風……」畫面中一位毫無生氣的女人躺在地板上,在她的上面,有兩個女人騎馬而來,其中一個的手裡還有一個小孩。畫家是一位精神世界至上的人,有著非凡的洞察力。

088

第五章 初步的研究及其困難

坐在古鋼琴前的女士　揚‧維米爾　荷蘭　布面油畫　1674-1675年　英國倫敦國立美術館收藏

　　圖中一個年輕的女孩坐在一架古老的鋼琴面前，她的左邊還有一把低音的中提琴，身後的牆上還掛著一幅畫。畫面在空間的處理上給人一種超脫的氣氛，像是畫家虛構的一樣，這種用色手法，我們只能慢慢體會了。

討論夢的差異性吧。通常來說，一個人的夢境是模糊混亂，而又十分荒唐的，不過有些夢也相當清晰合理，容易被人銘記。我最近聽到了一個年輕人所做的合理的夢，其夢境是這樣的：我在康特納斯勞斯散步時，遇到了一位朋友，於是我們便同行了一段時間。後來我走進一家餐廳，過了一會兒有兩女一男也走了進來，他們坐在了我的桌旁。我對他們的失禮感到厭惡，就不去瞧他們，然後我偶然瞧了他們一眼，卻發現那兩位女子十分清秀動人。那年輕人說自己昨天晚上的確在康特納斯勞斯散步，這是他經常走的路，而且後來也的確遇到了那位朋友，兩人在一起散步，至於後面的事情，也和夢境的內容相類似。還有一位女士所做的夢，這個夢也不難理解。在夢中，她的丈夫對她說：「我們的鋼琴該調音了。」她便說：「恐怕還要配新零件，不划算啊。」這段內容和當日她和丈夫關於修鋼琴的對話一模一樣。有這兩個事例，我們可以看出什麼？至少會有這樣的結論：現實的生活，不論是什麼事情，都能在夢中得到重現。如果所有的夢都屬於這

夢境的重複和再現　　勒內·馬格利特　比利時　1953年

馬格利特是一位寫實派超現實主義的實踐者，作品中神情古怪、頭戴圓頂高帽的人鎮靜地從天而降，表現出一種古怪的生活氛圍。同時也體現了畫家對自相矛盾的視覺形象的酷愛，許多看似正常的東西卻總是反覆無常，作品雖然怪誕卻不無其合理性。

第五章 初步的研究及其困難

種情況，那麼這一結論就有了非常重要的價值了。不過仍是不可能，因為只有少部分的夢是對現實生活的重現。大部分的夢和當日的一切活動沒有太多的關係，所以，我們不能運用這一結論來解釋那些荒誕的或者無意義的夢。換而言之，一個新的問題擺在了我們的面前。我們除了要瞭解夢境的本質，還要去分析夢境中重現的現實生活，就如上面所舉出的兩個例子，其產生的緣由以及意義到底是什麼。

夢是如此難以瞭解，以至於我們孜孜探索仍然沒有明確的結論，你們可能有了厭倦之情，實際上我也有。我們對於夢的研究，至今沒有任何有效的方法，雖然這一研究會使全世界的人產生興趣，但那並不是我們的目的。我們需要一個研究方法，然而始終找不到。實驗心理學提出了「刺激引起夢」的理論，雖然很有價值，但是仍不能完全解釋夢的本質。哲學只會譏諷我們在一些與本學科宗旨無關的課題上浪費時間，至於玄學，它算不上一門科學，我們也用不著借鑑。古代人和普通民眾認為夢是一種含有深意的預兆，但這根本就沒有得到證實，所以一點兒也不可信。總的來說，我們對於夢的研究可以說是毫無進展。

不過，在我進行研究的時候，我又發現另一條重要的研究線索，那就是民間流傳的俗語。俗語不是偶然產生，它是古人經驗積累沉澱的產物，相比科學，它的確沒有太高的可信度，然而我們決不能因此而忽視。在民間的俗語中，有一個很奇怪的名詞，那就是「白日夢」。白日夢是幻想的產物，也是一種普遍的現象。所有人都會做白日夢，而做夢人自己就可以對所做的夢進行分析研究。所謂白日夢，其實就是一些幻想，而這些幻想並不具有夢的普遍特性，但是為什麼仍要稱之為「夢」呢？要知道，從夢的第一個普遍特性來說，白日夢並沒有與睡眠產生聯繫，從第二個特性來說，白日夢只是一些想像，不是幻覺，也不是對現實生活的心理反應。做夢人也承認這是幻想，存在於心中，只是看不見罷了。白日夢通常發生在人的青春期之前，或者兒童期之末，而到了成年之後，要麼不再有白日夢，要麼永遠保留著這個夢。白日夢的發生，可以很明顯地看出來，是受了某種動機的影響。白日夢中出現的情境和事件，可能是為了達到做夢人的野心，也可能是滿足做夢人的情慾。年輕男女的野心並不相同，男子的野心多為建功立業，而女子的野心則表現在對完美愛情的追求上。至於對情慾的幻想，多集中在女性身上，當然男子的幻想中也會有情慾，就像他們追求事業和成功，通常都是為了討女孩子的傾心。而在其他方面，人們的白日夢就很少相同了，其結果也各有差異。有的白日夢經過短暫的幻想期後，就變成了另一種新的白日夢，而另一種白日夢則往往會由簡至繁，變得愈加複雜，就像是一部長篇小說，而且這部小說還會與時俱進，緊跟時代潮流。許多文學作品都是根據白日夢加工而成的，不少作家都喜歡將自己做的白日夢進行改編、增刪以及二次創造，然後寫成小說和劇作的形式。作品中的主人翁常常為作者本人，也就是白日夢的主人翁。

為什麼稱白日夢為「夢」呢？因為它與夢也有許多相似之處，比如說同樣與現實隔絕，內容也和夢一樣超現實，其中最重要的相同點在於白日夢與夢具有一樣的心理特

點。這個心理特點,目前正處於研究中,雖然我們能感知到,但是並不能真正瞭解。還有一點,雖然白日夢也被稱作「夢」,但是要認為它和夢是完全一樣的,那就大錯特錯了。關於如何辨識白日夢和夢,以後我再為你們解答。

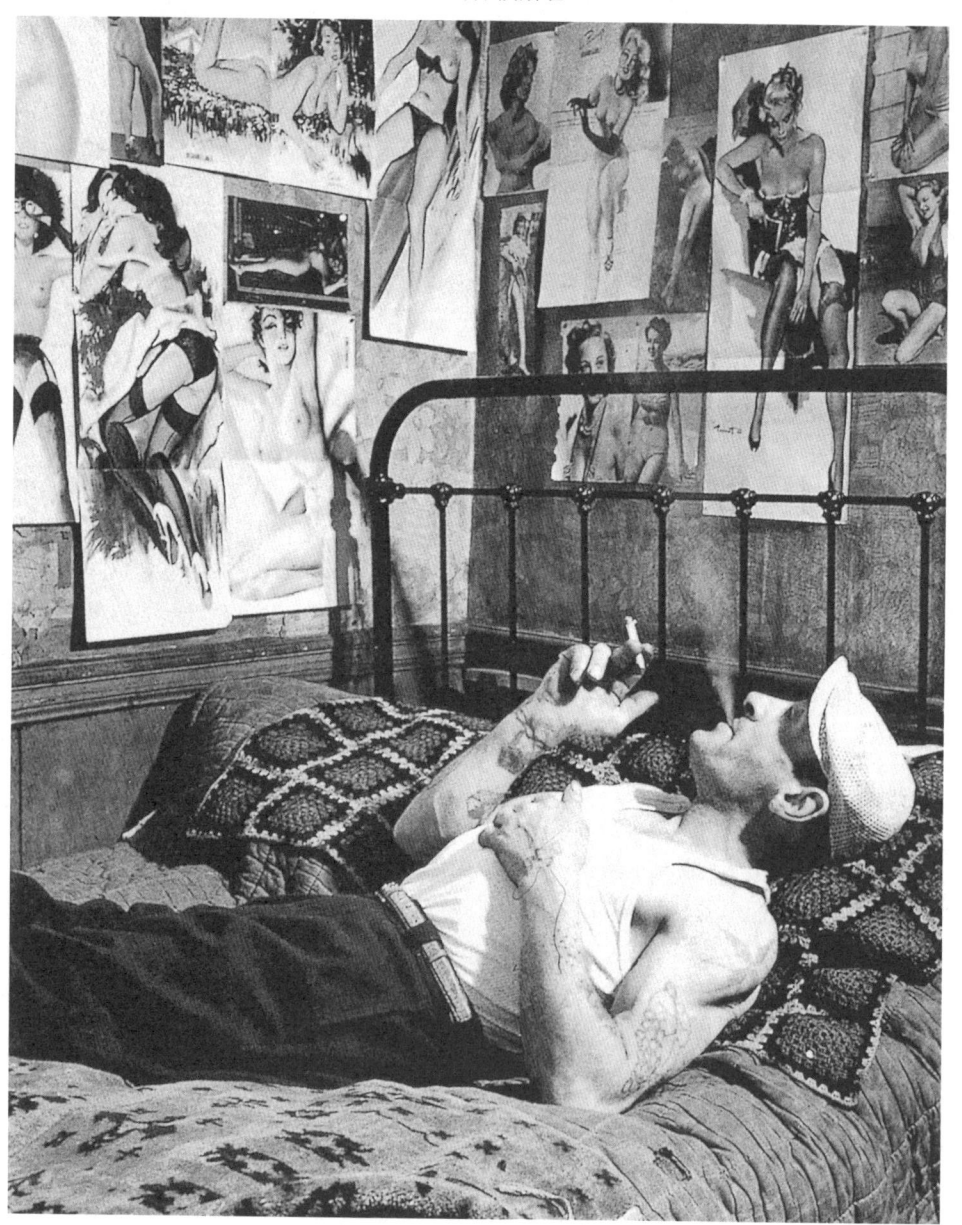

白日夢

碼頭工人愜意的躺在自己的床上,悠閒地吸著香煙,目光四處在牆上穿梭,迷離中像是邂逅了某位美麗的姑娘,但這一切只不過是一場白日夢而已。

第六章
初步的假說與釋夢的技術

如果我們想要在對夢的研究上取得進展,那我們就必須努力尋找一種有效的方法。所以,為了使研究有據可依,我建議你們可以做這樣的假設:夢是一種心理現象,而不是生理現象。你們可能會有這樣的疑問:這一假設有什麼意義呢?或者說這一假設有什麼理由呢?我不得不告訴你們,沒有理由。我們只是在做一次嘗試,這種嘗試是沒有任何限制的。我們可以自由操作。以我的觀點:如果夢是一種生理現象,那麼我們就沒有研究的必要了,因為它是生理學家的事情,所以,為了我們的研究,我們就假設它是一種心理現象。不管這一假設是否正確,我們只有在這一假設的基礎上研究,才能獲得我

陰謀　詹姆士·恩索爾　比利時　布面油畫　1890年　布魯塞爾皇家美術館

畫家本人是一個對生命充滿質疑的人,所以他描繪的眾多人物都有著複雜的和誇張的面部表情。這幅作品正好描繪了畫家本人對周圍人合謀對付他的心理感受,同時也表現出人們的一種心理現象。畫面中的人,彷彿都如木偶一般。站在中間,帶著高帽子的男人,看起來像一個弱智一般,他的兩側則是兩個虛張聲勢的婦人。畫面雖充滿了醜陋,但畫家生動的筆觸和顏色的運用,使得這幅作品成為一部矛盾修飾法的傑作。

們需要的結果，一旦有了結果，我們自然也可以驗證這一假設是否可以作為一種理論來遵循了。在有了研究基礎後，我們就要明確我們的研究目的和研究方向了。實際上，我們的研究目的和其他學科的研究目的是一樣的，那就是「透過現象看本質」，透過對諸多現象的觀察分析，獲得他們之間的內在聯繫，並對他們進行歸納總結。

現在，我們的研究基礎就是「夢是一種心理現象」這一假設。夢是做夢人的夢，我們這樣的外人並不能瞭解，所以我們需要做夢人向我們敘說他們的夢。我們聽不懂他們的敘說，那該怎麼辦？需要他們進行解釋嗎？與其這樣，為何我們不直接詢問他們對於自己做的夢的看法呢？

這種方法我們在前面討論過失的意義時也曾用到過。當時我在給你們講一個舌誤的事例。事例是這樣的，一個人說：「於是這件事又發骯了。」於是我就問他，不對，不是我問他，幸虧不是我們這些作精神分析的人在問他，而是一些毫不相關的旁人，不

對話　亨利・馬蒂斯　法國　1909年

想要獲得夢的本質，一般情況下有兩種方法。第一種是透過其他許多事例來證實，第二種就是直接詢問當事者了。畫面中妻子和丈夫在對話，丈夫居高臨下，妻子鬱鬱寡歡。他們四周彷彿只有敞開的窗戶才是一條出路，但也有鐵欄杆的阻攔。丈夫似乎在詢問妻子一些問題，但我們卻不得而知。

第六章 初步的假說與釋夢的技術

然他肯定要反感的。於是旁人問他，這句話可有些奇怪，是什麼意思呢？那人立即醒悟自己說錯了，便回答說，他本想說，那件事非常骯髒，但是在臨出口時卻又克制住了自己，想換成柔和一點的詞彙，將語句變為，這件事又發生了，於是便產生了舌誤。當時我們已經討論過研究精神分析所必需的技術，就是在允許的範圍內，讓當事人自己解釋關於他們的問題，這也是精神分析的技術要求。所以，做夢的人也應該親自為我們解釋他們自己所做的夢。

想要求得解夢的本質，那程序是相當麻煩的，這是你們也可以體會到的。前面我們求解過失，通常有兩種方法，第一種是透過許多其他事例來證實，第二種就是直接詢問當事者了。當然，有時候當事者不願回答，如果我們替他解釋了，他也會憤怒駁斥。而對於夢的求解，第一種方法完全無效，因為我們已經證明了，只研究夢的內容根本無法獲得夢的本質，至於第二種，做夢人通常都會說對於所做的夢一無所知，而我們也不可能替他回答，雖然他沒有表示反對。既然是這種情況，那我們是否還要堅持對夢的求解嗎？當事者一無所知，我們也不清楚，其他人更不知道，所以根本就沒有解決問題的辦法。如果你們不能持之以恆，那就算了，如果你們仍有進取心，那你們就可以繼續研究了。我要對你們說的是，做夢人是知道所做夢的意義，他之所以認為自己一無所知，只是因為他並沒有意識到這一事實。

可能你們已經注意到了一點，以上我為你們所講的關於對夢的求解，已經做出了兩個假設，其一是假設夢是一種心理現象，其二是假設做夢人知道所做夢的意義。所以，你們肯定會忍不住懷疑，我所說的這兩點是否值得相信？接下來我是否會再作其他的假設？你們的疑問當然是合理的，不過，我要你們相信一點，那就是，我所說的兩種假設是可以共存的，只要你們仍然對於夢的求解感興趣，那麼你們就會求得出有價值的結論。

我沒有任何理由欺騙你們的，我為你們講解「精神分析引論」，可不是想宣傳上帝的意志。我是希望能講述一些生活常見的事例，用通俗易懂的語言將那些艱澀的科學理論淺白地表達出來，使你們能很方便地獲取新的知識。也許我前面說得有些雜亂，那是因為你們剛入門，我迫切地想讓你們對這門科學有一個全面的瞭解，包括它的難解之處和發展階段，還有它對於我們研究所提出的要求和社會可能對它的批判。你們要知道，對於任何一門學科的初學者來說，他都要經歷一個學習上的磨合期，所以，你們現在所有的困惑，都是很正常的。我一直在期望給你們講解時盡量從一些淺顯的知識入手，好使你們能保持對這門學科的興趣。然而我不能一直這麼講，這是由精神分析的性質決定的。所以，我做了兩個假設，而這兩個假設可以同時成立。如果你們當中有人覺得這種假設不足信，或者認為應該根據確鑿的事實或者精密的演算來求證，那麼你們不需要再聽我講課了。不過我要給他們一個勸告，如果你們要再做研究，千萬不要選擇心理學領域，因為在這一領域，很難找到一條對於他們切實可行的道路。任何一門具有歷史進步意義的科學，都會以「理」服人，而不是強迫人們接受。所以，對於我們研究的精神分

佛洛伊德在伍斯特克拉克大學 1909年

最左邊的是佛洛伊德，最右邊的是榮格，坐在中間的是克拉克大學的荷爾教授，後排的是費倫齊、瓊斯和布里爾。他們在精神分析領域多年的努力，首次得到了公開承認。

析來說，要使大眾相信這門學科的價值，我們就要做出成績，而且我們要有耐心。等我們的研究取得了有意義的成果，別人自然就會關注它的。

如果你們還願意保持對於精神分析的興趣，那麼我就繼續講解了。有一點我必須說明，前面我所做的兩個假設，它的性質是完全不同。「夢是一種心理現象」這一假設透過我們的討論已經得以證實，而第二個假設「做夢人知道所做夢的意義」，我們在過失的事例求得了相同的結論，我將這一結論移到對夢的研究中，不過我們現在還沒有去證實。

到底我們為什麼要假定做夢人實際上知道他並沒有意識到的夢的意義呢？可以這樣說，這一假設，或者這一事實，是十分奇特的。我們對於精神生活的觀念將會因瞭解到這一事實而改變，而且似乎對於他人我們無法以「一無所知」而隱瞞了。不僅如此，一旦這一事實被公諸天下，即便它是確鑿真實的，也會引起人們的普遍質疑，不會贏得大眾的信任。人們會說，做夢人根本就沒有必要隱瞞他所做的夢，他所說的即他所夢到的。我們不必由此而認為公眾無知或者漠視科學了，也不能由此而懷疑我們的研究成果了，因為心理學的問題都需要長期的觀察和分析方能求證，而人們往往忽視了這一點。

那麼我們如何來驗證第二個假說呢？可以從催眠實驗中求證。1889年，我在南錫見過伯恩海和李厄寶做過這樣一個實驗：他們先使一個人進入睡眠狀態中，並使他在睡眠中產生種種幻覺。當那人醒來時，伯恩海便請他說出催眠過程中他所見到的經歷，那人似乎對於他的經歷一無所知，稱什麼也不記得了。然而伯恩海多次請求，不斷提醒他，總該知道一些，總應記得一些。那人猶豫了片刻，就開始回想睡眠中的經歷。他先說起了伯恩海暗示給他的事情，然後又記起了另一件事情，就這樣，他的記憶逐漸打開了，以致後來他竟然整個經歷完完全全敘述出來了。他所說的經歷全是他自己記起來的，當時沒有任何人再給予他提示。由此可見，那些事情一直留在他的記憶中，只是他沒有努

第六章 初步的假說與釋夢的技術

力去回憶而已。因為他沒有意識到自己會知道這些，所以便認為自己一無所知。這個人的情形和我們所猜測的做夢人的情形是一樣的。

我們這第二個假設如果成為事實，那麼可能你們就會對我提出這樣一個疑問：「前面你講述過失時說，一個人舌誤的背後必有其用意，因為他並沒有意識到，所以全然否認，當時你為什麼不舉出這樣的事例來為我們證實呢？如果某一事情存在於一個人的記憶中，但是他自己並不知道這一事實，那麼他這種不知道的心理會一直持續著，很難再改變。如果你早些提出這一論據，我們也能早點信服，並對過失也能有一個更徹底的瞭解啊。」你們若有這樣的疑問，那麼我的回答時，我也曾想過早些提出，然而我卻將要這一論據留到將來更需要用的時候。對於過失的論證，大部分過失是很容易理解其背後蘊含的意義的，而其他的過失，我們則要先假設當事者存在一種他沒有意識到的某種心理，才能解釋它們的意義。

而對於夢的論證，我們幾乎不可能從夢的事例中求得解釋，只能藉助於其他的論據了，譬如說剛才講的催眠實驗，這個事例不僅易懂，你們也會接受的。發生過失的狀態和發生催眠的狀態時不同的，前者存在於日常生活中，而後者在只能在特定條件下。夢的一個普遍特性就是睡眠，而睡眠和催眠之間明顯存在著緊密的聯繫。催眠通常被稱為非自然狀態下的睡眠，我們催眠一個人，對他說：「睡吧。」所達到的效果和處於自然狀態下的夢很相似。兩者的心理情境也十分相似，處於自然狀態下的睡眠，人們已經停止了與外界的交往，被催眠者除了需要與催眠師有某種互相感應外，就和睡眠一樣。而睡眠也可以看作是催眠，譬如說保姆的睡眠，就是一種

教堂幻覺 弗蘭提斯克·庫普卡 捷克 布面油畫 1913年 私人收藏

作品細看有種近乎催眠的性質，這幅畫畫面沉暗，以斑點的純粹的顏色畫成幾何系列來構圖，作垂直和對角配置，破碎的顏色則持續地顯露出彼此交融或分開的現象。我們看到畫家不僅想要畫出教堂的外觀，還想從畫中傳達出教堂的光亮以及教堂的印象。

097

精神分析引論
A General Introduction to Psychoanalysis

自然狀態的催眠，她雖然入睡，卻在和孩子互相感應著，一旦孩子有了動靜，她立刻就會被喚醒。所以，我們將催眠與睡眠相提並論，似乎也說得過去。至於我們的第二種假設「做夢人知道所做夢的意義，只是他沒有意識到，所以就認為自己不知道」，現在看來，也並不是憑空的捏造了。對於夢的研究，我們嘗試過從侵擾睡眠的刺激和白日夢兩方向求證，如今在催眠中由暗示而引起的夢，可以成為我們研究的第三個方向了。

我們已經找尋到三個研究方向，那麼現在讓我們再重新來解夢，可能就比較有信心了。我們已經相信做夢人內心是記得所做的夢，那麼我們該如何使他們說出夢的內容與我們分享呢？如果他願意說的話，我希望他按照這樣的順序說：先說夢的起源，再說在夢中引起的思想情感，最後講夢的意義。對於過失的解釋很簡單，我們發現一個人說了「發航」，就問他怎麼會出現這一錯誤，他就會告訴他們想到的第一個緣由，而這個緣由足以對他的舌誤做出解釋。其實對於夢的解釋也很簡單，過失的事例就可以作為借鑑，我們詢問做夢人為何會有這樣一個夢，他的第一個想法就可以被視作對夢的解釋。也許做夢人並不確定自己是否知道更多，不過關係不大，我們都應該同等地對待他們。

實際上，解夢並是不件難事，只是我擔心最初說它很容易，你免不了會有異議。你們可能會說：「為什麼還要再作假設？光靠假設來證實，根本就不靠譜。我們詢問做夢人對所做夢的看法，難道他的第一個想法就是我們需要的解釋嗎？或許他根本沒有去思考，即便他思考了，或許只有上帝才知道他在想些什麼。你的這一結論到底有什麼依據呢？我們並不知道，但是，這一結論絕對不是值得可信的，它有很多問題可以讓我們批判。還有，夢的構成很複雜，和單單由一種元素構成的舌誤是不同的。對於夢的聯想和對於過失的聯想是決然不同的性質，我們到底該相信哪一個呢？

我承認，你們的質疑有很多都是合理的。譬如你們說夢和過失不同，它是有眾多元素組成的，這一說法是對的，我們運用解夢的技術時，也當然會考慮到這一點。通常來講，我們都會將夢的各個元素拆解開來，逐個分析，那麼我們就可以求

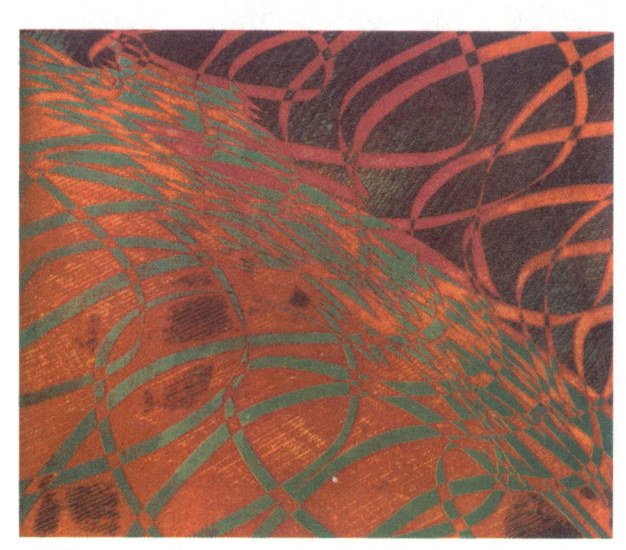

冥思 威廉·斯坦利·海特 1972年 私人收藏

作品給人的感覺如同身陷漩渦之中，這些彎曲的帶子連續不斷，主導了這件催眠性質極強的版畫的誕生。充滿活力的色彩和天鵝絨質感的特點，是畫家獨特的設計。畫家是超現實主義運動中最早的一位成員，卻是在版畫製作和雕版革新方面成就斐然的大師。

第六章 初步的假說與釋夢的技術

得夢和過失的相似之處了。還有，你們說如果我們詢問做夢人在夢中的所有經歷，他可能會說自己沒有任何聯想，這也是對的。對於有些事例，做夢人的回答是可以接受的，至於是哪些事例，以後我會告訴你們。有一點你們要注意，就是對於某些事例，我們都會有自己的看法，而通常，如果做夢人說自己沒有引起聯想，我們就會反駁他，並再三請他回答，提醒他應該有一些聯想的，客觀來講我們的做法是沒錯的。於是做夢人便會引起一個聯想，不過這個聯想所講的是什麼事情，與我們則毫無關係。經歷過的事情很容易被想起，做夢人可能會說：「那是昨日的事情。」或者說：「那是最近剛發生的事情。」所以說，夢的內容經常與昨天的事情產生聯繫，這與我們最初的看法是不一樣的。做夢人如果以夢境為出發點，可能會記得早些時候的事情，甚至更遙遠的記憶。

夢魘 傅斯利 水彩畫

畫中的女子在夢中掙扎，一定是做了噩夢，在她的身上壓著一個魔鬼，看著她痛苦的樣子，似乎是它最大的享受。人在睡眠的時候，大腦處於休眠狀態，中途會做夢。一般人只有在大腦處於淺睡眠的狀態下，才會做夢；深度睡眠，是沒有意識的，就像是在深海中一樣。發生夢魘通常是在深度睡眠醒來之後。

　　不過，在一些重要方面，你們的質疑不能算對。做夢人引起的第一個聯想可以看做是對夢的解釋，或者是解釋夢的線索，你們認為我這一假設是荒唐的。你們覺得人的聯想很隨意，跟我們求解的事情有什麼聯繫，如果我們想要求得其他事情的解釋，或許會有獲得正確答覆的可能，若是我們盲目地相信做夢人對於夢的解釋，那就大錯特錯了。不過，前面我已經對你們說過，你們有一種堅定的信仰，這種信仰使你們相信自己對於精神生活的選擇和判斷，而我也指出你們這種信仰是不科學的，應該用支配心理活動的決定論來代替它。你們應當尊重做夢人在被詢問時所引發的第一個聯想，為什麼是這個聯想，而不是那個聯想，這其中是有特殊意義的。當然，你們不要誤會我是在打擊你們的信仰。所求得的第一個聯想，並非做夢人刻意挑選的，也不是憑空而來的，所以它並非與我們期望的解釋毫不相干，這些觀點我們都可以證明。在實驗心理學中，我們可以找到相似的論據來證明。

　　下面我講的非常重要，你們要特別注意。如果我詢問做夢人他對於所做夢的某一元

精神分析引論
A General Introduction to Psychoanalysis

素有什麼聯想，他就會在心中去思考這一元素，並任意聯想，這種聯想叫做自由聯想。自由聯想與反省是完全不同的，它需要一種特殊的注意。可能有人會覺得這種聯想很難實行，其實它並不難，大多數人都可以做自由聯想。只要我所提示的不是一些偏僻詞彙或者將做夢人的聯想限制在我想要的某類元素內，如要做夢人回憶某個人名或者某一數字，那麼做夢人的自由聯想將會上升到一個廣闊的時空。所以，相比精神分析法，自由聯想的選擇性更大一些。不論在哪一個事例中，做夢人的聯想都會受到其心情的影響，而且我們並不知道其心情會在什麼時候發生作用。那些引發過失和「偶然」行為的干涉傾向和這一特點類似。

在過去我和我的一些學生曾對許多沒有任何特徵的姓名和數字做過不少研究，並取得了一些成果，這些成果已經發表了。我們是這樣研究的：選擇一個專有名詞，根據它來做一系列聯想，這些聯想緊密連接在一起，沒有一個是自由存在的。這個名詞的聯

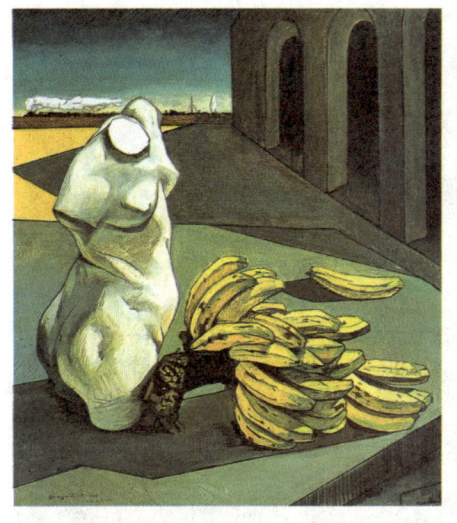

詩人的易變　喬治‧德‧基里柯　義大利 1913年

畫面主體是一尊沒有四肢、扭曲的無頭女性雕像，它的旁邊散亂地扔著幾串含義曖昧的香蕉，不安的氣氛充斥著整個畫面。畫家本人是一位超現實主義的踐行者，我們從他的作品中看到了神秘的夢幻世界和潛意識的重要性。畫家也希望自己的想法能在自己的作品中得到昇華，而不受現實的任何限制。

斜倚的人體　亨利‧摩爾
英國　雕塑 1938年　英國倫敦塔特陳列館收藏

這需要人類怎樣的聯想能力，才能創造出如此自然完美的作品來？這更像是一座大自然的傑作，而並非人工所為。流暢的線條、半抽象的形式，是這件作品的主要構成要素，同時你還會聯想到這是一個柔軟而又流暢的女性身軀的輪廓。藝術家的靈感大多來自原始雕刻的啟示，只有自然的才是最具生命力的。

第六章 初步的假說與釋夢的技術

想其實和夢中各元素的聯想是相同的。各元素的聯想是前後一致，並連貫持續的，做夢人在這個聯想中就會慢慢地由某一元素而引起夢中的所有元素，直至最終沒有任何遺漏。所以現在，我們就可以明白對專有名詞自由聯想的意義了。每一個自由聯想的實驗所求得的內容都是相當豐富的，所以我們還要對每一個細節注意分析研究。至於根據數字而引起的聯想，更容易說明某一結論了。這些聯想銜接得快速而緊密，我們會覺得很有把握發現其背後所隱藏的意義，這真的是一個令人驚訝的事實。現在，我為你舉一個關於人名分析的事例，這一事例比較簡單，不需要對大量的材料做分析。

以前我在為一個年輕人做心理治療時，與他聊起過專名聯想的問題。我說看起來我們在專名選擇上有充分的自由，然而實際上我們能聯想到的專名，無一不是受外界的環境以及被實驗者的性格和身分分所影響。當時在聊天時他對這種觀點產生了興趣，於是我們便做了一個實驗。他有很多女朋友，但對每個人的喜歡程度卻有所不同，於是我跟他說了他其中一個女朋友的名字，要他從這個名字出發，再列舉出更多的女性名字。他按照我的要求去做，然而令人驚奇的是，他並沒有脫口而出許多女性的名字，而是先沉思了片刻，許久才說自己只想到了「albine（意為『白』）」這個名字。我問他：「這是誰的名字？你們有什麼關係呢？叫albine的女孩子你知道的有幾個呢？」他回答說，他認識的人當中沒有人叫albine，這個名字也無法使他聯想到更多。

我看到了金色的數字5 查爾斯‧代姆斯 美國 木板油畫 紐約都市美術館

畫家的這幅作品是獻給與他深交25年的老友的禮物。它的創作靈感來自於威廉姆斯的詩句：「在雨和光中，我看到了金色的數字5，在一輛火紅的卡車上，神秘而緊張地向前移動，隨著汽笛的鳴響，車輪發出了隆隆聲，它已駛入黑暗之城。」從這句詩裡我們可以看到畫家對朋友的情感。他用暖色調來提升畫面的溫度，有一種內心情感得到釋放的感覺，使得畫面就像是一支流動的樂曲。

蛋糕展覽 維奈・塞鮑德 美國 布面油畫 1963年 舊金山現代美術館

不知道讀者看到這幅作品是不是食慾大增呢？從視覺的角度上講，你會選擇哪一塊蛋糕呢？蛋糕是美觀的，同時可以喚起我們的感官慾望，畫家用厚重且多汁的顏料表現這種甜品，使得蛋糕看上去更加真實，我們似乎觸手可及，但白色的背景，枯燥無味，使得我們又不得不遠離這些誘人的美食。

可能你們實驗失敗了，其實恰恰相反，這次實驗的結果非常完美，它根本就不需要引起其他的聯想。這個年輕人之所以說了「albine」這個名字，那是因為他的皮膚十分白淨，在我為他做治療時，喜歡開玩笑地稱他為albino（白化動物）。我為那名年輕人所做的心理治療是關於他性格中的女性成分，由此看來，他心中最關心的女性其實是他自己。

人的思想情感通常會使人驀地唱起了某句曲調，可能當事者很詫異，因為他並沒有意識到是被自己的思想情感所影響。為什麼引起這樣一種曲調，而不是那樣一種曲調，則是由兩方面因素決定的，一是曲調中的詞，二是曲調的來源，這兩個因素都可以透過事例來證實。當然，這一說法是有限制的，作曲家突然在腦海中呈現出某一種曲調，最重要的原因可能是這一曲調是有價值的。我對於音樂領域中的曲調沒有做過深入研究，不敢妄下斷言，所以作曲家所想到的曲調並不包含在上面的說法中。第一個元素普遍存在，所以易於理解。譬如說有一位年輕人在一段時間內對「特洛伊的海倫」（helen of troy）中的巴黎曲調非常痴迷，這一曲調的確很吸引人。後來我為他做了精神分析，他才意識到他戀上了伊達（Ida）和海倫（Helen）這兩位少女，所以他才對那首曲調如此痴愛。

如果這些本可以自由發揮的聯想，都要受到某種明確的因素所限制，那麼那些由某種意念而引起的聯想，也會受到同樣的限制。根據我的研究，影響這些聯想發生的，不僅有我們所給予的意念，還有我們內心潛意識的活動，也就是我們的思想和興趣，或者說是情結。這些情結實際上含有強烈的情感取向，只是我們沒有注意到罷了。

我們所做的聯想實驗是一種非常有效的方法，它對於研究精神分析具有重要的作用。聯想實驗是馮特學派首創的，它的一般程序是：被實驗者根據提供的一個「刺激詞」，盡量去思考更多與之有關的「反應詞」。在實驗中通常需要注意以下幾點：刺激詞和首個反應詞、反應詞之間的間隔時差，反應詞的性質，重複實驗可能產生的錯誤等。蘇黎世學派的領導人布洛伊勒和榮格在做聯想實驗時，通常都會在實驗結束後詢問被實驗者引起某種聯想的原因，或者透過重複的實驗，希冀來解釋被實驗者所表現出的反應。透過這兩種方法，他們慢慢發現，人們這些非自然狀態的反應都是由他們的情結所決定的。無疑，這兩位科學家的發現具有重要意義，它發揮了溝通實驗心理學和精神

第六章 初步的假說與釋夢的技術

分析的橋梁作用。

如果你們接受了這一觀點，可能就會說：「我們承認自由聯想是受限制的，沒辦法隨意選擇，這和我們最初猜想的一樣，我們也承認對於夢中元素的自由聯想也是如此。不過，這並不是我們最大的爭論點。你認為對於夢中每一個元素的聯想都受到這一元素的心理情境的約束，那麼，你並沒有告訴我們所謂的心理情境是什麼？我們對此一無所知，也沒有任何證據證明此種看法。如果說做夢人的情結是對於夢中元素的聯想的決定因素，那麼它對我們的研究又有什麼幫助呢？我們根本不能據此瞭解更多。至多如聯想實驗一樣，明白一些那所謂的情結的概念罷了。還有，人的情結和所做的夢之間真的存有關連嗎？」

你們的質疑的確有理有據，不過，你們忘記了一個重要的因素，正是這一因素使我決定在我們的研究中不再運用聯想實驗這一方法。在聯想實驗中，我們選擇刺激詞是非常隨意的，而被實驗者所說出的反應詞是由刺激詞和他的情結共同決定的。而在對夢的解釋中，刺激詞是做夢人的某一心理元素，不過做夢人通常不知道這一元素的起源。一般來說，這一心理元素就可以被看做是人的情結的衍生物。如果我們假設人的某種特殊情結決定了他們對夢中各元素的聯想，那麼我們就有可能透過這些夢中的元素來發現人所具有的情結。

我現在從另一方面為你們解釋。遺忘名詞和對夢的遺忘差不多，只不過前者是一個人的事，而後者是兩個人的事。如果我忘記了一個人的名字，我仍然認為我是知道的，而伯恩海姆的催眠實驗，則證明了做夢人對於所做夢也具有他們未曾意識到的記憶。我忘記了一個確實知道的

榮格

卡爾·古斯塔夫·榮格，瑞士心理學家、精神科醫生，分析心理學的創始者。他出生於瑞士一個凱斯威爾的村莊。父親是一個牧師。榮格從小受家庭宗教氣氛的影響，對宗教產生了一定的興趣。但是由於他認為其父身為牧師卻喪失真心的信仰且無力面對現實，只能講述空洞的神學教條，再加上他本人在少年時期領聖餐時心中毫無感覺，不符他的期望，以至於他對基督教非常失望。榮格更做過一夢，其中上帝的糞便擊碎精美的教堂，因此榮格背離了基督教。

麵包和玉米 薩爾瓦多·達利 西班牙

我們實在不能想到麵包還有這樣奇妙的藝術用途，但是在達利的眼中，卻處處都是藝術。這個半身的裸體模型其實就是他的妻子加拉的裸體。她頭頂的麵包上插著米勒油畫《晚禱》的小型雕像，臉上還爬滿了螞蟻，脖子上還掛著玉米。達利曾說：「我要用麵包創造超現實主義物體。」但是對普通人來說，這個最多只是存在於夢裡。

103

似曾相識　泰奧多爾·盧梭　法國　布面油畫　1855年　巴黎羅浮宮

這幅作品給人的感覺好像以前在哪裡見過似的，但仔細看卻發現這些樹的形狀都是畫家仔細斟酌之後才畫的，它們的每一個特點都被非常精確地觀察過。盧梭是帶著讚賞的心態，真實、準確地描繪這些橡樹，它們也是法國被森林所覆蓋的偉大遺物。這也是盧梭懷舊情結的一種具體表現。

名詞，雖百般思索仍記不起來，我明白了努力記憶沒有用，於是我便設法找到幾個似乎與那個名詞相關的其他專名，根據對這些專名的聯想，很自然地便想到了那個遺忘的名詞。這種方法同樣適用於對夢的解釋。我們對夢的解釋並非是要發現夢中的元素，而是要透過對這種元素的分析以求得我們所不知道的某件事情。不同的是，我忘記了一個名詞，但我知道它並不是所描述的事物的真實名稱，對於夢的元素來說，必須經過努力的研究，才能求得這種發現。如果我忘記了某一事物的專有名稱，我會透過它的代名來求得這記憶之外的事物，包括它的專名。如果我對事物的代名多加註意，使它們在我的心中產生一系列的聯想，那麼我最終會記起那事物的原有名稱。所以，那些事物的代名，不僅與原名的名稱關係密切，而且還受原名的約束。

以下這一事例可以很好地說明上面我的見解：有一天，我突然遺忘了位於里維埃拉河上的以蒙特卡洛為首都的一個小國家的名字。我對這個國家的事情還算瞭解，我期望透過一些回憶來記起國家的名字。我想起魯錫南王室的艾伯特王子，想起了他的婚禮，想起了他對探險事業的熱愛，總之，對於這個國家的一切，我都想過了，然而仍無濟於事。後來，我決定不再回憶了，這時種種關於這個國家的代名迅速地浮現在我腦海中。先是蒙特卡洛，然後是Piedmont、Albania、Montevideo、Colico。我先認為是阿爾巴尼亞

第六章 初步的假說與釋夢的技術

（Albania），然後又認為是蒙特尼哥羅（Montenegro），可能是黑白對比的緣故（Albania意為白，Montenegro意為黑），不過最後都被我否認了。後來我注意到這四個代名都有一個「mon」音節，於是立刻想起了這個忘記的國名叫摩納哥（Monaco）。由此可見，代名來源於已經遺忘的原名這四個代名都還有原名的第一個音節，而最後一個代名包含了原名末尾的音節，所以從代名中就可以發現原名的全部音節。至於我為什麼會遺忘這個國名，也很好明白，在義大利，摩納哥是德國慕尼黑的代稱，出於對慕尼黑有關思想的排斥，我也很自然就忘記了摩納哥的名字了。

這一事例雖然比較典型，不過也很簡單。如果你們期望求得更深入的解釋，那就要分析那些複雜的事例了，你們需要對事例中的代名作廣闊而細緻的聯想，才能收穫經驗，以用來對夢的分析了。我可以告訴你們一個我的經驗。有一次一位朋友請我喝義大利酒，他對於某種酒有著愉快的記憶，所以在酒店中點了這種酒，然而他竟然忘記了酒的名字。於是他便引起了許多代名，由此我便推測他的遺忘可能與一名叫赫德維的女子有關。果不其然，他承認在初次喝這酒時遇見了一位女子，就叫赫德維，他也很快就想起了酒的名字。他之所以遺忘了酒名，是因為他不願想起赫德維這個名字，因為他已經結婚，而且生活得很幸福。

以上所講述的幾種情況就可以解釋對專名的遺忘了，而對於夢的解釋也可以運用上述的方法。以替代物為出發點，從而引出一連串聯想，大致就能求得原來的對象了。如果對於名稱遺忘的解釋可以運用到對夢的解釋中，那麼做夢人對於夢中元素的聯想，其決定因素除了原有因素外，還包括獨立於意識外的某種情結。這種觀點若能得以證實，我們對於夢的解釋便有了強力的技術支持了。

摩納哥

摩納哥是位於歐洲的一個城邦國家，地處法國南部，是世界第二小的國家，但也卻是世界上人口最為密集的國家之一。摩納哥除了靠地中海的南部海岸線之外，全境北、西、東三面皆由法國包圍，主要是由摩納哥舊城和隨後建立起來的周遭地區組成。

105

第七章
顯意和隱意

前面我們對於過失的研究成果，其效用是非常明顯的。我們順著研究過失的方向來研究夢，並對之前我們所做的幾個假設進行推論，就可以求得兩方面的成果，一是對於夢的元素的理解，二是解夢技術。夢的元素實際上是做夢人所不知道的某種事物的替代，就和過失背後的隱藏意向一樣。做夢人雖然知道是某種事物，但他總是記不起來。夢是由種種元素所構成，如果其中一個元素是某種事物的替代，那麼其他元素也應該是。所以，我們的解夢技術，就是要根據對這些元素的自由聯想而使做夢人產生一種被替代的意義，然後從這種替代意識出發，推測出隱藏著的原有思想。

為了使我們的分析研究更科學一些，我有必要將一些概念的名詞做一下修訂。比如說「隱藏的」、「原來的」、或者「不可及的」，都可以改為「非做夢人所能意識到的」或者「潛意識的」，這樣一改，在敘述上會更準確一些。潛意識的意義和遺忘及過失等背後所蘊含的意向是一樣的，也就是說，當時是處於未被察覺的潛意識中的。由此可以這樣說，夢的元素以及其引發的聯想所求得的替代意念，因為它們是可以被感知到的，所以是意識。對於一些概念所制定的名詞，在理論上絕不會含有什麼歧義或成見，比如潛意識一詞，誰能證明這不是一個易於理解又具有價值的名詞呢？

好了，我們可以將對於夢的一個元素的見解推至整個夢，那麼所謂的夢也就是某些潛意識事物的替代物，而我們對於夢的解釋就是要發現這些潛意識的事物。所以，在我們解夢時，必須要遵守三個重要的原則。

一、不論夢到表面意義是否合理，是否明確，這不是我們尋求的潛意識事物，所以不需要再理會。

二、我們的研究範圍應僅限於那些替代的意念，不用思考它們是否合理，即便它們與夢的元素差距極大也沒有關係。

三、和前面所講述的那個關於遺忘摩納哥的事例一樣，我們必須有充足的耐心來等待所尋求的潛意識事物的出現。

所以，對於夢的回憶以及它是否準確，根本無關緊要。我們的夢境是一個虛幻的世界，它只是一些被改造過的元素的組合，這種組合是某種事物的替代物，可以使我們據此發現那些它替代的意念，從而求得原有的思想，這些思想就是隱藏在背後的潛意識思想。我們對夢的記憶並不完全正確，所產生的錯誤實際上是將那些替代物再次改造而

釋夢的好處及比喻

如果我們想要瞭解夢的語言，就要走進夢的世界，在那裡我們可以發現很多有趣的東西，我們不需要付出任何代價，便可以周遊世界，到任何一個地方去旅行。

- 在意識層，我們思考問題的方式是抽象的、概括的。同樣，
- 在意識層，我們觀察事物也是有選擇性的。

→

- 再有，在意識層，我們往往自己騙自己。人有了語言、思維，比動物聰明多了，但也正是因為人有了這些，人也能夠自欺欺人。

→

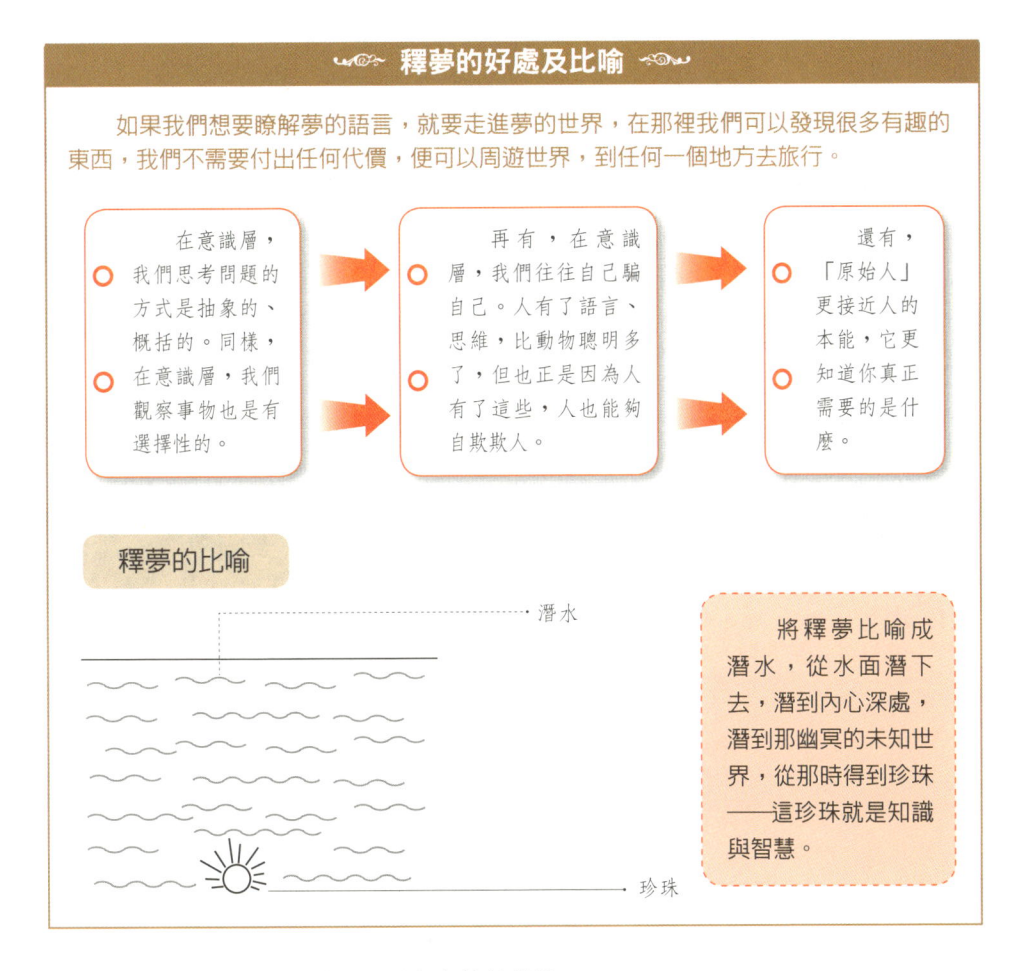

- 還有，「原始人」更接近人的本能，它更知道你真正需要的是什麼。

釋夢的比喻

潛水

珍珠

將釋夢比喻成潛水，從水面潛下去，潛到內心深處，潛到那幽冥的未知世界，從那時得到珍珠——這珍珠就是知識與智慧。

已，而且他們絕不是無意的，而是存在某種動機。

我們既能解釋他人的夢，當然也能解釋自己的夢了，而且對於自己夢的解釋通常比較多，更易使自己相信。使得自己不受某種情感意向的影響，如果是別人為我們解夢，那就要制訂必要的規定，這樣即便我們以荒誕無稽、或者無關緊要、或者令人不快、或則瑣碎凌亂等理由拒絕說出所得的聯想，他們也可以根據規定要求我們必須相告。不過，即便在他人解夢時，彼此都嚴格遵守規定，可是到後來仍然會出現令我們困擾的問題。我們將所得的聯想告訴了解夢人，然而他卻並不相信自由聯想這種方法，或者他不認為我們的聯想是真實的，雖然我們再三肯定。我們送本書給他讀，或者請他去聽演說，可能他就會相信我們的話。不過上述的問題都沒有必要去解決它，即便是忠實相信這一理論的我們，恐怕也會對某一聯想產生排斥，而這種排斥要很久才能消除。

有時做夢人不願吐露對夢的聯想，我們也不必煩惱，倒是可以根據他這種隱晦的性格而推測出一些其他的事實。這些事實愈是出人意表，愈是重要。前面討論過了，我們在解夢時，經常會遇到一種強大的阻力，這種阻力來自於做夢人對聯想的反對，不過做

紅色城市　保羅・德爾沃　比利時　布面油畫　1941年　私人收藏

我們想像德爾沃的這幅作品所取的名字是不是來自畫面中那暗紅色的土壤？德爾沃的作品中總是有一種莊嚴和輕浮並存的吸引力，在一個超現實的環境中，一群奇怪的人在這個環境中穿梭，德爾沃一定是在這幅畫中探索他的潛意識，正是由於這種荒謬、純粹的想法才能折射出作品內在的一種不可抗拒的魅力。

夢人的反對與他的信仰沒有關心。根據我們的分析研究，做夢人的這種批判並沒有什麼明確的依據。事實上，做夢人所要壓制的聯想恰恰是我們解夢最重要的線索，我們可以據此求得那些隱藏的潛意識思想。如果做夢人對某一種聯想有了批判式的反對，那我們就必須警惕了。

我們新發現的這種阻力，實際上是根據我們的假設所推測出來的。這種阻力極有可能使我們的研究舉步維艱，所以我們會對這一阻力相當不痛快甚至憤怒。若是早些發現這一阻力，那就不做這研究反倒是好事。你們現在肯定會有這種想法：對於夢的研究根本不算什麼宏大的科學主題，我們怎麼會遇到這麼多難題以致無法順利地進行研究呢？不過，你們若從反方向考慮就會發現，這些難題也有可取之處的，或許我們可以透過對他們的求解而產生新的研究成果。如果我們從夢的元素這些替代物出發來尋求那些隱藏的潛意識思想，當然免不了會遇到阻力了。為什麼我們不這樣做呢？先假設這些替代物的背後有一種強大的意念在支配著他們，不然為何我們求根溯源會有那麼多困難呢？一個小孩不願將自己手中的東西展示給別人，那麼我們可以推測他手中的東西一定不是他自己的。

如果對這種阻力作動態的描述，我們便可想像它是強有力的和富於變化的。阻力的強弱我們研究時可以發現，有的阻力強一些，有的阻力弱一些。有一種解夢技術也是非常有效的。通常來講，我們只需要透過對幾個聯想甚至一個聯想的分析，就能發現夢到

第七章 顯意和隱意

元素背後所隱藏的潛意識思想了,也有些聯想需要冗長的觀察分析,且要克服自身的批判意向。你們可能會認為阻力的強弱決定了聯想的數量,這種猜測原也不錯,但不夠盡善盡美。如果阻力很微弱的話,那麼其替代物背後的潛意識思想必不會太遠,反之,如果阻力十分強大,那麼潛意識思想可能會發生極大變化,以致我們要從替代物中發現潛意識思想,就必須多轉幾個彎了。

我們可以選擇一個案例,然後運用我們總結的技術,檢驗一下我們的期望是否準確。那麼我們需要選什麼樣的夢例呢?選擇夢裡存在諸多困難,不過我很難給你們講清楚這些困難究竟是什麼。有些案例從整體上來說,基本沒有被改造過,你們可能就會認為這些案例是最好的依據了。不過,你們是否明白我所說的最少被改造的夢到底指什麼?是不是就是前面我所列舉的那兩個事例中的意義明確、條理清晰的夢?如果這是你們的觀點,那就大錯特錯了。根據有關專家的研究,這些夢實際上有很多地方都被改造過了。你們可能會有些失望,不過我若是牽強附會以這些夢為例,那就無法尋求科學的研究成果了。如果我們將夢的內容和對夢引起的聯想分別寫出來,然後做一個對比,就會發現聯想所佔用的篇幅遠比夢的內容多,所以對於夢的元素的聯想,大多數是相當繁雜的,我們對它們作分析研究以求得明確的見解,這恐怕不是很容易。我所想到的最實際的辦法是,選擇幾個簡短的夢來做分析,這些夢最少要有一種意義或者證實我們的一種假設。如果你們認為選擇最少被改造的夢更有助於我們的研究,那不免落入經驗之談,就目前來說,對於簡短的夢的研究,才是我們最有效的辦法。

我們也可以將夢化繁為簡,這很容易。我們先不去解釋整個夢,而是選擇夢的某個元素來做分析。我舉幾個夢

抱著貓和拿著鰻魚的男孩和女孩 朱迪特·萊伊斯特爾 荷蘭 布面油畫 1635年 倫敦國家美術館

小男孩眼珠上揚,左手握著一條鰻魚,右手抱著一隻家貓,他旁邊的小女孩緊緊地揪住貓的尾巴。從他們的表情上,我們可以得知,這隻貓可能不是他們的,而是被強迫抱在他們的懷裡,作為觀眾,我們只能歡快地欣賞這滑稽的一幕了。

109

例，然後我們嘗試來對他們做出解釋。

（一）一位女士說自己小時候經常在夢中見到上帝戴著一頂尖尖的紙帽。如果那位女士沒有說明更多，我們能否解釋這個夢境呢？很顯然，我們看不出這個夢對於她的童年有什麼意義。不過女士說她小時候喜歡戴著這樣一頂帽子用餐，因為她想偷看兄弟姐妹盤子內的事物有沒有比她多，這樣一來，夢的意義便有跡可循了。因為帽子可以用來遮擋臉部，所以女士不難聯想起有關的往事。由於女士的聯想，使得對這個夢的解釋變得很容易。女士後來說：「小時候聽說上帝無所不知，世上沒有任何事情能瞞得過他的眼睛，那麼這個夢的意義就是，他們雖然想對我隱瞞，但是我和上帝一樣，無所不知，絕對不會被他們欺瞞。」這一夢例實在太簡單了，很輕鬆地做出了解釋。

（二）一個性格猜疑的人曾經歷過一個較長的夢境，在夢中有人送給了他一本我論《詼諧》的書，並對此書讚美有加，然後那人便對他講了水道的事情，然而這與書的內容無關，似乎被記載於另一本書上，他不知道。總之，他對於此夢的記憶相當模糊。

被改造的肖像　薩爾瓦多・達利　西班牙

圖中右邊的這位達絲夫人，是達利夫人加拉的一個翻版。左邊的山石、樹木、道路與右邊的人物交相輝映，自然成為人的影子。這就如同被改造過的夢一樣，我們所看到的大多是左邊的這樣的影像，保留了真實的輪廓，內在卻是不一樣的。

可能你們會認為無法對這個夢做出解釋，因為它裡面提及的水道是模糊不清的。的確，這對於你們來說是一個困難，不過導致困難的根本原因並不在於水道這一元素的模糊，而是其他原因，這也是造成水道模糊的原因。做夢人沒有對水道這一元素做出聯想，所以我也不能確定水道是誰的替代物。不過很快，也就是第二天，他告訴我一個關於水道的聯想。他說他想起了一個笑話：在一條往來加來和多佛爾的渡輪上，一個英國人在談論某一話題時，說了一句：「高貴和滑稽之間只隔著一道溝（Du sublime Ou ridicule，il n'y a qu'un pas）。」於是便有一個法國作家回應他說：「沒錯，那道溝就是le Pas-de-Calais了。」意識就是說法國是高貴的，而英國是滑稽的。因為le Pas-de-calais就是英吉利海峽。可能你們會問我，這個笑話和夢有關嗎？當然有關了。這個笑話中蘊含了夢中那個令人不解的元素。如果這個笑話的記憶存在於做夢前，的確成為水道元素背後的潛意識思想，但你們肯定不會認為這是事實。也許你們會認為這個笑話是做夢人後來編造的。從他引起的聯想來判斷，他有些專注於夢中的讚美了，以致忽視了對其他元素的懷疑，所以導致了聯想的緩慢和夢的元素的模糊。夢的所有元素與其背後的潛意識思想的關係需要你們格外注意，每一個元素都是思想的一部分，用它來比喻某一潛意識思想，如果夢的元素和潛意識思想相隔很遠，那麼我們就很難對其做出解釋了。

（三）有一個人做過一個夢，夢境中有一個奇怪的片段：他的家人一起圍坐在一張奇形怪狀的大桌周圍。他回憶這張桌子時，立刻聯想到一位朋友的家中也有一張相同的桌子。他繼續聯想，又想到了他那位朋友和父親的關係很奇怪，於是他便說自己與父親的關係也很奇怪。由此可見，夢中的桌子替代的就是他們的相似之處。

此人必是掌握了一些解夢的技術，不然他就不會去研究桌子的形狀這樣的瑣碎事情。夢中的所有元素都可以說「事出必有因」，如果我們期望出成果，就必須研究這些瑣碎的、又似乎毫無根據的細節。或許你們會有疑問，為什麼他會選擇桌子這一元素來證明了「兩個家庭的父子關係是一樣的」這一結論？如果你們知道他那位朋友的姓氏為「Tischler」的話，那就不難理解了（Tisch意即桌子）。他夢見了家人圍坐在桌子周圍，其含義就是他的家人都是「Tischler」。還有一點我們應該堅決避免，那就是我們對於夢的解釋，往往過於草率。選取夢例非常困難，解夢草率是一個重要原因，我可以再舉一個事例來證明。不過，草率的弊病雖然可以避免，但往往會立刻出現另一種新的缺陷。

實際上我應該在前面就運用兩個新概念來為你們闡釋解夢中的困難，不過我現在介紹也不算晚。這兩個概念分別是夢的顯意（the manifest dream-content）和夢的隱意。顧名思義，夢的顯意便是說出來的夢境，夢的隱意就是其背後隱含的意義，只能由聯想得知。前面我們所講述的夢例中，均闡述了它們的顯意和隱意，這兩者之間的關係，則是我們討論的重點。它們的關係分很多種，如案例一和案例二中，夢的顯意只是其隱意的一部分而已。一般來說夢的潛意識思想，只有一部分會進入夢境，成為暗示性的替代元素。而我們解夢，就需要從這些元素中探求其原有思想。在案例二中，這種關係得以完美呈現，夢的改造作用之一就是用某種元素替代他物。在案例三中，顯意和隱意就有了

精神分析引論
A General Introduction to Psychoanalysis

向布萊里奧致敬 羅貝爾·德勞內 法國 紙面水彩畫 1914年 法國巴黎市立現代藝術博物館收藏

這是一幅明顯的抽象作品，色彩多變，如果仔細觀察的話，我們還是可以清晰地看到畫面右邊的是艾菲爾鐵塔，左邊是一架飛機的機翼和螺旋槳，這些物體與天空中不知名的漂浮體結合在一起，便是慶祝布萊里奧於1909年第一次飛越英吉利海峽的壯舉。

另一種關係，我們可以在下面的事例中瞭解這種關係。

（四）做夢人在夢中見到了一位認識的女子，他根據所引起的第一個聯想明白了這個夢境的意義，那就是：他選擇了她，他愛上了她。

（五）一個人夢見了自己的哥哥拿著一根竹節，他引起的第一個聯想是某些節日快到了，第二個聯想才是夢的隱意，那就是，他的兄長正在節省花銷。

（六）登高望遠的夢比較特殊。不要覺得它聽起來很合理，就認為只需詢問做夢人對夢的聯想，以及引起這個夢的緣由就夠了，而不需要多加解釋。這種想法是錯誤的。這種夢和那些模糊混亂的夢一樣需要解釋。那個做此夢的人根本想不起自己有過登山這回事，反而他記得某一報刊上刊登了一篇Rundschau（評論），這篇文章討論了人類和地球第三極的關係，所以在夢中，做夢人便以評論者自居，這才是夢的隱意。

上面為你們展示了夢的顯意和隱意的另一種關係。與其說顯意是改造後的隱意，倒不如說它是一種由某一字詞所引起的可塑性的具體意象。至於這種具體意向由哪個字詞引起的，我們就不得而知了。當某一意象替代了原有字詞後，我們的認知可就面臨著重重挑戰了。前面說過，夢的顯意通常表現為圖像，只有極少數的思想和情感，由此可知，在夢的構造上，其顯意和隱意的關係有著極為重要的地位。所以，一系列的抽象思想便可在夢中被改造為替代的具體意象，從而隱藏其後，不被發現。這種技術就像是在繪製謎畫。夢的顯意和滑稽心理學也存在著密切的關係，不過這是另一個課題，我們以後會討論的。

實際上他們還存在有第四種關係，不過還沒到說的時候，以後會有機會為你們講解

第七章 顯意和隱意

的。即便到時候我講了,也可能不會講得很詳細,只需要能解答你們的疑問就行了。

如果我現在要你們對夢做一個徹底的解釋,那麼你們做好準備了嗎?你們是否有勇氣來做解釋呢?如果你們準備好了,我就選擇一個夢例。當然,我不會選一個難以解釋的夢,而且我選的夢也具有夢的普遍特點。

一名已婚女士曾經做過這樣一個夢:某天她和自己的丈夫在劇院內欣賞戲劇,在正廳前排還有一片座位無人坐。她的丈夫對她說,愛麗絲和她的未婚夫也要來,可是只買到三個不好的座位,雖然只花費了一個半弗洛林,但是他們最後決定不來了。於是她說,沒關係,反正他們也沒有多大的損失。

這名女士所講的第一件事已經被夢中的經歷在其顯意中暗示出來:她的丈夫告訴她,他們的朋友愛麗絲將要結婚了。所以這個夢就是對於這一事實的反應。因為這件事發生在前一天,所以在夢中得以重現,而做夢人也很容易追根溯源。僅針對這個夢,夢中的其他元素也被做夢人解釋明白了,譬如說有一片空座位,這個夢境意味著什麼呢?實際上指的是上周的事,她想去戲院看演出,生怕沒有座位,便提前訂票,為此買了高價票,結果到了演出的時候,她到戲院一看,有一片空座位。如果她能等到當天買票,也是可以買到票的。因為這件事她被丈夫指責說太急躁了。還有,那一個半弗洛林指的是什麼?這個元素和看戲沒有什麼關係,而是指前天聽到的一件事。她的大嫂接到丈夫寄給她的150個弗洛林,便立刻去了珠寶店,像個蠢貨一樣將所有的錢買了一件珠寶。為什麼是三個座位呢?這個她卻無法解釋。她聯想到自己已經結婚十年了,而她的朋友愛麗絲只比她小三個月,直到最近才訂婚。然而這種聯想仍無法解釋愛麗絲和她的未婚夫為什麼會買三張票?她想不出來,便也不再去聯想了。

不過她的這幾個聯想已經足夠我們用來尋求夢的隱意了。有一點值得注意,她在作聯想時,多次提到了時間的概念,如她說戲票買得太早了,自己太著急了,以致買了高價票;又如她的大嫂立刻拿著錢去買首飾,似乎晚一點就買不到了。如果將我們所注意

桌上的玻璃杯、茶杯、瓶、煙斗 1914年

這幅作品是以剪貼的方式創造出來的一幅拼貼範本。這種立體主義的拼貼技法早在畢卡索和布拉克時代就已開始流行。作品中放有茶杯、煙斗等物品的桌子不是用筆畫的,而是用近似木板質感的壁紙貼在畫布上的,構成的這個整體並沒有給人突兀的感覺,而是很好地融合成一個整體。

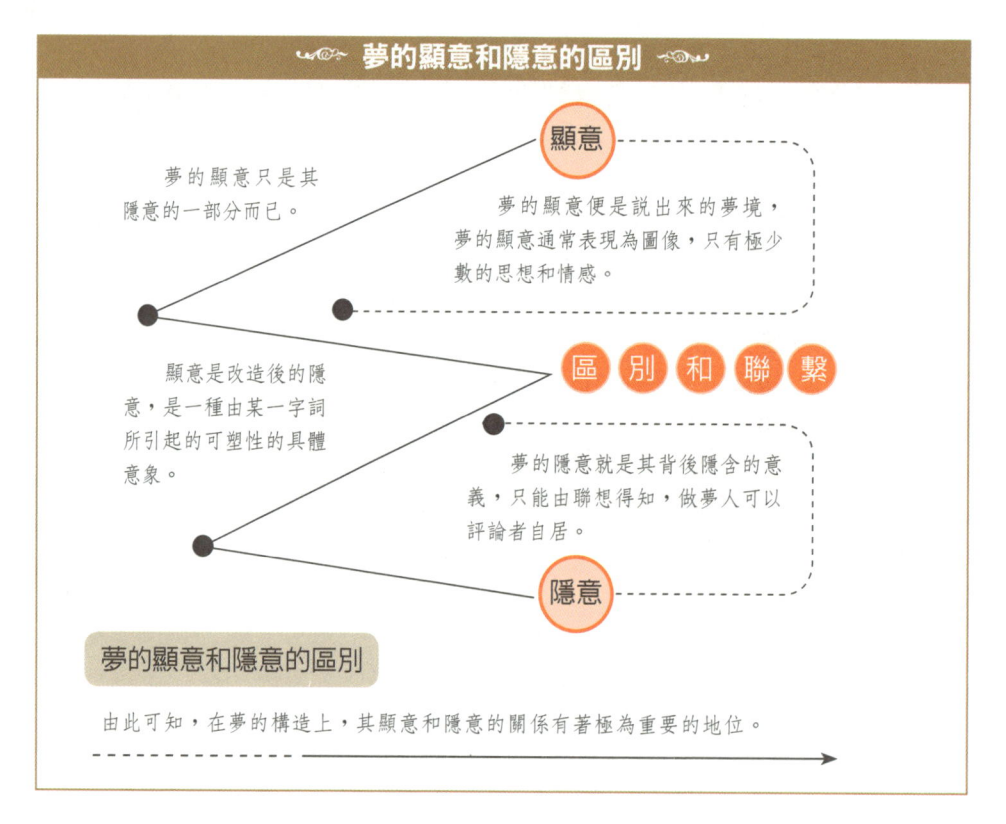

夢的顯意和隱意的區別

顯意

夢的顯意只是其隱意的一部分而已。

夢的顯意便是說出來的夢境，夢的顯意通常表現為圖像，只有極少數的思想和情感。

區 別 和 聯 繫

顯意是改造後的隱意，是一種由某一字詞所引起的可塑性的具體意象。

夢的隱意就是其背後隱含的意義，只能由聯想得知，做夢人可以評論者自居。

隱意

夢的顯意和隱意的區別

由此可知，在夢的構造上，其顯意和隱意的關係有著極為重要的地位。

到的這些點，如「太早了」、「太著急了」等，她對大嫂買首飾的批評和夢中所發生的事情聯繫起來看，就會發現夢的隱意是這樣的——根據其隱意可以看出，顯示出來的夢境就是一個被巧妙改造過的替代物。

我太著急結婚了，實在是很傻，愛麗絲的經歷使我明白，即便我晚幾年也會有人和我訂婚。這就是夢的隱意。她著急買戲票，她的大嫂著急買珠寶，均表示同樣的意義。看戲或買珠寶均代表結婚。我們也可以對這個夢做進一步的分析，不過未能再有如此明確的結論了。因為後面分析的結論很有可能與那女士的話相矛盾。譬如說，現實中的150個弗洛林變成了夢中的一個半弗洛林，是否就意味著這位女士是這樣想的，你一次買珠寶的錢，我可以用來買100次的戲票？如果用嫁妝替代這些錢，那是否意味著可以用嫁妝換來

入場券 工藝品 1790年 大英博物館

入場券一般是指人們去看比賽、表演、展覽會等公共活動場所的入門憑證。一般都會印有或註明時間、座次、票價和持票者入場後應該注意哪些具體事項。

第七章 顯意和隱意

托馬斯·考萊特曼夫婦　約瑟夫·賴特　英國　布面油畫　1770年　倫敦國家美術館

　　人們在沒有結婚之前總是覺得婚姻是一件神秘的事情，但是當自己真的結婚之後，就又會嚮往曾經單身的日子。對於已婚的人來說，這幅作品總顯得太過於美好，妻子瑪麗在馬上用一種既溫和又嚴肅的態度看著馬下的丈夫托馬斯，他作了一個相應的姿勢回應她。

精神分析引論
A General Introduction to Psychoanalysis

便士　英國 工藝品 1796年

便士，是英國發行的一種貨幣。分為半便士（half penny，於1985年停止流通），1便士，2便士，5便士，10便士，20便士，所有硬幣正面皆為英國君主像，背面除鑄有幣值外，在不同行政區所鑄的硬幣鑄有不同的圖案。但不論硬幣於哪個行政區鑄造，皆全國通用。

一個丈夫，而那些珠寶和壞座位就是丈夫的替代物了？如果將三張戲票和丈夫聯繫在一起，當然更容易解釋了。不過我們課題的研究範圍並不涉及這一點，我們只需要知道，這位女士所做的夢，其表示的意義就是她厭惡丈夫，後悔自己結婚太早了。

由此我們便會發現，之前我們所求得的對於夢的解釋，並不完全合理，倒使我們產生了困惑。也許是我們的想法太多了，所以沒能夠全面瞭解。我們也明白，對於此夢的解釋並不徹底。所以，我現在將一些我們已經掌握的要點列舉出來：

第一點，我們瞭解此夢的隱意主要體現在「著急」上，但在顯意中並沒有表現出這一點。不經過分析，我們就不會發現這一隱意，由此得出的結論是：潛意識思想的中心並不蘊含在夢的顯意中。這一結論會從根本上改變我們對於夢的觀點。第二點，夢中的意象通常會無意義地結合，譬如說一個半弗洛林買了三個座位。從夢中的意象我們發現了這樣的隱意：過早結婚實在很傻。而「實在很傻」這一隱意不就是透過夢中那些無意義的組合表示出來的嗎？第三點，透過我們前面的多次比較，顯意和隱意顯然有著一種特殊的關係，一種顯意並不總是蘊含有一種隱意。這兩者的關係屬於彼此交叉的關係，通常的情況是，一種顯意可以蘊含多種隱意，而一種隱意可也為被多種顯意所替代。

我們可以從夢的意義以及做夢人對於意義的態度中發現，有許多事實是令人驚訝的。譬如說一位老太太雖然承認了我們對他所做夢的解釋，然而仍會覺得驚奇，還有那位已婚女士，她可能並沒有意識到自己是如此厭惡丈夫，更想不到其中的緣由。總的來說，對於夢的解釋，仍有許多問題需要我們去解決，如果我們想對解夢做充足的準備，那就需要作更進一步的研究了。

第八章

兒童的夢

　　我們的討論進程走得有些急了，還是讓我們退後幾步討論吧。在應用分析法能夠解釋夢的改造之前，我認為我們最好將研究的範圍縮小，僅討論那些沒有被改造或者被改造很少的夢，這樣我們可以不用理會那些因改造太多而產生的諸多困難。不過如果我們運用這種方法，似乎就與精神分析的課題相去甚遠了。科學地講，我們只有運用我們所掌握的解夢技術，對那些被改造過的夢做全面的分析，才能辨識出哪些是沒被改造過的夢。

　　未被改造的夢最常見於兒童的夢中。兒童的夢普遍具有簡短、明確、易懂等特點，而且其意義簡單和清晰，可算是最純粹的夢了。不過也不是所有兒童對夢都沒有被改造過。兒童初期的夢便有改造的跡象，在五歲至八歲這個年齡段，通常都具有了成人的夢的普遍特點。如果我們來研究那些初具精神意識或者三至五歲這一年齡段的兒童，我們會發現他們所做的夢都十分幼稚，到了兒童後期他們還會做這種幼稚的夢，甚至成年人的夢，在特定條件下，也會做和兒童一樣的夢。

　　我們對這些兒童的夢作分析，便可很輕鬆地瞭解夢的主要屬性。

　　（一）瞭解兒童的夢，不需要做深入的研究，也不需要運用解夢技術，更不需要過多詢問說夢的兒童。不過，我們應該多少瞭解一些他們的生活。他們的每一個夢，都可以用前一日的經歷來解釋，因為夢就是心靈在睡眠中當天經歷的反應。

　　我可以列舉幾個事例來推出這一結論。

　　（1）一個兩歲的孩子要將一籃櫻桃送給另一個小朋友作為他的生日禮物，不過他並不情願，即便自己也會分得一些櫻桃。到了第二天，他便說夢見對方吃光所有的櫻桃。

　　（2）一個三歲的女孩乘舟泛湖，後來船靠岸時她卻不願上岸，於是就哭了起來，她覺得遊玩的時間過得實在是太快了。到了第二天，她便說夢見了自己又去遊湖了。我們大約可以推測她在夢中遊湖的時間比白天要長。

　　（3）一個五歲的男孩和別人一起到哈爾斯塔特附近的厄斯徹恩塔爾遊玩。他過去聽說哈爾斯塔特緊靠著德克斯坦山，他對這座山產生了興趣。他居住在奧西地方的房屋內，從這裡就可看見德克斯坦山，透過望遠鏡還能看到山頂上的小屋。男孩經常用望遠鏡去觀察這個山頂上的小屋，不過沒人知道他是否看清楚了。由於這次遊玩的開始便有了這樣一個期待，所以後來每當他看到了新的高山，他就會問那是否就是德克斯坦山

孩子們

兒童初期的夢，通常都具有成人的夢的特點。兒童的夢普遍具有簡短、明確、易懂等特點，而且其意義簡單而清晰，可算是最純粹的夢了。圖中的妹妹和哥哥很親密，妹妹喜歡把哥哥作為自己的模仿對象，但隨著年齡的增長他們就會愈來愈疏遠。

了。不過每次他得到的都是否定的回答，他也覺得很洩氣，便不再出聲了，也不願和其他人去別的地方遊玩了，以致他被認為是太勞累了。然而到了第二天，他高興地對眾人說：「我又夢見了自己到了山頂的那間小屋了。」由此可見，在這次旅行中，他一直有這樣一種期待。而在行程中，他不斷重複著以前聽到的那句關於德克斯坦山的話：「你若想達到山頂，你必須在山上走六個小時。」

由這三個案例，我們對於前面所得的結論，便可有明確可靠的認識了。

（二）兒童期所做的夢並非沒有意義，它們也是一種明顯的、易於瞭解的心理現象。前面我為你們講了醫學對於夢的研究和觀點，還有對夢的比喻，將夢比作是不懂

第八章 兒童的夢

音樂的人用自己的十根手指在鋼琴上亂彈，而前面我們所引用的關於兒童的夢例實際上與這種說法相衝突了。令人奇怪的是，兒童在睡眠時會有一個完整的心理活動，但在相同的情境下，成人的心理活動往往時斷時續，不能恆久。事實上，早已有論斷證明兒童的睡眠比成人的睡眠更深一些。

（三）那些未被改造的夢已經不需要解釋了，因為夢的顯意便是其隱意。所以，我們可以認為夢的最主要特點並不是改造。如果就前面所講述的夢例而言，你們肯定會認為這一觀點是正確的。不過，根據我的仔細研究，我不得不說這些兒童的夢的確被改造過，只是有些夢的改造程度比較淺而已。所以，我們也不得不承認，夢的顯意和隱意的確存在有差異，絕不可能完全一致。

（四）如果兒童對當日的經歷感到遺憾、沒有滿足或者抱有期待，便會在他的夢中反映出來。兒童從不掩飾藉助夢來滿足自己的要求。現在我們也可以討論一下外在和內在的刺激對於侵擾睡眠和引起幻象能產生多大的影響了。就這個問題來說，我們雖然已經明確了一些事實，不過這些事實只能用來解釋極少數的夢。而在兒童的夢中，很難看出這些刺激對於夢境的影響。我們很容易瞭解兒童的夢，所以我們也不應丟棄這種刺激引起夢境的看法。我們需要瞭解的是，為什麼人們只知道侵擾睡眠的只有生理的刺激，卻忘記了還有心理上的刺激。前面我們已經得出結論：侵擾成

兩個學童 愛德華·維亞爾 法國 1894年 比利時皇家美術博物館收藏

畫家描繪了一個奇幻的公園，公園內有兩個男孩在一起玩耍，這幅作品融合了畫家對巴黎公園的印象，他曾經在這裡書寫兒童嬉耍並記錄光影移動的形態。他的畫風曾受到莫內的影響，並極力模仿印象派畫風，由他的作品中能隱約可以看到莫內的吉弗尼花園畫作。

人睡眠的多半是心理刺激,也就是一種與外界沒有任何關係的心理情境。因為他們不想打斷生活,因為他們希望繼續工作,所以他們無法入眠。而侵擾兒童睡眠的心理刺激,便是他們沒有滿足的要求了,所以他們便在夢中反應了出來。

（五）我們對兒童的夢作分析,很輕鬆地求得了夢的功能。如果夢是對心理刺激的反應,那麼夢的價值就在於使某種興奮得以發洩,以消除刺激從而使睡眠能夠持續。至於這種發洩如何在夢中被實現,目前我們一無所知,不過我們已經知道了夢不是擾亂睡眠的因素了,反而成為了睡眠的守護者,以使睡眠不被擾亂所影響。所以,我們最初認為沒有夢睡眠質量較高的觀點是錯誤的,實際上,沒有夢的幫助,睡眠的質量根本得不到保證。我們睡得香,就是因為我們做了夢。當然,有時夢也會干擾我們的睡眠,正如警察在追捕罪犯時免不了要鳴槍示警一樣。

（六）夢其中一個特徵就是,夢由某種願望引起,夢的內容即是對這種願望的反應。而且,夢不僅使這種願望得以表現,並藉助幻象的方式,使他能得到滿足。譬如說那個小女孩所做的遊湖夢。引起夢的願望是「我想遊湖」,而在夢中的表現形式則是「我正在遊湖」。因此針對這些兒童期的簡單的夢來說,夢的隱意和顯意之間多少也有差別的,一般都會將願望略加改造然後改造成夢。我們在解夢時,只需要還原夢的改造作用就可以了。如果說「願望引起夢」是所有夢的普遍特點,那麼我們便掌握了解釋上

密蘇里河的父子　喬治·賓厄姆　美國　油畫　1845年　現藏紐約大都會美術陳列館

作品中描繪了一對父子在平靜的密蘇里河順流而下的迷人場景。船上有一個小男孩,一個成年人,還有一隻貓。成年人嘴裡悠閒地叼著煙袋,小男孩則懶散地斜靠在貨物上,他們一路順流而下,這是一幅多麼和諧的畫面啊!

第八章 兒童的夢

公雞、母雞和小雞 默爾希奧爾·德·洪德庫特爾 荷蘭 布面油畫 1668年 倫敦國家美術館

　　動物也會做夢嗎？不過，我們現實中卻有這樣的俗語，如「豬夢橡實，鵝夢玉米，小雞夢穀粒」等。畫家是以描繪鳥類而著稱的，他的特點就是善於捕捉農家庭院中動物們的生活場景。這幅作品中沒有人能如此自然嫻熟地描繪出公雞那趾高氣昂的氣質，還有母雞那如皇后般的美麗和迷人的魅力，他讓我們清晰地看到了動物世界的行為模式。

述夢例的技術了，譬如說，那人夢見「兄長手持竹節」，其真實意義並非「兄長正在節省開支」，而是「我希望兄長節省開支」。夢的兩個普遍特點，相比第一個特點，第二個更容易被廣泛認可。我們在經過了諸多研究後，終於發現了這一點：願望是引起夢境的最常有的因素，而不是人的偏見、批判或動機。不過其他特點的作用也不能被忽視。通常夢會不斷重複對於刺激的反應，並將它轉化為一種幻象，隨著幻象的消逝，刺激的影響也會慢慢褪去，那麼睡眠就會進入一個安靜的狀態了。

　　（七）我們還可以將夢的這些特點與過失相比較。在對過失的研究中，我們分析出一個干涉的傾向和一個被干涉的傾向，而過失就是對互相衝突的兩種傾向的調和。實際上夢也有截然相反的傾向，其被干涉的傾向自然是睡眠的傾向了，而干涉的傾向則是一種心理刺激，也可稱為（希望被滿足的）願望，因為這是我們目前發現的唯一能干涉睡眠的心理刺激。夢也是對兩種傾向調和而產生的。我們入睡了，會在夢中經歷願望的滿

足,我們的願望得以滿足,仍會繼續睡眠。所以說,和過失一樣,夢的兩種傾向各有成敗。

(八)前面我們討論過可以借白日夢來對夢做出解釋。我們已經證實了,這些白日夢的動機就是滿足某種願望、情慾或野心,不過採用的形式多為想像,雖然比夢境更完美,卻沒有夢境的那種存在感。雖然我們不能完全證實夢的兩個特點,卻可以相信它們也為白日夢所擁有,當然,在睡眠中才能呈現的特點對於白日夢則沒有了。我們在平日的聊天中,也會發現對於願望的滿足是夢的主要特點。如果夢中的經歷是對想像的一次重現——這種重現只有在夢境中才有,我們可以稱這種夢為「睡眠中的白日夢」——那麼我們就會明白在夢中是怎樣滿足願望以消除刺激的。白日夢也是對於願望的滿足所產生的一種心理活動,滿足願望是導致白日夢的唯一因素。

我們代代相傳的俗語中有一些也可以表示夢的意義,如「豬夢橡實,鵝夢玉米。」「小雞夢見什麼?夢見穀粒。」這些俗語所說的是動物的夢,不過也認為動物所做的夢也是用於滿足願望。有許多成語也同樣具有這樣的意義,如「美妙如夢」、「荒唐勝夢」等。由此可見,許多約定俗成的語言對我們分析研究得出的觀點是一致的。不過,夢並不都是美好的滿足願望的夢,人們也會做焦躁的夢,痛心的夢,平淡乏味的夢,甚至噩夢,然而對於這些夢卻少有對其總結的俗語。然而,根據我們的研究結論,夢通常具有滿足願望的意義,任何俗語都不會說豬鵝夢見被屠宰的。

有一點讓人很困惑,一般人們談論夢的時候,都會慣性忽視夢的這個滿足願望的特點。事實上,他們絕對是瞭解這一點的,然而幾乎沒有人願意承認它,只是在談論夢的時候將它作為引線使用。到底人們為什麼普遍這樣做呢?若是做一次猜想和推測,便可知道個中原因了。這些我們以後再討論。

如今看來,我們十分輕鬆地就從對兒童的夢的研究中獲取了大量的知識。我們已經瞭解到的有:(1)夢可以保護睡眠,而非擾亂睡眠;(2)夢是對兩種互相衝突的傾向的調和,在睡眠中,必須要接受某種刺激;(3)夢是一種有意義的心理活動;(4)夢有兩個主要特點,即願望的滿足和幻象的經歷。不過,我們不要忘了,我們的根本研究課題是精神分析。除了我們已經研究了過失和夢以外,在精神分析領域內我們還沒有發現其他標誌。實際上,即便是沒有對精神分析做過專門研究的心理學家,他們對於兒童的夢的解釋也可能會得出與我們一樣的結論。不過,為何至今還沒有這樣的人呢?

如果所有的夢都和兒童的夢一樣簡單幼稚,那麼我們對於夢的研究就能很快得到明確而完美的解釋,我們不需要再去詢問做夢人,不需要再作假設,也不需要商討什麼潛意識或自由聯想的方法了。這當然是我們應該不懈追求的目標了。然而,已經被多次證明了,我們所認為的那些具有普遍性的夢的特點,實際上僅限於對少數夢做出解釋。那麼,我們現在需要解決另一個問題:根據兒童的夢總結出的特點是否穩定?而那些模糊混亂,不宜發現其願望或意義的夢是否也具有這樣的特點?就目前我們的研究現狀來說,這些夢由於被多次改造過,我們現在還無法予以解釋。我們現在要做的,就是將這些改造過的夢進行分解,這就要藉助精神分析法了。不過對於兒童的夢的研究則沒有這

兒童夢的特點

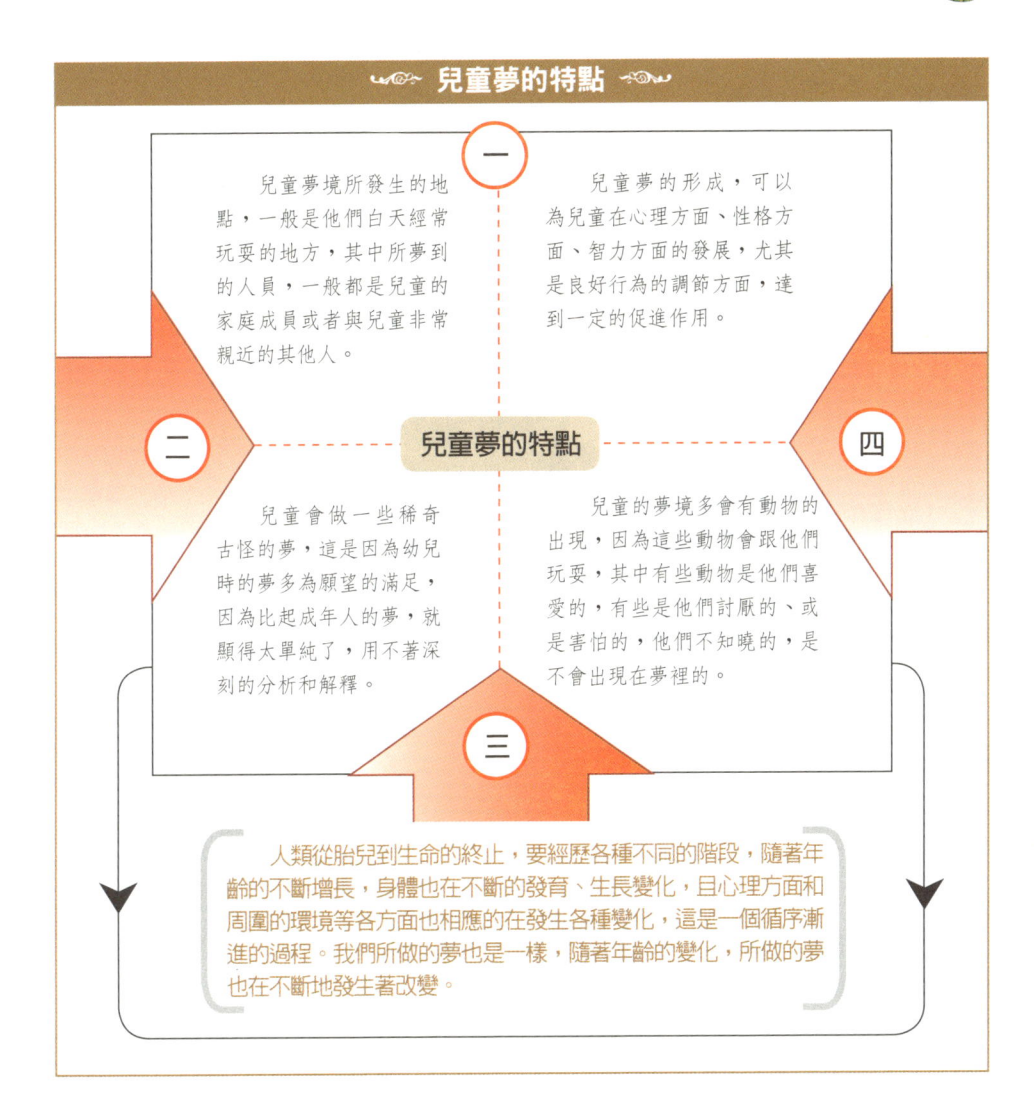

一
兒童夢境所發生的地點，一般是他們白天經常玩耍的地方，其中所夢到的人員，一般都是兒童的家庭成員或者與兒童非常親近的其他人。

兒童夢的形成，可以為兒童在心理方面、性格方面、智力方面的發展，尤其是良好行為的調節方面，達到一定的促進作用。

兒童夢的特點

二
兒童會做一些稀奇古怪的夢，這是因為幼兒時的夢多為願望的滿足，因為比起成年人的夢，就顯得太單純了，用不著深刻的分析和解釋。

四
兒童的夢境多會有動物的出現，因為這些動物會跟他們玩耍，其中有些動物是他們喜愛的，有些是他們討厭的、或是害怕的，他們不知曉的，是不會出現在夢裡的。

三
人類從胎兒到生命的終止，要經歷各種不同的階段，隨著年齡的不斷增長，身體也在不斷的發育、生長變化，且心理方面和周圍的環境等各方面也相應的在發生各種變化，這是一個循序漸進的過程。我們所做的夢也是一樣，隨著年齡的變化，所做的夢也在不斷地發生著改變。

個必要。

事實上，還有一類夢與兒童的夢有著相同的特點，這些夢都未被改造過，可以很容易判斷他們是滿足願望引起的。引起這些夢的願望一般都是強烈的生理需要，如飢餓、乾渴和性衝動等，而對於願望的滿足便是對這些生理刺激的反應。舉個例子，有一個兩歲的小女孩，她在夢中見到了一張菜單，上面寫著草莓、蛋糕、牛奶等美食，原來她昨天因吃了水果，消化不良，以致一整天都沒吃東西，所以這個夢境便是對她挨餓的反應。還有，她的奶奶，一位年近七旬的老人，因為腎臟系統出現紊亂，只要斷食一天以作調整，於是當晚她就夢見了有人請她赴宴，宴席上盡是美味佳餚。諸如飢餓的罪犯以及水盡糧絕的旅行者的夢，經常都會夢見食物充飢。在諾頓斯柯爾德出版的討論南極的書中，他在回憶他的探險隊在寒冷的南極過冬的生活時是這樣說的：我們每天做的夢，

精神分析引論
A General Introduction to Psychoanalysis

花色蛋糕　韋恩·蒂包德　布面油畫　1981年　私人收藏

畫面鮮亮，顏色誘人，這是這幅作品給人最直觀的感受，美味的蛋糕一個個擺放在哪裡，讓人禁不住有想吃一口的衝動。蒂包德的早期作品，多以美國的食物為主，以冷淡、寫實的風格為主，作品好像是陳列於自主餐館，他注重作品的質地、色彩以及形狀，使其畫作成為美國波普藝術的重要範例。

都表現了我們的願望。過去我所做的夢都沒有在南極時做的夢那樣鮮明。即便是平常很少做夢的夥伴，他們也會經常做夢。每當早晨醒來時我們便互相交換夢境，將這些夢作為我們的話題。我們的夢大都與那遙遠的家鄉有關，也有夢見我們當時的處境的，在這所有的夢中，飲食都是夢的主要內容。有一位朋友在夢中遍嘗山珍海味，醒來時還覺得十分興奮。有的人在夢中看到滿山都是菸葉，有的人夢見了遠航歸來的渡輪。還有一種夢也比較有意義，郵遞員送信件晚了，於是他不停地向客戶解釋原因，說因為送錯了地點，又費了許多功夫才將信件取回。在夢中雖然會遇到許多新奇的事情，不過最令人驚奇的是，不論是我自己做的夢還是我聽別人所敘述的夢，基本上是沒有足夠的想像力。如果我記下這些夢送給心理學家，他們一定會產生濃厚的興趣。在夢境中可以獲得對願望的滿足，所以你們就應該明白為什麼人們喜歡做夢了。還有，我為你們引用一段杜普利爾的話：「派克在非洲旅行時，由於缺少飲水，他快要渴死了，在他乾渴的時候，他經常夢見家鄉那水源充足的山谷；特倫克在馬格德伯格城忍飢挨餓時，也時常夢見自己身邊堆滿了美食；喬治·巴克在參加富蘭克林組織的一次探險活動時，每當水盡糧絕時，也會夢見自己在飽餐珍饈佳餚。」

一個人如果在晚餐時吃得太多了，那麼在晚上睡眠時就會覺得口渴，便可能夢見自己在找水喝。人在睡眠中的飢渴不會因為在夢中得到滿足而停止，當他們醒來時，就免不了要喝水吃飯。所以夢的確沒有什麼實際的效用，它的作用只表現在保護睡眠上，以使睡眠者在遭飢渴或其他刺激時不會突然醒來。一般來說，希望滿足的願望比較弱的話，那麼在夢境中這一願望往往會得到滿足。

和對飢渴的滿足一樣，性衝動的刺激也會在夢中得到滿足。不過我們需要注意，這種滿足有異於其他特點。一個人的性衝動不像飢渴那樣需要結束水和食物這些外務，夢遺就可以使做夢人得到真實的滿足。當然，這種滿足也需要與外物存在聯繫，只是被改

第八章 兒童的夢

造得不明顯罷了。對於成人來說，他們那些反應了願望的夢除了用於滿足之外，還有一些內心產生的事物。我們要對這種情況做出解釋，仍需要進一步研究。

　　成人也會做一些簡單的只用於對願望的滿足的夢，而且這種夢不僅僅是對於某種迫切需要的反應。我們已經瞭解了，這種簡短明確的夢通常是由一些強有力的情境引起的，這種情景就是心理刺激的聚合。譬如說，有人做了焦急的夢，大概是正準備旅遊，或者準備看電影，或者準備走親訪友，而他對於這些事情的期望先在夢中得以反應，他或者夢見了到達景點，或者夢見了自己身處電影院，或者夢見了與親友相聚。而那些做了懶散夢的人，他為了能繼續睡眠，於是就夢見了自己已經起床、洗漱，然後去工作或學習，實際上他仍處於睡眠中。這個夢的意義表明了做夢人雖然夢見了自己起床，但他並不願意起床。前面我們已經瞭解了，對於願望的滿足在夢的引起上所具有的重要作用，針對這個懶散夢，它的願望已經表現出來了，可以很輕鬆判斷這一夢的起因。總的來說，夢和其他心理和生理需要一樣，對於每一個人都不可或缺。

　　在這裡，我想請你們回憶一下慕尼黑的沙克畫廊中施溫德的繪畫，你們要注意這一點，畫家很清楚一種強有力的情境可以引起夢境。那幅《囚犯的夢》，夢的主題當然是囚犯的越獄了。囚犯想從窗口逃出，因為陽光從窗口照入，喚醒了他，而密集林立的獄神代表著他攀上窗口後應站立的位置。如果我沒有理解錯的話，立於頂端且緊靠窗口的獄神，它的面貌比和囚犯的面貌相同，因為它所站立的位置就是囚犯想爭取的位置啊。

　　前面我說過，除了兒童的夢和一些簡單幼稚的夢外，其他夢都被多次改造過，很難去理解。雖然我們認為這些夢也會由滿足願望的要求而引起，不過我們不敢妄下定論，而且，我們也沒有掌握足夠的技術來根據夢的顯意而推測出引起夢的是什麼樣的心理刺激，或者證明這些夢和其他所有的夢一樣，目的是要減輕或消除刺激的影響。這些夢需要更有效的解釋，對於夢的改造過程，也需要作追根溯源的研究，我們也要根據夢的顯意尋求其隱意，最後，等我們做好了這些準備，我們就可以斷定那些從對兒童的夢的研究中求得的結論是否適用於對所用的夢的解釋。

兒童的姿態

　　夢境是不分年齡的，它和其他心理、生理一樣，對每一個人都不可或缺。傍晚的森林神秘、幽靜，正是孩子們出來嬉戲玩耍的時刻，西瓦爾年紀雖小，清純的面容稚氣未脫，優美的姿態卻已有些風情萬種了。這種姿態是每個孩子與生俱來的表達。

125

精神分析引論
A General Introduction to Psychoanalysis

囚犯之夢　莫里茲・馮・施溫德

　　這幅作品是佛洛伊德「夢的滿足」和「慾望的實現」中的典型代表。囚犯想要逃離監獄，監獄窗口射進的光亮，將他從夢中喚醒。重疊而立在窗前的妖神，恰到好處地表明了囚犯想要逃脫時應該站立的位置。站在頂端而靠近窗口的妖神的面貌，似乎也跟夢者的面貌有神似之處。

第 九 章
夢的檢查作用

　　從對兒童的夢的研究中，我們已經獲得了夢的起因，主要特點以及作用。對於夢可以有這樣一種解釋：夢是一種運用幻想來滿足某種需要以消除擾亂睡眠的刺激的方法。這一解釋從對兒童的夢的研究中獲得，而對於成人的夢，我們能夠解釋的只有一類，那就是簡單幼稚的夢。至於成人所做的其他類別的夢，由於我們沒有討論過，因而也無法做出解釋了。不過，你們不要因為我們得到的結論有局限性而忽視它。如果我們能完全瞭解一個夢，不論它屬於什麼性質、什麼類別，我們總能發現其中有對願望的滿足，這種滿足絕不是偶然發生的，它在這一夢境中必然占有重要的作用。

　　對於其他類別的夢，我的看法是，他們是一種未知事物經過改造後的替代物，所以我們需要來研究這種未知事物是什麼。我之所以作假設，除了一些特殊的理由外，還有一點很重要，那就是夢在很多方面和過失相似，根據對過失的解釋來研究夢，的確是一種有效的辦法。而現在，我們就要來設法瞭解前面多次提到的夢的改造作用了。

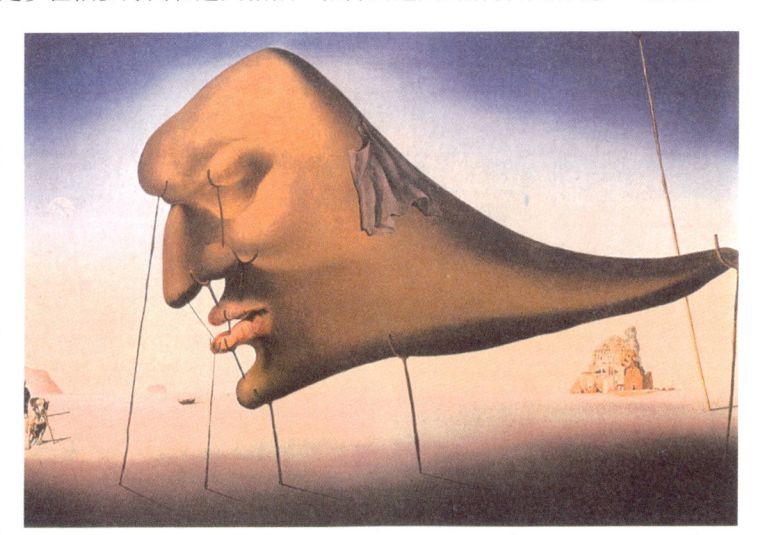

　　正是由於夢的改造作用，所以我們覺得夢境是如此奇異以致難以瞭解。對於夢的改造，我們需要知道以下幾點：（1）改造的動機。（2）改造的效用。（3）改造的手段。我們還可以說夢的工作導致

睡眠　薩爾瓦多·達利　西班牙　布面油畫　1937年　私人收藏

　　達利的這幅作品中，很好地為我們詮釋了睡眠中做夢的人，我們只看到了夢中人的頭，還有這夢幻的背景，只要其中的一根支架倒了，那做夢的人就會甦醒過來。誇張的色彩效果和巨大的視覺衝擊力，使得達利的荒謬理念和無意識在超現實主義裡占有極其重要的位置。

精神分析引論
A General Introduction to Psychoanalysis

鏡前的妓女　喬治·魯奧 1906年

　　魯奧的作品被稱作「戴黑眼鏡的野獸派」，他將野獸派的裝飾效果和德國表現主義象徵性的色彩結合在一起，使得他成為一位先行的表現主義畫家。作品中的女性，讓所有懷有同情心的人難忘，而畫家本人卻對畫作中的人物並不作批判。她雖然貧窮，但她坐在鏡子前還是滿懷希望地想要出去「工作」。這幅作品所傳達出來的卻並不是消極的生活態度，而是展現出救贖的希望。

了改造。下面讓我們來講述夢的工作。

　　先為你們講解一個夢例，這個夢例來自於精神分析領域內一位知名教授的記載。在這個案例中，做夢人是一位受過高等教育並很有名望的女士。她做的夢只是記錄了下來，而未被分析，因為記錄人認為這個夢的意義很明顯，不需要精神分析家再作解釋。至於那位女士，她也沒有作任何分析，便對此夢大加批判，似乎她已瞭解此夢的意義。她是這樣說的：「我已經50多歲了，卻每天都在照看孩子，怎麼會做這種荒誕的夢！」

　　我現在可以給你們講夢的內容了，是與這次歐戰有關。有一次，這位女士去第一軍醫院，在院門口她對門衛說有些事情需要和院長商談。她向門衛請求特別強調了「服務」這個詞，於是那門衛便察覺出她是「愛役」。不過由於她是一名老年人，所以那門衛猶豫不決，後來才允許她進入醫院。她並沒有去院長的辦公室，而是走進了一個大房間內，那裡坐著或站著很多軍官、軍醫。她向其中的一位軍醫說明來意，那軍醫立刻明白了。當時她說的話是：「我和維也納的女性們都願意為前線的軍官、士兵和其他人員提供……」只是後半句變成呢喃之聲，沒有人聽清楚。不過當她看到房間內所有的人都帶著一半困惑一半懷疑的目光時，便知他們已經明白了她要說的話。於是她繼續說：「或許你們覺得我們的決定很古怪，然而我們都是十分真誠並熱情的。試問在前線的士兵們，他們有誰不願戰死沙場？」接著，所有人無言以對，都陷入了沉默。過了一分鐘後，一位軍醫伸開雙臂抱住她的腰說：「夫人，如果真是這樣，那……」（又成了呢喃之語了）。她從擁抱中

128

掙脫出來，心中在想：「他們肯定都是一樣的想法。」於是便說：「上帝啊，我都這麼老了，不至於也要加入吧。如果你們同意的話，就必須遵守這一個條件，那就是要注意年齡，老人和孩子，哦，不……（又是呢喃之聲），這簡直是太可怕了。」適才那位軍官說：「我明白了。」不過有幾個軍官，其中一個在年輕時還向她表示過愛慕的，都大聲笑起來了。她請求去見院長，將這件事情說清楚，她和院長是朋友。不過令她吃驚的是，她竟然忘記了院長的名字。那位軍醫對她表示深深的敬意，就請她到三樓去，房間內有一個呈螺旋狀的狹長樓梯，直通樓上。在她上樓梯時，她聽到一位軍官說：「不管她年紀多大，這一決定真的很吸引人，讓我們向她致敬吧。」她大概明白那軍官的話，不過她覺得自己在做應該的事情，於是便義無反顧地走上了那個樓梯。

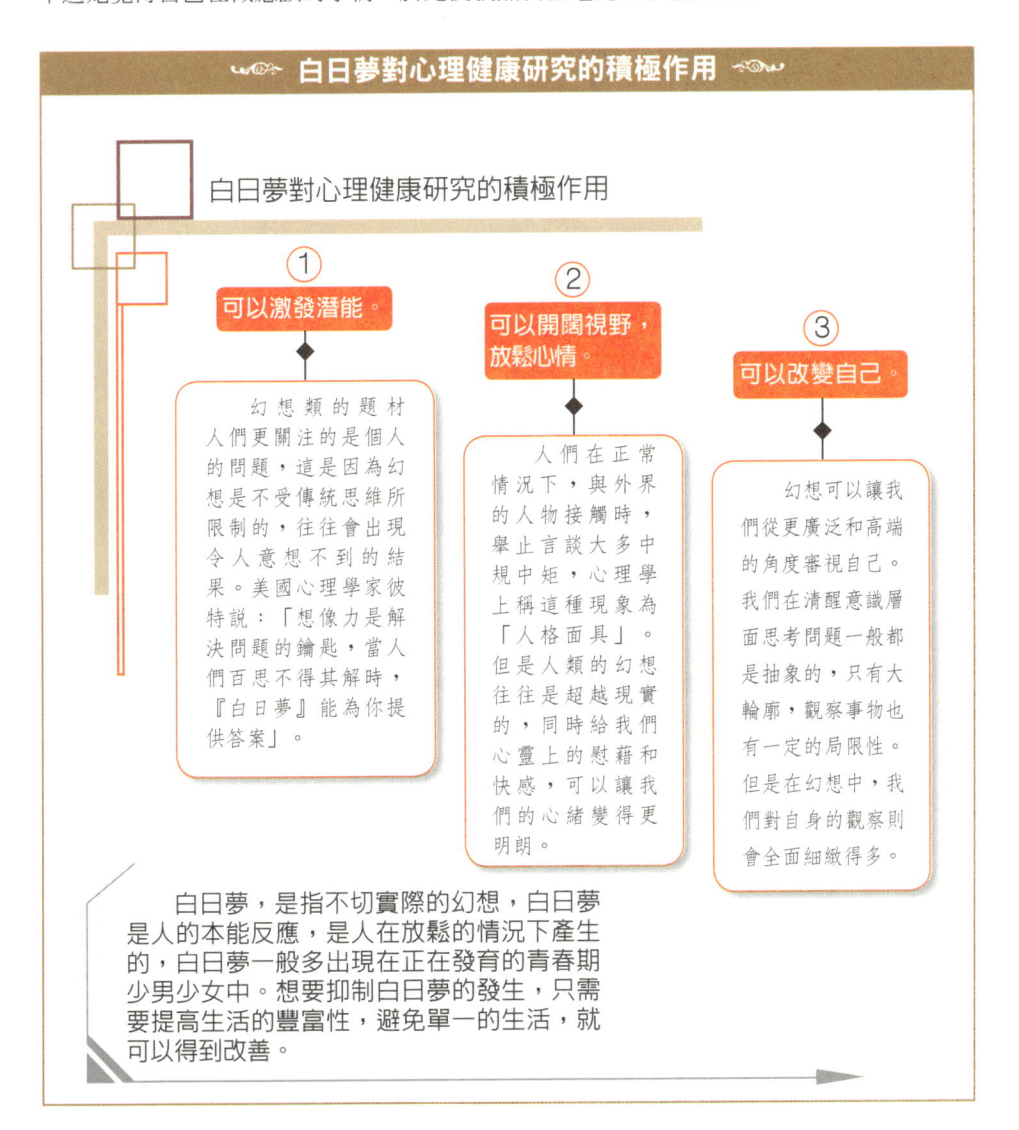

白日夢對心理健康研究的積極作用

白日夢對心理健康研究的積極作用

① 可以激發潛能。

幻想類的題材人們更關注的是個人的問題，這是因為幻想是不受傳統思維所限制的，往往會出現令人意想不到的結果。美國心理學家彼特說：「想像力是解決問題的鑰匙，當人們百思不得其解時，『白日夢』能為你提供答案」。

② 可以開闊視野，放鬆心情。

人們在正常情況下，與外界的人物接觸時，舉止言談大多中規中矩，心理學上稱這種現象為「人格面具」。但是人類的幻想往往是超越現實的，同時給我們心靈上的慰藉和快感，可以讓我們的心緒變得更明朗。

③ 可以改變自己。

幻想可以讓我們從更廣泛和高端的角度審視自己。我們在清醒意識層面思考問題一般都是抽象的，只有大輪廓，觀察事物也有一定的局限性。但是在幻想中，我們對自身的觀察則會全面細緻得多。

白日夢，是指不切實際的幻想，白日夢是人的本能反應，是人在放鬆的情況下產生的，白日夢一般多出現在正在發育的青春期少男少女中。想要抑制白日夢的發生，只需要提高生活的豐富性，避免單一的生活，就可以得到改善。

精神分析引論
A General Introduction to Psychoanalysis

這位女士說，她這個夢在一個月內做了兩次，雖然有些變化，但都是些無意義的或不很重要的地方。

這個夢和白日夢在經歷過程上很相似，整件事情非常連貫，沒有突兀或斷層之處，只需要詢問一些緊要之處就能瞭解，不過即便我們知道如此也不會這樣分析。這個夢中，最能引起研究興趣的就是那幾處語氣停滯的話語，句子的後半部分變得模糊不清，說話的語氣一斷，便以呢喃之聲替代。我們沒有對此夢進行分析，因為嚴格來說，我們沒有權利去推測此夢的意義。不過，我們也可以根據一些蛛絲馬跡來判斷，比如說「愛役」一詞，便可作為下結論的根據，而呢喃之聲所替代的那些話，也可以根據整句話的意思而補充出來。補充完後，我們就可以得到一種想像出來的結果，那就是，這位女士準備為軍隊獻身，以滿足軍中各類人員的性需求。這可真是一種可怕的性幻想啊，然而這位女士在夢中卻沒有完全說明此事，每當所說的話需要將這種意思表露出來時，她就會出現模糊不清的呢喃之聲，而那真正的含義卻被隱藏了起來。

其實那些呢喃之聲屬於重要的細節，但為什麼會受到壓制呢，那是因為他們的性質實在是有些驚世駭俗了。你們對於這一點應該不難理解。這些年來還有許多類似的事情發生，你可以隨便選擇一種有政治取向的報紙，就會發現它所刊登的新聞，到處都有刪減的地方，於是在許多關鍵的問題上都出現了空白，這些空白本應填充的，肯定是報紙的新聞主編反對的事情，所以被完全刪除了。任誰都會覺得可惜，因為被刪除的內容，一定是最有趣最有價值的新聞。

如果要對報導的新聞做檢查，那就不能只檢查新聞中的某句話。記者在寫新聞稿時肯定會想到讀者會批評新聞的內容，所以他們將某些措辭尖銳的句子軟化，或略加修改，或由明示改為影射，那麼新聞中便不會再有空白，不過卻多了許多拐彎抹角的內容。所以，只去對新聞的語句做批判是不夠的，因為那些記者在執筆時就已經檢查了一遍。

運用新聞的事例來分析夢的內容，那麼我

賓夕法尼亞公報

這是在殖民地成立後不久出來的報紙。當時在殖民地的美國人非常渴望擁有自己的報紙，這樣一來他們就能瞭解整個歐洲的時局和當地的新聞了。但這種報紙在當時的殖民地還是很少見的，一般只發行月報或是周報。圖為《賓夕法尼亞公報》1729年9月25日到10月2日的周報，頭版頭條的標題是「包含國內外最新動態」。

第九章 夢的檢查作用

們可以斷定，夢中隱藏的或以呢喃之聲替換的話，也是一種檢查作用的犧牲品。所以，我們認為夢的確具有檢查作用，而這種檢查作用也是導致夢對其內容進行改造的主要原因。每當夢境中出現斷斷續續的情況，那必是檢查作用在作怪了。往深了說，在那些比較明確的元素中，出現了一種模糊不清、混亂、可疑的元素，我們便可認定是由於檢查作用的牽制。不過，除了在「愛役」夢中檢查作用會對夢境作刪減外，一般情況下它很少發生。檢查作用最常見的表現方式就是前面提到的新聞檢查條例所運用的方法，也就是偽飾、暗諷、影射等。

夢的檢查作用還有第三種表現方式，這是新聞檢查條例沒法比的。我還舉前面講過的一個夢例作為根據來說明這一特殊的表現形式，就是那個「一個半弗洛林買了三個壞座位」的夢。這個夢的隱意主要是說「太著急了，以致早了」，說得明白一些就是「結婚早太傻了，買戲票早也太傻了，大嫂急著買珠寶更是傻得可笑。」這一思想情感並沒有在夢的顯意中表露出來，只是在夢境中不斷重複著沒買票。實際上，夢的元素有這樣一個中心的移動和重組，所以夢的顯意與隱意有著十分遠的差距，也就難怪有人會懷疑夢的隱意是否真的存在了。這個中心的移動就是改造作用所使用的一種方法，夢之所以奇異，做夢人之所以不承認夢境是心理活動的產物，便是這一原因造成的。

對於夢的內容的刪減、改動和重組，這些都是夢的檢查作用和改造作用所運用的方法。我們先來分析夢的改造作用，因為檢查作用是導致改造作用的因素，這樣可以順帶瞭解。中心的「移動」，通常都包含排序的變動和更換。

上述的表現形式，就是夢的檢查作用的全部內容了，我們現在可以將研究方向轉向夢的動力學上了。希望你們不要將夢的檢查作用擬人化，認為它像是一個吝嗇鬼，在自

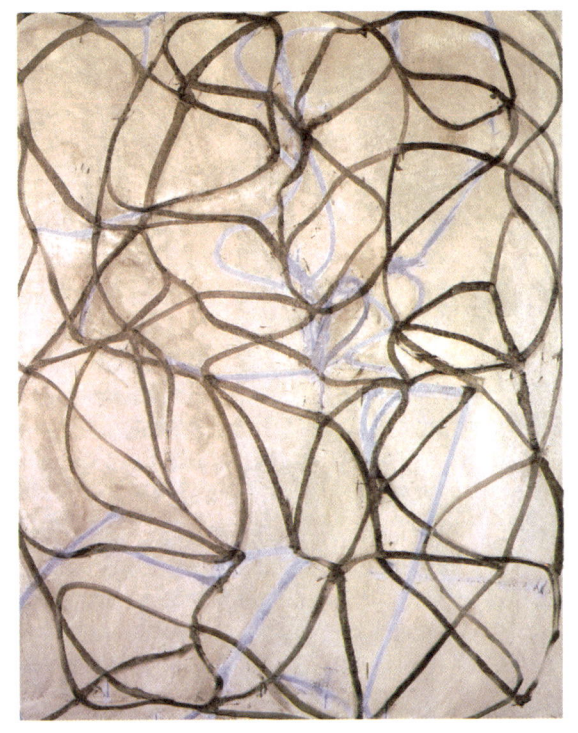

軀體 布賴斯‧馬登 美國 油畫顏料繪於亞麻布上 1991年 紐約馬塞馬克畫廊

畫家看似隨意的筆觸，但他卻向世人展示他驚人的準確筆觸，以及他的手的移動能力。他用一支特別長的畫筆，這需要極大的控制力。當畫筆在畫面上遊走時，我們可以看到他的思想也在這個框架內移動，身體不是血肉，而是神經的路徑。

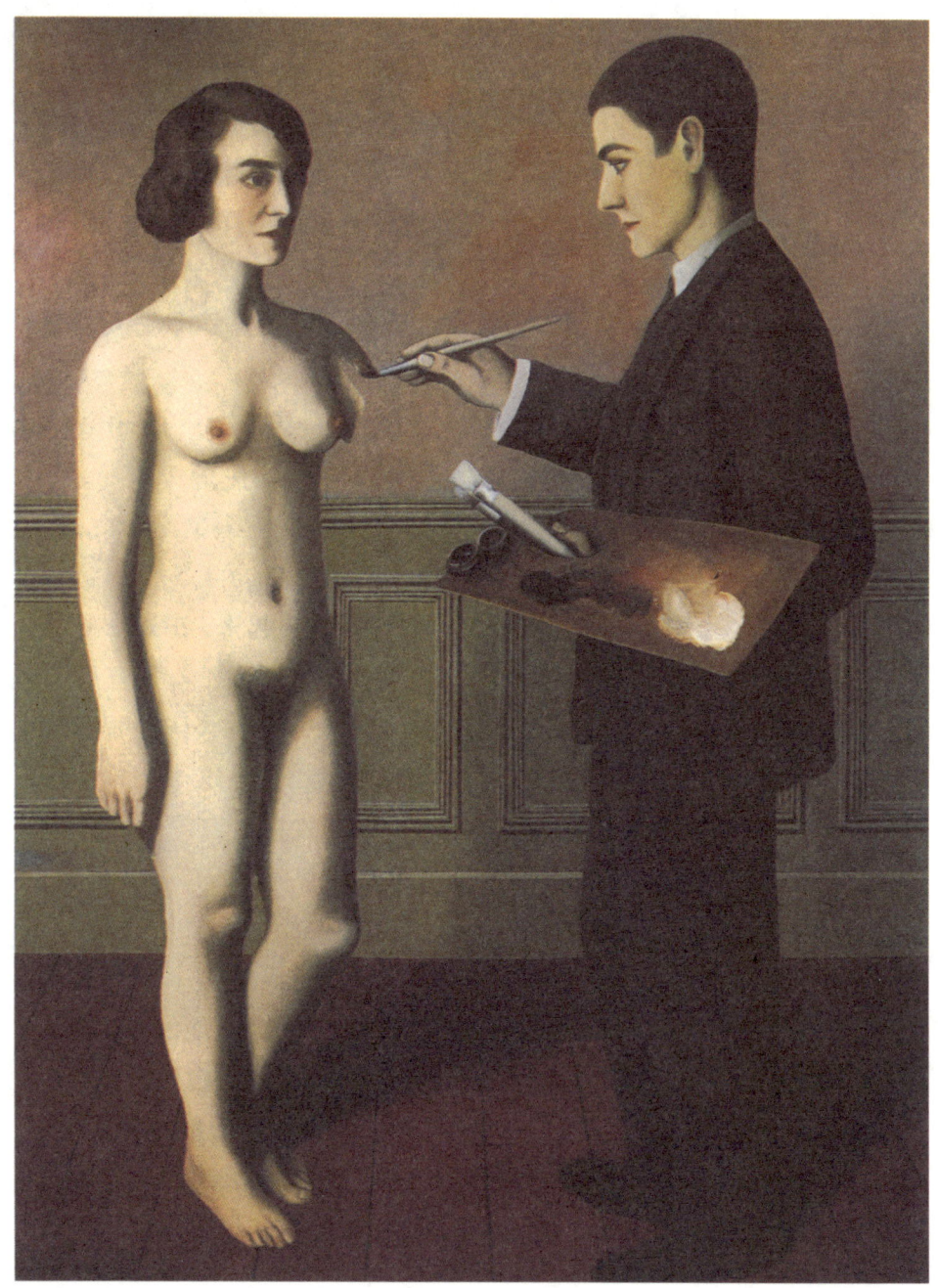

| **精神分析引論**
A General Introduction to Psychoanalysis

殘缺的裸體　雷尼·馬格利特　比利時

　　亦真亦假,讓人難以判斷,但正是因為畫家繪畫那殘缺的胳膊,我們才可以辨別。所以想要求的夢背後的潛意識思想,是有一定的困難的,關鍵在於我們的聯想能力和辨別真偽的眼光。馬格利特的畫中向我們展現的是佛洛伊德的理智。

第九章 夢的檢查作用

己的職權範圍內苛刻地行使自己的職能，當然，也不要將它劃定在一個具體的位置，認為有一個中樞系統在產生檢查的作用，而那個中樞系統一旦出了問題，這種作用便會立刻消逝。現在我們只能認為它是一種有價值的概念，它表示的是一種動態的關係。所以我們最好還是分析一些這種作用的實施者和接受者分別為什麼傾向。如果我們忽視了實際上已經發現的檢查作用，這也很正常，不必大驚小怪。

我們在運用自由聯想方法時，遇到過一種奇特的現象：我們希望透過對夢的元素的分析以求得其背後隱藏的潛意識思想，然而總會遇到一種阻力。這種阻力有時很強，有時很弱。當它的力量微弱時，我們對於夢的解釋只要幾個聯想便可完成，當它的力量很強大時，就只好對夢的元素有一個冗長的聯想了，以使我們擺脫原有的看法，作深入的研究，不過在這過程中我們還要抵抗諸多對於聯想的批判。我們在解夢時所遇到的這種阻力，實際上就是夢的工作的檢查作用，而阻力只是檢查作用的客觀化。所以我們可以瞭解，夢的檢查作用不會因為改造作用的完成而消退，它會一直保留在夢境中，作為一種維持改造過的夢境的機關。而且，由夢的檢查作用引起的改造程度也會因夢中各個元素的不同而有差別，這和我們在解夢時遭遇的阻力會因元素的不同而有大有小一樣。根據我們對夢的顯意和隱意的比較，一些隱藏的元素在改造過程中被完全消滅了，而其他元素或有所更改、或以本面貌呈現在夢境中。

我們的研究目標是尋求到底是什麼傾向在產生檢查作用，而被檢查的又是什麼傾向。這個問題對於我們瞭解夢和人們的生活都相當重要，如果我們將討論過的夢例做一個總覽，那麼這個問題也很容易解答。一般來說，產生檢查作用的傾向，就是做夢人清醒時所肯定並允許的傾向。如果你否認了對於自己所做夢的正確解釋，那麼你否認的意向便是產生檢查作用導致夢境的改造的意向，所以才有必要對夢做出解釋。你們可以想想那個年老女士所做的夢：雖然我們沒有對她的夢做出解釋，不過她確實相當吃驚的。如果她的診斷醫生馮‧胡格先生將這個夢的意義如實相告，她必定會異常憤怒的。夢中污穢的話語之所以成為了呢喃之語，便是由於這種抗拒的傾向在產生作用。

還有，我們也可以運用心靈批判的觀點來解釋夢的產生檢查作用的反抗傾向所具有不太光明的性質。這些性質通常違法社會道德規範、法律秩序以及人生趣味，而這些是我們平日根本不敢想像的，即便是想了，也會深惡痛絕。至於那些在夢中被檢查被改造的願望，也都是一種超現實的自我主義的反應，因為在任何一個夢中，做夢人的個人表現都是夢境中最核心的內容，即便這種自我主義懂得如何隱藏。在夢境中所呈現的自我主義與睡眠時的心理狀態，也就是不與外界交流的狀態，有著相當密切的關係。

支配這種企圖打破所有束縛的自我主義的，是人體內被教育所排斥，被道德所譴責、被法律所制裁的人的性慾。我們通常稱這種對於快樂的追求為力比多（Libido）。所謂力比多，更詳細的解釋就是，無所顧忌地選取普遍被禁止的事物作為滿足自己某種需求的對象，不管這一對象是什麼，即便是他人的妻子，正是他人認為神聖不可侵犯的事物，如父母、兄弟姐妹、朋友。曾經有一個女士做了一個亂倫的夢，而她亂倫的對象，

精神分析引論
A General Introduction to Psychoanalysis

海濱　布萊克・沃茲沃思　英國　1937年　英國倫敦塔特陳列館收藏

畫家在一戰期間曾經加入了皇家海軍，他的工作主要是負責設計船隻的偽裝工作。所以不難看出，為什麼他的作品中有那麼多對大海和船隻的描繪了。圖中這些怪異的幾何體，不僅僅是欣賞單純的靜物，而是畫家非凡的想像力，形狀很符合超現實主義的風格。同夢境一樣，個人表現是夢境中最核心的內容。

也就是她的「力比多」，正是她那剛剛成年的兒子。而其他的我們認為人性泯滅的慾望也可以引起夢境，譬如說極度膨脹的怨恨，某種迫切的復仇心理，以至於殺人的慾望等，而他們所針對的對象甚至包括他們的父母兄弟、親戚朋友在內的親人。這些世俗不容的慾望就像是被一個魔鬼驅使著，如果我們在清醒的時候能察覺到它的存在，那麼不論我們對這種慾望採取怎樣的壓制都不為過。不過夢境對於這些邪惡的慾望並不排斥，因為夢的作用在於消除擾亂的刺激以保護睡眠，這一點你們應該記得。事實上，夢的本質並非邪惡，我們前面討論過了，夢境的產生有時只為滿足某種正常的願望或者迫切的身體需要，而且這些夢既沒有被改造過，也沒有被改造的必要，原因就是夢境中對於願望的滿足並沒有違反做夢人的倫理和道德傾向。還有，改造的程度與兩個因素有關，一是被檢查的傾向愈大，那麼改造的程度也就愈大，二是檢查的要求愈苛刻，改造的次數也就愈頻繁，這在前面也提到了。所以，一個從小家教嚴格而自我約束也很強的女孩，她在夢中所呈現的檢查作用也就會很嚴格，以使夢中得到的興奮會被稍作改造。這種興奮已經被醫學家做了研究，被證明是一種無害的可以允許的「力比多」慾望，而做夢人在十年後也會有一樣的論斷。

第九章 夢的檢查作用

我們現在還不可能對自己研究夢的結論做出批判。因為我們對於夢的研究尚未有一個充分的瞭解，所以我們在面對反對觀點時會首先採取抵抗的態度，這就是我們研究夢的最大弱點。我們對於夢的解釋是根據所採用的幾種假設，如夢是有意義的，催眠得出的潛意識思想與夢境中的潛意識意向是一樣的性質，任何自由聯想都受約束等。假定我們以這些假設為前提做研究，對夢的解釋獲得了比較可信的結論，反過來我們也可以用這些結論來驗證所作假設是否正確。不過，如果透過假設所求得的結果只證實了我們其中一個觀點，那該怎麼辦呢？可能你們會有人說：「那這個結果絕對是不真實的，荒唐的，最起碼不值得相信。這些假設一定有其錯誤之處。也許夢根本就不是一種心理現象，或者在正常的心理狀態下根本就沒有潛意識思想，更或者，我們的解夢技術不夠完善，無法證明更多。現在做這樣的假定可比我們根據假設而推論出來的那些不可靠的結論顯得簡單而靠譜多了。」

的確，這一假定的確簡單，似乎也很靠譜，然而它真的就是完全準確的嗎？我們的研究還沒有最終完成，所以你們不要輕易下定論。我們對夢的解釋經常會遭受到外界一種強有力的抗議，因為世人說我們的研究成果令他感到不快和憎惡，不過，他們的反

什麼是力比多

力比多，即性力。這裡的性不是指生殖意義上的性，而是泛指一切身體器官的快感，包括性倒錯者和兒童的性生活。精神分析學認為，力比多是一種本能，是一種力量，是人的心理現象發生的驅動力。

佛洛伊德

力比多首先由心理學家佛洛伊德提出。他所提出的性不是指生殖意義上的性。佛洛伊德提出性的動力是「力比多」，泛指一切身體器官的快感，包括性倒錯者和兒童的性生活。

佛洛伊德將力比多定義為包含於所謂的本我，即精神內部主要的無意識結構中的本能能量或動力。

榮格所說的力比多是一種普遍的生命力，表現於生長和生殖，也表現於其他活動，在身體一切活動中需要尋找出路。可以說他的力比多包括性的和營養的兩大類。

榮格認為力比多等同於心靈的能量。二元性（對立）創造了心靈能量（力比多），且只有透過象徵才能表達自身，他說：「力比多在生命過程當中表現自身，並被主觀地認知為鬥爭與慾望。」

榮格

精神分析引論
A General Introduction to Psychoanalysis

咬著蜘蛛的紅色太陽　　胡安・米羅　西班牙　布面油畫　1948年　私人收藏

這是米羅典型的超現實主義風格的繪畫。以我們直觀的感受唯一能推測出的就是位於畫面右下角的那個紅黑相間、有六條腿的生物，感覺很像蜘蛛，但卻不知道是什麼東西咬著它？畫面左端像是一隻企鵝，畫面的中間像是數學符號「π」，右上端像是一個異國文字，有好多隻紅黑相間的眼睛在周圍。也許畫家只是想讓我們著迷而已，沒什麼特殊的意義。

對真能影響我們的研究嗎？實際上，我們認為有一些滿足願望的傾向隱藏在夢的背後，而做夢人卻堅決否認，這才是一種真正有力的抗議。比如說一個做夢人說：「你在說什麼？難道你要根據我做的夢證明我不願給妹妹辦嫁妝，也不願為弟弟付學費嗎？這太荒謬了，絕不可能的。我整天辛苦工作，都是為了我的妹妹和弟弟，身為兄長，這是我義不容辭的責任，而且我還對逝世的母親發過誓！」還有一位女士說：「你說我希望自己的丈夫死掉？你這簡直是無理取鬧。不管你相信不相信，自從結婚後，我感到很幸福，丈夫對我很體貼。如果他死掉了，我會覺得失去了一切。」又有一個人說：「什麼？你說我對自己的妹妹產生性衝動？胡說八道！我們是親兄妹，而且我們兄妹素來不睦，誰也不關心誰，已經三、四年不相往來了！」如果做夢人不願承認他們所具有的某種傾向，但也沒有否認，我們就不必著急使他信服，因為他只是沒有意識到這種傾向而已。

第九章 夢的檢查作用

不過，如果一個人發現了內心中有一種願望的傾向，而這種傾向於我們的解釋截然相反，並且他以自己的身體力行來證明這是一種占據支配地位的傾向，那麼我們就沒有研究的必要了，只能放棄。如果我們認為對於夢的研究只是一種滑稽而荒謬的工作，那麼我們就可以將之拋棄了，現在就是時候。

但是，如果你們還存在疑慮的話，那就聽我一句勸，千萬不要放棄。我們可以對上述的抗辯做一次深入的思考，你就會發現它實際上是站不住腳的。如果精神生活的確

家庭　保拉・瑞戈　1988年　英國倫敦薩奇收藏所收藏

圖中本是一個簡單的家庭場景，但是卻被衝動的暗流破壞了這種溫馨。這股衝動的暗流發生在母親、兒子和女兒三人之間。妹妹主動幫母親脫掉正在狂怒中的哥哥的衣服，這種反抗和支配的主題暗含了一種情慾的基調，使得整個畫面交錯糾纏、曖昧不清。畫家以單純而邪惡的極端性和心理上的戲劇化為主要繪畫手法，來表現出男女及兒童潛意識中所隱含的情慾。

精神分析引論
A General Introduction to Psychoanalysis

存在著潛意識傾向，那麼是否有一種占據優勢地位的相反傾向，根本無關緊要。也許人的內心可以允許兩種相反的傾向同時存在，也許一種傾向的優越地位使得另一種相反傾向轉移到了潛意識中。由此看來，前面的那種抗議，只能證明對夢的解釋不夠簡潔且令人反感。對於這種抗議，我們的回答是，不論你們是否喜歡簡潔的結果，你們不會解答隨便一個關於夢的問題，而且你們必須承認，夢中存在著一種錯綜複雜的關係。還有，如果你們批判一種科學成果僅憑自己的好惡，那你們就太荒謬了。對夢的解釋即便令你們反感，甚至於惱羞成怒，那又如何？Ca n'empeche pas d'exister（這並不影響科學的發展），這是在我學醫的時候，我的老師夏爾科對我說的一句使我終生受益的哲言。如果我們想要瞭解宇宙的奧秘，那就需要我們靜心躬耕，不去理會外界的批評。一個物理學家說地球上的生物最終會滅絕，你會勇敢地站出來對他說這絕不可能，這只是你的一家之言？雖然我不太想做這種假設，然而我覺得，如果沒有第二個有影響力的物理學家來指證第一個物理學家的見解是錯的，你們大概也會一言不發的。如果你只憑他人的好惡來選擇你的觀點，那麼你就只能在幻想中去研究夢了，而不能真正瞭解夢的本質。

或許你不再介懷那些對夢中慾望的齷齪部分了，不過你可能會提出另一番抗議，你會說人性本善，不可能有那麼多惡。那麼，你拿什麼來證明你的說法呢？且不說你對自己有什麼樣的認識，你會認為那些比你優秀的人心存善念，或者你憎恨的人俠肝義膽，再或者你的朋友都是宅心仁厚之輩嗎？如果你沒有親眼所見，那麼你為何要反駁性惡的說法呢？難道你不知道大部分人都很難控制自己的性衝動嗎？難道你不知道人們在夢中所有的過激的和瘋狂的經歷實際上都是他們在清醒時內心所存在的罪惡之念嗎？我們研究精神分析，只不過是證明了柏拉圖的一句哲言：壞人之惡止於罪，好人之惡至於夢。

我們暫不討論這一觀點，先來思考這次歐戰。如今整個歐洲大陸都彌漫著戰爭的硝煙，你們想一想，這次歐戰的規模空前壯大，幾乎波及所有的國家。如果那些

夏爾科

佛洛伊德曾給瑪莎的信中這樣評價他的老師夏爾科：「夏爾科是一位偉大的醫生，明智近乎天才，他一步一步地摧毀自己原有的想法和理論。他給我們上完課之後就像是從聖母院祈禱出來一樣，心中充滿對自己學說完美的新看法，……但我對此卻毫無悔意。我敢確定，他對我的影響是無人能及的。」

第九章 夢的檢查作用

雅典學院　拉斐爾 義大利 濕壁畫 1508-1511年 梵蒂岡宮收藏

柏拉圖是古希臘偉大的哲學家，他也是整個西方文化中最偉大的哲學家和思想家之一。處於畫面中心，正向我們走來的兩位人物，他們兩人侃侃而談，泰若自然、充滿自信，他們就是古代最偉大的兩位哲學家——柏拉圖和亞里斯多德。右下角的五個人在討論幾何學，旁邊手持地球儀的人在研究天體學……表彰了人類對智慧和真理的追求。

發動戰爭的野心家沒有千百萬同樣野心膨脹的追隨者，他們的邪惡本性能得以徹底暴露嗎？對於這一事實，你們誰可以辯解人性本非惡？

也許你們會認為我對這次歐戰懷有偏見，也許你們還會告訴我：這次歐戰中湧現了許多大勇無畏的英雄，還有自我犧牲以及報效國家的崇高品質，難道你沒看到嗎？的確，我看到了，而且我也承認。你們是不是就要攻擊我說前面我已經否定了人性？研究精神分析經常會遇到這種情況。我可以很明確地告訴你們，我沒有否認人性有高尚之處，也會將人性的價值刻意貶低，反之，我只是為你們說明了人性中被檢查出的惡念，並且這種檢查作用會壓制這些惡念，不使他們表現出來。我為什麼要著重強調人性至惡，因為人們經常否認它，然而這種否認會使他們無法瞭解並改善他們的精神生活。如果我們都放棄了這些片面的觀點，從整體出發，那麼我們對於人性善惡的關係便會有一個宏觀的把握了。

對於人性善惡，我們有上述認識即可，不需要再討論了。對夢的解釋雖然時常令人

精神分析引論
A General Introduction to Psychoanalysis

新奧爾良防禦戰

圖中騎著白馬手裡拿著望遠鏡的，在棉花包和土堆築成的堅固陣地前督戰的就是傑克遜將軍。這是在1815年1月，由安德魯·傑克遜在新奧爾良組織的城市防禦戰，歐洲戰場上的8000名英國士兵由拿破崙的老將愛德華·貝克漢姆統帥。由於貝克漢姆在攻城之前等待的時間太長，導致了最終的慘敗，只好撤退。

驚奇，不過我們不應就此而放棄這一研究。也許將來會有另一種論斷用於對夢的解釋，不過現在我們最好堅持我們的研究成果，那就是：夢的改造實質上是一種自我認可的傾向，對睡眠中產生的罪惡之感實施檢查作用的結果。如果你們問我為何會有這麼多罪念出現在睡眠中，它們是如何產生的，這其中牽涉了許多尚未解決的問題，現在無法一次性解釋清楚。

如果我們忽略了這些問題，那麼我們就太不明智了。我們最初不知道那些擾亂睡眠從而引起夢境的願望，只是因為我們希望能夠對夢做出解釋，瞭解到它們的存在，所以我們說這些願望是「那時屬於潛意識的」，意識很難被發現。不過，現在我們必須承認它們不僅僅是潛意識的了，前面我們多次講過，雖然做夢人被告知這些願望的存在，但是他們仍是極力否認。這種情況和我們解釋「打嗝」舌誤的事例一樣，那名演說家聲稱自己當時以及任何時候都沒有侮辱領袖的意向。我們已經斷定他所說的並非是真實的想法，因為他根本不知道自己內心確有這種意向存在。我們在解釋那些被改造得很複雜的

第九章 夢的檢查作用

夢境時，經常會發現一種相同的情境，這種相同的情境會使我們的研究進入到一個更深的層面。人們極少能明白精神生活的潛意識經歷和傾向，所以，對於內心的這種潛意識的理解，我們就有了一個新的意義，它不僅僅是「當時隱藏的潛意識了」，甚至是「永遠隱藏的潛意識了」。對於這一說法的解釋，我們會在後面提到。

牧場教堂　喬治亞・奧克弗　美國　布面油畫　1929年　華盛頓菲利普家族收藏

作品為我們傳達了一種捉摸不透的東西，畫中的教堂就像是一大塊熔化了的岩石，但並不是沒有稜角，我們依稀還是可以看到建築的形體。這個教堂沒有入口、沒有門、也沒有窗，只有一條小路，畫家沒有任何的目的性，也許只是她潛意識中的教堂。

第十章

夢的象徵作用

前面我們已經得出結論，夢之所以難以理解，是由於夢的改造作用，而夢的改造作用則是對於罪惡的潛意識慾望實施檢查作用的結果。當然，檢查作用不是導致夢的改造發生的唯一原因，在我們對夢做更深入的研究後便發現，引起夢的改造還有其他的原因。換而言之，即便沒有發生檢查作用，我們也不能對夢做徹底地瞭解，並且夢的顯意和隱意也不會一致。

我們根據察覺到的一個精神分析技術上的缺陷，從而發現了引起改造作用的另一個原因。我們認為做夢人有時的確無法對夢中的某一單獨元素產生聯想，當然，這種情況並不多見。不過對大部分案例來說，只要我們堅持請求，做夢人總會引起聯想的，而其餘的小部分案例中，則完全無法產生聯想，即便是有了聯想，也都是天馬行空，並非我們需要的。如果我們在研究精神分析時遇到這種情況，是可以運用一些技巧來尋求其意義的，在這裡我們先不討論。實際上，這種沒有聯想的情況，在對一般人或者自己作分析時，也是有可能發生的。當我們遇到這種情況時，不論我們如何努力，都無濟於事。後來我們才發現，原來夢中有特殊的元素，它製造障礙以阻止聯想的發生。所

菜農的夢境 阿奇姆博多 義大利 布面油畫 1573年 法國巴黎羅浮宮博物館收藏

仔細端詳恍惚以為這是哪一位菜農的夢境，但從遠處看，卻發現這是一個人頭的形狀。畫面全部都是用水果、蔬菜等組成的，這是畫家的一種藝術手法，由此可以看出畫家強大的聯想能力。除了畫像以外，他還在宮廷裡做一些慶典裝飾、為皇族搜集藝術品等事。

第十章 夢的象徵作用

惡魔的夜宴 保羅·德爾沃 比利時

圖中有一群女子和一個戴眼鏡站在鏡子前的男子，他們集中在一個陰暗的充滿香水味的房間內。圖中的每個人都是做夢人，而且夢中還有夢。夢與現實之間的相互轉換和象徵，讓人看過之後隱隱地感到有一種幻想的慾望。

以，本來我們以為是解夢技術的失敗，實際上是一種新原則發生作用所導致的。

我們可以嘗試著尋找一些方法來解釋這些不能引起聯想的元素。結果是令人驚訝的，只要我們敢於對這種元素做出解釋，通常都會獲得完美的答案，反過來，如果我們不去嘗試，那麼夢境就會因為這一元素而失去條理性從而變得沒有任何意義。可能我們在最開始進行這種嘗試的實驗，內心會不自信，不過等我們慢慢堅持下來，取得種種成效時，我們的信心自然也會倍增的。

為了我們這個研究方向，請允許我先做一番概述，雖然概述很簡略，不過不會使你們產生誤解。

對於夢中的元素，我們通常採用一種慣用的解釋，就如一些古老的解夢典籍中，對於夢中各種事物使用同一種解釋一樣。然而，你們是否還記得，我們在運用自由聯想法時發現，夢中的元素從沒有代表什麼具體的事物。

可能你們會認為這種解夢方法相比自由聯想法更不可靠，那我就要告訴你們，我已經根據我的經歷搜集了許多適用於這種一成不變的夢例，在對它們研究後發現，其實我們解夢不一定非要藉助於做夢人的聯想，只要運用我們自己的知識也是可以解夢的。至於這是一種什麼知識，待到下一章我再為你們講述。

對於夢的元素和我們對夢的解釋之間的關係，我們可以稱之為「象徵的關係」，實際上夢的元素本身就是夢的隱意的象徵。前面我們在討論夢的元素和夢的隱意的關係時，我曾列舉了三種，第一是部分替代整體，第二是暗喻，第三是意象。當時我說了還有第四種可能的關係，不過沒有明確指出，現在我可以對你們說，這第四種關係就是象徵的關係。對於這一點，在我們還沒有發現一些特殊的夢例前，我們最好還是先將注意力集中在那些可以討論且較有趣味的點上。也許象徵作用正是關於夢的理論中最重要的一部分。

首先，象徵和被象徵的意念，它們的關係是固定的，後者是對前者的解釋。雖然我們解夢的技術和前人及普通人不一樣，不過就象徵作用而言，不論古人還是今人，都

港口 胡安·米羅 西班牙 布面油畫 1945年 私人收藏

米羅的一生都在超現實主義的世界裡暢遊。畫面抽象，其中那片廣闊的綠色、金色相間的區域象徵遼闊的海洋，它中間那模糊不清深色的色斑象徵著性的洞穴，這所有的一切都只是畫面中的一小部分。畫面上方有一對奇形怪狀象徵性的乳房和睾丸，它們精妙的暗示告訴我們身體便是我們的避風港。

在解夢工作中發現過。我們瞭解了象徵，便可以在無法從做夢人那裡求得聯想的情況下也能對夢做出可靠的解釋。如果我們知道了夢中經常會出現什麼象徵，以及做夢人的秉性、生活狀況及其睡夢前的心理活動，就能立刻解夢了，就如翻譯一聽到對方說話就能將其翻譯成本國語言一樣。這種有效的解夢技術，不僅使分析家滿足，也會使做夢人心悅誠服，相比我們前面運用詢問的方法，更是遠遠勝出。不過，希望你們不要就此陷入一種迷思，這種基於象徵意義的解夢技術絕不是在投機取巧，而它也決不能取代自由聯想法，甚至不能與之相提並論。所謂的象徵法實則是自由聯想法的補充，由它所求得的結果只有和聯想法求得的結果相結合才會產生成效。還有一個問題，我們關於做夢人的心理情境這方面需要具備哪些知識呢？我們可不能僅僅只會解釋熟人做的夢。通常來講，我們對於那些在夢境中得以反應的當天事實一無所知，所以說，我們所需要的關於做夢人心理情境的知識應該來自於他所作的聯想。

有一點需要提及，那就是關於夢的潛意識之間存在的象徵作用引起了科學家廣泛的爭議，特別是接下來我們要講述的幾點。即便是那些客觀理智且富有智慧的科學家，他們對於精神分析的其他方面會表示認可，然而在這一點上也會持有批判的態度。其中有兩個最強烈的觀點，這兩個觀點非常令人詫異。第一，象徵作用並非夢所獨有，也不是夢的獨特性質；第二，精神分析雖然有不少獨到的創見，不過夢的象徵作用卻並非由精神分析所創。如果要我舉出創立此說的前輩教授，我認為是施爾納。他的學說影響深遠，實際上精神分析只是證實了他的學說，不過是在一些重要的方面做了修補。

也許你們希望列舉幾個事例來闡釋夢的象徵作用所具有的性質，我盡量選取一些典型的例子來為你們講述。不過，我認為我所擁有的知識並沒有你們想像的那樣豐富，可能在某些解釋上未能盡善盡美。

象徵意念和被象徵意念之間的關係實際上是一種比擬，然而又不是任何形式的比

144

第十章 夢的象徵作用

擬。我們覺得這種比擬一定是受到某些特殊條件的限制，不過目前我們還不能查清是哪些條件。一般來說，不是所有比擬的事物都會在夢中得以反應從而成為象徵，反之，夢中的象徵也不會代表任何事物，它所象徵的僅僅是夢的潛意識思想。所以說，兩者之間有明確的界限，我們需要區分清楚。當然，有一個事實我們也要承認，那就是對於象徵的定義至今還沒有一個權威的概念，因為象徵容易與其他替代詞混淆，如比喻、替換等，甚至也會被認為是暗喻。有的象徵所比擬的事物可以看出來，有的象徵則需要分析其中的普遍因素，有的象徵則需要仔細考慮才能明白其隱藏的意義，當然，也有的象徵，即便在多方面求索，也無法探知其意義。象徵雖然是一種比擬，然而這種比擬不會在自由聯想中表露出來。如果做夢人沒有意識到這種比擬的存在，那麼他們在夢中使用象徵，也是一種無意識的狀態，如果我們請他注意這種比擬，恐怕他也不會承認。所以說，象徵的關係實則是一種非常特殊的比擬，為一般人難以發現和理解的，而且目前我們還沒有充分瞭解它的性質。或許在我們以後的研究中會對這一難題有所發現。

其實在夢中象徵所代表的事物並不多，一般有人體、父母、子女、兄弟姐妹、生死、裸體，還有一個事物，不過先不說。通常代表人體的象徵是房屋，施爾納對此做過研究，不過他對於這一象徵的意義有些誇大了。一個人如果夢見自己從房簷上攀援而下，牆壁十分平滑，他時而覺得愉快，時而覺得害怕，那麼可以推測房屋代表是某個

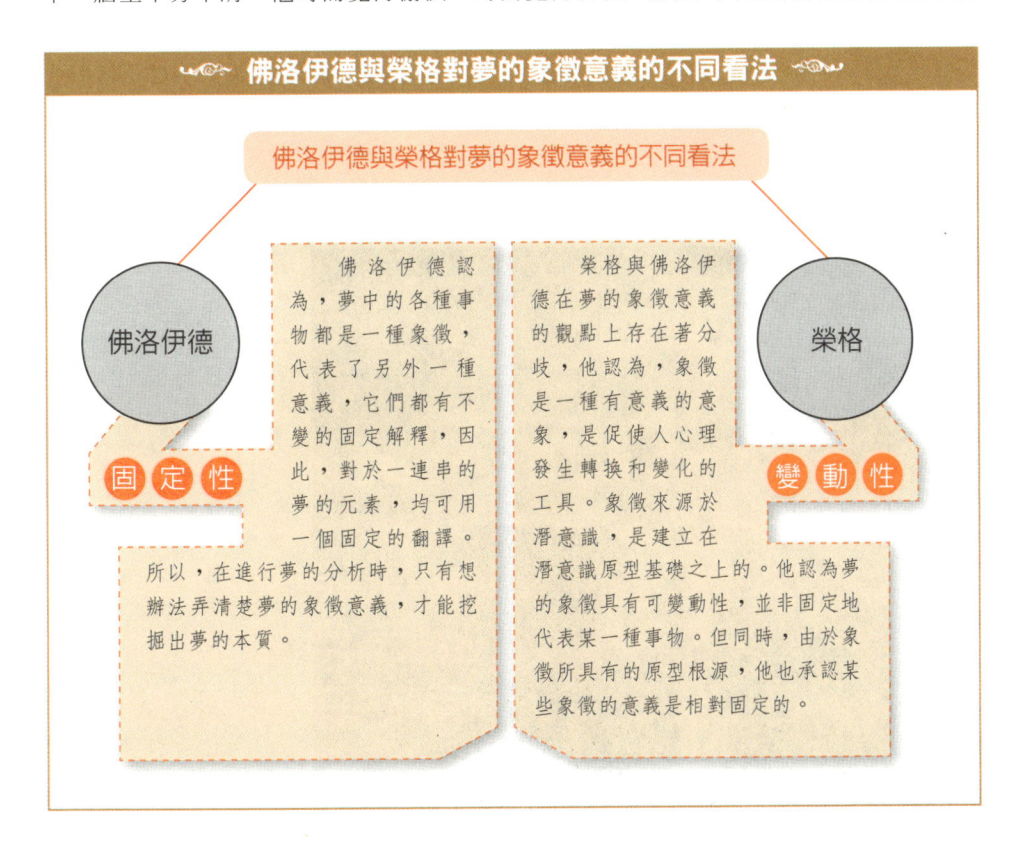

佛洛伊德與榮格對夢的象徵意義的不同看法

佛洛伊德與榮格對夢的象徵意義的不同看法

佛洛伊德

固定性

佛洛伊德認為，夢中的各種事物都是一種象徵，代表了另外一種意義，它們都有不變的固定解釋，因此，對於一連串的夢的元素，均可用一個固定的翻譯。

所以，在進行夢的分析時，只有想辦法弄清楚夢的象徵意義，才能挖掘出夢的本質。

榮格

變動性

榮格與佛洛伊德在夢的象徵意義的觀點上存在著分歧，他認為，象徵是一種有意義的意象，是促使人心理發生轉換和變化的工具。象徵來源於潛意識，是建立在潛意識原型基礎之上的。他認為夢的象徵具有可變動性，並非固定地代表某一種事物。但同時，由於象徵所具有的原型根源，他也承認某些象徵的意義是相對固定的。

145

精神分析引論
A General Introduction to Psychoanalysis

人，而屋內如有壁架或陽台，則代表的是女人。如果夢見父母成為了皇帝皇后或者其他高貴的人物，那麼此夢境所象徵的是做夢人對父母的恭敬態度。至於兄弟姐妹或者子女，可能就不會有如此的待遇了，他們在夢中通常被象徵為某種小生物如兔子或瓢蟲。誕生的象徵很奇怪，總是離不開水，如果夢見了落水、從水中出現、將別人從水中救出來或者被別人從水中救出來，一般象徵著生命的誕生或者母子親密的關係。乘車旅行往往是臨死的象徵，而代表死亡的象徵很多，不過都屬於隱晦的暗示，很難瞭解。還有那些裸體的象徵，通常表現為衣服。總結來說，象徵和暗喻看起來似乎沒有特別嚴謹的區分。

代表上述事物的象徵一般都很單一，不過，與性生活有關的事物如生殖器、性交等的象徵就不同了，它們所象徵的豐富性絕對會讓你們大吃一驚的。性的象徵占據了夢的大多數，現實中與性有關的事物很少，然而在夢中其象徵的數量卻數不勝數，兩者的比例相比其他象徵顯得很不協調，因為其他事物都沒有那麼多意義一樣的象徵。不過，這種解釋必定會引起人們的攻擊，因為以他們的經驗，夢的象徵形式各種各樣，然而對其的解釋卻很單調。雖然這種解釋會引起大家的不滿，然而它的確是事實，誰又能改變得了呢？

可能你們沒有想到我會在這裡提及性，所以我有必要對這個問題做一些解釋。客觀上說，對於精神分析的研究我們不應迴避任何事物，也不必在討論這種私密問題時覺得羞愧，更不要在研究某一事物之前先為它安上合乎情理的名義，以避免外界的爭議和批判。雖然在座的你們有一半是女生，我也會一視同仁，平等看待你們。以科學為主題的演講，是不應該有所隱藏的，也不能為使演講適合女生聽而對內容有所修改。在座的各位女生既然願意來聽，那就表示已經接受和與男生一樣的待遇了，即便這種待遇不符合

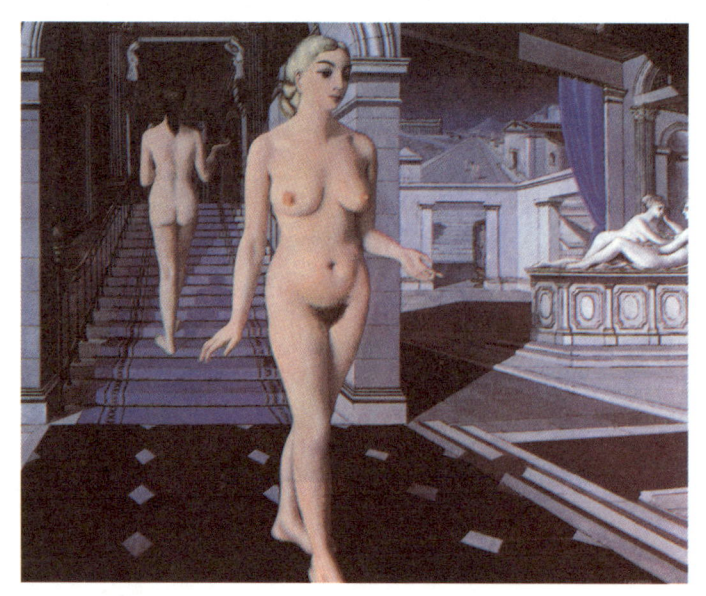

裸體的自由

保羅·德爾沃 比利時

德爾沃作品中的人物都是他理想狀態下的真實寫照，同時他也是一位抒情詩人。圖中就是他設想的一個奇異而純淨的世界，人們裸體是一件很自然的事情，細膩的筆觸也突出德爾沃的細緻。

第十章 夢的象徵作用

　　關於性的事物中，在夢中的象徵最多的就是男性的生殖器了。一般來說，我們可以很容易瞭解這些象徵所根據的共同意念。不論男性還是女性，他們對於性最關注的就是陽具了，在夢中，它的象徵可以是長且直的物體如拐杖、竹竿、雨傘、枝幹等，也可以是有穿透力和侵害性的物體，如匕首、長劍、軍刀等利器或者步槍、手槍、炮筒等火器。這些東西都與陽具十分相似，所以是很貼切的象徵。少女們經常會在一種焦慮的夢中見到有持佩刀或火槍的人在追殺自己，這種象徵，其實那些少女們都瞭解其意義的。有時候一些流水之物也會成為男性生殖器的象徵，如水龍頭、水壺或者溪流，還有的象徵則是一些可拉伸的物體，如自動伸縮的鉛筆、彈簧等。那些銼刀、鐵錘等堅硬器具，很明顯也屬於男性的象徵，而且這些象徵的意義也是不難理解的。

陽具崇拜

畫中的女子神情緊張，肌肉僵硬，右手中緊握著一把雪亮的匕首，懸在她自己的生殖器之上。匕首是男性生殖器的象徵，意指這位女性想要擁有男性的性別特徵。

　　也有用飛機、熱氣球或者飛船等飛行物體為陽具的象徵，這是因為男性生殖器有違背地心引力挺拔直立的一種特性。不過夢見高飛還有可能是一種關於勃起的象徵，勃起是陽具成為人們睡眠時主要的活動部分，所以做夢人便會夢見自己飛起來了。人們經常會夢見自己高飛，它美麗而壯觀，不過我要將這種高飛解釋為性衝動或性興奮的夢，你們可不要覺得驚奇。曾經有一位叫菲德恩的精神分析學家證實了這種解釋是可信的，而另一位精神分析教授沃爾德曾做過臂和腿的不自然姿勢的試驗，雖然他的研究方向並不是精神分析，但他卻得出了精神分析同樣的結論。也許你們會以女性夢中高飛的例子來反駁我的觀點，然而你們應該知道，夢的意義在於對慾望的滿足，而任何女性，她都有

147

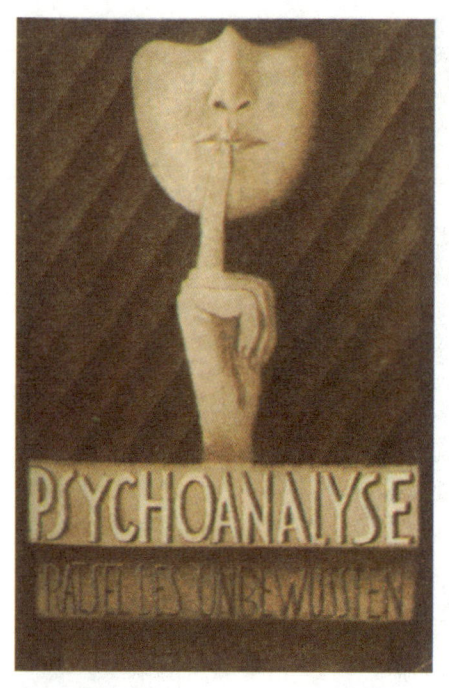

精神分析引論
A General Introduction to Psychoanalysis

薩克斯影片《精神分析》的海報

美國人一直想拍一部關於「精神分析」的影片，但卻遭到了佛洛伊德的拒絕：「我認為精神分析理論是一個抽象的概念，它是無法具體表現在電影上的。」

在潛意識中有成為男性的慾望。如果你們精於解剖學的話，就不會認為女性體內不可能有男性因素以致想滿足成為男性的慾望了。女子生殖器有一個小部分叫陰核，它和男性的陽具一樣，在兒童期以及性交前在人體內占有相同的地位。

毛毛蟲、魚或者蛇等小動物也屬於男性的象徵，不過這些就不太容易理解了。還有更難理解的象徵，比如外套和帽子，不過其象徵的意義的確很合理。還有手腳是否也可以作為男性生殖器的象徵也值得懷疑，不過將它們與手套、鞋襪聯繫起來，似乎也說得過去。

至於女性生殖器的象徵，通常是那些有空間性或包容性的事物，如穴、坑、瓶、罐，各種盒子、衣櫃、保險箱、口袋等，規模巨大的輪渡也屬於這類事物。有的女性象徵非指生殖器官，而是代表了女性的子宮，如火爐、碗櫃等，特別是房間。這裡房間的象徵和前面講的房屋的關聯有相似之處，房屋內的廚具代表了女性，而房間的門戶則代表了女性的陰部，房內的各種資料或者各種用具如書桌和檯燈，也都是女性的象徵。就夢中出現的動物而言，蚌或者蝸牛屬於女性的象徵；就身體的各部分而言，那麼嘴就代表了陰部；就建築物來而言，禮堂或者教堂都是女性的象徵。對於這些象徵理解的難易程度，你們每個人都是不相同的。

女性的乳房和臀部也屬於性特徵，在夢中常以蘋果、蜜桃等水果作為象徵。兩性的陰毛在夢中表現為茂密的叢林。女性器官中的一些複雜部分通常被表現為山清水秀、花木蔥蘢的風景，而男性器官的複雜部分則常常表現為各種結構複雜無法認清的器械。

在夢中也時常會夢見珠寶盒，這也是女性生殖器的一種重要的象徵，其中盒內的珍珠、翡翠可以象徵心愛的人，而糖果通常代表愛慾的快感。當生殖器在性衝動中得以滿足，則會被比喻為各種遊戲或運動，如彈鋼琴。

自慰常被比喻為滑動、滑冰或者擦洗物品等。需要特別注意的是，掉牙或者拔牙也是自慰的重要象徵，其意義表示對自慰施以宮刑的懲處。至於性交的象徵，就沒有我們想像的多了，大致有跳舞、跑馬、登山等富於節奏的活動，又或者是暴力虐待、被馬蹄踐踏、為武器掃射等。

第十章 夢的象徵作用

雖然對於這些象徵我講述得很簡略，但是他們所表示的意義卻並不簡單，因為我們在夢中所見到的這類象徵往往出人意料。有這樣一種奇怪的現象，男性與女性的象徵經常在夢中發生互換，有時男性的象徵可以指代女性生殖器，而女性的象徵在有時也會指代男性生殖器。還有許多象徵既可以代表男性，也可以代表女性，如嬰兒、小男孩、小女孩等。這些現象，除非我們對於人類關於性的想法有一個全面的瞭解，否則對此我們是很難理解的。不過，這些現象似乎模糊不清，其實並非如此，比如武器、口袋、廚具等，這都不是兩性可以共用的象徵，只適合代表單性。

我們若想探求性的象徵的起源，就需要從這些象徵本身入手，而非被象徵的表象所迷惑，我們還需要對那些不夠明確的象徵做一些說明。分析這些象徵，以絨帽或者任何帽子為例，帽子經常有男性的意義，有時候它也會代表女性。外套也是這種意義，也經常代表男性，雖然有時象徵生殖器。你們肯定會對此感到疑惑，並詢問我個中原因。女性很少戴領帶，所以下垂的領帶通常是男性的象徵，而男性對於內衣不怎麼關注，所以

蘋果和橘子　保羅·塞尚　法國　布面油畫　1895年　巴黎奧塞博物館

塞尚對於靜物的控制似乎有一種天生的才能，他對物體體積感的追求和表現，為「立體派」開啓了不少思路。佛洛伊德認為夢中出現的水果，如蘋果、蜜桃等水果等都是象徵女性的乳房和臀部。

精神分析引論
A General Introduction to Psychoanalysis

拿著地圖的男子　保羅·德爾沃　比利時

　　畫面中最左端的男子,手裡拿著一張複雜的宮形地圖,他的旁邊站著幾個裸體的女子,她們的身後有方形的像門一樣的石柱,其實這就是女性生殖器的象徵。德爾沃描繪一個超現實的陌生世界,男人們迷惑,女人們也走進了一個陌生的城市。

　　內褲、胸罩等都是女性的象徵。而衣服或者制服,前面已經講過,往往是裸體的象徵。拖鞋或其他涼鞋代表女性的生殖器。木材和書桌也是女性的象徵,這也是值得相信的。至於登樓、登山等節奏性運動,明顯是性交的象徵,其節奏的快慢,如登山者呼吸的急緩,與身體的興奮度強弱是一致的,這一點仔細想一想就會明白了。

　　前面我們將女性器官的複雜部分比喻為風景,以高山卵石代表男性生殖器,以庭院房間代表女性生殖器,而將水果定為乳房的象徵,而非懲處。將夢中出現的野獸認為是情慾勃發的人們的象徵,夢中出現的花卉是女性生殖器的象徵,尤其是處女的生殖器。對於這一點,你們只要明白花本就源自植物的生殖器就會理解了。

　　我們已經瞭解了房間代表了女性的子宮,而且還可以對這一象徵意義進行延伸,如

第十章 夢的象徵作用

房間的門窗代表的是女性的陰戶,房門的開閉指的是陰戶的張合,而開房門的鑰匙,其象徵意義也就不言而喻了。

對於夢的象徵意義的研究,目前我們只有材料,這些當然是不夠的,我們還需要繼續擴充,並做更深一層的研究。不過我覺得對於你們的瞭解卻是足夠了。可能你們會不滿,質問我說:「難道我做的夢全是性的象徵嗎?在夢中我所穿的衣服鞋襪和我所見到的一切事物都只是性的象徵嗎?」你們的質問確實有道理。如果做夢人拒絕提及夢中所經歷的事物,那麼我們怎麼可能知曉這些事物所具有的象徵意義呢?

對於你們的質問,我想你們瞭解一點,我們從小到大所汲取的知識,它的構成是廣闊而複雜的,有神魔故事、民間傳說,有詩詞歌賦、俗語民謠,有戲曲歌舞,也有鄉間小調,所有這些,不論是哪一方面,我們都可以認為是知識的象徵,至於這種象徵所蘊含的意義,大家肯定是深切瞭解的。如果我們將這些內容分開考察,那麼便會發現他們實際上有許多方面與夢的象徵作用是相同的,而我們也會由此而確信我們的觀點是正確的。

前面我們提到過,這樣一個觀點,夢中出現的房屋往往是人體的象徵,如果也這一象徵意義延伸,那麼房屋內的門窗或者其他進入口都可被視為人的口腔的象徵,而房屋

男女的武器　索德克 捷克

性是開啓心理之門的鑰匙,因為大多與性有關的話題多是心理疾病的癥結所在。由此,性也成為現代藝術作品中最具表現力的題材之一。畫面中的男人高舉匕首,沉醉在自我想像的勇氣之中,而女人則是習慣性地搔首弄姿。藝術家將兩性之間存在的狀態表現得淋漓盡致。

精神分析引論
A General Introduction to Psychoanalysis

在艾斯塔克的房屋 喬治·布拉克 法國 布面油畫 瑞士波恩昆斯特博物館

作品中將現實中的房屋、樹木和群山都已經經過畫家的處理變得「面目全非」了，這幅作品也更加清晰地展現了立體主義的深遠意義。佛洛伊德認為：夢中出現的房屋，一般是人體的象徵。

的前面或者是平滑的牆壁或者是陽台，則是胸肌或者骨骼的象徵。在解剖學中，凡是屬於人的身體的出入口，都被稱為是「戶」或「門」，這類事物常常成為夢中的象徵。

在夢中見到父母成為了皇帝和皇后，如果你首次聽說了，自然免不了詫異，不過，在那些神魔故事中，是可以找得到這相類似的事實。在神魔故事中，最常見的開篇便是：「在很久很久以前，有一個王國，王國有一位國王和王后……」，我們在開篇讀到「國王和王后」時，難道就沒有意識到它指的是父親和母親嗎？在我們的家庭中，兒子通常被稱做王子，長子則是太子，而家庭不就是我們生活的王國嗎？國王被稱為「國父」，王后被稱為「國母」。小孩子有時被稱為小動物，如英國一個地區稱小孩為小蛙，在德國人們為表示對孩子的愛憐常稱呼其為「可憐的小蟲子」。

再來說一些房屋的象徵。我們曉得，房屋內任何凸出的部分都可以用以攀登，這使我想到了一句德國俗語，德國人在評價胸部碩大的女性常說：「她的身體有一部分可以讓我們攀登。」還有另一句俗話，和這一句意義相似，便是：「在她的房屋前堆放了許多木材。」木材通常也被看做是母親的象徵，而這句話證明了這一事實。

木材的象徵意義我們還可以瞭解更多。也許你們要問：為什麼木材可以代表女性或者母親？回答這一問題比較麻煩，你們也未必能理解。我們先將各個國家語言中關於「木材」的詞彙做一個比較。德文 Holz（即木材）和希臘文 $\upsilon\lambda\eta$ 源自同一語根，$\upsilon\lambda\eta$ 意思即原料。由原料的通名變成後來的某種材料的專名，這種詞義轉變的現象並不少見。在大西洋上有一個小島叫馬德拉（Madeira），是由一個葡萄牙人發現的，並取了此名，島上有茂密的森林，而「Madeira」在西班牙文的意思就是木材。只根據「madeira」這個單詞，你們大概能推測出它是拉丁文「materia」的變式，而「materia」的意思即是原料。「material」是由 mater（母親）演變而來，而一種說法認為，任何被製造出來的物品，所使用的原料便是該物品的母親了。透過對木材這個詞的詞義演變作了分

析，你們總該理解了，為什麼說木材是女性或者母親的象徵。

與水有關的事物也可以表示分娩，比如夢見出水或入水，其象徵意義便是將要分娩了。實際上，這種水的象徵代表的是雙重進化，包括人類在內的所有陸生生物，都是從水生生物演化而來的，當然這種關係就要扯到比遠古還遠古的時代了，而現在的事實是，任何一個哺乳動物，任何一個人，都是在水中經歷著生命中的成形時期，也就是說，在出生前作為胚胎時，都是生活在母親子宮的羊水中，所以女性在分娩時都會流出水。我不希望做夢人知道這一事實，而且我認為他也沒有必要知道。或許在他孩提時聽說過這事，不過我認為這並不能成為象徵的起因。幼兒園內的孩子們喜歡問自己的由來，而常被告知是被仙鶴送來的，然而仙鶴又是從哪裡得到他們的呢？從水井中，還是湖池中，這是仙鶴的棲息處，那麼他們便是從水中產生的。我曾經見過一個人，他是一位伯爵，他在兒童時期曾聽說過這事，然後在某天下午他就不見了影蹤，大人都找不到他。後來終於找到他了，是在一個湖邊，他蹲在那裡，全神貫注看著湖面，期待著從水中冒出一個嬰兒來。

蘭克曾經從神魔故事中搜集了大量的關於英雄誕生的片段進行分析，在這眾多的神話情節中，最常見的就是將嬰兒丟棄水中而後有人將嬰兒救起。蘭克認為這種情節就是分娩的象徵，因為它的方法和夢中所見是一樣的。一個人在夢中見到有人將自己從水中救出，他就會潛意識地認為救他的人是他的母親，或者是其他人的母親。在神話故事中，將嬰兒從水中救出來的人，也會潛意識地認為自己就是這嬰兒的母親。有這樣一個笑話，有一個猶太孩子很聰明，善於回答問題，於是就有人問他：「誰是摩西的生身母親？」那孩子說：「是公主。」那人又問：「不對呀，公主只是將這孩子從水中救了出

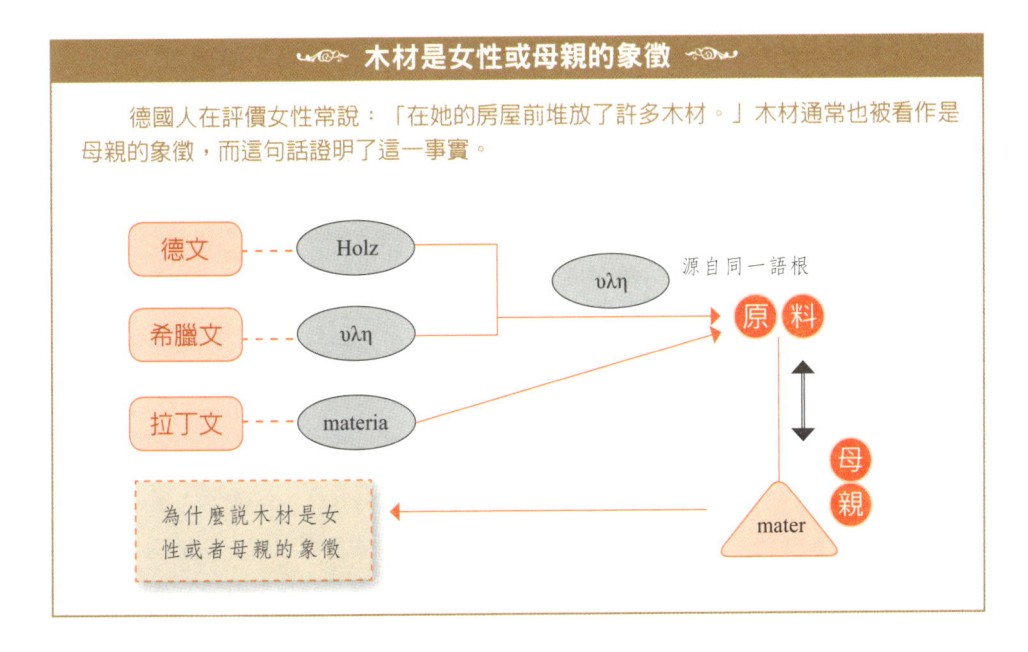

木材是女性或母親的象徵

德國人在評價女性常說：「在她的房屋前堆放了許多木材。」木材通常也被看作是母親的象徵，而這句話證明了這一事實。

- 德文 —— Holz
- 希臘文 —— υλη
- 拉丁文 —— materia

υλη 源自同一語根 → 原料 ↕ 母親 ← mater

為什麼說木材是女性或者母親的象徵

基督受洗 帕里斯·博爾多尼 義大利 布面油畫 華盛頓國家美術館

畫面整體給人一種幽閉和恐懼感，約翰正在為耶穌做著洗禮的準備，耶穌雙腳赤裸站在水中，雙手合十做著祈禱，並將頭向後轉去接受洗禮，水是宗教的潔淨之物，在精神分析中則被認為是分娩的象徵。

來。」那孩子就說：「所以說公主就是摩西的生母啊。」由此可見這孩子對神話掌故瞭解得很清楚。

夢見出發遠行，這便是臨死的象徵。如果幼兒園的孩子們問一個死去的人到哪裡去了，就會被告知說那個人遠行去了。詩人也經常運用這種象徵，當他們說到死時，便說「旅行家到了一個再也不能回來的烏有之鄉了」。在我們的日常聊天中，若提及死，也會將其比喻為「人生最後的旅途」。不論什麼人，他若明白禮儀，就知道一個人的喪禮都是相當莊嚴隆重的，在古代的埃及，人們通常都會將一本亡靈書放在木乃伊身上，這是靈魂在旅行上的指南。通常人們的居所和墳墓之間有一段相當長的距離，那麼死者的最後旅行也成為了顯而易見的事實了。

性的象徵也不僅限於夢中。有時候人們在侮辱一位女性時，會稱呼她為「鋪蓋」，這個鋪蓋就代表了一種生殖器。《新約聖經》說：「女性是脆弱的器皿。」在猶太人的聖書中，有許多性的象徵，只是這些象徵人們不容易瞭解，因此其旁邊還附有注釋，如「在所羅門之歌內」，這些注釋經常引起誤會。在猶太文學中，經常將女子比喻為房屋，而女性的陰戶就是出入口房門。如果一個男人在新婚之夜發現妻子已經不是處女了，就會說：「我發現房門開過了。」猶太文學中也有將桌子比喻女性，比如有位女子評論自己的丈夫說：「替他將桌子擺好了，他卻一腳將它踢翻了。」有些孩子從小跛腳，可能就是男人將桌子踢翻了。我給你們講的這些掌故，都是來自於布呂恩列維的書《聖經和猶太人法典中的性的現象》。

夢中見到的輪渡也代表了女性，這也是語源學教授所持有的一個觀點。他們認為Schiff（德文，意即船）的本義是器皿，與Schaff（意即木桶）屬於同一類詞。火爐代表的是女性或母親的子宮，這可以從希臘柯林斯所記載的百利安德爾和妻子梅麗莎的故事中找到證據。根據他的記載，百利安德爾本來是非常愛他的妻子的，然而因為某種嫉妒因

第十章 夢的象徵作用

素而殺害了她，後來他看到了妻子的影子，他就讓這影子告訴她關於妻子的事情，於是這影子，也就是他已死的妻子說，丈夫將她扔進了一個火爐中。這話有一種隱意，只有他們夫妻能明白其中的意思。還有，克勞斯編著過一本書叫《世界各民族的性生活》，此書可是研究各民族性生活的絕佳材料。這本書說到一群德國人在談論女人接生時說：「她的火爐已經粉碎了。」生火、燒火、或者與之相關的事物都被認為是性的象徵，通常火焰代表男性的生殖器，而火爐和火灶則代表了女性的子宮。

也許夢中的風景為女性生殖器的象徵會使你們覺得驚訝，不過若是你們瞭解了在古代宗教活動中「大地母親」這一概念的重要地位便會瞭然於心，特別是在古代的農業活動中，這一概念支配著人們的農耕規律的。夢中的房間作為女性的象徵可以溯源至德國的俗語，在德文中，常以Frauenzimmer（女性的房間）替代Frau（女性），這種習俗意味著人們習慣以女性所居的房間代指女性自身。還有the Porte（土耳其宮廷），或許指的是

摩西 1945年 私人收藏

這件作品表現的是生與死的偉大循環，主題是摩西或者是英雄的誕生。嬰兒的兩側是象徵精子和卵子的男人和女人。畫面中將誕生分為兩個階段，漂浮在空中的表現為淌著羊水的子宮，裡邊的嬰兒即將出世；下方是搖籃中的嬰兒，他的額頭上有三隻眼睛，這是智慧的象徵，巨大的太陽則代表生命力的來源。

155

精神分析引論
A General Introduction to Psychoanalysis

《聖經》照片 1665年

這本《聖經》是在1665年印刷的，《聖經》中關於兩性有這樣的描寫：「男人長在體表的動態性器官及其他動作代表火和激情，女人內部靜態的性器官代表水和親密。兩者結合在一起，透過激情的強烈運動，使心中產生出更為強烈的感情，男人和女人因此在心靈上、精神上和肉體上都融成了不可分離的一體。」

蘇丹中央政府，或許指的是古埃及的法老，他們通常被稱做是「大宮廷」。不過這兩個論斷未免有些淺薄，以我的看法，房間能成為女性的象徵，根本原因就是其「內中有人」這一特質，我們知道女性也具有這一特質的。我們對古代神魔故事和詩詞歌謠作分析，便會發現其中的城鎮、碉堡、炮台也可以作為女性的象徵。如果我們對那些不懂德文也不會說德語的人進行研究，也會得出上面的結論。這些年我醫治過的病人，外國人占了大部分，根據我在為他們治療時的發現，在他們的夢中，房間通常也是女性的象徵，不過他們國家的語言可沒有與德語中Frauenzimmer意思相同的單詞，這是否表明了另外一種意義呢？過去有一個研究夢的科學家叫舒伯特，他在1862年提出一種主張：夢中的象徵可以超出語言的限制。可惜這一學說並不能解釋我所治療的外國病人，因為他們多少都懂得德語，所以對於這一學說的驗證，只有將分析研究的對象限制在那些真正不會說德語只懂本國語言的外國病人們。

古代關於男性生殖器的象徵有很多，常見於詩歌、俗語、笑話等藝術形式中，特別是古希臘用拉丁文寫的詩。我們不僅可以在夢中見到這些象徵，在現實中也可以從各種工具中發現，如鋤犁。不過，由於那些男性生殖器的象徵不僅眾多、涵蓋範圍廣，而且受到的爭論特別多，我為了演說能按時進行，只好將這些擱置一邊不提。然而對於其數目我覺得有必要說幾句，可以說，其象徵的意義決定了次數是否神聖，所以，許多由三部分構成的自然物如苜蓿葉，便是由於它的象徵意義，而被用於盾形紋章和徽章上。還有，法國有一種三瓣百合花和西西里島上的人們所用的一種徽章「trisceles」（圖像為一個中心延伸出三隻腳跪立著），都是根據生殖器的形狀而改造的，其原因是在古時人們認為那些形似生殖器的東西可以消災解難，故而如今的許多保護符都被認為是性的象徵。這些保護符的製作材料多種多樣，有四葉苜蓿草、豬、香菇、馬蹄鐵、掃煙突、梯子等。四葉苜蓿草和三葉相比，雖然後者更適合作為象徵，不過四葉的組成數目比較多，其意義顯得更隆重一些；豬代表了豐盛，有一種強壯的意義；香菇的象徵意義明顯即是男性生殖器了，有一種香菇形似男性生殖器，在生物學上有個專名叫「Phallus impudicus」；馬蹄鐵的外形和女性的陰部很相似；而掃煙突在使用時往往使人聯想到了性交，以致他們常將掃煙突比喻為性交。前面我們已經知道了，夢中見到的梯子也是性的象徵，從古人的成語「Steigen」（意即登升）來看，其確有「性」這一意義，比如Den

第十章 夢的象徵作用

Frauen nachsteigen（意即放蕩的女性）和einalter steiger（意即老年的浪子）。而法語中對於這兩層意義的表達分別是la marche和un vleux marcheur。對於這兩種意義的形成，以我的觀點，也許是根據這樣的事實：很多動物在將要性交時，雄性動物都會先攀爬到雌性的背上。

至於折枝為何代表自慰，除了因為折枝的動作與自慰相似，還有就是在古代的神魔故事中，兩者有許多方面是相通的。提到自慰的象徵，就不能不提另外一個象徵，那就是拔牙或掉牙，它代表了對自慰的懲戒也就是宮刑，在許多民俗故事中對於此象徵都有反應，可惜做夢人很少去讀這些故事。據我所知，在古時的很多國家中，他們常以切包皮來代替閹割，而在現代，我也知道在澳洲也有幾個部落會在男子的成年儀式上為他切包皮，以示慶賀，至於其他部落則是以拔牙作為成人禮。

我已經將準備的事例全部講述給你們了。雖然我們能夠根據這些事例來分析夢中的象徵，然而我們畢竟不是這方面的專家，若是由人類學、民族學、語言學和神話學領域的科學家來搜集這些事例，那麼最終搜集到的事例肯定會豐富多樣，而我們對夢的象徵這一問題的瞭解，也肯定會更多了。現在我們可以下結論了，雖然鑑於目前的事實，我們的結論並不能保證沒有弊端，不過也足夠用作我們繼續研究的材料了。

首先，雖然做夢人能在夢中見到一種象徵，不過他可能並不瞭解這一象徵，而在他醒來的時候，他也並不能明白這一象徵的意義。你也許會對這一事實感到奇怪，就如你某一天得知你的女僕竟然通曉梵語，可是你明明知道她在捷克的一個小村莊長大，而且從來沒有學習過梵語。所以，這一事實很難與我們研究的心理學有共通之處。那麼，我們只能假設做夢人關於夢的象徵的思想是潛意識的，是屬於他的潛意識心理活動，不

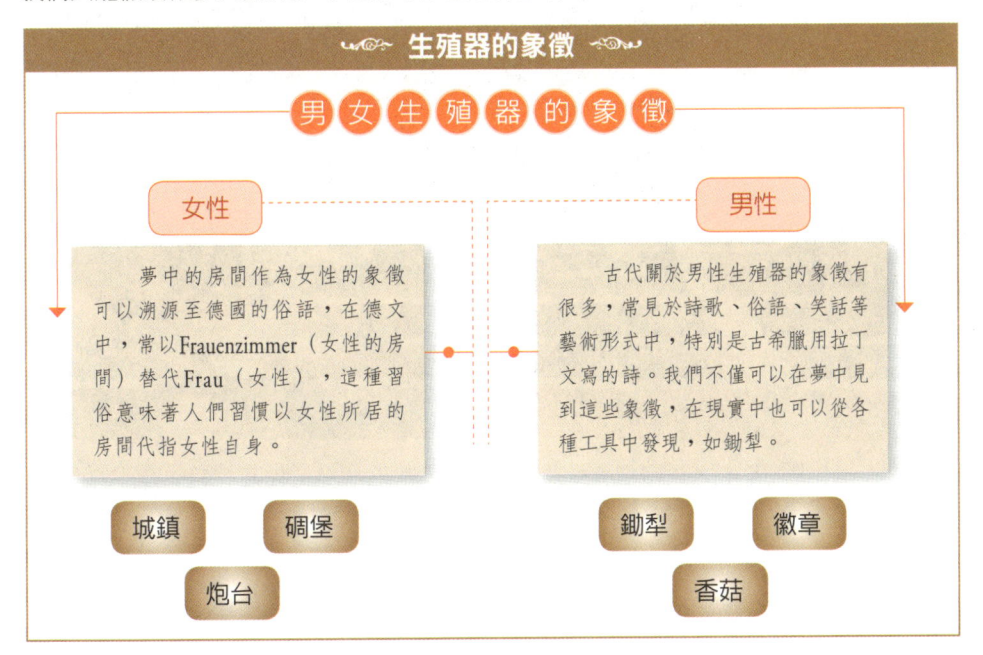

生殖器的象徵

男女生殖器的象徵

女性

夢中的房間作為女性的象徵可以溯源至德國的俗語，在德文中，常以Frauenzimmer（女性的房間）替代Frau（女性），這種習俗意味著人們習慣以女性所居的房間代指女性自身。

- 城鎮
- 碉堡
- 炮台

男性

古代關於男性生殖器的象徵有很多，常見於詩歌、俗語、笑話等藝術形式中，特別是古希臘用拉丁文寫的詩。我們不僅可以在夢中見到這些象徵，在現實中也可以從各種工具中發現，如鋤犁。

- 鋤犁
- 徽章
- 香菇

精神分析引論
A General Introduction to Psychoanalysis

割禮 盧卡・西尼奧雷利 義大利 布面油畫 1491年 倫敦國家美術館

　　割禮就是割去男孩陰莖上過長的包皮，根據猶太教教義，受割禮是實踐上帝與亞伯拉罕所立之約（《創世記》第17章第10～14節），它是《五經》中所載上帝的第一項命令，即所有的男孩都要受割禮。畫面中，高大的神父正準備為剛出生的嬰兒耶穌行割禮。

第十章 夢的象徵作用

過，即使我們做了這樣的假設，對我們也沒有太大的幫助。前面我們假設了有一種暫時或者永遠都察覺不到的潛意識傾向存在，然而由於現在這個問題相當麻煩，以致我們必須相信潛意識思想與不同事物之間做了比較，所以才使一種想法替代了另一種想法。這些比擬的事例隨處可見，隨處可用，不需要去挖掘新的事例。為什麼這樣說呢？因為，雖然每個民族的語言不相同，不過也是可以有一種相同的比較。

我們從哪裡獲得這些象徵的知識呢？語言的習慣算是一方面，不過從它身上獲得的知識只有一小部分，至於其他引起知識的方面，則很少為做夢人所知曉。所以，我們有必要對這些方面的材料作整理和分析。

其次，也不是只有夢才擁有這些象徵。我們已經瞭解，在古代的神魔故事以及詩歌民謠、文章俗語中也有很多這樣的象徵。實際上，象徵所涵蓋的範圍極為廣泛，夢的象徵僅是其中的一小方面，因此我們不一定非要根據夢的象徵來分析整個象徵問題。除了在夢中，我們還可以在其他方面見到象徵，即便夢中見到的象徵，也並不是很多。換句話說，許多夢中見到的象徵，我們在其他方面也可以見得到，這一事實我們已經瞭解了。所以，我便有這樣一種感覺，象徵是一種為古人所用而為今人所棄的表達方式，至今存在的象徵，也只能算一些片段，而且其形式也被改變了。這使我想起了以前的一位精神病人，他有一個很有趣的幻想，他認為世界在最初有一種原始語言，而我們所有的象徵，都源自這種原始語言。

第三，也許你們認為其他方面的象徵中，性的象徵都不是最主要的，但卻疑惑為什麼夢的象徵基本上代表了性的對象和性關係呢？這個疑問的確很難回答明白。我們是否可以這樣假設，本屬於性的象徵後來卻被用於代表其他事物，或者這方面的象徵所表示的意義在慢慢消失？很明顯，僅靠對於夢的象徵的研究，是很難解答這兩個假設的。因此，我們的主張只能是：真正的象徵不得不與性發生某種密切的關係。

對於這一問題，語言學家烏普薩拉的斯柏伯是最有發言權了，他曾對這一問題做過獨立的研究，與精神分析無關。根據他的觀點，人類的性需求在語言的形成和發展歷史上有著不可或缺的作用。人類在進化史上最早發生的聲音，其意思便是呼喚異性交配，

黎明 保羅·德爾沃 比利時

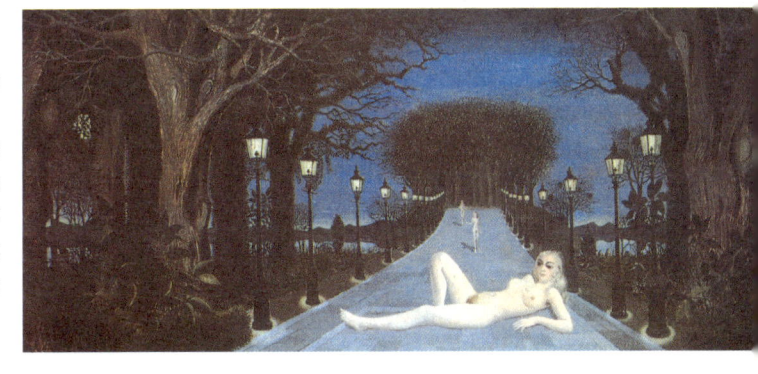

像白玉一般的裸體躺在幽遠的小路上，還有繁茂的樹林，昏暗的燈光，這些都是關於性的暗示。畫面充滿幻想，安寧而幽靜。對於做夢人來說，自己並不可能瞭解這一夢境有什麼象徵意義。我們可以認為這是做夢人的潛意識心理活動。

159

精神分析引論
A General Introduction to Psychoanalysis

戴帽子的裸女 讓·杜布菲 法國 1946年

杜布菲的作品大多受到兒童、精神病人以及非理性藝術的影響，使得他的作品看起來更像是超現實主義類型的，實質上他卻不屬於這類畫家。他的這幅作品，著實讓我們大吃一驚，看起來像是用十分原始的材料鑿刻出來的，畫中的裸女帶著大而扁的帽子，她的這頂帽子有一種超自然的力量。

到了後來，這種語言就成為了原始人在勞動時所發出的聲音了，久而久之，這種聲音便與勞動緊密聯繫在了一起，於是這種勞動便有了性的聯想。原始人將勞動與性聯繫在一起，從而使勞動產生了趣味，所以在工作時所發出的聲音便有了兩種意義：一種是與性的行為有關，另一種是與勞動或者性行為的替代物有關。不過隨著人類的進化發展，這種聲音也慢慢失去了它最初的性意義的用法。於是，便有了另一個單詞來表示性的意義，然而在經歷幾代後，這一單詞也被運用在另一種勞動上去了，也逐漸失去了它的本意。人類的語言便是基於這樣的發展歷程，從而產生了眾多的基礎字詞，這些字詞最初都有性的意義，然而最終也都失去了這一意義。

如果這種觀點是科學的話，那麼我們似乎可以運用這種觀點來解釋夢的象徵了。我們可以這樣理解，因為夢保留了某些事物的原始意義，所以在夢中性的象徵有很多，其中武器和工具代表了男性，而房屋和材料則代表了女性。所以，象徵的關係可以被看做是遠古文字所共同的意義，譬如說在古代和生殖器同名的事物，如今也可以在夢中出現成為夢的象徵了。

如此一來，你們就可以根據與夢的象徵相似的事實瞭解到為何精神分析會使大部分人產生興趣，而精神病學和心理學則不是如此。精神分析的研究和其他許多學科如語言學、民俗學、神話學、宗教學以及民族心理學等關係十分密切，彼此的研究成果可以為其他學科提供有價值的知識。你們是否覺得驚訝？不過，如果你們讀過精神分析教授所寫的一本關於促進這些學科關係的書，那麼你們就不是這個態度了。這本書就是1912年出版的《初戀對象》，書的作者是蘭克和薩克斯，他們在書中的觀點是，精神分析與其他學科的關係，是貢獻大於索取。精神分析的有些知識雖然看起來令人驚訝，不過已經被其他學科證明了，確實是有效的。換句話說就是，精神分析為其他學科提供了確有實效的知識。對於一個人的精神生活，運用精神分析法來研究，所求得的結果實際上可以為一個群體解決許多精神生活的疑問，至少為他們提供一個值得借鑑的方法。

我們如何來對那種假想中的原始語言或者表示出這種假象的精神病有一個更深入的

第十章 夢的象徵作用

瞭解？如果你們不能徹底瞭解，那麼你們就不能算是掌握了象徵問題的真正涵義。我們可以從精神病患者的症候和其他行為來搜集精神病的材料，而我們要做的，就是來分析和解釋這些材料。

最後，我們需要回到原點重申一些我們的問題。前面我們已經說過了，即便夢沒有施行其檢查作用，做夢人也很難對夢的象徵做出解釋，因為他需要將虛幻的象徵用日常的語言描繪成現實的事物。所以，夢的象徵作用成為了夢的改造作用的第二個引起原因，與檢查作用同時存在。檢查作用與象徵作用也是一種互利的關係，這一點是很明顯的，因而使夢變得奇異而難懂，是兩者共有的目的。

我們在對夢做了深入的分析研究後，又發現了引起改造作用的另一個因素，那就是夢的象徵作用。然而，在我們結束了對夢的象徵的研究之後，便又出現了另一個不可避免的事實，那就是：雖然宗教、神話、藝術、語言中都有許多象徵，不過，夢的象徵作用卻受到了教育者的強烈批判。為什麼呢？莫非是因為夢的象徵與性有著非常密切的關係嗎？

敵對勢力　克林姆 1902年 維也納國家紀念館

這幅作品是《貝多芬雕像裝飾壁畫》的局部，畫面中裸體是維也納的市民，由於奧匈帝國的日趨敗落，人與人之間也開始放浪形骸，借此安慰自己的靈魂。對於當時的這種政治環境，有遠見的人更多的是投向自己的內心世界。佛洛伊德因此探索人的內心而創立了精神分析。畫面中本應該隱秘的人體部位卻更加凸顯，以此表達人的慾望、激情、夢想和痛苦。

第十一章

夢的工作

我們已經瞭解了夢的檢查作用和象徵作用，雖然對於夢的改造作用還沒有充分的認識，不過已經根據這兩種作用來解釋大多數的夢了。對於解夢，我們現在有兩種方法，而且這兩種方法還是互補的。第一就是引起做夢人的聯想，從其隱藏的替代物中尋求其潛意識思想，第二就是運用我們的知識來對夢的象徵所表示的意義進行補充和完善。在這過程中可能會遇到難題，我們以後會解決它的。

前面我們討論了夢的顯意和隱意的關係，不過並沒有做深入的研究，所以在這裡我

納西瑟斯的變貌　薩爾瓦多·達利　西班牙　1937年　倫敦泰德畫廊藏

這幅作品的創作背景是以羅馬詩人奧維底斯的「變身故事」中，有關希臘神話中納西瑟斯的故事為基礎的。納西瑟斯愛上了自己在水中的倒影，但這卻是一份沒有結果的感情，結果他日漸憔悴，變成了一株水仙花。達利說，如果觀賞者凝視背景台座上的青年的話，他就會從你的潛意識消失，之後納西瑟斯的形體就會神話般地幻化成一隻手……

第十一章 夢的工作

覺得我們需要再討論一番。對於它們的關係，我們已經舉出了四種關係：一是部分替代整體，二是暗喻，三是象徵，四是意象。然而現在我們可以擴大討論的範圍，從整個夢的顯意和已經求得的隱意來做比較和研究。

夢的顯意和隱意雖然都具有模糊性，但兩者絕不是同一概念，如果你們對兩者的辨識能得到一個清晰明白的程度，那麼你們對於夢的瞭解，絕對要超出我寫的《解夢》這本書所教給你們的。有一個概念很有必要做一次明確的重複，那就是：夢的隱意轉化為顯意的過程叫做夢的工作（dream-work）。這句話翻譯過來說就是，由夢的顯意探究其隱意的過程，就是我們的解夢工作了，所以說，解夢的目標就是推翻夢的工作。就兒童的夢來說，夢中對於願望的滿足是很明顯的，不過夢的工作也並非無事可做，白天的願望通常進入夢境後成為了可見的事實，內心的思想變成了可感知到的意象，這就是夢的工作進行活動的結果。兒童的夢不需要多做解釋，只需要我們對這種變化的過程略加觀察就行了。至於其他內容複雜的夢，夢的工作也變得很複雜，故而我們將夢的工作稱為夢的改造作用。對於被改造過的夢，我們就要進行多方面的解夢工作了，以探求夢中隱藏的意念。

我曾經比較了許多對於夢的解釋，故而我可以為你們詳細講述夢的工作是如何改造夢中所隱藏的意念的。接下來我所講的內容，希望你們能仔細傾聽，當然，你們也不要有太高的期望。

夢的工作的第一次活動就是壓縮。夢的壓縮，就是對夢的隱意或者說隱念進行縮減，以使顯夢比較簡單明瞭。雖然也可能存在沒有被壓縮過的顯夢，不過大部分顯夢是被壓縮過的，有的顯夢被壓縮的程度還很大。夢的工作沒有與壓縮相反的活動，換句話說，絕不會存在顯夢的範圍比隱念大，或者顯夢的內容比隱念要豐富。壓縮常用的辦法有以下幾種：一是某種隱念徹底消失，二是隱念中的許多元素中，只有一種元素被改造為顯夢，第三就是一些性質相同的隱念被改造成同一個顯夢。

你也可以認為，所謂的「壓縮」，實際上指的是上述的第三種辦法，而且這種情況非常普遍，每個人都可以感知到。在你們自己的夢中，就會發現「多人合二為一」的情況。這種混合的幻象，其樣貌像A，衣服像B，身分像C，然而你很清楚他其實是D。所以，這四人所共有的特質非常明顯。至於事情或對象，也會產生多合一的幻象，而這些混合在一起的事物所具有的共性則由隱夢支配著。所以，一個全新的然而又模糊的事物便產生了，而這一事物的核心便是構成這一事物的所有成分的共同屬性。壓縮後的各種元素混合在一起，往往產生一種模糊的圖像，就如幾個影響同時投影在一個感光品上一樣。

壓縮而產生一種混合的影像，是夢的工作中一項非常重要的活動，由此我們可以證實，構成這種影像的所有成分的共同屬性在影像形成之前並不存在，它是夢的工作有意製造的。譬如說，用一種特殊的語言來表示一種思想，在前面我們就已經瞭解過這種壓縮的例子，它們就是造成舌誤的主要原因。你們是否記得那位年輕男士要

黃色的基督 保羅・高更 法國 1889年 紐約布法羅奧爾布賴特・諾克斯美術館

這幅作品是畫家在事業低迷的時期，為了表達自己內心鬱悶的心情而創作的。畫面中他將耶穌的臉換成了自己的臉，周圍的環境是深秋季節，使得畫家陰鬱的心情得到了進一步的強調。米爾堡評述道：「原始的輝煌、印度教的冥想、天主教的儀式、哥德式的情境、微妙的象徵性、陰鬱但卻暢快的混合體。」夢的壓縮與此同理，只是人類心中幻想的一種混合物。

「送辱」一位女士的事例，所謂「送辱」（begleitdigen）實則是「侮辱」（beleidigen）和「相送」（begleiten）的混合。一些幽默的語言也是由於這種壓縮造成的，這種事例生活中隨處可見。不過，除了我們列舉的這幾種情況，壓縮實際上並不常見。在很多幻想中，確實也會出現和夢中一樣多人合一的影像，構成這種影像的成分大部分在現實中都不存在什麼聯繫，故而在幻想中混合成為一種事物。譬如說古希臘神話中的半人馬或者其他一些外形怪異的動物等。我們那些所謂的「創新」的幻想，實際上並不是創造了什麼全新的事物，而是將各種各樣的材料混合在一起，做了一次重組。夢的工作在其進行過程中常有這樣一個特質：夢的工作所搜集到的材料中，有時會含有一種怪異、甚至極端的思想，然而在夢中，這種思想卻以極為合理的方式表現了出來。夢的工作就是將這些非常規矩的思想改造成一種新的形式，令人稱奇的是，在將之翻譯成為另一種語言或文種的過程中，所採用的就是混合法。翻譯家將原文相比譯文的差別保留了下來，特別是大同小異的事物之間的差別，並做了標注，而夢的工作則常用幽默的方式，一語雙關地表達兩種思想，然而，將這兩種不同的思想合二為一。對於夢的工作這一特質，我並不期望你們能立即領會，然而你們需要謹記，這一特質在我們接下來對夢的工作給予解釋時，具有非常重要的作用。

雖然壓縮會使夢境變得模糊，不過並不妨礙我們感知夢的檢查作用的存在。也許壓縮作用的發生是由於規律性的或者經濟節約的原因，然而，不論是什麼原因，我們可以肯定的是，夢的檢查作用必是參與其中的。

壓縮作用的效果經常是令人驚奇的。壓縮將兩種不同質地的隱念混合成為一個顯夢，我們因此可以對夢有一個比較可靠的解釋，但是我們很少注意到，它可能會存在第二種意義。

壓縮作用對於夢的顯意和隱意之間的關係還有另一層的影響，那就是：由於構成

第十一章 夢的工作

受傷的人頭馬 菲利皮諾·利皮 義大利 木板油畫 牛津基督教堂繪畫美術館

在古希臘神話中半人馬喀戎是最有名，也是最受尊敬的怪物，他也是射手星座的原型。畫中喀戎雖然受傷了，但他好像不知道自己受傷了，這是一個充滿哀婉甚至是悲劇性的人物形象。其實「半人馬」只是人類想像出來的一種神怪，並不是創造了什麼全新的事物，人們只是將各種各樣的材料混合在一起，做了一次重組。

165

精神分析引論
A General Introduction to Psychoanalysis

兩者的元素之間的關係非常複雜，又因為兩者彼此交織，故而便有一個較明顯的元素同時代表了多個隱藏的元素，而一個隱藏的元素也可以轉化為多個明顯的元素。所以，我們在解夢時，做夢人對於某一明顯的元素會引起多種聯想，而且這種種聯想又缺少條理性，如果我們想要徹底瞭解他們，也只有等到對夢做出全面的解釋才行。

總而言之，夢的工作實則是藉助一種特殊的形式來表現夢境的，之所以說特殊，是因為它在將隱念改造為顯夢的過程中，不是一個單詞對一個單詞或者一種標誌對一種標誌的翻譯，也不是實行一種有規律可循的選擇作用，更表示用一種常見的元素替代隱藏的多個元素。它所採用的方法與上述的幾種方法均不相同，而且比較複雜。

「轉換」是夢的工作第二種活動。幸運的是，在這一概念上我們沒有什麼新問題，因為我們可以瞭解到，這是夢的檢查作用所使用的一種方式。夢的轉化作用有兩種形式：第一是隱藏的元素並不以自己的某一部分為代表，而是以其他沒有關係的事物作為自己的象徵，這種形式有些像暗喻；第二種就是將一個重要元素的核心轉換到另一個不重要的元素身上，核心被轉移了，那麼夢境便會變得十分怪異。

雖然我們在清醒時所產生的思想經常以暗喻代表其原意，不過這和夢的暗喻確實有著本質的區別。清醒時的所運用的暗喻很容易理解，而且它與所喻示的事物也存在著某種聯繫。現實中的幽默滑稽經常運用暗喻來達到一種諷刺的效果，其內容所引起的聯想通常被省略了，而以一種表面的聯想代替，譬如說，對於某一個字詞，常取其諧音理解，或者用其雙關意。然而，這種聯想最終需要是人們明白其真意，如果暗喻所指代的對象難以為人感知，那麼任何一種幽默都會失去其應有的意義。而夢中所運用的暗喻，既不需要與其原意有什麼關係，也不需要那些外在的限制，當然也不容易使人理解。即便為人們講明白了，他們也不會覺得有什麼好笑的，反而覺得我們的解釋不免有些牽強附會。然而我們若想真正瞭解夢的檢查作用，那就必須從這種暗喻中探求出其原意。

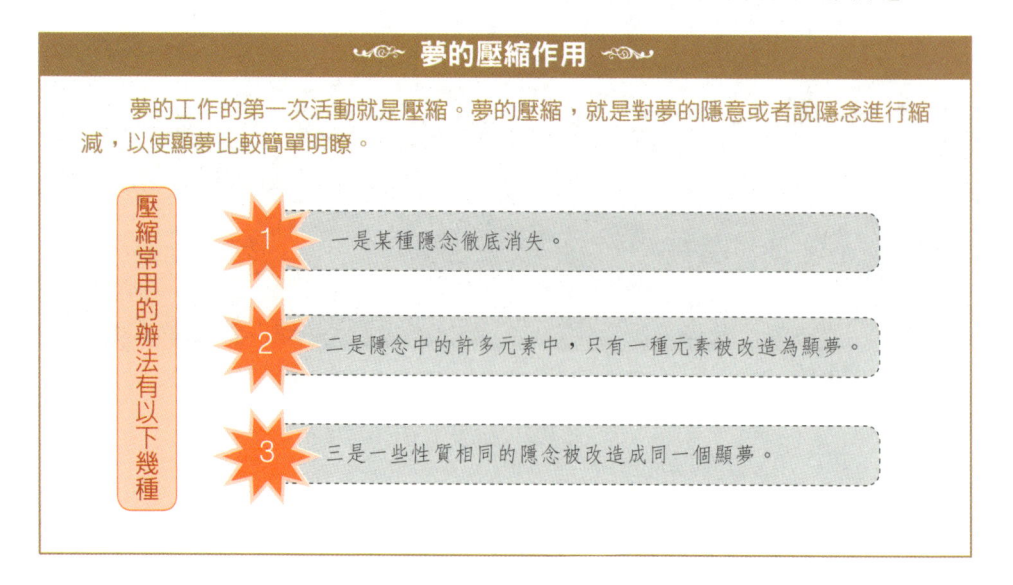

夢的壓縮作用

夢的工作的第一次活動就是壓縮。夢的壓縮，就是對夢的隱意或者說隱念進行縮減，以使顯夢比較簡單明瞭。

壓縮常用的辦法有以下幾種

1. 一是某種隱念徹底消失。

2. 二是隱念中的許多元素中，只有一種元素被改造為顯夢。

3. 三是一些性質相同的隱念被改造成同一個顯夢。

第十一章 夢的工作

如果我們想要表達一種思想，那麼思想核心的轉化可不是一個好方法，雖然我們在清醒時運用暗喻這一方法可能會產生幽默的效果。要對這層意思做出說明，最好舉出一個事例來證實，下面就有一個例子。某個村子裡有一位銅匠犯了法，被法庭判處死刑，然而那個村子只有一個銅匠，銅匠是不能死的，村子裡有三個裁縫，顯然有多餘的，於是便有其中一個裁縫替銅匠受了死刑。

根據心理學的觀點，夢的工作的第三項活動是最有趣味的了。這第三個活動，就是將思想變為影像。當然，我們知道夢中的那些潛意識思想並不都會產生這種變化，有些思想隱藏得很深，不容易被改變，即使在顯夢中表現出來，也是一種思想。況且，變成影像也並非思想改變的唯一方法。然而這種活動卻是夢的重要特質，除了特定的情況外，在這項活動中，夢的工作很少會有什麼大的改變。況且，我們都知道，影像是夢最主要的元素。

裁縫師 喬瓦尼・巴蒂斯塔・莫羅尼 義大利 布面油畫 1570年 倫敦國家美術館

圖中是一位裁縫，從畫家細膩的筆觸可以看出，一個職業對人的重要性，裁縫並沒有從他的工作中得到財富和地位，但他卻從他的工作中獲得了自信，這份自信源於他對自己的肯定和工作的瞭解。

顯然，這第三項活動可不太容易。如何來理解這其中的困難呢？你可以設想一下，現在要你將報紙上的一篇社論用圖畫的形式表現出來，也就是將社論中的文字改為圖畫，你該怎麼做呢？社論中提及的人物和事件不難用圖畫描繪出來，甚至你會畫得更好，然而那些抽象的概念和評論呢？讓你將社論中的各種思想及其彼此的關係改變成圖像，那麼困難立刻就會呈現出來。針對那些抽象的概念，也許你會想盡辦法，如將社評的標題先翻譯成其他容易描繪的名稱，這種名稱或許不合常規，然而其表達的意思是明確而且可以用一種圖畫來替代它。也許你們想到了這樣一個事實，就是那些抽象的概念本來是淺白易懂的，不過是後來失去了它的本意。鑑於此，可能你們便會去溯源這些概念的最初含義，比如「占有」這一概念，其本意是「坐在它的上面」（possess=potis+sedeo「siting upon」）。像這種追根求源，便是這第三項活動常運用的方法。在這種情況下，你們自然不會準確的描繪了，但也不能抱怨夢的工作不用圖畫的形式來替換那些隱藏的思想，如將毀壞婚姻的思想轉變為其他毀壞如斷手斷腳，以消除以圖代字的難題了。

有些連接上下文的關聯詞，如「由於」、「故而」、「但是」等，你們就不是那麼

精神分析引論
A General Introduction to Psychoanalysis

雨　霍華德·霍德金爵士　英國　木板油畫　1985年　倫敦泰特畫廊

畫家作這幅畫的初衷是想保留住當時的一種感覺，記憶的碎片永遠都不會有清晰的輪廓和確定的情節，那只是一種情緒和感覺。這不是一幅抽象的作品，而是霍德金的一次心靈體驗。霍德金說「只有繪畫對象重現時」，他的作品才算完成。

容易用圖畫來表示了。所以，對於這些關於聯繫的描述，我們只能省略不顧了。至於夢的思想的內容，則會在夢的工作中轉化為各種事件和物體。如果你們能運用精緻的影響來描述那些圖畫難以描繪的關係，那麼你們一定能做出成就的。運用這樣的方法，便可以將大多數的隱夢透過顯夢的形式特點，如其清晰或隱晦，以及不同部分的劃分等，有效地表現出來。一般來講，夢中轉化為顯夢的隱念的數目和與夢的主題有關聯的隱念的數目大致上是相同的。夢最開始十分簡短，之後來則變得詳細而複雜，此過程存在著一種因果關係。夢境的改變，通常是那些不重要的隱念先發生改變。所以，夢的表現形式也是很重要的，我們需要對它有瞭解。一個人可能會在睡眠中做過數個夢，而往往這些夢都表示了一種意義，這種意義就是做夢人在試圖將對一個不斷增強的刺激做有效並漸趨完美的控制。在一個單一的夢中，對於某一重要的元素，常常會有多個象徵。

如果我們再對夢的顯意和隱意作一比較，就會發現，不論是哪一方面的奇異甚至荒謬的事情，都是具有其特定意義的。就這一點而言，醫學家和精神分析教授在解夢工作上的差異只會比以往更加明顯。在醫學家看來，任何夢都是荒謬的，因為人們入夢時其心理活動已經停止了，而在我們精神分析者來看，夢確有荒謬性，然而這是因為夢的隱念常有批判「某某事物是荒謬的」這種意向，比如前面提到過的「一個半弗洛林」的夢例，其所批判的荒謬便是「結婚太早了」這一事實。

在我們解夢時，經常會遇到一種情況：做夢人總是懷疑出現在夢境中的是否為某一元素以及為什麼會是這一元素而不是他種元素。通常來講，夢的隱念中並沒有做夢人所懷疑的事物，這些懷疑是由夢的檢查作用所引起的，是由於無法對某一元素進行成功壓制所造成的。

我們還有一個驚人的發現，那就是關於夢的工作如何處理兩種相反隱念的方法。我們已經知道，在隱夢中各元素彼此聯繫的交接點在顯夢中被壓縮為一點。不過與相同的

168

隱念一樣，相反的隱念也要受到同一種方法的處理，而且它們還要在顯夢中被特別地表現出來。如果顯夢的元素也有相反的兩種，那麼其所代表的意義則有三種：第一種僅指代自己，第二種代表相反的意義，第三種則正反兩面的意義兼有。對於這種多層意義的顯夢，我們該如何來解夢呢？那就需要聯繫到整個夢境了，並根據顯夢中各元素的關係來做出判斷了。由此我們可以得出這樣的結論，夢中沒有「非」，只有「是」，它可以表示某一種意義，也可以表示另一種與之相反的意義。總之，夢境中出現的事物都是有雙關意義的。

幸運的是，對於夢的工作所出現的這種奇特的現象，在人類的語言發展史上可以找到類似的情況。語言學家認為人類最早的語言，所有帶有相反意義的兩個字詞，如強弱、明暗、黑白等，都源自同一語根。譬如古埃及的語根，便可以用來表示「強」和「弱」兩個意義。在使用這一語言時，需要注意說話時的音調和姿勢，方才能使這種奇異的字不會引起人們的誤會。在寫作時，就需要在字的前面加上「限定語」，也就是附加一幅圖畫，如「ken」的後面就要畫一個身材魁梧的人才能表明其含義為「強」，如果畫一個卑躬屈膝的人，則此字的含義為「弱」。不過隨著時間的推移，這種歧義的字

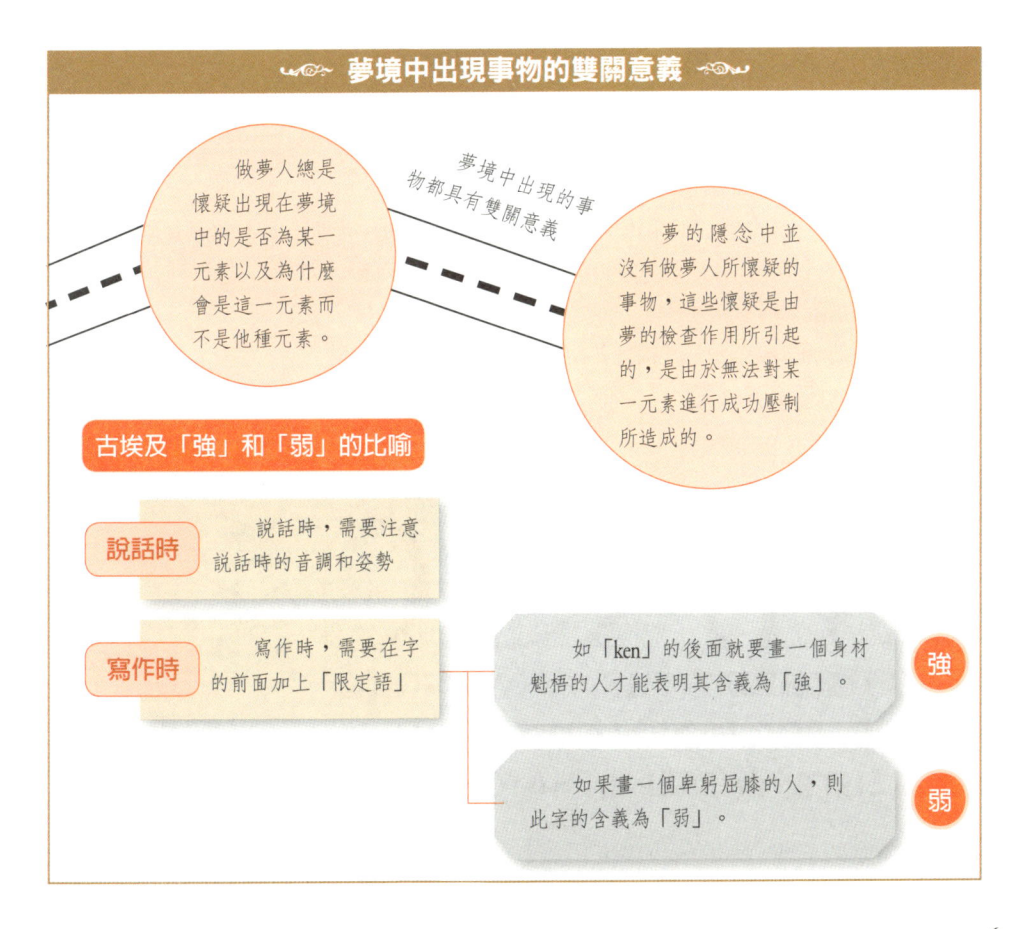

夢境中出現事物的雙關意義

夢境中出現的事物都具有雙關意義

做夢人總是懷疑出現在夢境中的是否為某一元素以及為什麼會是這一元素而不是他種元素。

夢的隱念中並沒有做夢人所懷疑的事物，這些懷疑是由夢的檢查作用所引起的，是由於無法對某一元素進行成功壓制所造成的。

古埃及「強」和「弱」的比喻

說話時	說話時，需要注意說話時的音調和姿勢
寫作時	寫作時，需要在字的前面加上「限定語」

如「ken」的後面就要畫一個身材魁梧的人才能表明其含義為「強」。 **強**

如果畫一個卑躬屈膝的人，則此字的含義為「弱」。 **弱**

因為語根發生了變化因而其兩種意義的互斥性就愈來愈明顯了。所以，原本兼有「強」和「弱」兩種意義的字根「ken」最終衍生出「ken」（意即強）和「kan」（意即弱）兩個字。不僅原始語言的發展是如此的，即便是近代甚至現代的語言，發展到今天這個階段，也保留了大量遠古的歧義字。我們從C.阿貝爾的著作中援引例子來做如下說明：

在拉丁文中有這樣幾個歧義字：

altus＝高或深；sacer＝神聖或邪惡

語根變化的例子如下：

clamare＝高呼；clam＝靜靜地、默默地、祕密地；siccus＝乾燥；succus＝液體

在德文中：

stimme＝聲音；stumm＝啞

如果將近似的字詞做一比較，就能得到更多的例子：

英文：lock＝鎖；德文：loch＝洞孔，lucke＝裂縫

英文cleave，德文kleben＝粘附

英文中的「without」原有肯定和否定兩種意義，而今則只能表示否定的意義。不過「with」這一詞根不僅有「隨同」的意義，而且還表示「剝奪」之意，根據「withdraw」（取消）和「withhold」（阻止）這兩個衍生詞便可窺知端倪了。

從語言的發展上也可以求得關於夢的工作的另一個特性。在古埃及語言以及其他語言中，音節位置的變化，如前後倒置，就會產生表示相似意義的不同字。在德語和英語中可以很容易找到這樣的例子，如：

topf（pot）-pot【鍋】；boat【船】-tub【桶】；hurry【匆忙】-ruhe（rest）休息；balken（beam）【橫梁】-kloben（club）【棍】；wait-tauwen（to wait）【等待】。

拉丁語和德語平行的例子有：

capere-packen（to seize）【捉住】

ren-niere（kidney）【腎】

圖像

這是創立於1912年精神分析運動正式期刊的標誌。刊物中主要討論的內容是關於「心智的科學」的，這也是佛洛伊德和榮格兩位精神分析家，他們理論中一個重要的概念。

第十一章 夢的工作

再見　格奧爾格·巴塞利茲　德國 1982年

畫面中的兩個人處於一種倒置的狀態，畫家是想用一種近乎抽象的自由來處理這些形象，使得他的作品總是讓人難以理解，卻也令人難以遺忘。我們在觀看這兩個倒置人物的奇特時，也感到了畫家的某種力量，還有他所表現出不同尋常結構的那種欣喜。

關於夢的工作改變字詞音節的方法很多，這裡不一一列舉。其所產生的結果，我們已經瞭解，便是意義的顛倒以及反義之詞互相代替。除上述兩種外，還有夢中情境的顛倒和親屬關係的顛倒。這諸般顛倒，使人感覺似乎置身一個極為混亂的世界，這也是為什麼人們會覺得夢境模糊不清的原因之一。在現實中都是獵人追兔子跑，而在夢中可能就成了兔子追獵人跑了，而其他事物的次序也是會顛倒的。因此，在夢中見到的事物常會先有結果再有原因，這種情況我們很容易就想起了第三劇院中所公演的那齣戲劇，男主角倒地而死，接著才有那兩聲致使他死亡的槍聲響起。夢中各元素有時會完全顛倒，此種情況我們在解夢時，就需要將後置的元素排在前面，而前置的元素放在後面，才能發現其意義。你們是否還記得夢的象徵作用也存在這種情況，比如落水和出水均代表了分娩，而登梯和下梯也便是一種意義。

夢的工作的這些特徵可稱為原始的（archaic）。它們依附於語言文字的原始表示方

精神分析引論
A General Introduction to Psychoanalysis

式，其難於瞭解之處也不亞於原始的語言文字，這一問題且待後來評論。

這些夢的工作的特性都具有原始性，因為它們與原始語言文字的表意緊密相連，故而其瞭解的難度即可與對原始語言文字的瞭解難度相提並論了。後面我們再來討論這一問題。

我們先來討論問題的另一方面。夢的工作的目的很明顯，就是將隱念變成顯夢，主要是可視的影像。我們的思想也常是透過知覺的形式獲取的。夢的形成及發展初期所使用的材料是人的印象，準確地說，就是這些印象的「記憶畫」（memory pictures）。發展到一定階段了，才會在已經形成夢境的圖畫上附上語言文字，以造成一種思想的感覺。因而這回是我們覺得，夢的工作實際上是一種倒退，是在往回走曾經經歷的路。而在這倒退過程中，「記憶畫」在發展

迷惑 維克多·布勞納 布面油畫 1939年 私人收藏

房間整體的色調柔和，散發著古樸的氣息，一張又像桌子又像狼的桌子旁邊，坐著一位面無表情的裸體女郎，她的頭髮向上捲起，就像鳥兒伸出了天鵝般的長頸，正與桌子對面的狼頭怒目相視，而狼的尾巴和它的睾丸卻在桌子的另一邊。畫家慣用的手法就是將這種不著邊際，荒謬、怪誕的奇想組合在一起，這是屬於超現實主義的，是不受理性和邏輯的制約的。

成為思想時所產生的所有新事物都隨之消失了。

這便是夢的工作的意義了。我們在瞭解了夢的工作的整個活動過程後，對於顯夢的解釋，就不再是我們主要的研究方向了。不過在這裡我還要對顯夢做一點論述，畢竟我們在夢中所能感知到的只有顯夢。

顯夢逐漸喪失了對於它的研究的重要性，這是很正常的。不論顯夢是對意念的重組，還是將隱念分裂成沒有聯繫的影像，對於我們的研究已經影響不大了。雖然夢的表面看起來很有意義，不過我們已經瞭解這是由於夢的改造作用，實際上與顯夢沒有太大關聯。這就如我們無法從義大利教堂的正門，就推測出其內部的構造和裝潢設計。夢的表面有時也會有意義，它很明顯地表現出某種隱念的特性，然而，我們需要知道，只有

第十一章 夢的工作

當我們明白了夢的改造作用並對夢做出了解釋後，我們才能瞭解其意義。有時候顯夢和隱念看起來關係十分密切，這就會給我們帶來一個問題，是否從它們這種緊密的關係中，可以推測出隱念中的某些元素與顯夢的元素很相似。不過，我們在前面已經下了結論，隱念中的成分在改變成為顯夢時，已經與其本質相去甚遠了。

一般來說，我們不能用顯夢的某一元素來解釋它的另一元素，因為夢並不是條理分明、連貫如一的。大部分的夢，其結構就和黏土一樣，就是用水泥將各種碎石片黏合在一起，使石塊表面的界線與其內部各石子的界線完全不同。這一原理，被稱為夢的工作的「潤飾」（secondary elaboration），其目的就是將夢的工作的產物合稱為一個整體。在潤飾中，夢的材料所排列的次序常常與隱念大相逕庭，而為了獲得這樣的結果，夢的工作便將一切材料互相交錯穿插，拼成混亂之態。

不過我們用不著將夢的工作所產生的作用想得太大。實際上，夢的工作只有上述我們所講的四種活動，即夢的壓縮、轉換、意象和潤飾，除此之外再沒有其他作用了。夢中所出現的批評、判斷、驚詫、或者思索等現象，都不是夢的工作的表現，也不是後來在對夢境回想時的觀念，它們大部分都是隱念的片段經過夢的改造重組後，進入顯夢後的表現形式。夢境中的對話也不是由夢的工作所活動的結果，除了一些特例外，所有的對話都是做夢人對自己白天所見所聞的闡述或者對說過的話的模仿，它們也屬於夢的隱念。數目的計算也與夢的工作無關，如果顯夢中存在計算，通常是數目的混合，或者並不真實的計算，再或者就是對於某種計算的重複。基於這種情況，我們難免會講對於夢的工作的興趣很快轉移到了夢的隱念上了。夢的隱念是透過改造作用在顯夢中表現出來，我們在對隱念作分析研究時，絕對要有一個理性的認識，隱念雖然是夢中材料的來源，但我們不能因此而以隱念來替代整個夢境，將從隱念中求得的結論用來解釋整個夢境。人們經常將精神分析的理論誤解為心理學，以致兩者難以辨認，這種情況是很常見的。我們需要瞭解這一點，「夢境」這個詞可以說是夢的工作進行活動的產物，也可以說成是夢的隱念在經過夢的工作的諸般處理後的表現形式。

夢的工作是一項很特別的活動，在人的精神生活中可以說是獨一無二的。我所講述的壓縮、轉換、已經隱藏的思想變化為可視的影響等，都是我對夢的工作所產生的作用而制定的概念，這些也是我們在精神分析的研究上獲得的成果。你們可以根據與夢的工作相似的現象推測精神分析與其他學科之間存在的關係，特別是語言學。如果以後你們瞭解了夢的工作機制是神經症症狀的一種平行現象，那麼，你們就會從這一發現中領會更多。

不過目前我們還無法對夢的研究在心理學上的貢獻有一個全面的瞭解。在此我只想總結出兩點：一是我們這些發現可以證明潛意識思想或者說夢的隱念是存在的，第二就是我們可以從解夢的結果知道，原來潛意識思想所涵蓋的範圍極其廣闊，遠超出我們的想像。

現在，我覺得我應該列舉幾個事例來驗證前面我們所討論的幾點了。

精神分析引論
A General Introduction to Psychoanalysis

獨眼巨人　雷東·奧迪倫　法國　版面油畫　1898-1900年　荷蘭奧特盧庫拉-穆拉博物館收藏

　　這幅作品取材於古希臘神話中波呂斐摩斯向女神伽拉忒亞求愛的故事。獨眼巨人波呂斐摩斯向下偷看他暗戀的女神，他那巨大的眼睛，透露出渴求的目光，伽拉忒亞裸體躺在石頭的背後。藝術家以一種夢幻的手法，將故事獨有的夢境色彩和幻象表達了出來。

第十二章
夢的舉例及其分析

　　如果我仍然只是為你們解釋夢的片段，而不是針對整個夢來做分析，你們是否會覺得失望？也許你們會認為，我們在經過了這長期的討論後，所求得的結論應該足夠來解釋一個夢了，或者說，我們在對夢做了大量的分析研究後，就應該用很多事例來證明我們對於夢的工作以及夢境的理解了。你們的想法固然不錯，然而要達到這一目標，前面還有許多困難等著我們克服。

　　首先，我們應該承認，解夢並不是我們做研究的主要目的。到底在什麼情況下我們才需要解夢呢？我們有時會研究朋友的夢，沒有理由，也沒有目的，有時會研究自己夢，並堅持很長的一段時期，也只是作為精神分析工作的訓練。正常人的夢並不是我們的主要研究對象，我們的研究針對的是那些接受精神分析治療的神經症患者。從這些患者的夢中提取的材料，有時會比常人的還要豐富。我們不是為了解夢而解夢，治療才是對解釋患者的夢的主要目的。一旦我們從他們的夢中獲取了有助於治療的材料，那麼我們的解夢工作就算完成了。還有一點，對於患者的夢我們實際上很少能解釋清楚，因為他們的夢起源於潛意識的思想，而這些思想我們是無法掌握的。所以，在精神分析治療沒有達到療效前，我們並不能對患者的夢有一個明確的認識。如果必須要我們對這些夢做一個論述，那就是要我們將患者的隱秘全部說清楚，但是這點我們是絕難辦到的。畢竟我們解夢，只是為治療神經症做準備。

　　我並不主張你們現在就去研究精神病患者的夢，而應該先對正常人或者你們自己的夢做出解釋。不過，這些夢都是禁止被瞭解的。如果我們要徹底解釋一個夢，那就不能有什麼顧忌，但這一點對於朋友或者你們自己都是難以接受的，因為解夢的過程往往會觸及人性中最隱秘的地方。除了這個原因外，造成解夢困難的還有另一個，那就是述夢。我們知道，做夢人自己都會對所做夢的內容感到吃驚，而那些不瞭解做夢人秉性的分析家則就更覺得驚訝了。在已經出版的精神分析著作中，有不少關於夢的解析的十分詳細又敘述巧妙的內容，在我所發表過的論文中也有說明精神病症狀發生經過的內容。最好的解夢事例存在於蘭克曾經發表的一篇文章，這片文章寫的是對一名少女所做的兩個夢的分析。對於夢的內容只寫了兩頁，然而對於夢的分析則有長達七十六頁的篇幅。如果要對他的這篇分析作詳細講述，恐怕至少需要一個學期的時間，因此我們只能放棄了。如果我們一個冗長且被改造程度很深的夢，我們就不得不對此夢做全方位、多角度

精神分析學派對夢的意義的不同看法

榮格

榮格認為夢是人類潛意識意念中沒有成型的意象的一種補償，是無意識發出的明確的信號，而夢的無頭緒性就是投射作用的效果。其實，夢就是做夢人自己的解釋，是無遮蔽的，是「無意識的出口」。

阿德勒

奧地利心理學家阿德勒認為夢是生活的預演，是在潛意識中進行的自我調整和激勵，還有對未來目標的假設。

佛洛伊德／佛洛伊德

佛洛伊德認為夢是願望的滿足，是通往無意識的捷徑，透過釋夢可使壓抑的本能衝動意識化，有利於揭露病人症狀的真實含義，破除阻抗達到治癒。

弗洛姆

美國心理學家弗洛姆認為，夢是一種被人忘記的語言，即象徵語言，是每個人都可以領會的經驗，是一種感覺的投射，同人的本能反應一樣。

方迪

瑞士精神分析學家方迪認為夢是人的慾望在潛意識中的實現。人的慾望有許多種，但是具體到個別慾望時，是一定要遵循死亡衝動的定律的。

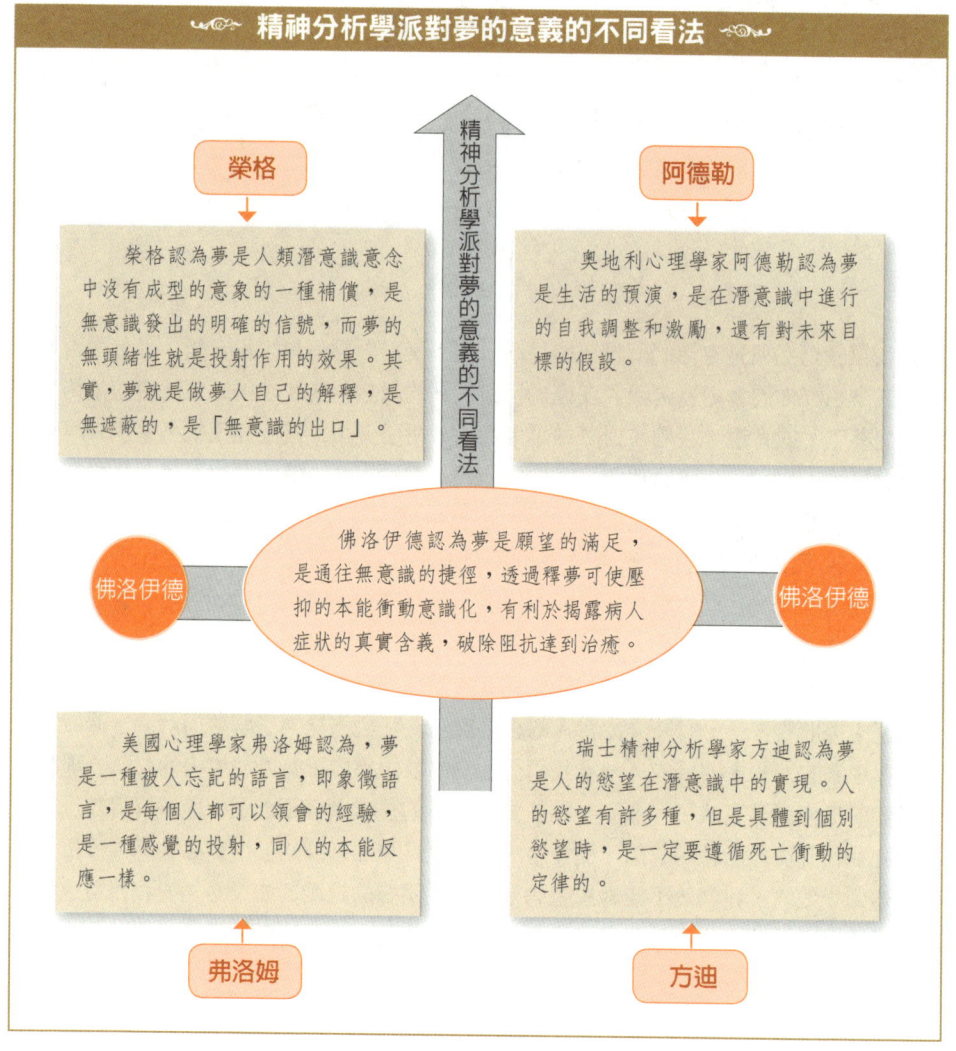

的解釋了，將搜集到的材料改變為聯想或者回憶的形式，然後旁徵博引，力求做出最準確的解釋。然而這樣一來，今天的演講是絕對講不明白的，你們也不能對夢有一個全面的認識。所以，我只有請你們不要著急，聽我慢慢講解。如果我找到了一個便於解釋的方法，能從精神病患者的夢中知道幾段詳實的內容，或許我就能判斷出夢中這一個或那一個獨立的特點。夢的象徵作用是最容易探求的，然後就是夢的影像的倒退性。還有，有些夢境並不值得我們去做分析。

（一）有一個夢只有兩幅圖像，第一幅是做夢人的叔父在吸煙，當時是星期六，第二幅是一名婦女在懷抱著做夢人，彷彿他是一個小孩子。

做夢人是個猶太人，他對第一幅圖像的解釋是，他的叔父是一個虔誠的教徒，他從來不會在安息日吸煙的，而且將來也不會違反這一戒條。至於第二幅圖像，這使做夢人

手足痙攣

蠱惑人心的女巫，在宗教的審判下，結局總是很悲慘的。患有歇斯底里的精神病人，則會被關進瘋人院裡，這種奇怪的病症令人心生恐懼。圖中就是藝術家所表現的此種病人在病情發作時的病態過程。

想起了他的母親。這兩幅圖像所表達的意義顯然是具有某種關係的，但是這到底是什麼關係呢？做夢人心中很清楚，他的叔父在現實中絕不會如夢中那樣，在安息日吸煙的，夢中的圖像至多是一種假設。做夢人想到了假設，便如此解釋說：「假設像我叔父這樣虔誠的教徒會在安息日吸煙，那麼我現在也願意躺在母親的懷抱中。」這句話的意思很明顯，那就是對於虔誠信教的猶太人來說，在安息日吸煙和躺在母親的懷抱中都是被嚴格禁止的。你們是否還記得，前面我講述過夢境中的任何關係在夢的工作中都被消滅了，而夢中那些隱藏的思想被分解成為形成夢境的原始材料，而我們的解夢工作就是要對這些已經消失的關係重新認定。

（二）看來我對於夢的研究使得我成為了社會上一個夢境顧問了。近些年來，經常有人給我寫信訴說他們那些奇異的夢，並請我給予一些指示。他們為我提供了豐富的材料，這樣我才有可能做出解釋，有些人他也會對所做的夢有一種自己的見解，那麼我自然是感激不盡了。我為大家列舉一個慕尼黑的醫學生所做的夢，這個夢發生在1910年後，距離現在不遠。我引用這個案例，就是想讓你們明白，如果做夢人沒有將他們所知道的詳盡告知，那我們就很難對他們的夢做出解釋了。可能你們在心中會認為，夢的象徵是結盟的最有效方法，所以可以放棄自由聯想法。然而，如果你們真有這樣的想法，那絕對是錯的，我希望你們能排除這種觀點。

獨自抽煙

畫面中充滿了生活氣息，最前邊的人，獨自享受自己自製的陶土管，旁邊有兩個小孩兒在嬉戲玩耍，他的右側是一群忙碌的人們。夢中出現的情景，一般都是我們現實生活的真實反映。

精神分析引論
A General Introduction to Psychoanalysis

根據那位醫學生的敘述，1910年7月13日，黎明時分，他進入了夢境，夢境是這樣的：我正騎著自行車在杜平根的街道上漫遊，這時突然有一隻狗不知從哪裡跑了出來，猛地撲向了我，最後咬住了我的鞋跟。我想繼續騎車甩掉牠，然而自行車前行了幾步便停下來了。於是我下了車，坐在道旁的石階上。那隻狗如瘋了一般咬著我的鞋跟不鬆口，於是我使勁拍打著牠，終於將牠攆走了。就在我站起身時，卻發現有兩位老太太正瞪著我，她們似乎一臉憤怒的表情。我身子一顫，便醒了過來。和過去的夢一樣，當我的意識逐漸清醒了，夢中的情景也逐漸回想起來了。

針對這一夢例，象徵作用並不足以支撐起我們的解釋。其實那名醫學生後來又繼續說道：「最近我經常在那條街上遇見一名女士，她非常美麗，令我心醉不已，只是無緣相識。我唯一想到的辦法，就是透過她飼養的那條狗為我們牽線，因為我非常喜歡寵物，她應該也是如此。」醫學生又提到他有幾次見到那條狗與其他動物爭鬥，而自己巧

科德角的夜晚　愛德華・霍珀　美國　1939年

愛德華・霍珀是一位具有鮮明美國傳統特色的新一代畫家，他的作品帶有濃厚的現實主義風格，他筆下所描繪的一切，都表現了那個時代的社會心態。從某種意義上說，這幅作品屬於田園風光的作品，夫妻兩人在門口享受傍晚的夕陽，但從他們的神情可以看出，他們都是很孤立的，狗是這裡唯一活躍著的生靈。

第十二章 夢的舉例及其分析

妙地調解了這些爭鬥,旁觀的人都對他拍手稱讚。而且他也知道所暗戀的女士經常帶著她的狗在街上散步。然而不知道為什麼,在他所做的夢中,只看到了她的狗,卻沒有見到女士本人。或許瞪著他的老太太便是那女士的化身,不過根據他的敘述,這一假設並不能被明確得以驗證。還有夢中騎自行車的那個情景,實際上就是他現實生活的反應,因為他遇見那名女士和她的狗時他總是騎著自行車。

(三)我們在親人去世後,常常會在一段時期內重複做一種特殊的夢,這種夢將親人逝去的事實和自己對親人復活的願望做了中和。有時夢中會見到逝去的親人,雖然他不在了,卻如活著一般,因為做夢人在夢中並沒有親人已死的意識,似乎只有他意識到了這一點,親人才算是死去了;有時夢中的親人會非死非活,而做夢人所經歷的每一種夢境都具有特殊的意義。這種夢不是沒有任何意義的,畢竟復活的故事可見於神話傳說和宗教故事中,特別是在神話故事中,這種情節數不勝數。根據我的研究,對於這種夢,我們可以有一個合理的解釋,只不過關於親人死而復生的願望在夢中常會有各種奇特的表現形式,我們需要對此詳加分析。對於這些表現不同的夢,我要選取其中一個來講述。也許這種夢聽起來荒誕無稽,然而若是我們對此進行分析研究,則所得出的結論極有可能解釋前面我們所提及的觀點。

現在我為你們講述一個做夢人在數年前父親逝世後所做的一個奇怪的夢:

「我的父親去世後,不知怎麼回事,他的墳墓竟然被掘開了。我看到父親從墓中走了出來,他面容憔悴,雙目失神。我發現了父親還活著,非常害怕,就極力躲避他目光的搜索……」其後的夢境就變成了另外的經歷了,與父親復活的夢再無關係。

我們瞭解的事實是,他父親已經死去。不過他並沒有被掘出,這也是事實。做夢人又說自己在安葬完父親回來後,牙齒隱隱作痛。猶太人有一句諺語:「牙若痛,便拔去。」於是他便按照這句諺語的指示,前去拜訪牙科醫生。然而牙醫卻說,這不是治牙痛的方法。治牙痛,需忍耐;忍耐過了便不痛。然後牙醫又說:他開些藥可以消滅牙齒的疼痛神經,然後過三天再來,他為做夢人取出牙齒內殘留的壞死神經。做夢人便告訴我,後來牙醫的「取出」,便進入夢境變成了「掘出」了。

你們認為他的解釋是否合理?實際上「取出」和「掘出」這兩件事並非完全平行的,牙醫取出的不是牙,而是牙齒內的壞死神經。所以在我看來,夢的工作可能有遺漏。我們應該假設做夢人因為夢的壓縮作用而將死去的父親和口內的牙齒結合在了一起,這一夢境才顯得如此怪異,便是因為「牙齒被取出」這個事情與他的父親不相調和。然而父親和牙齒之間是否存在著一種公比的成分呢?答案當然是肯定的了。做夢人曾說,他知道有一句俗話是如此說的:夢中被拔牙,則預示著家中會有人死去。

然而我們可以斷定,這種俗語實際上是不科學的,可以說是歪理邪說。所以,我們應該從夢境的其他元素的背後去探求夢的真正意義,即便這會使人們感到詫異。

雖然我並沒有追問與此夢境相關的事情,不過做夢人卻開始為我講述了他父親的病情和失望,以及他們父子的關係。父親久病在床,他對於父親的侍奉和治療付出了巨大

復活 馬蒂斯·格呂內瓦爾德 德國 版面油畫 1510年 科爾馬下林登藝術博物館

在這裡，復活的耶穌被賦予了人性化，他自身所散發的光芒也投射出了陰影，這個場景發生在伊森赫姆祭壇畫側面的嵌板上。耶穌的傷口發生了明顯地改觀，他那已經扭曲的身體也已經痊癒，並且散發著光芒，看著比先前更為強壯。這是為病人專門繪製的有關「復活」的繪畫。

的花銷，然而他始終接受著，沒有掛在心上。他從來沒有那種希望父親早死的想法，他自認為沒有違背猶太人的孝敬傳統，而且一直堅持著猶太人的法律。然而，你們難道沒有發現他的夢境中有什麼矛盾之處嗎？他曾經將牙齒與父親混為一談。一方面他按照猶太人的諺語來拔牙，他以為牙痛就需拔除，另一方面，他按照猶太人的傳統和法律來侍奉重病的父親，要他知道他的兒子並不計較金錢上和精力上的巨大耗費，一心一意孝敬他，而且對他沒有什麼怨言。如果做夢人對於重病的父親和疼痛的牙齒的感情是相同的，或者說，如果他希望父親的病情和自己的花銷能因為父親的死而早些結束，那麼，這兩者幾乎相同的心理情境不久更容易使我們信服了嗎？

我相信，這是做夢人對父親內心最真實的想法，不過我也相信，他一直在以孝敬的行為克制這種想法的暴露。通常來講，任何一個人在遇到他這種情況，心中難免會有希望父親早死的想法，然而表面卻裝作盡心侍奉的樣子。人們可能會認為父親早死也是對他自己的一種解脫，不過我必須提醒你們，即便人們沒有流露出這種想法，實際上隱藏這一觀念

第十二章 夢的舉例及其分析

的圍牆已經坍塌了。我們可以認為他那種孝敬的觀念只是暫時的潛意識，換而言之，只有當夢的工作在活動時，它才會產生作用，而他對於父親產生的厭倦之情卻是永遠的潛意識，從他的兒童時期便有了。這個隱藏在內心深處的意念在他父親病重時也許就已經被改造成另一項觀念而嵌入了他的意識中。所以，對於他所做夢的形成，我們便可以有一種新的見解了。雖然他並沒有在夢中表現出對於父親的抱怨，然而我們若仔細研究了他在兒童時期與父親的關係，便可發現他對於父親一直是都心存畏懼的。因為在他兒童時期和青春期常常因為自慰行為而受到了父親的嚴厲斥責。所以，他們的父子關係並不融洽，他對於父親的感情永遠是敬畏，而這種敬畏最早來源於年輕時父親在性這方面對他的批評和教育。

現在，讓我們根據自慰這一情節來解釋夢中的內容。「他面容憔悴」，其實指的是牙醫說的一句話「沒有牙未免不好看」，同時又暗示他在青春期時縱慾過度，以致精力衰竭而流露出「憔悴」的面容。只是做夢人在夢中將他這種「憔悴」轉移到了他父親身上，其實這就是夢的工作最常見的改造手法了，如此一來，做夢人在精神上就不會覺得有負擔了。至於「父親還活著」這一情節，一方面指的是自己想要父親復活的願望，另一方面也與牙醫承諾不拔牙相吻合。「我極力躲避他目光的搜索」非常容易使我們聯想他接下來所意識到的「父親已死」這一事實，而且在整句意思得到完整後，又暗指了年輕時的自慰行為。年輕人自然會千方百計掩蓋自己的性行為，以不使父親發現。最後，我希望你們瞭解，所謂「牙痛的夢」，其實指的是因為自慰行為而受到的懲罰。

所以，這個看似不易理解的夢，實際上是由下面的三種因素造成的：第一是引人入歧途的

格勞斯診所 托馬斯·埃肯斯 美國 布面油畫 1875年 美國費城傑斐遜醫學院收藏

埃肯斯在畫肖像方面是一個絕對的天才，從他的這幅作品中我們就可以看出他這方面的特質。教授格勞斯在一邊講解，同時，他的助手幫他做一例腿部手術。病人蜷曲在手術台上，麻醉師在為他麻醉，助手則站在一邊隨時聽候差遣。教授格勞斯那發光的前額才是這幅畫的中心。

精神分析引論
A General Introduction to Psychoanalysis

壓縮作用，第二是將隱藏的思想的中心刪去，第三就是造成雙關意義的替代物，來作為起源最早的隱念的象徵。

（四）有些簡短的夢，其內容並沒有荒誕滑稽之處，然而卻常使人產生一個疑問：為什麼我們會有這種無聊的夢？前面我們已經探討過個中原因，而現在，我們再來為解釋這種夢列舉一個案例。這一夢例一共有三種夢境，且發生在同一次睡眠中，彼此也有聯繫。做夢人是一名少女。

（1）她從房子的客廳走過時，腦袋突然撞到了燈架上，於是鮮血便汩汩流出了。這樣的事在她的現實生活中從來就沒有發生過。她對此夢的解釋頗令人詫異：「那時候我的頭髮脫落得很快，昨天媽媽和我說，如果頭髮一直脫落，那麼很快我的頭就會像屁股一樣光禿禿的了。」由此可見，實際上她的頭部代表了下體的某一部分，而燈架所象徵的事物，你們應該也猜想得到：在夢中出現的長形物體，均被看做是男性生殖器的象徵。所以，此夢的真正意義就是下體部位與男性生殖器相接觸以致流血。根據這名少女的進一步聯想，此夢還有另一層意義，那就和由於與男人性交而導致的月經來潮有關了。這些性的觀念普遍存在於她那個年齡段的少女們的認識中。

自慰　艾瑞克·費謝爾　美國

男子在夢中站在一個偌大的、盛滿水的像盤子一樣的器皿裡，緊握自己的生殖器，釋放自己壓抑許久的性慾。作品中滲透著畫家強烈地對性的著迷，從他的作品中我們可以看出，性慾是一群患有精神官能症的人的內在心理。

（2）她在葡萄園內見到了一個巨大的深洞，她明白這是由於樹根被拔出的結果。後來她說：「那棵樹消失了。」也就是說，她在夢中並沒有見到那顆被拔出的樹。不過她這句話我們卻能看出了另一層意義，而且我們是可以相信對此的解釋的。實際上這一夢境涉及到了少女對於性的另一種觀念，那就是她們以為女性本應該和男性擁有相同的生殖器，只是後來被閹割了，正如樹根被拔出一樣，所以便產生了另一種形態。

（3）她站在桌子的抽屜前，這個抽屜是她經常使用的，所以一旦有人動了抽屜，她就能察覺到。書桌的抽屜，以及一切能容納物體的箱盒，都代表了女性的生殖器。她心中知道若是發生了性交，她的生殖器便會留下痕跡，然而她一直都很害怕出現這樣的事情。我認為這三個夢境的重點在於「感知」這樣一個意念，夢境中的一切都源自於她對性的感知。她仍然記得小時候對於性的好奇和探索，而對於那些探索中求得的性知識，她一向都是很自豪的。

（五）再舉一個關於夢的象徵作用的事例。不過我有必要將夢發生前的現實情況為你們講述明白。一個年輕人愛上了一名女士，而且他們還有了一夜情。年輕人說女士給他的感覺如母親一般，每當他們纏綿時，他會有一種生育的慾望。然而，每次他們偷情的時候，他總是想方設法避免懷孕。有一日清晨醒來，那女士發現自己做了個夢，夢境是這樣的：

她走在大街上，發現有一位戴紅帽子的軍官正在追她，她不免惶恐，於是奮力逃跑，想擺脫他。後來她跑上了樓梯，那

帶著抽屜的米羅維納斯

薩爾瓦多・達利 西班牙

達利絕對是超現實主義的天才，他沒有像其他畫家一樣，經歷過第一次世界大戰和達達主義時期，所以他既是抽象的，也是古典的。他擁有無人能企及的想像力和創造力，所以他敢於在原本就完美的一件作品上，加上他新的創意，因為他知道，女人的心理是可以永遠翻弄尋找的，就像抽屜一樣。

183

名軍官也緊隨後面,她氣喘吁吁地跑進了自己的房內,將門關緊並且又加了把鎖。她聽到外面沒有動靜了,便透過鎖孔向外瞧,卻發現那名軍官正坐在外面的板凳上流淚呢。

很明顯,紅帽軍官的追趕和她的喘氣上樓這兩件事代表了性交。但為什麼她會將軍官拒之門外呢?這並非她的本意,而是夢的倒置作用在作怪,而且,在性交發生前即停止的才是真男人。倒置作用還表現在,女士將自己的悲傷轉移到軍官的身上,所以軍官會在夢中哭泣,他所流的眼淚又代表了精液。

精神分析學中有這樣一種觀點,那就是一切夢的意義都與性有關。不過,現在你們應該能判斷出這一觀點是不準確的。我們已經瞭解,夢中對於願望的滿足,實際上是滿足人們最迫切的需要,如飢渴、自由等,未必都是性;除了滿足願望的夢外,還有安逸的夢、焦躁的夢和貪婪的夢。然而,你們是否還記得,根據我們前面所做的分析,改造程度很深的夢,往往都有一種性的意義。當然,也有極少數的例外。

(六)前面我為你們列舉了許多關於夢的象徵的事例,其實還有一層深意。在我第一次關於夢的演說中,我告訴過你們,要你們理解精神分析的知識,確實存在著不小的困難,現在你們總該相信了吧。然而有一點,精神分析的各個理論之間都有密切的關係,如果你們相信了這一點,那麼你們就能以某一理論為基點而瞭解精神分析的全部理論了。或者可以這樣說,如果你們舉一個小指頭贊成精神分析,那麼現在你們就可以舉雙手贊成了。如果你們相信我們對於過失的解釋是合理的,那麼至少在你們的邏輯思維上是不會對其他結論產生懷疑。而夢的象徵作用就是這樣一種有效的途徑,能使你們產生對於精神分析理論的信任。現在,我要再為你們講述一個案例。這個案例此前已經在報刊上公布了,做夢人是一個貧窮的婦女,而她丈夫的工作是巡邏員。我們有理由相信,這位婦女是絕不會聽說有關夢的象徵作用或者精神分析的知識,所以,你們便可以據此來判斷我們從性的象徵中所求得的解釋是否合理了。那位婦女的夢如下述:

......

突然有人破門而入,她惶恐之下呼叫著丈夫。然而此時丈夫已經去了教堂,與他同行的還有兩個牧人。教堂正門前有幾段石階,其後則是一座高山,高山上有一片繁茂的森林。她的丈夫身披鎧甲,下頦滿是落腮鬍子,棕黃色。而那兩個牧人則與丈夫一起靜靜地走著,他們腰繫圍裙彷如布袋。在教堂和高山之間有一條羊腸小徑,路徑兩旁滿是雜草,愈往高山上,愈是茂密,到了山頂上就變成了無際的森林了。

此夢中的象徵不難理解:其實她丈夫和那兩個牧人都是女性生殖器的象徵,而高山、茂林、教堂則代表了女性生殖器,至於什麼代表了性交,那就是登階和登山了。夢境中的高山在解剖學上常被稱為陰阜。

(七)我還有在敘述一個案例,此案例也可以用象徵作用予以解釋。做夢人雖然沒有用關於象徵作用的理論知識,但他卻能解釋夢境中的象徵事物。因此,這一夢例更值得我們來做分析研究了。這一夢境非常奇特,而我們對於夢境的引起緣由尚沒有充分的認識。

夢的意義

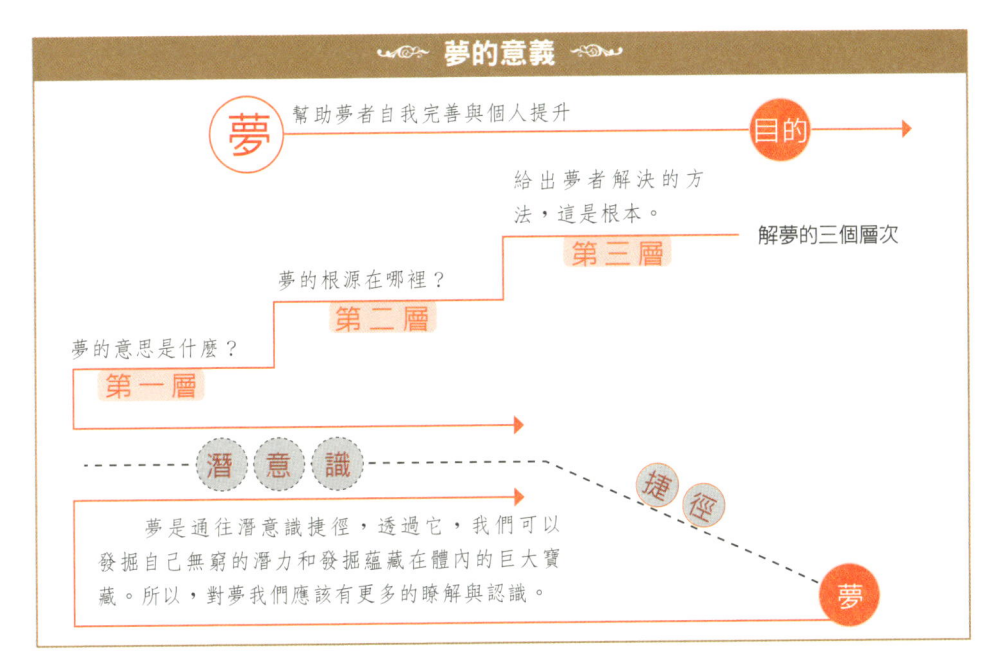

夢 ──幫助夢者自我完善與個人提升── **目的**

給出夢者解決的方法，這是根本。
第三層

解夢的三個層次

夢的根源在哪裡？
第二層

夢的意思是什麼？
第一層

潛 意 識

捷 徑

夢

夢是通往潛意識捷徑，透過它，我們可以發掘自己無窮的潛力和發掘蘊藏在體內的巨大寶藏。所以，對夢我們應該有更多的瞭解與認識。

　　他與父親在維也納的公園散步時，偶然發現了一座圓形庭院，庭院內有一間小屋，屋內繫著一個氣球，然而這氣球似乎隨時都有可能掙脫束縛飛上天。他的父親問他這個氣球有什麼用途？他對父親的提問感到很奇怪，不過還是作了解釋。後來，他們遊逛到了天井處，天井內嵌著一塊金屬薄片。他的父親環顧四周，趁沒人注意，便伸手將金屬薄片撕下一塊。父親告訴他說，只要和管理員說一聲，便可將金屬薄片取走。他們進入了天井，在走了數百台階後，來到了一處洞穴。此洞穴兩旁置有軟鋪，似乎是沙發一樣。洞穴內有一個長形平台，在平台之後，又有一處洞穴。

　　做夢人對此夢的解釋是：那個庭院就是我的性器官的象徵，而小屋內的那個繫著的氣球，則代表了我的陰莖，它看起來輕飄飄的，是因為我曾認為陰莖無法充分勃起。根據他的理解，我們還可以對此夢做更詳細的敘述：夢中的庭院是人的臀部的象徵，院內的小屋則代表了陰囊。他父親問他那個氣球有什麼用處，這種情景顯然是夢的倒置作用造成的，實際上應該是他來詢問父親，而這個問題的真實含義是男性的生殖器到底有什麼功能。在現實生活中他從來不敢問這些問題，所以我們可以從夢的隱念中獲知他內心的這一願望，就是「如果我要請父親解釋……」後面的半句話，你們都知道是什麼內容了吧。

　　天井內嵌有金屬薄片，這一情境應該指的是他父親的做生意的場所，但這並不屬於夢的象徵作用。做夢人因為忌諱，所以在夢中以金屬薄皮代替了父親所做的生意。還有，夢中一些對白沒有做過改動，做夢人曾經也加入了父親的事業，所以他對於父親利用非法手段牟利是很反感的。這一夢境似乎表明瞭他心中的一個疑問：父親是否會像欺騙客人一樣欺騙我。撕下金屬片的情境，應該代表了父親的商業欺詐行為，不過做夢人

185

從南邊看昆寧斯汀城堡的庭院　巴納爾多·貝爾羅托　義大利　布面油畫　1756年　曼徹斯特市立美術博物館

貝爾羅托是一個具有實力派的風景畫家。這是城堡背面的風景，那氣質非凡的前景就是庭院和曬洗場。有的人在悠閒地散步，婦女們忙碌地把洗好的衣服晾在繩子上和鋪在草地上。整個畫面充滿了詩情畫意。

卻有另一番解釋，他聲稱這一情境實際上代表了自慰。對於他這種解釋我們倒不難明白，前面我們討論過，自慰是一種私人的隱秘行為，不過在夢中常表現出相反的情境，似乎可以在公眾面前進行，這一觀點與他的解釋倒是不謀而合。他所說的自慰行為顯然指他自己，所以，我們可以將他父親撕金屬薄片和前面的提問歸於同一性質，都是由於

第十二章 夢的舉例及其分析

夢的倒置作用。做夢人將夢中的洞穴解釋為陰道，而洞穴四周的軟鋪則為陰蒂，那麼我們可以認為，他們的出洞入洞就代表了性交。

至於洞穴內的長形平台以及平台後的又一洞穴，做夢人也根據親身經歷做出了解釋，那就是他曾經和女子交合過，然而因為陰莖的疲軟導致自己未能獲得快感，所以他

希望能藉助治療來恢復自己的性能力。

（八）下面還有兩個夢。做夢人是一個有多妻想法的外國人，從他這兩個夢我們可以證實一種觀點，那就是即便做夢人貫穿於這兩個夢境，即便夢境的內容被改造了很多，但是夢中所出現的皮箱絕對代表了女性。

（1）他準備做一次長途旅行，需要用馬車將行李運送到車站。他帶了很多皮箱，這些皮箱互相擠壓，很容易損壞。皮箱中有兩個黑色的是一個商人旅行家的，他便安慰那人說：「我們只需要將皮箱送到車站即可，時間不會太長的。」

在現實中，他確實在一次旅行中帶了很多行李箱。在他接受治療時，他講述了他與許多女性的關係，那麼我們就明白了，原來那兩個黑色的皮箱是兩個黑女人的象徵。在他的人生中，這兩個黑女性占據了重要的地位。其中有一個想要和他一起去維也納，但是他受了別人的勸告，就發電報給那個女性勸住了她。

（2）在海關檢查時發生了一幕情境：一個旅行家打開自己的行李箱，邊抽菸便無所謂地說：「我的箱子裡可沒有違禁品。」安檢人員好像相信了他的話，不過在經過了一番細緻的檢查後，卻發現行李箱內有一樣嚴重的違禁物。旅行家無奈地說：「這我也沒想到。」

夢中的旅行家便是做夢人的化身，而海關的安檢人員就是他的治療醫生。他對於治療醫生本來是知無不言、言無不盡的，只是最近他有交了一位女朋友，他生怕我認識這位女友，便藏在心中不告訴我。於是他便將這種羞愧的心理轉移到了另一個人身上，於是便產生了夢中的這一情境了，而自己則好像置身夢外了。

（九）還有一個象徵的夢例我沒有指出，其夢境是這樣的：

做夢人在夢中遇到了自己的妹妹，她正和兩位朋友一起散步。她的兩位朋友是一對姐妹花，於是做夢人便和這對姐妹握手問好，然而卻忘記了和自己的妹妹握手了。

做夢人並不記得在現實生活中經歷過類似的事情，後來他回想起了自己有一段時間對於女性乳房發育的快慢產生了興趣，而夢中的那對姐妹花實際上代表了女

強姦

與超現實主義有關的繪畫，從來就不缺少性與夢。畫家用他的畫很直白地為我們描繪了他對強姦的看法：雙乳變成了眼睛，肚臍變成了鼻子，陰部變成了嘴巴，而整個人臉則變成了肉體，在等待被侮辱。佛洛伊德的精神分析中得出這樣的結論：人類的一切行為都是性心理的延續。

第十二章 夢的舉例及其分析

抬起雙臂的土耳其宮女 亨利‧馬蒂斯 法國 1923年

　　女人愜意地享受著陽光的沐浴，對於畫家的存在渾然不覺。她和她坐著的那張華麗的椅子、還有身上半透明的裙子還有兩側那令人難解的版畫，有機地構成了一個沒有瑕疵的整體。馬蒂斯為我們展現了一個極富裝飾性的世界，吸引他的是女人具體的實體：高舉的胳膊，露出極富精巧的像逗號一般的腋毛，還有粉紅色乳頭的美麗乳房。

性的一對乳房，只要這不是他妹妹的乳房，他便忍不住要摸一摸了。

（十）這裡有一個關於死亡象徵的夢例，其夢境如下：

做夢人正走在一座高立而陡峭的鐵橋上，他有兩個同伴，本來在夢中他很清楚地知道兩個同伴的身分，然而醒來時卻忘記了。後來兩名同伴突然消失了，卻有一名身著圓帽套褲、相貌可怖的男子出現在他面前。於是他問那人是否是送信的，那人回答說不是，又問他是否是車夫，那人又回答說不是。做夢人便繼續趕路，不過他感到異常恐懼。在他醒來時，想起來在夢中那鐵橋突然斷裂，而自己便墜入了深不見底的山谷中。

做夢人特意強調了他根本不知道夢中出現的人物的名字，甚至從來就不認識他們。但實際上，這幾個人物都與做夢人有非常密切的關係。就此夢而言，做夢人是兄弟三人，如果他害怕另外兩個兄弟的死亡，那麼此夢的情境便是他這種擔憂的表現了。還有那個突然出現的人，若他是個送信人，送信人會說信件經常帶來壞消息，而且從他的制服來看，他似乎只是一個負責開關燈的職員，他若關了燈，便如死神熄滅了人的生命之火一般。若他是個馬車夫，做夢人可能聯想到了烏蘭德詠卡爾王航行的詩，或者聯想到了海上風浪的危險。至於他那兩個同伴，也可能就是他幻想中的卡爾王。他又從鐵橋聯想到了一件事和一句諺語：「人生如吊橋。」

（十一）下面這一夢例也可以看做是死亡之夢：一位不相識的男士送給做夢人一張黑色卡片。

（十二）還有一種夢還可以使你們產生極大地興趣，只不過這種夢通常是由做

死亡寓言 胡安·德·巴爾德斯·萊亞爾 西班牙 布面油畫 1670年 塞維利亞聖卡里達醫院

「生命的消失，就在轉瞬之間」，這就是圖中拉丁銘文的意思，畫家在這裡想向我傳達一種敬畏生命的寓意。畫面中有精美的服飾，以此也可以看出主人榮耀的生活：一個精美的十字架、珠寶、金冠、書本、劍，這些都是他曾經所擁有的，但現在卻只是一具骷髏，留給後人的只是一堆虛榮。

卡姆登城殺人案 1908年 耶魯英國美術中心藏

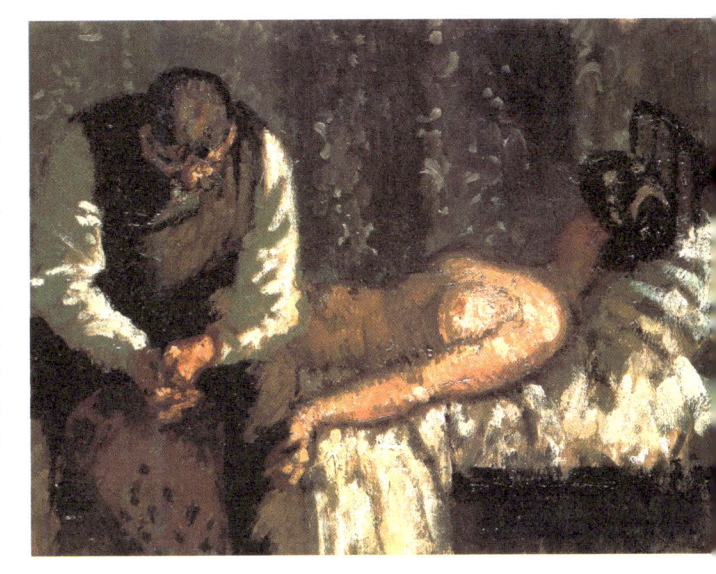

畫家有意渲染出畫面所表現出來的聳人聽聞的氣氛,畫家移居到倫敦北部之前,卡姆登去世不久,這一地區因為這一殘忍的罪行而人心惶惶。因此卡姆登也臭名昭著。1907年9月,一位名叫埃米利·迪莫克的妓女在卡姆登的公寓被殺,而後因證據不足他被釋放。英國媒體曾對此案件做了詳細報道。畫家就以此為背景作畫,畫中的女子也許已經死了,坐在旁邊的男子一副不知所措的神情。

夢人的神經症狀態引起的。

他坐在火車內,突然火車停在了荒野中,他以為發生了什麼意外的事情,於是他便想逃脫出去。他在火車的各個車廂內穿梭,見人便殺。他殺了很多人,包括司機、警衛等。

做這個夢時做夢人回想起了以前朋友給他講過的一個故事。在義大利的一輛行駛在鐵路線上的火車內,一個精神病患者被隔離在一個單獨的小房間內,可是不知由於什麼原因,竟然有一名普通的乘客與他同一房間。後來那個患者發起狂來,將這名乘客殺死。受這個故事的影響,做夢人在夢中便認為自己就是那個精神病患者了,而他其實也患有一種迫害症,總想將那些知道自己秘密的人全部殺死。

不過,他又解釋了另一個原因。早些日子,他在一家劇院中認識了一位女士,他本來想追求她,但後來卻對這位女士有了妒忌之心,於是他便將她拋棄了。他知道自己的性格是很容易引起妒忌的,所以如果娶了那位女士的話,那他一定會發瘋的。也就是說,追求那位女士的人很多,他的易妒性格可能會使他將所有與他競爭的人殺死。還有那個穿越多個車廂的情境,這是由於夢的倒置作用,實際上它代表了婚姻,只是運用相反的情境來表示對一夫一妻制的支持。

至於火車停在荒野上以及害怕出現意外這一情境,做夢人為我們講述了另一個故事:

他有一次坐火車,火車突然在出站時停了下來。一名女乘客說可能要發生車禍,建議大家將雙腿提起來。女乘客「雙腿提起」的建議使他想起了那位在劇院認識的女士。在他們曾經相處的那段時間裡,他們經常到這片火車會經過的荒野遊玩。於是他便有了一個新的證據來證實他的觀點了,也就是娶了那位女士,自己肯定是發瘋了。不過,根據我對他的瞭解,其實他心中仍有想要娶她的願望。

第十三章
夢的原始的與幼稚的特點

前面我們已經得出一個結論，夢的隱念由於受到檢查作用的影響而改變成另一種表現形式，那麼本章我們就從這一結論出發。夢中的隱念和清醒時所意識到的思想有著相同的本質，然而兩者所表現出的形式，卻有各自的特點，而我們也不能充分瞭解。前面已經提及，夢的隱念的表現方式往往回到了原始時期的文化狀態，那時沒有象形文字、不存在象徵關係，也沒有形成語言思想。基於這一原因，我們將夢的工作所產生的表現形式成為原始的或退化的形式。

或許我們可以做一個假設，如果我們對於夢的工作做深入的探索，那麼我們極有可能對於目前我們還不太瞭解的人類初期文化，會得到一些有價值的知識。我認為這是一個好方法，然而目前為止沒有任何人在這方面做出過努力。夢的工作將隱念改造為原始的顯夢，這種「原始」實際上有兩層含義：一是指人的幼兒期，二是指人類的發展初期。一般來說，人在幼兒期就將人類的整個發展歷程進行了一次簡短的重現。我認為，如何去辨識那些屬於幼兒期和人類初期的潛意識的思想，絕對是有跡可循的，譬如說象徵的關係，就不是個人所能有的，而是人類發展的產物。

不過這並不是夢唯一的原始特點。你們若是回顧一下你們的過去，就會知道人在幼兒時期的記憶最易被遺忘。在我們的記憶中，一至五歲的經歷、六至九歲的經歷，相比起以後年長時的經歷，很少會有相同的。可能有些人會自詡從小到大的經歷他全部記得，沒有一點遺漏，然而大部分人則對於幼年的經歷沒有多少印象，甚至是一種空白的記憶。我認為這是一個有價值的現象，可惜很少受到人們的關注。嬰兒到了兩歲便會說話，便會有了心理活動，不過他們說話往往是說完就忘。所以過了數年之後，即便有人提示，當事者也記不起來了。然而，幼年時基本上不會承受什麼壓力，所以記憶力相比以後長大時應該要強一些。因為實際上，並沒有什麼絕對的證明說記憶就是一種高難度的心理活動，往往一些智商不高的人，其記憶力反而卓絕非凡。

然而，還有第二個特點你們也要注意，它是以第一個特點為基礎的。這一特點就是，我們在幼年時的經歷雖然大部分都忘記了，但總有一些記憶會一直保存著，這些記憶基本上成為了虛幻的意象。至於我們為什麼會有這些記憶，現在還不能找到合適的理由予以解釋。成年人在現實生活中的諸多經歷，他們的記憶往往會對其篩選，選擇重要的內容保存下來，那些不重要的則統統拋棄，但是幼年的記憶卻不是這樣。我們記憶中

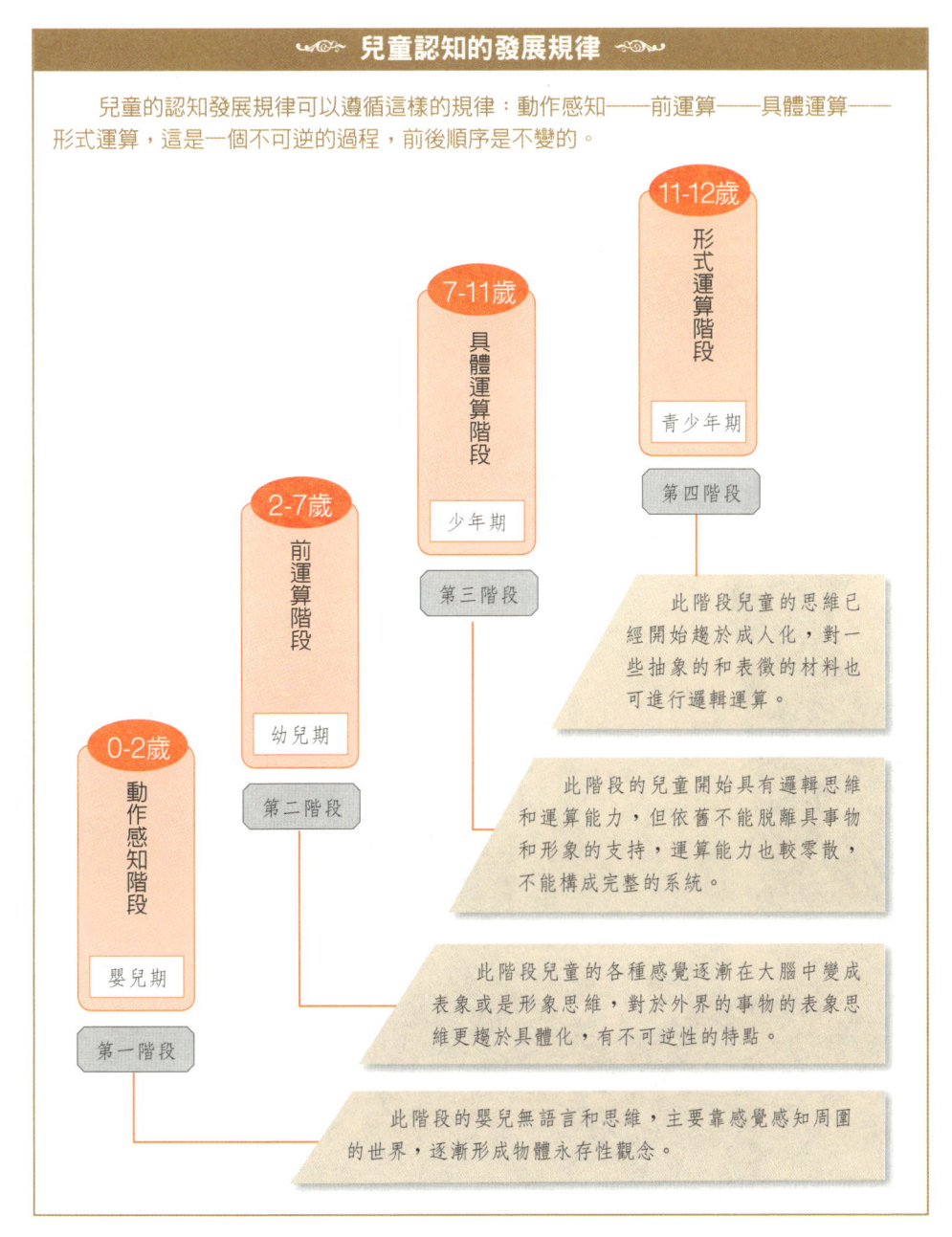

第十三章 夢的原始的與幼稚的特點

兒童認知的發展規律

兒童的認知發展規律可以遵循這樣的規律：動作感知——前運算——具體運算——形式運算，這是一個不可逆的過程，前後順序是不變的。

0-2歲 動作感知階段 嬰兒期 第一階段

2-7歲 前運算階段 幼兒期 第二階段

7-11歲 具體運算階段 少年期 第三階段

11-12歲 形式運算階段 青少年期 第四階段

此階段兒童的思維已經開始趨於成人化，對一些抽象的和表徵的材料也可進行邏輯運算。

此階段的兒童開始具有邏輯思維和運算能力，但依舊不能脫離具體事物和形象的支持，運算能力也較零散，不能構成完整的系統。

此階段兒童的各種感覺逐漸在大腦中變成表象或是形象思維，對於外界的事物的表象思維更趨於具體化，有不可逆性的特點。

此階段的嬰兒無語言和思維，主要靠感覺感知周圍的世界，逐漸形成物體永存性觀念。

的幼年部分，往往都不是那個時期最重要的經歷，甚至我們在幼年時的意識中，也不認為它有什麼重要性。有可能這些記憶是一些醜陋的、無意義的經歷，只是因為其特殊性，所以偏偏使我們記住了。我曾經運用分析法來研究人幼年時的遺忘和片段記憶，所得出的結論卻與我們傳統的觀念相反，原來兒童和成年人一樣，只會在記憶中保存重要的經歷。只不過他們認為的重要經歷，在記憶中卻被某種瑣屑的事物所替代。由於這個

193

精神分析引論
A General Introduction to Psychoanalysis

兒時的記憶 康乃馨、百合與玫瑰花 約翰·辛格·薩金特 美國 布面油畫 1885年 倫敦泰德畫廊藏

約翰·辛格·薩金特是19-20世紀美國最傑出的畫家，這幅作品是他精心製作的傳世經典作品，作品中描繪了他兒時和同伴一起在花叢中點燈籠的情景。最有魅力的就是畫面的顏色，豐富多彩、千變萬化，但花的形狀依然清晰可見，與周圍的人與氣息融為一體。

第十三章 夢的原始的與幼稚的特點

原因,我們可以將幼年時的記憶稱為屏蔽的記憶,我們就可以透過細緻地分析來探求那些被遺忘的兒時經歷了。

我們透過精神分析治療,有可能將幼年的記憶空白填補完整。如果這種治療確有效果,那麼我們就能重溫那些已經失去多年的兒時經歷了,使它們停留在我們的記憶中。這些兒時的記憶實際上並沒有真正失去,它們只是轉化為潛意識隱藏了起來,使我們不容易發現。不過這些經歷有時候會從潛意識中流露出來,進入了夢境。所以,夢境的內容可以使我們聯想到那些隱藏的幼年時的經歷。對於這種觀點的論證,在許多精神分析著作中可以找得到。在此我為你們舉一個我親身經歷的一個夢例。有一次我在夢中見到一個人,當時我有一種感覺,他是我的恩人。在夢中我看清楚了他的相貌,他只有一隻眼睛,身材矮胖,兩肩凸出。我對這一情境所做的推測是,此人是一名醫生。那時我的母親尚在人世,於是我便詢問她在我出生後到三歲離開故鄉前,那位經常為我治病的醫生是什麼相貌,母親說他只有一隻眼睛,身材矮胖,兩肩凸出,正與我夢見那人一般無異!我也知道我詢問這個醫生的事情,就是因為我已經對他沒什麼印象了。在夢中找回了曾經遺忘的兒時經歷,這就是夢的另一種原始特點。

夢的原始特點與其另一個特點也存在著關係,只不過這另一個特點我們至今還沒有明確的解釋。前面我們已經瞭解,夢實際上起源於某種罪惡之念,或者迫切的性衝動,所以夢才有必要實行其檢查作用和改造作用將其變為另一種形式。當然,在最初提出這一觀點時,你們都不免萬分驚詫。如果我們對一個夢做出解釋,雖然做夢人沒有表示反對,但他必定會問某一願望是怎麼入侵他的心理世界,因為他對這一願望根本就沒有任何意識,而他真正活躍在他心靈的願望與此則恰恰相反。對於這種疑問,我們可以不假思索地回答他,那個他所否認的願望是如何產生的。這些罪惡的觀念往往是源自他過去的經歷,或者很久以前,或者最近不久。有一點他會承認,他曾經確實有過這些想法,只是現在已經忘記了。舉個例子,曾經有一個母親做了一個夢,其夢境的意義大致是希望自己剛滿17歲的獨生女早死。這是一個可怕的夢,透過我們對夢的分析,那位母親才醒悟到自己的確有過抱著孩子一起死的念頭。因為她的女兒是一個不幸的婚姻的遺產,父母結婚不久便離異了,當時孩子尚未出生,一次母親和丈夫爭吵,氣怒之下便使勁捶打自己的腹部,想要殺死胎兒。在現實中像她這樣的母親有很多,他們現在都很疼愛自己的孩子,然而在懷孕之初他們卻經歷過一次痛苦的掙扎,他們並沒有想過懷孕,所以也不希望孩子能生下來,然而他們將這一想法付諸行動,幸運的是沒有產生任何嚴重的後果。因此,你們聽到那個母親夢想要至親的女兒死去的願望,肯定不免會驚詫,但如果能瞭解他們在懷孕之初的心路歷程,就會明白了。

有一位父親曾在夢中表現出想要自己的獨生子死去的願望,而且他後來也承認確實有過這種想法。為什麼呢?原因是他的婚姻是非常失敗的,所以在他的孩子還是嬰兒時,他就常常會有一種想法:如果孩子夭折了,那麼他就可以重獲自由了。還有許多與此相似的罪惡的衝動,它們的起源都是一樣,都是對於過去經歷的回憶,而且這一經歷

195

精神分析引論
A General Introduction to Psychoanalysis

亨利·福特醫院　弗麗達·卡洛 墨西哥

在美術史上，唯一一位敢於將自己解剖的畫家就是墨西哥畫家卡洛。圖中的卡洛，因為失去孩子而悲痛欲絕，她躺在一張沾滿自己鮮血的床上，面頰上的淚珠，表現了她難以抑制的悲傷，她用三根血脈相連的動脈血管，展現了自己懷孕的不易以及失去孩子的痛楚。

在心靈上曾產生了極為重要的影響。也許你們可以就此得出這樣一種結論，如果那位父親與妻子仍然是甜蜜恩愛，那麼他這種罪惡的願望就根本不會發生了。我贊同你們這一結論，然而我必須提醒你們，你們不要僅透過表象來判斷其意義，而應該做深入細緻地分析研究，那麼所得的結論才是有價值有意義的。也許那種希望至親的人死去的夢只是一張可怕的面具，而其實際意義則藏在面具之下，很可能那至親的人只是另一個人的替代。

不過這種情境肯定會使你們產生疑問，你們可能會問我：「即便這個願望確實存在過，並且透過回憶得以證實，那又能說明什麼？我們對於這一願望的解釋未必就是科學的。做夢人早已將這一願望在內心中克制住了，沒有流露出來，僅僅是作為潛意識的一部分隱藏著。如此一來，它既沒有任何情感上的價值，也不可能強烈地刺激著我們將之

第十三章 夢的原始的與幼稚的特點

付諸行動。所以,你適才所做的假設並沒有足夠的證據。到底夢中為何表現出這種願望呢?」你們的這個問題的確言之鑿鑿,然而我要回答它,不免要涉及到太多的內容,言之不盡。還有,回答這一問題,我們必須表明對於夢的這一重要特點的態度,但對於目前我們的研究進程來說,這一點是做不到的。所以,我們只能暫不討論這一問題,將我們的研究重點放在我們可操作的範圍內,希望你們能理解。如果我們證實了這個願望是夢的起源,那就足夠了。我們以後便可以運用同樣的方法來研究其他潛藏在人內心深處的罪惡觀念了。

罪惡的願望有很多,我們的分析以「死亡的願望」為界限,要知道這類願望往往是由於人們的自私自利所造成的,它們是引起夢境的最主要原因。如果在我們的生活中出現了一個人妨礙了我們正常的工作和休息,那麼我們在夢中會千方百計地除掉他。這世界的人際關係就是如此複雜,所以這種情況是免不了的。我們要除掉的這個人可能是我們的父母兄弟,可能是我們的妻子兒女,所以說這種觀念實在是太可怕了,然而它卻是人類與生俱來的。實際上,如果沒有確鑿的證據,沒有人會願意承認這種對於夢的解釋是真實的。不過,如果人們明白了若要驗證這種願望是否存在,可以透過對於過去的回憶,那麼他們很快就會知道,在過去的某一個時期內,他們曾因為內心自私自利的傾向而對身邊的親人有過某種罪惡的目標。如果一個人在幼年從不掩飾自己利己主義,且又缺少有效的約束,那麼他長大之後,必然會先愛自己,然後才能去愛別人,而且,即便是他愛別人,也是為了滿足自己的某種需求,其動機還是利己主義。不過到了後來,對於情感的追求脫離了利己主義的控制。所以從本質上說人是學會了自私,才慢慢學會愛人的。

我們應該將孩子對於兄弟姐妹的態度和對於父親的態度做一個比較。小孩子不一定會喜歡他們的兄弟姐妹,而且他們也會承認。有時他們會把兄弟姐妹當做敵人加以仇視,這種態度常常在很多年後也不會有什麼改變。一直持續到長大成人甚至成人後,才

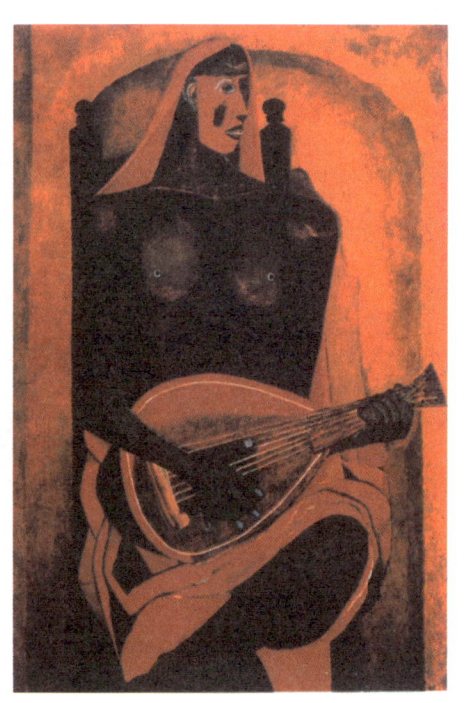

戴紅面具的女人 魯菲諾·塔馬約 墨西哥 布面油畫 1940年 私人收藏

畫面是一片強烈的紅色,一個女人帶著紅色的面具,手裡拿著一把曼陀林,筆直的坐在椅子上。畫家用明亮而又炫目的色彩將人物周圍神秘的氣息刻畫的更加深不可測,這是畫家早期的作品,可能都沒有擬草稿就直接畫在畫布上。塔馬約深受畢卡索及立體派的影響。這幅作品是他在1950年首次訪歐之前的作品。

197

精神分析引論
A General Introduction to Psychoanalysis

會換成一種柔情的，或者我們常說的親愛的態度，然而最早的情感卻是仇視無疑了。一個兩到四歲的孩子，在小弟弟或者小妹妹出生後，常會表現出不滿或者不友好的態度，說自己不喜歡弟弟妹妹，寧願他被老鷹叼走。再後來，他就會抓住各種機會詆毀弟弟妹妹，甚至想方設法對他進行傷害，這種情況曾被多次報導過。如果孩子與兄弟姐妹的年齡相差不大，那麼當孩子慢慢地有了清醒的心理活動時，他就會把弟弟妹妹當做身邊的敵人，而自己不得不適應這一危險的境地。反過來說，如果孩子與兄弟姐妹的年齡相差較大，那麼新生的弟弟妹妹可能就會激發孩子的仁愛情感了，而將弟弟妹妹看做是呵護的對象，有趣的玩伴。如果他們相差的年齡有八歲甚至更大，而且那孩子又是個女孩，那麼對於弟弟妹妹，這女孩子的母性就可能被激發出來了。不過說實話，如果我們在夢中有想要兄弟姐妹死去的願望，千萬不用感到驚慌，我們可以在幼年的經歷中找到這一願望的起源。如果你們與兄弟姐妹仍住在一起，那就需要推遲幾年再來找尋願望的起源了。

在孩子夢的房間內，他們常常會產生一些衝突，比如說爭奪父母的關注，搶占物品，甚至爭搶房間內的區域。他們敵對的目標，可能是兄妹，也可能是姐弟。蕭伯納說過一句名言：「如果一個年輕美麗的英國女士對於一個人的憎恨勝過她的母親，那麼這個人必定是她的姐姐。」這句話

克羅諾斯吞噬其子

克羅諾斯怕自己的兒子將來與自己爭權奪利，就先將他們一個個吃掉。這種場面看起來確實駭人聽聞，但這卻是人類與生俱來的，這個世界的人際關係就是如此複雜，所以有時會在夢中千方百計除掉這個人，除掉我們的這個人也許就是我們的父母兄弟。

可能會令我們十分吃驚,兄弟姐妹之間的恩怨真的是難以理解啊。那麼,母女和父子之間的恩怨又是如何產生的呢?

在兒童看來,母女和父子的關係是非常密切的,這也是人們一直的期望。然而,如果我們認為母女或者父子之間缺乏真摯的愛,那麼他們的關係可能就比兄弟姐妹之間的關係更要糟糕了。因為後者的關係是世俗的,而前者的關係則被認為是神聖的。根據我對現實生活中的觀察,父母與成年子女之間的情感,實際上並不如社會上所推崇的那麼理想化。他們對於彼此都帶有敵意,如果不是子女受「孝」的掛念束縛,父母受制於「慈」的觀念,那麼這種敵意過不了多久就會爆發的。我們也可以明白這種相互仇視的動機。你們應該瞭解一點,那就是女兒對於母親,或者兒子對於父親,他們都有一種疏遠的意向。女兒怨恨母親對她自由的限制,因為母親經常用世俗的觀念來約束女兒的性行為;而兒子對於父親則會鬧得更凶。兒子總認為父親是他所不願承受的最大壓力,就是因為父親的阻礙,致使兒子不能隨性而為,不能放縱自己青春期的性需求,也不能享受家庭財富帶給他的滿足。如果將父親比喻成一個國王,那麼兒子就是那個日夜盼望父王死去好讓自己繼承王位的太子。而父女或者母子的關係,則不太可能會產生這種悲慘的情況,因為他們的關係中只有愛,這種愛絕不會被任何利己主義所破壞。

可能你們會問我,為什麼我要講述這些人盡皆知然而沒有一個人敢說的事實呢?原因就是人們總喜歡掩飾現實生活中的負面事實,而將自己偽裝在一個理想化的社會關係中。不過,那些喜歡說人閒話的人所說的事實並不可靠,只有心理學家所講述的事實才是值得相信的。人們不承認這種事實,也只限於現實生活中,在戲劇小說中,人們對於這種事實則做了赤裸裸的描寫和批判。

如果大部分人的夢會表現出對於父母,特別是兒子對於父親或者女兒對於母親有一種反抗的願望,這也沒有什麼奇怪的。我們也可以認為這種願望在人們清醒時也會存在,而且能被意識到。有時候它也會隱藏在另一種相反的動機背後,譬如前面所講述的那個事例,做夢人將自己的真實意圖隱藏在侍奉父親的親情之後。一般來說,潛意識的仇視情感很難被表現出來,它往往被另一種溫柔關愛的情感所克制著,以致不能有所作為,所以只能在夢中出現。在我看來,這種情感在和做夢人的其他精

佛洛伊德和女兒

這張照片是佛洛伊德和他的女兒蘇菲亞,母女和父子的關係是非常密切的,但實際上父親和女兒,母親和兒子的關係甚至更親密一些。蘇菲亞的死,曾經讓佛洛伊德痛不欲生。

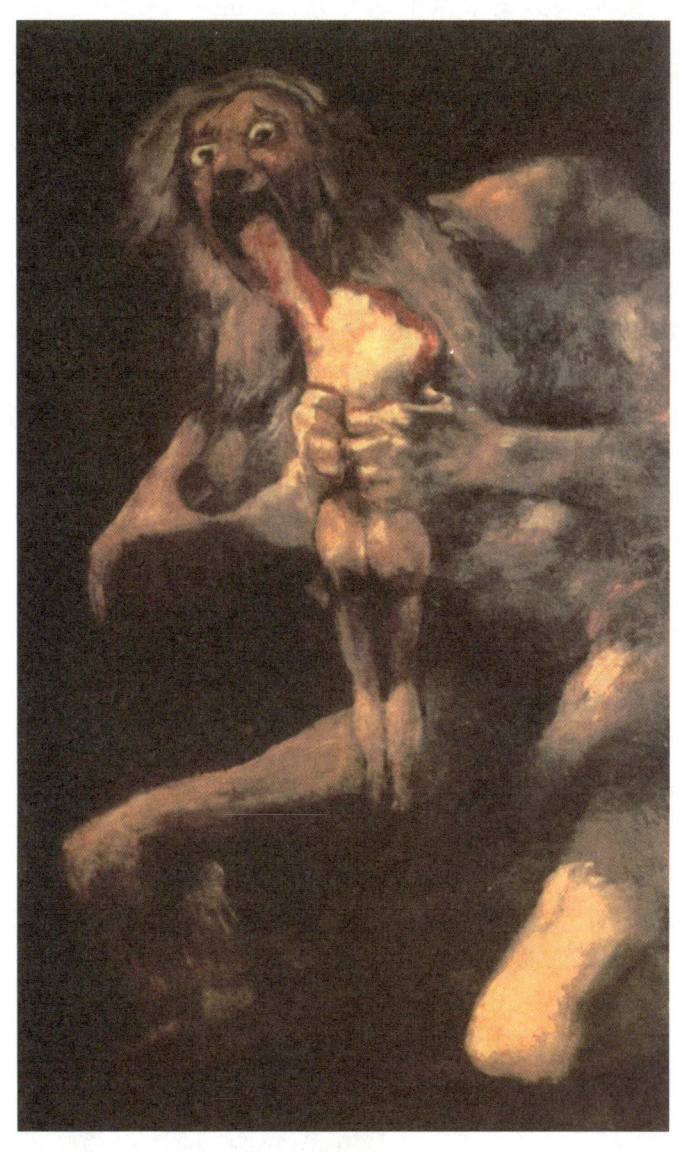

精神分析引論
A General Introduction to Psychoanalysis

農神吞食自己的子女 弗朗西斯科·戈雅 西班牙

畫中是古羅馬神話中的農神薩圖爾努斯為了防止兒子們奪權鬥爭而將他們全部吃掉的畫面。場面血腥、殘暴，這也是佛洛伊德精神分析論中最怪異、最令人不安的神話梗概。

神生活一直保持著一個適當的關係，只有當它出現在夢中時，才會無限地擴張已恢復它本來的地位。不過，這種想要親人死去的願望，在現實生活中是找不到任何理由來引爆它的，而且成年人也會堅決否認自己在清醒時也有這樣的願望。不過這種願望是根深蒂固的，不可消除的，特別是兒子對於父親或者女兒對於母親的仇視情感，它從幼年時期就產生了。

　　前面我講了兄弟姐妹爭奪父母的愛，我不得不告訴你們，這種「愛」實際上也有包含了性愛。兒子往往對於自己的母親有著一種特別的感情，他認為母親是屬於自己的，而他卻要與父親進行競爭；同樣地，女兒也常會認為母親占有了父親對於她的愛，剝奪了她在父親心目中應有的地位。我們可以從前人的研究中發現這一知識，那就是這些情感的起源在遠古時期就有了，科學家稱為「俄狄浦斯情結」（Edipus complex）。在

俄狄浦斯講述的神話故事中，身為兒子，常會有兩種可怕的願望，那就是弒父和娶母，而現在只是稍微改變了表現形式而已。我們自然不相信俄狄浦斯情結存在於所有的親子關係中，因為這種關係是相當複雜的。還有，這種情結有時會發展，有時會隱退，甚至有時會發生顛倒錯亂，然而不管怎麼說，在兒童的心靈中，這種情結可是占有最為重要的地位。不過我們對於這種情結所產生的影響以及可能導致的後果，絕少重視，往往視而不見。相反的是，在現實生活中，父母的言行舉止常會刺激兒女，以引起他們的俄狄浦斯情結，父母都是偏愛異性的子女，父親偏愛女兒而母親偏愛兒子；如果父母的婚姻已經失去感情而趨於平淡，那麼他們就可能將孩子作為愛人的替代了。

佛洛伊德及其兄弟姐妹 油畫 1868年

童年的記憶是每個人心中都揮之不去的，總是在人們潛意識的洪流中不停地翻滾。佛洛伊德出生時，父親41歲，還有一個同父異母的兄長23歲，他自己有一個兒子，年齡比佛洛伊德大一歲。佛洛伊德還是很幸運的，他沒有被父母遺棄，他有四個妹妹和一個弟弟。

我們運用俄狄浦斯情結來解釋夢境中的親子關係，人們未必就會表示認同。反之，那些成年人對於這種觀點的反對是最為激烈的。有些人雖然並不排斥這種世人所忌諱的情結，然而實際上他也沒有承認，因為他們對於這種情結的理解，根本就不符合事實，所以他們並未真正認識到俄狄浦斯情結所具有的價值。不過，我認為對於這種情結的觀點，世人不論是否認或是文飾都無所謂，因為希臘神話已經列舉了大量的事實來證明瞭人們這種無法迴避的情結，而我們不得不承認它。雖然俄狄浦斯情結為正史所排斥而只能散見於稗官野史中，然而它最終被世俗推崇的希臘神話所吸收，這的確是一個值得深思的事情。蘭克曾詳細研究了這種現象，然而他解釋了為何這種情結為成為詩歌和戲劇的靈感來源，然後經過繁復的改造、包裝、修飾，最終成為藝術，這就是跟夢的檢查作用所導致的改變是一樣的。所以，雖然有些做夢人在長大成人後並不會和自己同性的父母產生衝突，不過他們仍會在某些時候表現出自己的俄狄浦斯情結。與這種情結相關聯的，還有一種「閹割情結」（castration complex），也就是人們在幼年時在性行為上被父親呵斥所導致的。

我們可以根據那些已經證明的事實來對兒童的精神生活做進一步研究了。同時，我們也有可能實現夢中的另一種禁忌的願望，也就是迫切的性衝動，解釋其產生的緣由了。所以，我們必須先從對兒童性行為的發展開始研究。透過我們多方面的觀察分析，發現了以下事實：首先，那些認為兒童沒有性行為的觀點就如青年只有在生殖器發育成

精神分析引論
A General Introduction to Psychoanalysis

熟才會有首次性衝動的觀念一樣荒謬。實際上，兒童期的孩子也有多種多樣的性行為，只不過他們與成年人日常的性行為是大不相同的。成年人的性行為有許多變態的活動，這種「變態」表現在以下方面：（一）沒有人獸的限制；（二）沒有厭惡的限制；（三）沒有近親不婚的限制；（四）沒有性別的限制；（五）身體任何器官都可參與性行為，沒有單純性交的限制。實際上，這些限制都不是一開始就有的，而是人們在成長和受教育的過程中逐漸產生的。兒童們不會受這些限制的約束，因為他們沒有這樣的觀念。兒童不會知道人與獸之間存在本質的區別，只是等到他成熟之後，才會覺得自己比動物高出一等。他們在生活中也不會對糞便產生厭惡，只是在教育的影響下，才會有厭惡之感。他們

俄狄浦斯與斯芬克斯

俄狄浦斯情結就是指「戀母情結」。這個故事源於古希臘神話一個預言：底比斯王的新生兒（也就是俄狄浦斯），有一天將會殺死他的父親而與他的母親結婚。底比斯王怕預言成真，就下令把嬰兒丟棄在山上。後來一個牧羊人把他送給鄰國的國王當兒子。但俄狄浦斯卻不知道自己的親生父母是誰。長大後他做了許多英雄事跡，贏得伊俄卡斯忒女王為妻。後來國家瘟疫流行，他才知道，多年前他殺掉的一個旅行者是他的父親，而現在和自己同床共枕的是自己的親生母親。俄狄浦斯王羞怒不已，他弄瞎了雙眼，獨自流浪去了。

對於性別的區分，實際上沒有特別的認識，他們會認為男性與女性在身體構造上是一樣的。他們對於性的好奇，鎖定的對象往往是身邊的親人如父母、兄弟姐妹，或者是自己喜愛的人，或保姆、鄰家哥哥姐姐。還有，我還可以從兒童的身上發現另一種特質，這種特質在他後來與異性發生了性行為才會徹底顯露出來，那就是，他們會發現性交過程中不僅可以透過生殖器獲得快感，而且身體的其他部分也同樣可以產生相似的快感，與生殖器具有相同的性功能。所以，我們會認為孩子們其實是變化無常的（poly-morphously perverse）。不過，即使我們發現了孩子們有性衝動的跡象，也不必覺得驚訝，因為相比他們以後的性行為，這種性衝動並不十分強烈，而且孩子們所接受的教育會堅決有效地制止他們的一切關於性的表現。教育的這種壓制已經形成了一種通俗的說教，孩子們的這些性衝動，會因為大人們的故作忽視或者曲意歪解而失去性的意義，以致到了最後，連他們的性衝動也會被否認。大人們雖然常常會在房間內呵斥孩子們對於性的好奇心，但是當他們對外面的人卻極力辯解孩子們在「性」這方面的純潔。實際上，當兒童單獨生活或者遭受誘惑時，他們常常會有一些極端變態的性行為。大人們將他們這種行為稱之為「孩子的陰謀」或者「調皮」而不予嚴厲的懲處。這種做法是對的，因為我們不會運用法律或者道德來評判他們，畢竟他們還沒有長大成人要對自己的行為負責。不過，這種事實的確存在，而且非常重要，它既是作為孩子先天傾向的證據，又能夠引起以後性行為的發展，我們可以由此來對兒童的性行為乃至人類的幼年私密有一個充分的瞭解。如果我們能透過夢的改造作用而探求隱藏在背後的那些禁忌的願望，那麼我們就可以證明，夢對於願望的表現完全回到了人類的幼兒階段了。

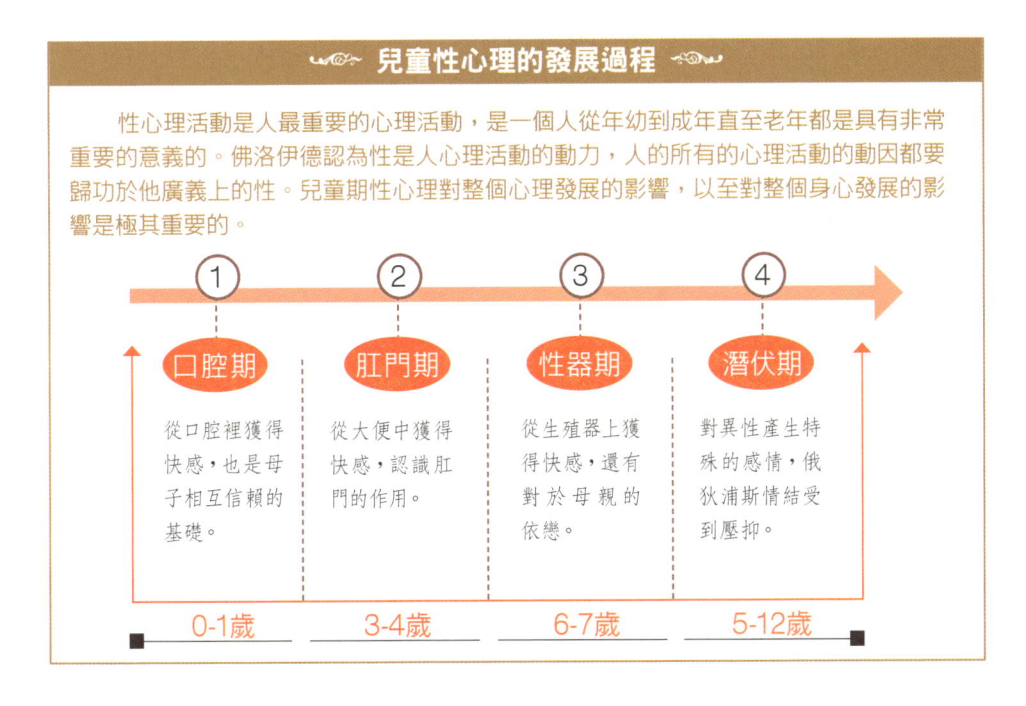

兒童性心理的發展過程

性心理活動是人最重要的心理活動，是一個人從年幼到成年直至老年都是具有非常重要的意義的。佛洛伊德認為性是人心理活動的動力，人的所有的心理活動的動因都要歸功於他廣義上的性。兒童期性心理對整個心理發展的影響，以至對整個身心發展的影響是極其重要的。

1 口腔期	2 肛門期	3 性器期	4 潛伏期
從口腔裡獲得快感，也是母子相互信賴的基礎。	從大便中獲得快感，認識肛門的作用。	從生殖器上獲得快感，還有對於母親的依戀。	對異性產生特殊的感情，俄狄浦斯情結受到壓抑。
0-1歲	3-4歲	6-7歲	5-12歲

在這些禁忌的願望中，亂倫的願望是最為重要的。所謂亂倫，你們應該知道，就是父母與子女以及近親之間發生了性行為。然而社會對於亂倫是深惡痛絕，幾乎所有人都會表明對這種現象的憎恨，他們認為亂倫的願望是一種原始的獸慾，是應該被堅決禁止的。對於亂倫禁忌，科學家們曾給出過荒唐的解釋，他們認為亂倫禁忌是保存物種的有效制度，因為近親婚配，他們的後代不健全，從而使整個種族退化；也有人認為早在幼兒時期親屬關係就有效避免了「性」的發生，所以孩子在長大後便沒有亂倫的觀念了。如果這種見解的確是事實，那麼人類當然不會發生亂倫行為了，然而為何社會還有對這一現象作如此苛刻的禁止？這一點我們就很難理解了。但是，既然社會上會有這種禁忌，就已經證明了的確會有亂倫的慾望存在。事實上，精神分析已經對這種事實作了深入研究，所得出的結論便是，兒童在有了性意識後，往往會以身邊的親人尤其是父母為性交對象，只不過在後來的成長和教育過程中才會逐漸明白這是願望屬於禁忌從而加以反對和排斥。如果我們要探討這種願望起源，恐怕需要求助於個體心理學了。

透過對於兒童心理學的研究，我們可以對禁忌願望的起源總一個總結了。你們應該還記得，我們過去遺忘的幼年經歷可以進入夢境，實際上兒童的精神生活以及特點，如利己主義、亂倫傾向等，也都會一直保留在人們的潛意識中。所以，我們每晚所做的夢，都是在回歸到最初的兒童時期。不僅我們可以證明潛意識就是兒童時期的心理活動，而且我們對於「人性本惡」這一觀念的強烈排斥也會大大降低。因為這種罪惡而可怕的觀念只存在於我們最初的幼兒階段，它只在我們的兒童時期才會發生作用。我們對這種觀念不夠重視，因為它實在是微乎其微，而且我也不必太過重視，因為我們是不會以一種高層次的道德標準來要求一個孩子。我們在夢中還原為兒童時期，並暴露出我們那些邪惡的願望，雖然這種事實令人難以置信，而使我們萬分驚異，不過可以放心的是，我們並不會像夢中所表現出來的那樣邪惡。

如果在我們的夢境中所表現出的邪惡的願望只是幼兒時期的，或者回到了原始時期，那麼這些夢也僅僅使我們在情感上又重新變成了孩子，我們何必要對這些邪惡的夢感到羞恥呢？理性思維只是我們精神生活的一小部分，還有一大部分是屬於非理性的，雖然我們明白了夢境的荒謬性，然而我們不必便因此而羞慚。我們的這種願望透過夢的檢查作用，如果有一個願望原原本本地表現出來，使我們清楚地認識到，我們就會惱羞

維納斯和丘比特的寓言　　安戈洛・布隆齊諾　義大利　油畫顏料繪於嵌板上　1545年　倫敦國家美術館

這幅作品讓人看著心裡總是有一種冰冷的感覺，一直被認為是亂倫和性變態的象徵，但毋庸置疑的是畫家布隆齊諾的傑作之一。畫面中的人物，一個是和維納斯擁抱在一起亂倫的丘比特，一個是小天使，最上邊的一位老者似乎憤怒地想用布幕遮蓋這不堪的一幕，還有一個奇怪的女孩，一半是人，一半是獸，手裡還拿著蜂巢，另一隻手握著毒刺。畫家想將畫面中人類心中的恐懼和渴望描述出來，但卻用了一種淒美、痛苦的格調，讓讀者深感迷惑。

第十三章 夢的原始的與幼稚的特點

成怒，如果有的願望雖然被改造過了，卻仍能被我們瞭解，我們仍免不了覺得羞恥。你們可以回憶一下前面我講的那個德高望重的老太太關於「愛役」的夢，此夢的意義尚未得以解釋，她便對夢的內容大加怒斥。這個事實我們至今還沒有做出解釋。如果我們繼

四舞者的退場　埃德加・竇加　法國　1899年

竇加在創作中不喜歡特意去構圖，畫面中四個舞者背對著我們，做出一副要退場的樣子，我們能看到的就是她們離開的那一瞬間，畫家的這種構圖手法是從攝影術和日本版畫中學到的，這幅作品色彩明豔、生動，這也是竇加的主題的一部分，舞台上閃耀著人工的燈光，我們與舞台之間的距離也變得模糊不清。由此給人一種距離感和眩目感。

第十三章 夢的原始的與幼稚的特點

續對夢中的罪惡願望來做研究，或許我們可以求得另一種觀點或者另一種評斷。

我們做了這麼多的分析和研究，實際上只得到兩個結論，而且這兩個結論又使我們面臨了新的問題和新的疑點。第一個結論是夢的倒退作用，這種倒退不僅是形式上的，也是本質上的。夢將我們的思想情感改造成為一種原始的表現形式，且具備了原始精神生活的特點，即自我的精神支配和原始的性衝動。如果象徵能被認為是理智的產物，那麼這種倒退就是要我們回歸原始人的智慧和財富。第二個就是這種古老而幼稚的特質，雖然它在從前的人們的心理活動中占據著優勢，但現在它卻只能藏身於潛意識中，至多讓我們對潛意識的概念多了一層認識。所謂的潛意識如今不僅僅指的是它的傳統意義了，它已經成為了人的心理活動中一個特別的區域，它會有自己的欲求和表現方式，以及特別的活動機制。不過，從夢的解釋中所求得的那些隱藏的意念，並不屬於潛意識的區域，這些意念與我們清醒時的某種思想卻非常相似。不過，它們仍屬於潛意識的，你們是否會覺得矛盾呢？那麼，我就需要對此做一個辨別。有些觀念源自意識的生活並具有意識生活的特點，這些觀念可稱為昨日的「遺念」，和那些源自潛意識區域的觀念結成而形成的夢，夢的工作就是在這兩個區域內完成的。潛意識對於這種遺念的影響，極有可能引起倒退作用。在我們沒有進一步對心理活動做出研究前，上述的觀念可以說是我們對於夢的性質最充分的解釋了。不過很快我們將會給予夢中隱藏的意念的性質以新的概念，使它與由幼年時期所引起的潛意識意念相區別。

當然，你們也許會有這樣的疑問：在我們的睡眠中，到底是我們心理活動中的哪一種力量產生作用以致引起了夢境的這種倒退？難道沒有了這種倒退，夢境就不能消除那些侵擾睡眠的刺激嗎？如果是由於夢的檢查作用而致使那些隱念不得不被改造成原始時期而如今難以理解的表現方式，那麼為什麼這些已經被克制的衝動或者慾望會被表現出來呢？總的來說，到底這種在形式上和本質上的倒退到底有什麼作用呢？如果我要明明白白回答你們這些疑問，你只能說它是形成夢的唯一方法。就動態的方面來說，除了這種倒退，對於消除侵擾夢的刺激，也別無他法了。所以你們這些疑問的答案，目前我還不能列舉出更多的證據。

第十四章
慾望的滿足

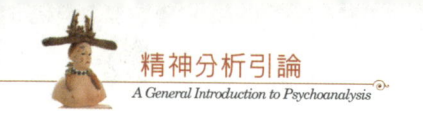

俯臥的兒童

文藝復興時期還有之後很長的一段時間，成年女性的裸體一直是畫家作品中的主體表現內容，圖中一個小女孩懶散地趴在床上，畫家誇張、露骨地將兒童的性器官描繪出來，這顯然是很大膽的，也表現出文藝復興之後，創作的多元性。

　　也許我們有必要對我們的研究過程做一番回顧。在我們最初運用分析法時，發現了夢的改造作用，不過我們將夢的改造問題擱置一邊，先來對兒童的夢做分析研究，只是為了對夢的性質做一個初步的瞭解。等我們對於兒童夢的研究有了成效後，再來研究夢的改造作用。我以為我們能夠瞭解夢的改造作用，然而現在我們只能說，由於在這兩方面所求的結論並不融合，所以我們的瞭解並不算充分。現在，如果將這兩種結論聯繫起來，那就是我們要做的研究了。

　　透過這兩方面的研究，我們瞭解到夢的主要性質便是將意識的或潛意識的思想改造為夢境中的影像。至於這個改造的過程是怎樣的，我們雖然感到驚奇，卻並不理解。這一問題屬於一般心理學範疇，不在我們的研究範圍內。從對兒童的夢的研究，我們知道了夢的工作在於滿足人們的慾望，以便消除侵擾睡眠的刺激。至於夢的改造作用，由於我們還不能做出明確的解釋，所以現在還不能妄下定語。不過從一開始我們期望將這些關於夢的觀點與關於兒童的夢的觀點聯繫起來，使之融會貫通。如果我們知

道所有的夢實際上都是兒童的夢，都是對幼年經歷的重現，且都以兒童的心理活動為特徵，如此我們就可以實現這一期望了。如果我們現在已經對夢的改造作用有所瞭解，那麼我們就要來研究一個新的問題：「夢是對慾望的滿足」這一觀點是否可以用來解釋改造過的夢呢？

　　前面我們已經在很多方面對夢做出了解釋，然而唯獨沒有討論「慾望的滿足」這一問題。也許在前面我們對夢做研究時，你們就有了這樣的疑問：如果你認為夢的工作其目的便是對於慾望的滿足，那麼你用什麼證明呢？這個問題非常重要，因為許多批評家常常據此發難。人類一直都有這樣的慣性，對於新生的事物都要表示出憎惡的態度。人們的這種態度，往往是將各種新的創見縮至最小的範圍，如果有需要，還會給它添加

熟睡的維納斯　保羅·德爾沃　比利時　布面油畫　1944年　英國倫敦塔特陳列館收藏

　　畫面的主體是維納斯躺在臥榻上睡著了，天上有一輪如眉的彎月，皎潔的月光照在她的身上，她的對面有一具骨骸和一個穿女裝的人體模型在注視著她。這是超現實主義畫家德爾沃標誌性的繪畫場景：裸體的年輕女人，她是美麗與死亡的結合，微微張開的雙腿是慾望和恐怖完美的結合，也許她夢到了死神在引誘她，畫面詭異，讓人心生不安。

一個問號。「慾望的滿足」就是一個問號，用這個問號來概括我們對於夢的新論斷再合適不過了。人們在聽說夢是對慾望的滿足，便會問：「到底夢中的什麼是對慾望的滿足呢？」人們會不斷提出這種問題以推翻新的觀點。實際上，人們在回想起自己所做的夢時，通常都會感到不愉快，甚至於害怕，所以，他們會認為精神分析這一學說根本不可信。不過，對於他們的疑問，其實並不難回答。在被改造過的夢中，對於慾望的滿足通常都不會表現得很明顯，需要我們來認真地尋找。所以，如果我們要證明它的存在，那就只能等到我們對夢做出了完滿的解釋以後。前面我們也瞭解，被改造過的夢中，隱藏在背後的慾望是為檢查作用所拒絕排斥的，正是由於這些願望的存在，才產生了夢的檢查作用和改造作用。然而，我們很難使批評者明白這樣一個事實：在我們沒有對夢做出解釋前，沒有人能夠說清楚夢是對哪一種慾望的滿足。然而他們總是忽視這一點。實際上他們不想接受「願望的滿足」這一觀點，是由於夢的檢查作用，因為有檢查作用的存在，所以他們認為夢境的內容都是虛假的，並非源自真實的思想，從而不承認那些已經被證實的夢中的願望。

就我們自己而言，肯定是想明白為什麼我們會有那麼多不愉快的夢，以及那些焦躁的夢是如何產生的了。在這裡我們第一次研究夢的情感問題，這個問題也很重要。不過遺憾的是，目前我們還不能對它作深層次的討論。如果夢是對慾望的滿足，那麼不愉快的情感當然沒有入侵的可能了，批評家對於這種觀點倒是沒有異議。然而，這個問題並沒那麼簡單，人們往往忽視了以下三點：

（一）夢的工作不總是能滿足願望。所以，隱念中的一部分不愉快情感便會在顯夢中出現。根據我的研究，這些隱念的不愉快成分竟比顯夢中的願望要強烈得多，這在隨便一個案例中都能得到證明。我們不得不承認夢的工作實際上不能達到滿足願望的目的，這就和夢中因渴而喝水然而卻不能止渴一樣。做夢人醒來後仍然會覺得口渴，仍然會喝水。不過，這算是一個典型的夢例，因為它具有夢的普遍特性。所以，我們可以說：「ut desint vires, tamen est laudanda voluntas」。（雖然缺少力量，但仍不失為追求慾望的實踐。）不管怎麼說，我們可以很容易地辨識出夢中的意向。夢的工作是對願望的滿足，但也經常會遭遇失敗，為什麼會失敗呢？其中一個重要原因就是，夢的工作看起來比較容易，然而要在夢的工作中引起相應的情感，這是異常困難的，情感非常倔強，很難被支配。因此，在夢的工作過程中，隱念中一些不愉快的內容會轉化為對願望的滿足，然而這種不愉快的情感卻始終不會改變。當然，造成的結果辨識情感和內容極不協調，於是批評家便藉機說夢不是對願望的滿足，夢的所有內容都會帶有不愉快的情感。這種批判實際上並不很高明，我們可以這樣反駁，正是在這些不愉快的夢中，夢對願望的滿足是最明顯的，這種滿足的傾向不過是在夢中分離表現出來而已。批評家之所以認為這種觀點是錯誤的，在於他們根本就不瞭解神經症患者，他們認為夢的內容與情感的關係應該比現實生活更密切。所以，即便是夢的內容發生了改變，其所伴隨的情感也始終保持不變。

第十四章 慾望的滿足

城鎮的上空 馬爾克·夏卡爾 布面油畫 1915年 私人收藏

畫面中飛起來的兩個人,一定是想要自由地在一起,所以他們夢想著自己有一天能飛出環境的禁錮和空間的局限,兩人一起飛躍天空。男人的手溫柔地環繞在女人的胸前,他們看起來像要一起私奔的情人。夏卡爾的繪畫風格老練而不失童趣,將夢境和現實真實地融合在了一起。

(二)第二點也很重要,但人們也經常忽視它。一般來說,對於慾望的滿足可以產生快感,然而有人便會發問:慾望的滿足到底會對什麼樣的人產生快感呢?這個問題的答案很明顯,誰會有慾望,誰就會產生快感。不過我們知道做夢人對於他的慾望其實有一種特殊的情感,他反對這些慾望,拒絕這些慾望,總而言之,他並不想有此慾望。所以,即便在夢中慾望得到了滿足,他也並不因此而興奮,反而會覺得不愉快。實踐證明,雖然我們還不能解釋這種不愉快,但它的確就是形成焦慮的主要原因。只說此慾望,做夢人彷彿變成了兩個人,只是因為某種共同點才合二為一。對於這一問題,我不想再多做解釋,不過我要為你講述一個神話故事。透過這個神話故事,你們大概就會明白這其中的關係了。一個善良的神仙許諾一對貧賤夫妻,可以滿足他們三個願望。這對夫妻自然是歡喜異常,他們在確定願望時非常謹慎。妻子希望要兩條臘腸,因為她聞到了鄰居家掛著的臘腸的香味。她這個願望一在腦海中閃現,立即便有兩條臘腸擺在她的面前,於是夫妻的第一個願望便得到了滿足。不過丈夫卻對妻子的願望很不滿,就許願兩條臘腸掛在妻子的鼻子上,果然那臘腸立刻就在妻子的鼻子上掛著取不下來,他們的

精神分析引論
A General Introduction to Psychoanalysis

白屋前的夫婦 格蘭特・伍德 美國 1930年 美國芝加哥藝術中心收藏

夫婦背後的白色建築是美國南方小鎮上一幢普通的哥德式建築，畫家憑藉他的記憶創作了這幅作品。畫家用其穩健的畫風和惟妙惟肖的手法為我們描繪了一幅清新的鄉村風景。丈夫的手裡拿著一個鋼叉，好像準備去做農活，他們臉部神色各異，不知道他們有什麼樣的願望？

第二個願望也滿足了。由於丈夫的這一願望，妻子深受其苦，於是第三個願望的內容，你們一定也猜想得到，他們畢竟是相濡以沫的夫妻，這第三個願望就是讓兩條臘腸離開妻子的鼻子。這個神仙故事流傳廣泛，常被人們用來說明其中的道理，然而在這裡我卻要用它來表明一個事實，那就是：如果兩個人並非同心同德，那麼一個人的慾望得到滿足，必使另一個人感到不快。

現在我們可以對焦慮的夢做一個完美的解釋了。不過在我們採用前面已經得出的種種結論前，還需要提及一點，那就是：焦慮的夢的內容一般都沒有被改造過，似乎是成功地躲開了夢的檢查作用。焦慮的夢往往是公開的慾望的滿足，雖然做夢人並不承認這種慾望，他們認為自己已經拋棄了此慾望。正是因為如此，所以在夢中這種慾望流露時，一種焦慮的情感便趁機引起，從而替代了夢的檢查作用。人們通常都會承認兒童的夢是對慾望的公開滿足，而成年人的被改造過的夢則是對備受壓制的慾望的隱性滿足，至於焦慮的夢的滿足方式，則是對被壓制的慾望的公開滿足了。由此可見，焦慮情感的產生，實質是由於被壓制的慾望太過於強大而夢的檢查作用根本無法克制所致。所以，雖然這種慾望受到了夢的檢查作用的制約，卻仍能最大限度地得到滿足。如果我們從夢的檢查作用的角度來看，便會明白那種被壓制的慾望由於被克制，所以才會引起我們的不快情感從而使我們產生反抗之情。因此可以說，夢中所出現的焦慮之情，正是被那種所不能克制的慾望的強大力量所引起的。為什麼我們的反抗之情會變成焦慮呢？從對夢的研究中我們可以瞭解到，不過仍需要在多方面對此作細緻的分析。

我們對那些沒有被改造過的焦慮的夢所做的種種假設，實際上也可以用來解釋那些被改造程度非常淺的夢以及那些被引起的情感類似焦慮的夢。一般來說，焦慮的夢常會使我們從夢中突然醒來，實際上，當夢中的一種強烈的被壓制的慾望在沒能衝破夢的檢

查作用以求完全滿足之前，我們就已經醒了。諸如這些夢，雖然其目的沒有完成，不過夢的根本性質卻不會發生改變。前面我們將夢比喻為睡眠的守護者，它保護睡眠不受刺激的侵擾。如果這個守護者的力量不足以抵抗某種刺激或迫切的慾望，它就會將我們喚醒。我們醒來後會因為這個夢而深感不安，以致慌張，不過有時候我們變得清醒後便會繼續酣睡。我們會在入睡的過程中安慰自己：「這不過是個夢，沒什麼可擔憂的。」於是便繼續沉睡不醒。

可能你們會問我，到底夢中的慾望什麼時候才能衝破夢的檢查作用？要回答這個問題，就要從夢的慾望和夢的檢查作用兩方面考慮了。有時因為某種原因，夢中慾望的力量非常強大，這種力量足以抵抗住夢的檢查作用。然而，根據我們的研究，這兩方面的勢力一般是處於平衡的狀態，如果這種狀態發生了傾斜，那就有可能是檢查作用的原因。透過前面的討論我們已經瞭解，夢的元素不同，會致使夢的檢查作用的強度發生改變，從而使其對被檢查內容的態度也會有差異。或者也可以這樣說，夢的檢查作用的普遍行為並不是固定的，即便是對同一種元素，也經常會有不同的態度。如果這種檢查作用自認為無法克制住某種異常強烈的慾望，它便不會再引起夢的改造作用，而是採用最終的手段，那就是引起做夢人的焦慮從而使其從睡眠中驚醒。

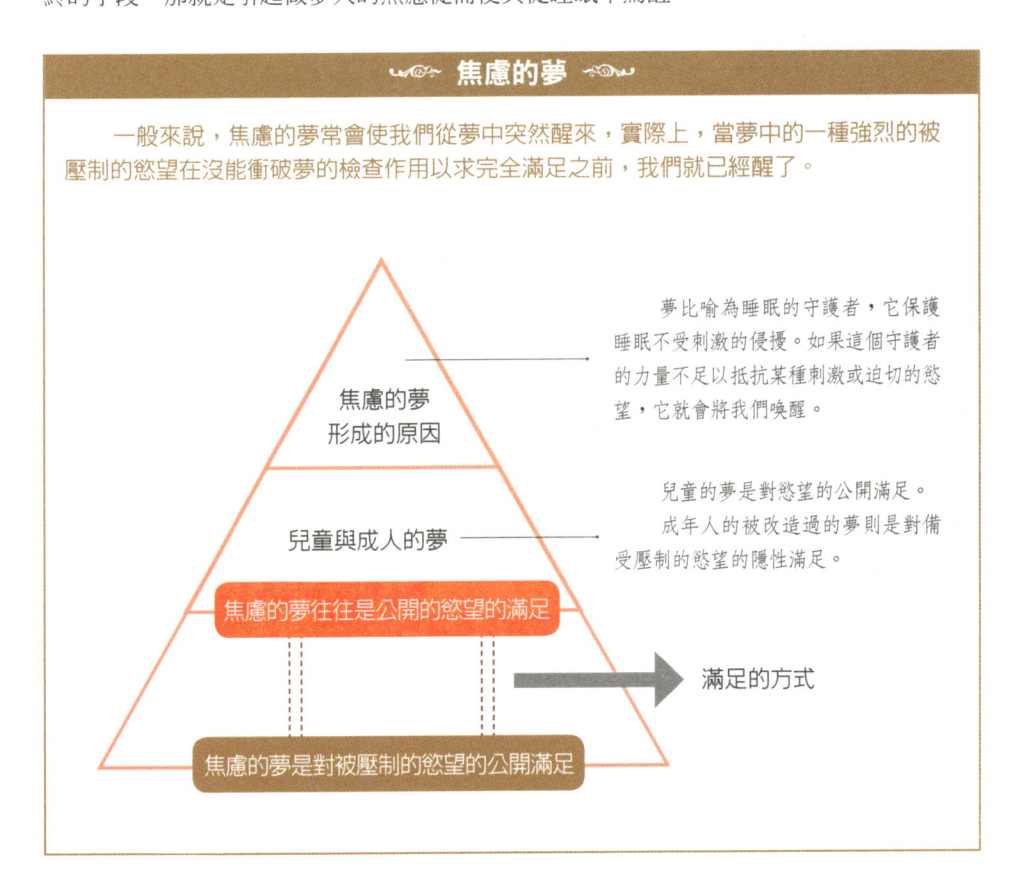

焦慮的夢

一般來說，焦慮的夢常會使我們從夢中突然醒來，實際上，當夢中的一種強烈的被壓制的慾望在沒能衝破夢的檢查作用以求完全滿足之前，我們就已經醒了。

- 焦慮的夢形成的原因：夢比喻為睡眠的守護者，它保護睡眠不受刺激的侵擾。如果這個守護者的力量不足以抵抗某種刺激或迫切的慾望，它就會將我們喚醒。

- 兒童與成人的夢：兒童的夢是對慾望的公開滿足。成年人的被改造過的夢則是對備受壓制的慾望的隱性滿足。

- 焦慮的夢往往是公開的慾望的滿足 → 滿足的方式

- 焦慮的夢是對被壓制的慾望的公開滿足

精神分析引論
A General Introduction to Psychoanalysis

你們一定會覺得奇怪：為什麼那些罪惡的、被我們所拒絕的慾望，偏偏在夜晚進入我們的夢境搗亂呢？這個問題目前我還不能給予你們明確的解釋。如果你們想瞭解更多，那麼我們再採取一種假設，這種假設以睡眠的性質為基礎。通常在白天，檢查作用會非常強大，它可以克制住那些邪惡的慾望，不使其進入我們的意識中。然而到了晚上，檢查作用就會像我們其他心理活動一樣，因為睡眠而變得懈怠，從而使其力量大為減弱。一旦檢查作用出現了懈怠，那些邪惡的慾望便會趁機活躍起來。有些患失眠症的病人認為他們的失眠完全是自我克制的結果，因為他們害怕做夢所以不敢入睡。也就是，他們害怕因為檢查作用的懈怠而引起某種可怕的後果。然而，你們可以寬心的是，檢查作用產生懈怠從而致使力量減弱，實際上並沒有太大的危害，因為睡眠本身就具有削減夢中活動的功能。即便在夢中那些邪惡的慾望蠢蠢欲動，它們至多也是入夢而成為夢的元素，而決不會有更大的危害。所以，瞭解了這個原因，做夢人就可以在自慰時說：「這只是一個夢，隨便它會發生什麼。」然後便安然入睡。

（三）你們是否還記得前面我說的一點，做夢人在面對他自己那種邪惡的慾望時，通常會表現成兩個人，只有因為某種親密的關係才將兩人合二為一。如果你們瞭解這一點，那麼你們就會發現還有另一種方法可以使慾望在得到滿足時能引起人們的不快情感，此方法就是懲罰。我們可以藉助前面講的那個神仙故事來對這個方法進行說明。面前餐盤上擺放的兩條臘腸是妻子的慾望，也就是他們夫妻的第一個慾望的滿足，而鼻子上懸掛的臘腸則是第二個即也丈夫的慾望的滿足，同時也是對妻子那愚蠢慾望的懲罰。我們在研究神經症時，常會見到和神話故事中第三個慾

邪惡的欲念

人最害怕、最不容易做到的就是審視自己，如果夢的檢查作用出現了懈怠的話，那些邪惡的慾念就會趁機活躍起來。畫家在一張古畫上做了新的處理——加了一面鏡子，從鏡子裡出現了一個惡魔，其實這鏡中只是變態的自己。人只有反思、審視自我，才能認知自我。

愛的寓言　保羅·韋羅內塞　義大利　布面油畫　約16世紀　倫敦國家美術館

畫面中被小愛神用弓抽打的男人是這裡的反面人物，他旁邊的兩位女士面露輕蔑和不悅，正從畫面中離去，讓男人留下來獨自接受懲罰。畫家想要告訴我們的是，這不過是一場求愛的遊戲而已。人們的精神生活中經常會產生這種懲罰的慾望，它們強烈而迫切，所以往往會引起某種痛苦而焦慮的夢。

望相類似的慾望。人們的精神生活中經常會產生這種懲罰的慾望，它們強烈而迫切，所以往往會引起某種痛苦而焦慮的夢。可能你們會認為那些慾望的滿足缺少根據，不過若是你們對於這種慾望做了細緻的分析研究，便會改變你們這種見解。就目前來說，將慾望的滿足、焦慮的滿足、懲罰的滿足等學說與引起夢境內容的種種可能相比較，它們所顯示的意義都是片面的。通常我們認為，焦慮是慾望的反面，而反面與正面聯繫在一起極易引起聯想，不過，根據我的分析，這兩種內容在潛意識中實為同一物，就連懲罰也可以被看做是慾望的滿足，只不過它滿足的是檢查的慾望。

精神分析引論
A General Introduction to Psychoanalysis

所以，我可以概括地講，即便你們對這種慾望滿足的觀點持反對態度，我也不會做出讓步。然而對於我們的研究，我們還應該繼續，而下一步的研究方向，就是要證明在每一個被改造過的夢中，都存在對慾望的滿足。對於驗證這一假設，我們再來對前面已經解釋過的一個夢再作分析，就是那個「一個半弗洛林買了三張壞座位」的夢，我們曾經根據這個夢求得了許多結論，但願你們還能記得此案例。做夢的那位女士在某一天被丈夫告知，他們的朋友，比她小三歲的愛麗絲與人訂婚了，於是這位女士在當晚的睡眠中便夢見了與丈夫去劇院看戲，而劇院的座位有一大片空餘著。後來丈夫對她說，愛麗絲和她的未婚夫本來也要來看戲的，不過最後沒來，因為他們以一個半弗洛林買了三個壞座位卻不願意使用。女士便說，他們其實還占了便宜。我們已經瞭解，她在夢中並不滿意自己的丈夫，後悔自己結婚太早了。你們可能會覺得奇怪，夢中的這種悔恨的情感怎麼會變成慾望的滿足，在顯夢中，並沒有這種滿足的痕跡啊？你們應該知道，那位女士內心有對於婚姻的「太快了、太匆忙了」這種潛意識，而這種潛意識在夢中由於受到檢查作用的阻止並沒有充分表露出來，於是被改造成了劇院內有空餘座位這一暗喻。至於「一個半弗洛林買了三張票」這句暗示，顯然使人難以理解，不過現在我們可以運用象徵的理論來對此做一個比較明確的解釋了。「三」這個數字實際上代表了男性，所以這個顯夢的意義可以理解為：用嫁妝買了一個丈夫。「到劇院去」這個元素自然指的是

隱藏的慾望　　保羅‧德爾沃　比利時

畫中的少女隱藏在一條茶色是小徑上，兩個女人相擁在一起，旁邊戴眼鏡的男士在一旁默默注視著她們。儘管燈光昏暗，但依舊不能掩飾她們心中的慾望。德爾沃的繪畫總是留給人一種神秘莫測的感覺。

第十四章 慾望的滿足

結婚了。「戲票買早了」其意就是結婚太早了。所以，這種替代也可算是對慾望的滿足了。做夢人雖然對於自己的婚姻一直感到不滿，但從來沒有像聽到朋友訂婚那天如此強烈。在過去她對自己的婚姻充滿了憧憬，認為自己會比朋友們要幸福。我們經常聽到一些單純的女孩子，每當她們訂了婚，便會認為自己將經歷許多一直都期待的種種戲劇，於是便顯得異常興奮。

人們的好奇心以及偷窺慾望往往是源自早期性的偷窺衝動，尤其是對於父母的偷窺，這種偷窺的衝動就成為了子女早婚的一個重要原因。所以，去劇院看戲自然就代表了結婚。那位女士因為太早結婚而感到後悔，於是她便想以相同的結婚方式滿足自己的偷窺欲，由於受到這種傳統的慾望所控制，於是在夢中便以去劇院的意念替代了結婚的意念。

也許你們認為上述所說的夢例並不足以說明夢皆是對慾望的滿足，實際上不論是哪一種被改造過的夢，我們對其所作的解釋也常常需要繞很大的彎子。所以現在，我們沒法做詳細的闡述，只要你們相信此種方法的確可以取得成效就足矣。不過，若從理論知識的角度講，對於此點我們還可以有更多的分析瞭解。我們從以往的經驗可以得知，這個論點是關於夢的理論中最容易引起人們誤解的。如果你們覺得我已經摒棄了一部分結論，比如我說夢是對慾望的滿足，然而又說夢也可以滿足慾望的反面，如焦慮或者懲罰，那麼你們肯定會抓著這一問題逼迫我做出更大的讓步。還有，可能你們會有人認為我對於一些確鑿的事實所做的解釋太過於簡略，根本就無法使你們信服。

雖然我們對於夢的研究已經達到了一個很深的程度，對所求得的眾多結論都已經接受，然而我相信你們對於慾望的滿足這一問題，仍然會存在諸多疑問，你們會問：就算我們相信了夢是有意義的，而且夢的意義可以運用精神分析法來尋求，然而為什麼我們要否定其他反面論點，而認為夢的意義只在於對慾望的滿足呢？為什麼我們在夢中的思想沒有清醒時的那麼豐富多彩呢？為什麼一個夢不可以既滿足某種慾望，也滿足此慾望的反面，如恐懼，同時也能滿足一種決心或者警告，或者一種問題的兩方面思考、或者一種譴責、或者是對於事業的準備，再或者是其他呢？為什麼夢只能滿足一種慾望，或者是慾望的反面呢？

是否我們可以這樣說，如果夢的其他方面的理論都得到了認可，只有在這一論點仍有異議，那麼實際上對於夢的解釋無關緊要。既然我們已經發現夢的意義以及探求意義的方法，不就應該感到滿足了嗎？如果我們對於夢的意義做出了嚴格的限制，那麼我們前面努力求得的結論不就毫無用處了嗎？這些說法是絕對不正確的。我們之所以對慾望的滿足這一問題會產生誤解，便因為我們對於夢的理論有一種慣性的認識，這種慣性認識也會危害到夢的理論對神經症所做的解釋。還有很重要的一點，「人至低則無敵」雖然是一種處世哲學，但它對於科學來說確實有害無益。

為什麼夢的意義是單一的呢？對於這個問題的回答其實很簡單。我們沒想到它會這樣，偏偏它就是這樣，就某一方面來說，它的確是這樣。不過對於一個內容複雜的夢來

精神分析引論
A General Introduction to Psychoanalysis

叛逆的少女

圖中的少女裸露著身體，表情有些放肆，頭上繫著白色的蝴蝶結，舉手投足間彰顯了少年時期的叛逆。人在成長的過程中，總是有很強的好奇心，這也同時引發了人們的偷窺慾望，尤其是對於父母的偷窺。這種偷窺衝動也是子女早婚的主要原因。

說，我們常常陷入一種錯誤，那就是我們認為它意義眾多，而實際上所謂的意義並非它的真正意義。還有第二種回答，此答案我要重申一點，那就是，夢境對於思想和情感的表象有很多種方式，不過這並是什麼新奇的觀點。有一次我在對某種病理的發展做研究時，記載過一個患者的夢，他這個夢連續三夜都做了，而從此便不再做夢。那是我對此夢的解釋，認為這個夢相當於一個決定，一旦這個決定付諸實施，以後就沒有必要再做夢了。後來我有記載過另一個夢，而這個夢則是表示懺悔的。為什麼我現在要摒棄以前的說法，而認為夢是對慾望的滿足呢？

我只能說，我寧願承認自我矛盾，也不會接受一個錯誤的說法。這個錯誤的說法，可能會使我們在夢的研究上所求得的一切結論化為烏有，並且混淆了夢境和夢的隱念的概念，使人們認為夢的隱念是什麼樣子，夢境便是什麼樣子。夢境的確可以將前面所講的思想和情感，如決心、勇氣、反省、計畫等表現出來，甚至予以還原。不過，如果你

靜物的語言　薩爾瓦多‧達利　西班牙

夢境對於思想和情感的表現方式有很多種方式，達利將夢境之謎用靜物的方式來表達。我們日常生活中用的瓶子、杯子、餐刀、餐盤，吃的蘋果、梨，還有其他生活中常見的樹葉、小鳥，甚至大海等，這都成了夢與性的替代品。所有僵硬的一切，在達利的筆下它們訴說著自己的語言，活了起來。

們能做細緻的觀察，就會發現這些元素只能算是進入夢境而被改造過的隱念。我們根據前面對夢的解釋可以知道，人們的潛意識中常會有這種決心、勇氣、計畫等，而在夢中它們透過夢的工作而變成夢境形成的元素。實際上，不管我們的研究到了什麼程度，你們的興趣只集中於人們的潛意識思想，而很少對夢的工作加以關注。所以，你們不願去理解夢的構成因素，而直接認為夢的意義在於表明一種決心或者警告，抑或其他的思想情感。實際上這種觀念也算合理，精神分析法常運用此種觀念來做研究。總的來說，我們的研究目的便在於透過夢的表面現象，而探求夢中隱藏著的與顯夢相對應的隱念。

所以，在我們探求夢的隱念時，卻發現了適才我們所講的那些複雜的心理活動，實際上已經在潛意識中完成了。這一結論真是既新且奇，卻也是令人迷惑的。

不過現在回歸正題，你們認為夢代表了各種思想情感。如果你們的觀點只是對夢的意義的一種概述，而不是說思想情感便是夢的特性，那麼這種觀點自然不錯。我們在說到一個夢時，往往指的是顯夢，也就是夢的工作的產物，或者指的是夢的工作，也就是將夢的隱念化為顯夢的過程。如果你們認為夢還有其他意義，那必然是混淆視聽的荒謬之見了。如果你們認為的夢是指夢的隱念，那麼你們最好將這種觀念解釋清楚，不要因為覺得言辭不夠完美而維持它的隱晦性。夢的隱念只是夢的工作為製造顯夢所引用的材料，為什麼你們喜歡將材料與改造材料的過程混淆呢？有些人只知道顯夢而無法瞭解其起源以及夢的工作過程，如果你們也分不清顯夢的意念，作為醫學生，你們和那些人又有什麼差別呢？

夢的工作是夢唯一的特質，如果我們討論夢的理論，就決不能忽視這一點。雖然我們在實際的研究中，很少對夢的工作有過關注。然而，根據我們觀察分析，夢的工作絕不是將隱念翻譯為原始的或退化的顯夢那麼簡單。夢中有一種元素是不可或缺的，這就是潛意識中的慾望，它雖然不屬於清醒時的潛意識思想，不過卻是形成夢境的起因。夢境的改造作用的實行，便是為了滿足這種慾望。如果你們只認為夢代表了一種思想情感，那麼它可代表任何事物，如決心、警告、計畫、準備等等。然而除此之外，它也是對某種潛意識慾望的滿足。如果你們認為夢是夢的工作的產物，那麼它除了慾望的滿足外，便不具有其他意義了。由此可見，夢不僅是決心、勇氣、警告等事物的象徵，而且決心、勇氣等事物在夢中也經常透過潛意識的慾望而變成原始的表現形式，而改變後的結果實際上就是慾望的滿足。總的來說，慾望的滿足才是夢的最主要特性，至於其他意義，則無關緊要了。

上述我所講的知識，我自己是很清楚的，但不知道你們是否已經瞭解。如果你們希望我對此做出證明，恐怕不太容易了。首要的原因就是需要相關的證據，只是證據的求得必須要對夢作細緻周密的分析才行；還有一個原因，夢的一切知識，只有聯繫實際現象來進行討論，才能使人相信，不過對這實際現象的討論，目前我們還不能做到盡善盡美。如果你們知道某一實際現象與其他實際現象存在著什麼樣的聯繫，大約便能瞭解這種現象的本質了。不過如果你們沒有對它做出深入地研究，那就無法得知其他現象的性

第十四章 慾望的滿足

思春的盼望

　　圖中的少女表情少了幾分驚慌失措和痛苦，多了一份欣喜的陶醉。少女懷春都有一種被男性劫持的慾望衝動，在這裡，性與惡都已經被混淆，墮落似乎也是美好的。慾望的滿足，這才是夢的最主要特性，至於其他意義，則無關緊要了。

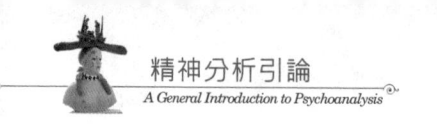

質了。我們對於類似於夢的現象如精神病的症狀一無所知,那麼我們只能滿足已經瞭解的知識。為了求得新的知識,我再列舉一個事例。

我們多次討論了那個「一個半弗洛林買三張戲票」的夢例,現在我可以明確地告訴你們,我對於這個夢裡的選擇是隨意的,談不上有什麼特殊的目的。我們也探求出此夢例的隱藏意義是這樣的:做夢人聽說她的朋友訂婚了,便後悔自己太早結了婚,然後就幻想自己若是耐心等待,或許也會嫁一個好老公。所以,她有點看不起自己的丈夫。我們也知道,那些隱念中進入夢境的慾望,實際上都是一種偷窺欲,即想在夢中獲得看戲的自由或者對於婚姻生活的一種傳統的好奇心的結果。兒童時期的好奇心或者偷窺欲常來源於父母的性生活,換而言之,這是一種幼年的衝動。如果成年人也有這種衝動,那麼也是源自幼年時期。不過,那麼女士在做夢的當日所聽到的關於朋友訂婚的消息,只會引起悔恨的情感,而不至於引起偷窺欲。一般來說,偷窺欲衝動的引起與夢中的隱念沒有什麼太大的關係,我們在做分析研究時,不用去關注偷窺欲也可以對夢做出有效的解釋。不過,僅是悔恨這種情感是不足以引起夢境的,對於太早結婚這一抉擇的追憶,也不足以引起夢境。當然,若是以前那種早結婚的思想能激發她對於體驗婚姻生活的慾望,那麼可能會形成夢境,而夢境的內容就是對這一慾望的滿足,去劇院看戲代表了結婚,這種情境是對早先慾望的滿足,那就是「我現在可以去劇院欣賞過去你們都禁止我看的戲劇了,不過我的朋友,你就沒有這樣的自由了,因為我已經結婚了,而你沒有。」這一慾望。如此一來,現實的情境便恰恰相反,因為過去的虛榮早已被現在的悔恨所替代了。不過此夢的意義便在於做夢人的偷窺欲和虛榮心得到了滿足。正是這種滿足,決定了顯夢的根本內容。在顯夢中,做夢人與丈夫親密地坐在劇院中央,而她的朋友則孤獨地偏坐一隅,至於其他內容,則是為適應此情境而產生的不夠合理的某種表現形式,然而此種表現形式並非憑空創造,而是由夢的意念所演變而來的。我們解夢的工作便是要繞過這些表示慾望滿足的部分,而探求其背後隱藏的那些痛快的意念。

囉嗦了半天,只是想讓你們對夢的隱念予以足夠的關注。首先,你們要記住,做夢人對於夢的隱念是毫不知曉的。其次,這些夢的隱念比較有條理性所以彼此之間很容易產生聯繫,我們可以將這種聯繫看作是對與侵擾夢的外界刺激的一種反應。最後,夢的隱念所具有的價值可以和任何感性的或者理性的活動相提並論。對於夢中的這些隱念,我認為換一個有限制性然而意義更明確的名稱會更適合它,這個名稱就是「昨日的遺念」(the residue from the pre vious day)。做夢人有時會承認它的存在,有時也會否認,所以,我們有必要在對「遺念」和隱念做一個區分,一般來說,凡是透過解夢的工作發現的,都可以成為夢的隱念,這是我們前面對夢做研究時就有的一個認識。而「昨日的遺念」只能算是夢的隱念的一部分。如此一來,我們便能將夢中的經歷一個概述了,除了「昨日的遺念」,實際上存在著另一種強烈的而被壓制的潛意識慾望,而這個慾望便是引起夢境的最大原因。由於這種潛意識慾望對於「昨日的遺念」實行某種作用,所以顯夢中那些即便清醒時也難以明白的內容便隨之產生了。

第十四章 慾望的滿足

對於「昨日的遺念」和潛意識慾望的關係,我曾經做過一個比喻來說明,現在我將它敘說出來。任何一家企業,都會有一個資本家提供資本,一個策略家謀劃策略,並且知道該如何執行此策略。我們解析夢的構成,可以將夢比作一家企業,那麼潛意識慾望便是資本家,為夢境的形成提供材料和動機,而昨日的遺念就是那個策略家,它選擇對材料的處理方式。資本家也可以做謀劃或者其他重要的工作,當然策略家也可以掌握大量資金而成為資本家。不過,這種比喻雖然將實際情境變得簡略,然而在理論闡述上卻增加了不小的困難。經濟學的觀點認為,任何一個人,他在做事前,都會將自己的資本家能力和策略家能力區分開來,有了這種區分,我們所做的比喻才會顯得有理有據。夢境的產生,實際上也會經歷這樣的過程。這點我先不說明,你們自己可以思考一下。

窗前的婦人和少女

兒童在少年時期都有一種偷窺的慾望,這是一種幼年的衝動。同樣,成年人的這種衝動,也是源自幼年時期。站在窗前的一老一少,她們以截然不同的表現來觀看眼前的景物,老婦人因為積澱了太多的人情世故,所以她掩嘴而樂;少女則不同,她眼睛發亮,露出發自內心的微笑。顯然,老婦人她所知道的遠比她看到的要多,而少女看到什麼就是什麼,老婦人的世故與少女的純真形成了鮮明的對比。

講了這麼多,我們是否應該停下來緩一緩?我知道你們心中必定又有了疑問給予提出,我大概猜得出來是什麼。也許你們想問:如果「昨日的遺念」屬於潛意識的隱念,那麼它與引起夢境的潛意識慾望是相同的嗎?這樣的疑問是非常好的,它的確是我們這個論點的中心環節。事實上,不論是昨日的遺念還是夢中的慾望,它們都是潛意識的,只是兩者的概念不同罷了。夢的慾望作為一種潛意識,早在嬰兒時期就有了,而且是由於一種特殊的機制所形成的,這一點我們前面已經瞭解。我們運用不同的名稱來對這兩種潛意識作區分,對於我們的研究是很方便的。不過,我認為在我們對神經症的症候有了一定的瞭解後,再來對這兩種潛意識做研究會更好。如果人們對於潛意識的涵義感到

驚奇，那麼現在我們對於潛意識中的這兩種概念作推論，可能會免不了遭人詬病的。

所以，現在我們對夢的慾望的討論就先告一段落。雖然我們的研究不能算深入徹底，但是我們已經竭盡所能了，希望我們努力求得的知識能夠幫助他人取得進步。實際上，對我們自己所瞭解的知識，也是相當吃驚的。

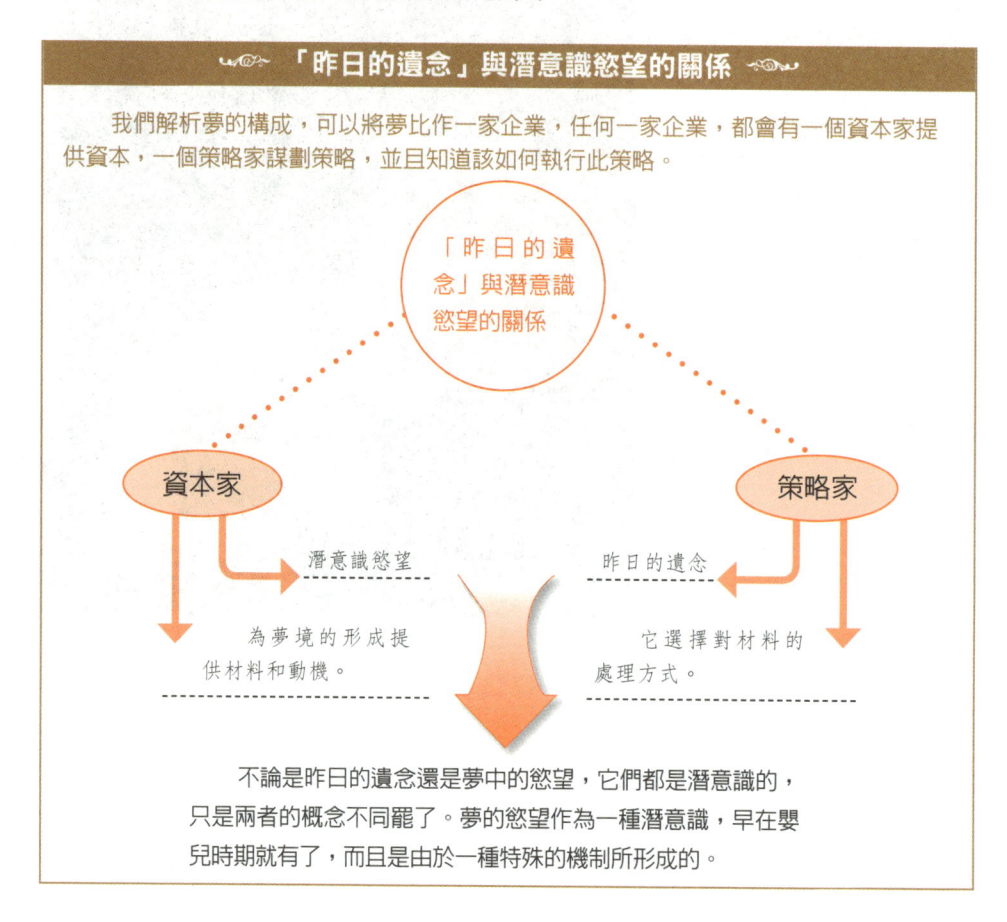

「昨日的遺念」與潛意識慾望的關係

我們解析夢的構成，可以將夢比作一家企業，任何一家企業，都會有一個資本家提供資本，一個策略家謀劃策略，並且知道該如何執行此策略。

```
              「昨日的遺
               念」與潛意識
               慾望的關係
             /              \
        資本家              策略家
          ↓                   ↓
       潛意識慾望          昨日的遺念
          ↓                   ↓
       為夢境的形成提       它選擇對材料的
       供材料和動機。       處理方式。
```

不論是昨日的遺念還是夢中的慾望，它們都是潛意識的，只是兩者的概念不同罷了。夢的慾望作為一種潛意識，早在嬰兒時期就有了，而且是由於一種特殊的機制所形成的。

第十五章
幾點疑問與批判的觀察

在我們結束對夢的討論前,我覺得有必要再將這一學說所引起的一些普遍疑難點列舉出來。也許你們在聽完了我這幾次講課後,就會產生以下的幾種疑惑:

(一)可能你們認為,我們的解夢工作,即便是研究出有效的解夢技術,然而若是遇到有歧義的夢例,那麼我們便無所適從了。我們透過顯夢來求得隱念,這種方法未必就是正確的。你們的看法可能是:首先,對於夢中元素的理解,我們無法斷定是採取其表面意義還是象徵意義,因為某種元素雖然具有了象徵意義,但仍有其本來屬性。如果我們對於這一問題沒有足夠的證據來做出推斷,那麼解夢者就可以隨便對夢中的元素做出解釋了。其次,如果兩種意義相反的事物透過夢的工作可以合二為一,那麼隨便擇取一個夢例,其夢中的元素是該取其正面意義還是反面意義,也是難以判斷的,所以只能由解夢者來決定了。第三,夢中的情景經常顛倒錯亂,在目前無法明確解釋的情況下,解夢者倒可以對此做出隨意的判斷了。最後,也許你們已經聽說過,一個存在的理論未必就是那個唯一正確的理論,誰也不敢斷言說其他理論都不能做出合理的解釋。所以,根據上述幾種情況,也許你們會認為夢的理論完全取決於解夢者如何解釋,那麼這種理論在客觀上實在難以令人信服。或者你們會認為夢的難解性並非夢的過錯,錯在我們對於夢的分析研究所制定的概念和前提,因此我們對於夢的解釋就免不了受到批判了。

你們所說的這幾種反對見解的確很有道理,不過我認為這種反對並不能證明你們所認為的兩個觀點:一是解夢工作是由解夢者隨意決定的,第二就是因為研究的結果沒有盡善盡美,所以研究的過程也是值得懷疑的。如果你們懷疑解夢者的取捨選擇,懷疑他的解夢能力和認識,那麼我會雙手贊同,畢竟在研究中個人的情感取向是在所難免的,特別是在對一些特殊的疑難作解釋時。即便是在其他科學領域,這種情況也有發生,同樣一門技術,甲使用起來,會比乙要拙劣,卻比丙要優秀,這也是一種普遍現象。譬如說解釋夢的象徵,似乎我們可以給出多種答案,然而若是我們認真思考一下夢的意念批次的關係,夢境和做夢人以及心理活動的關係,便知我們只需要一種解釋便夠了,至於其他的解釋都沒有什麼用了,所以你們可以根據這種思維來改變那種錯誤的想法。也許你們覺得由於我們所做假設的不科學性,以致對夢的解釋不夠完美,不過,如果你們的夢本來就具有兩義性和不確定性這兩種特性,那麼你們的這種觀點也就沒有存在的必要了。

精神分析引論
A General Introduction to Psychoanalysis

解夢的疑問

每個人都要做夢，夢與之俱來，隨之而去，伴隨人的一生。只要人大腦的思維能力還在，夢就會長久不衰。「解夢」其實就是透過人在夢中所預感到的一些事物進行驗證。

解夢疑問的

首先，對於夢中元素的理解，我們無法斷定是採取其表面意義還是象徵意義，因為某種元素雖然具有了象徵意義，但仍有其本來屬性。

其次，如果兩種意義相反的事物透過夢的工作可以合二為一，那麼隨便擇取一個夢例，其夢中的元素是該取其正面意義還是反面意義，也是難以判斷的，所以只能由解夢者來決定了。

第三，夢中的情境經常顛倒錯亂，在目前無法明確解釋的情況下，解夢者倒可以對此做出隨意的判斷了。

最後，一個存在的理論未必就是那個唯一正確的理論，誰也不敢斷言說其他的理論都不能做出合理的解釋。

特點
兩義性
不確定性

你們是否還記得我在前面說過的一句話：夢的工作是將隱念翻譯為原始的表現形式，包括原始的語言，原始的文字等。原始的語言也是有兩義性和不確定性的，這我們都瞭解，但是我們卻不能對其應有的價值產生懷疑。兩種意義相反的字因為夢的工作而合二為一，這和古老的原始語言中的兩義字是相似的，這一點你們也是知道的。兩義字的觀點是語言學家阿倍爾提出的，他在1884年著作的一本書中說到，遠古人常用一種雙關意義的字來進行交流，然而竟不會產生誤解，因為言語者所說話的意義，是正意還是反意，根據他的說話腔調以及言語的前後關係便可得知。而在書寫文字時，常會在文字的旁邊附上圖畫，比如象形文字中的ken這個字，有強弱兩種意義，如果畫上一個卑躬屈膝者，則此字意為弱，如果畫一個高大直立的人，則此字意為強。所以，雖然字音有雙重意義，也不會使人難以明白了。

意義的不確定性是原始語言的一大特性，不過現代的語言絕對沒有這種特性。比如說薩姆族的文字只保留了韻母而將聲母略去了，所以讀者需要聯繫上下文，根據所學知識來推測了。象形文字與此種情況類似，所以我們也很難來推測這古埃及的文字了。埃及的象形文字被稱為神的文字，但其意義具有極大的不確定性。譬如說附於文字的圖畫，該從左向右讀，還是從右向左讀，沒有固定的規範，全由書寫者自己決定。如果我們要讀懂這些文字的意義，就要將圖畫的內容仔細看清楚。書寫者有可能會將圖畫排成一排，卻只在較小的圖畫上書寫文字，然而根據自己的喜好和圖畫的重要性，將圖畫的

序號重新排列。象形文字還有一個令人疑惑的地方，那就是文字與文字之間沒有間隙，以致我們無法斷字斷句。每篇文字上附加的圖畫，它們之間的距離也是相等，對於我們來說也很難決定某一圖畫是作為前面文字的標注還是後面文字的符號。而在波斯的楔形文字中，每兩個文字之間都會有一個斜線將它們隔離，以便斷句。

中國擁有世界上最古老的語言和文字，中文至今仍有四億中國人在使用。你們不要認為我通曉中文，我只是希望能從中文裡探求出與夢的不確定性相似的特點，因而得懂得一點中文。我不會因為所知甚少而感到失望，因為中文的確存在著許多令人吃驚的不確定性。中文有許多表示音節的音，概括起來分為單音和複音。中文中有一種方言有400個音節，而此方言僅有4000多個字，由此說來每一個音節便可代表十數種意義，可能有的比較多，有的比較少。所以，為了不產生誤解，便創造了許多種方法，僅憑聯繫上下文是不足以使聽者明白言語者所說的話。到底此話的意義是這十數種可能的意義中的哪一種呢，根本無法推測。在所創造的這些方法中，有兩種最主要的，一是將兩個音節合成一個文字的讀音，二是運用「四聲」音讀法。為了能夠使我們更明白瞭解，我舉出一個有趣的事實，那就是中文在實際上是沒有文法的，某個單音節文字應該是名詞，還是動詞，或是形容詞，單從文字上是不能確定的，而且讀音的結尾也沒有什麼變化，用來表明時態、格式、數字等。我們可以這樣說，對於這一文字我們只能理解其原材料，正如在夢中我們用來表示思想的語言文字被夢的工作改變為原始的材料一樣，而且彼此之間也沒有任何關係。如果中文遇到疑難之處，聽者便會根據上下文自主決定其意思了。譬如說中國有一個成語叫「少見多怪」，這個成語看起來不難理解，它可以被譯為「一個人見得愈少，所奇怪的事物就愈多」，也有另一種譯法：「見識少的人免不了有很多奇怪。」這兩種譯文雖然在文法結構上不相同，不過意思差不多，所以我們不必特意擇

象形字

這幅作品描繪的是美洲人日常生活的場景，圖中的人手裡拿著木叉，還有他們捕獵的動物，動物的周圍還有火，他們用獨木舟作為他們的交通工具，從獨木舟的形態工藝看，他們是用特殊的工具製成的。

227

書法

中文中存在著很多令人吃驚的不確定性，這一點和夢有相似之處。它是迄今為止連續使用時間最長的主要文字，也是上古時期各大文字體系中唯一傳承至今的文字。語言文字在傳承的過程中有其不確定性，夢同樣也有此特性。

取。不過，雖然中文會有如此多的不確定性，然而在傳遞思想和情感上，仍發揮了重大的作用。根據對上述幾種語言的分析，我們可以瞭解，誤會的引起未必就是意義的不確定性導致的。

相比上述幾種古老的語言文字，夢的地位的確不值一提，這一點我們不得不承認。語言文字的作用在於傳遞思想情感，不管它使用什麼法子，都是為了使人們明白，而夢則非如此，夢並不為了表達思想情感以使人們瞭解，它的主要目的在於隱藏。所以，如果我們認為夢中有許多疑難之處無法解釋清楚，也不必驚慌失措。透過前面我們所做的比較研究，我們可以確信，夢的這種不確定性，實則是各種古老的語言文字所共同的特性，不必在意對它做出的解釋。

實事求是地講，我們對於夢的瞭解到底達到了一個什麼程度，唯有經過實踐才知道。我認為，這個程度會很深。如果我們將其他解夢者所求得的結果與我們的做一個比較研究的話，就會證明我這一觀點是正確的。通常人們遇到科學疑難時，會對此表示懷疑，以顯示自己的判斷能力，就連必須理智的科學家也不例外，不過他們這樣的做法是不對的。可能你們不知道古巴比倫的碑文在被翻譯成現代的語言時也會出現這種情況。人們總是認為那些翻譯家全憑自己的想像對楔形文字的含義做出判斷，他們的翻譯成果實際上是一個彌天大謊。不過1857年皇家亞洲學會曾確立過一種辨別是非的測試，在學會的邀請下，羅林森、辛克斯、塔爾伯特和奧佩特這四位最有名的楔形文字翻譯家分別對新發現的碑文做出翻譯，他們在翻譯完之後將譯文寄給學會。最後學會的主席將四種譯文做了比較，然後公布了評判通告，學會主席認為這四家譯文大同小異，所以我們可以信任翻譯者的成績，對於未來的譯文工作也大可放心。由此那些對遠古文字持懷疑

古巴比倫的碑文 約西元前1800-1600年

古巴比倫人是一個崇尚神靈至上的民族，他們相信世界是由神構建出來的。他們有一種古老的預測吉凶的方式：用羊的胃的形狀來判斷吉凶，古巴比倫人們透過這種方式來避免危險和不好的事情發生。

態度的專家也不再譏諷了，而楔形文字的翻譯工作也變得愈來愈完善了。

（二）可能會有人覺得我們對於夢的解釋，不過是胡拼亂湊、或者是荒誕無稽的，因此便對精神分析隨意批判，你們大概也會有此種想法吧。我聽到過很多種批評，現在我將最近聽到的一種批評敘說出來。瑞士被稱為「自由的天堂」，可是，近年來有一位高校的校長卻由於對精神分析產生了興趣而被迫辭職了。雖然他對此表示了抗議，不過某家報紙在刊登教育局對於這起事件的決議案時，其中有幾句話提到了精神分析，內容如下：「蘇黎世大學費斯特爾教授的著作中所列舉的事例純粹是混淆視聽、胡說八道……然而這種謬論以及所謂的證明竟會迷惑了一個國立高校的校長，實在是令人震驚啊。」報導還說此決議案是教育局慎重考慮後的結果。不過在這裡我卻認為他們這個「慎重考慮」是在欺騙大眾。如果我們要對精神分析有更深入地研究，我覺得需要多一點的思考和相關知識，這也算是「慎重考慮」吧。

對於一個比較深奧的心理學問題，若是某個人能根據他的直觀印象便能做出合理的解釋，那麼我們的確會非常興奮。至於我們的解釋在他看來是否正確，也是無關緊要的。若是他認為我們的解釋是錯誤的，便會判斷我們所做的整個研究是沒有任何價值的。批評家絕不會想到我們的解釋會給人們留下如此深刻的印象，這確實有其相當充分的理由。若是你們能明白這些理由是什麼，或許能進一步發現其他的一些更好的理由。

批判的引起與夢的轉換作用脫不了關係。轉化作用是夢實行檢查作用最有效的手段，這你們應該瞭解到了。由於夢的轉化作用的存在，於是那些被我們稱為暗喻的替代物也隨之形成了。不過這些暗喻很難辨識出來，也更不容易透過它探求隱藏其背後的意念。我們知道，隱念和暗喻之間存在著一種非常奇特卻有並非本質上的聯想，於是夢的隱念便被隱藏起來，而用暗喻替代，這就是夢的檢查作用的動機。如果我們要探求這些隱念，就不得不求助於與隱念相關聯的事物了。所以邊境的稽查員的做法可要比瑞士教

佛洛伊德和精神分析家們 1912年

1912年，佛洛伊德聚集了幾位最忠誠的精神分析學家在德國柏林聚會，來此會上的人都將贈送一枚戒指，這些人裡邊有：蘭克、亞伯拉罕、瓊斯、費倫齊和薩克斯。他們以科學的名義聚會，稱為「委員會」。佛洛伊德在精神分析領域的研究發現和卓越見解，全得仰仗這些志同道合的人的傳播。

育局高明得多了，這些稽查員如果要搜查文件或者其他公文，必不會只檢查書箱信匣，而是觀察任何一處可以藏匿違法違禁物品的地方，如鞋底、頭髮等。如果從這些「非常規」的地方查出有違禁物品，即便是「生拉硬拽」出來的，不過的確算是一種有價值的發現。

我們承認，夢的隱念和顯夢中的元素之間，存在著一種異常奇特或者說是荒誕無稽的關係，所以對於很多奇怪的夢，我們是無法求得其意義的，因為我們對於夢的解釋太過於依賴已有知識的指導。如果我們想要對這些夢做出解釋，僅憑努力是不夠的，因為再聰明的人也不可能猜出隱念和顯夢之間的連接物。所以對於此種夢，或者可以由做夢人運用自己的聯想直接解釋，或者由他為我們提高相關材料，我們也可以很輕鬆做出解釋，那麼夢的意義便會明明白白顯露出來了。如果我們不採取這兩種解夢方法，那麼我們就永遠無法瞭解顯夢中的元素。我現在再為你們講述一個最近發生的事例。我曾治療過一個女患者，她在接受治療時她的父親突然去世了，所以她常做夢祈願父親復活。有一次她夢到父親對她說：「十一點十五分，十一點三十分，十一點四十五分。」她父親為什麼要告訴她這些時間呢？她所做的解釋是她的父親喜歡看著孩子們按照時間進食堂用餐。她的這一聯想雖然與夢境吻合，但並不能解釋此夢境的起因。根據當時的治療情況來看，我懷疑她對敬愛的父親那些批評性的教導是充滿敵意的，這可能是夢境的一個起因。所以，如果我們任由她做聯想，可能就會跑題了。她又做了另一種解釋，說自己前天聽過一次關於心理學的討論，其中一個人說過一句話：「古人在我們心中復活了。」這句話倒是可以解釋夢境的意義。於是她便幻想著父親也復活了，果然在夢中她見到了父親，父親像一個報時者一樣，每一刻鐘都在報時，直到中午用餐的時間。

對於這種具有雙關意義的夢，我們決不能忽視。通常來講，夢的雙關意義實際上是解夢者的工作，取決於解夢者的判斷。除此之外，還有很多夢例我們也不能輕易判斷其

夢的轉化作用和檢查作用的關係

轉化作用是夢實行檢查作用最有效的手段。

轉化作用 — 由於夢的轉化作用的存在，於是那些被我們成為暗喻的替代物也隨之形成了。不過這些暗喻很難辨識出來，也更不容易透過它探求隱藏其背後的意念。

檢查作用 — 隱念和暗喻之間存在著一種非常奇特卻又並非本質上的關係，於是夢的隱念便被隱藏起來，而用暗喻替代，這就是夢的檢查作用的動機。

第十五章 幾點疑問與批判的觀察

室內 巴爾蒂斯 波蘭

圖中的少女在一個陰暗的房間內自慰，而她面前的小孩突然把窗簾拉開了，使她的高潮和驚嚇混合在一起。畫家巴爾蒂斯，曾被畢卡索稱為「20世紀最偉大的畫家」，他的這幅繪製了整整三年。夢中的意念常會受潛意識的支配，而潛意識的精神活動也是夢的隱念的體現。

屬於玩笑還是夢。不過，你們應該知道，舌誤也經常會發生此種情況。一個人在夢中見到自己與叔叔同乘一輛車，在車內他的叔叔與他接吻。做夢人對此夢的解釋是，這是一種自慰（auto-erotism）的象徵。難道做夢人會無端編造一個玩笑來愚弄我們，所以才把auto（汽車）理解為autoerotism為表示夢的意義嗎？我不認為是這樣，他的確做過這樣一個夢，而且他的確有自慰的習慣，所以他的解釋未必不可信。不過，玩笑和夢到底有什麼相同之處呢？對於這個疑問，我也曾走了許多彎路，我對幽默的問題做了許多研究。這種研究對於幽默的起因有這樣的結論：內心有一種意念受潛意識思想的支配，進而變成了幽默的表現形式。此種意念既受潛意識的支配，自然也會被壓縮作用和轉換作用所影響了，換而言之，由於受到與夢的工作相似的作用影響，於是幽默和夢便也出現了相

精神分析引論
A General Introduction to Psychoanalysis

似的特性。不同的是，夢中的幽默是無意的，且不如現實中的幽默那麼好笑，如果我們對於幽默做深入地研究，便會明白其中的緣由了。夢中的幽默只能說是一種拙劣的笑話，根本不能使人發笑，也不能引起人們的任何趣味。

我們可以採用一些古人解夢的技巧來分析這一點，雖然這種解夢技巧不會使我們求得什麼有用的結論，不過我們也可以發現許多有價值的符合標準的案例。在此我要列舉古代一個重要的夢例。普魯達克和道爾狄斯的阿爾特米多魯斯對於此夢的記載有一些小的出入。做夢人是亞歷山大大帝。當他率領軍隊圍攻泰兒城時，由於城內軍民頑強抵抗，以致屢攻不下。有一晚亞歷山大在夢中見到了一個狂歡亂舞的半獸人（a dancing satyros），根據解夢者阿里斯坦德羅斯的解釋，「satyros」實際上是說「泰兒城是你的了」，於是便預祝亞歷山大大帝最後會破城的。果然，這一解釋堅定了亞歷山大大帝的攻城決心，並最終攻破了泰兒城。雖然斯塔德羅斯的解釋很是牽強附會，不過所發揮的作用可是確鑿無疑的。

（三）你們如果聽說一些對夢也有研究的精神分析家，對於我們關於夢的理論也持反對態度的話，那麼一定會引起你們的興趣。科學家對於同一學科的成就做出批判，這種情況是少見的。一種原因可能是他們對於觀念的理解與我們不一致，另一方面他們採

半人半馬怪物的搏鬥 阿諾德・勃克林 瑞士 布面油畫 1873年 瑞士巴塞爾美術館收藏

畫面中所發生的一切，不是人類社會的景象，而是另一個世界的情景。與其說它的真實性，不如說它是一個恐怖的暗示。半人半獸的怪物搏鬥的場面占據了整個畫面，顯然畫家的風格是受了古典神話題材的影響，由此也奠定了畫家在象徵主義領域裡的地位。

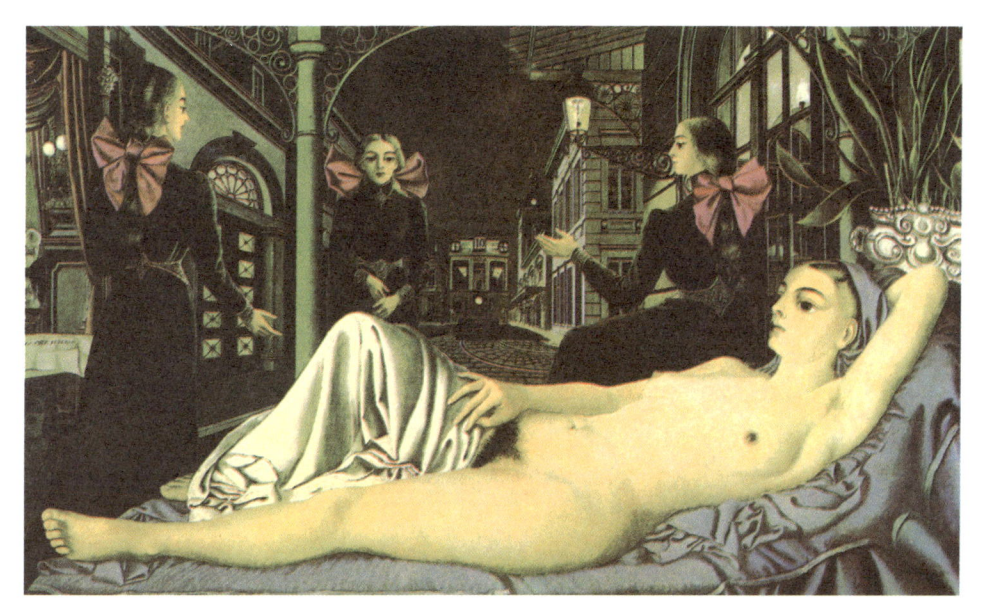

公眾之聲　保羅‧德爾沃　比利時

不管是什麼樣的夢,都可以用兩性的視角來做出解釋,畫面的主體看似躺著的裸體女郎,實際是三個背後都繫有男士用的大蝴蝶結的女性。這是畫家對男女兩性混淆的隱喻。能得到一位同性朋友的關心和友愛,是很多少女在戀愛前都曾有的經歷,這是一種潛在的同性戀的傾向。

用其他的分析研究手段來對我們的結論做出評斷,以至於我們關於夢的理論和醫學上關於夢的學說一樣遭受到了同樣嚴重的質疑。你們大概知道一種說法:夢的意義在於透過反映已發生的情境而對將發生的情境提出解決辦法。如果提出此說的人們認為夢有一種預知的意義,這種意義就是夢的隱念中的潛意識精神活動,那麼在我看來,他們這種說法並非是什麼新奇的創見,而且它還存在有致命的弊端,因為潛意識精神活動它實際上有許多任務需要完成,而不僅僅是預見未來。還有一種說法更為荒謬,它的邏輯相當混亂,此種說法認為任何一個夢中都會含有「希望他人死去」這種願望。我並不清楚此種說法的真實含義是什麼,不過我相當懷疑它是否對人性做出了理性的認識。

最近又聽到一種新的說法,它認為任何一個夢都可以有兩種意義,一種是我們前面已經經過討論而總結出的意義,另一種就是「寓意」(anagogic),這種「寓意」忽視了人的本能的追求,而在於表現一種高層次的精神方式。這種說法,也是不夠科學的,它只是在根據一些特殊的夢例總結出來的。特殊的夢可能會符合這種學說,然而若是我們將這種學說妄加擴大其適用範圍,就不免盲目崇拜以致畫蛇添足了。還有一種說法是這樣認為:不論是什麼夢,都可以用兩性的視角來做出解釋,其夢的意義既可以是男性的,也可以是女性的,或者是二者的混合。這一說法是阿德勒的觀點,雖然你們聽了我的多次講演,不過對於阿德勒這一觀點,你們大概還不瞭解。阿德勒學說所描述的這種

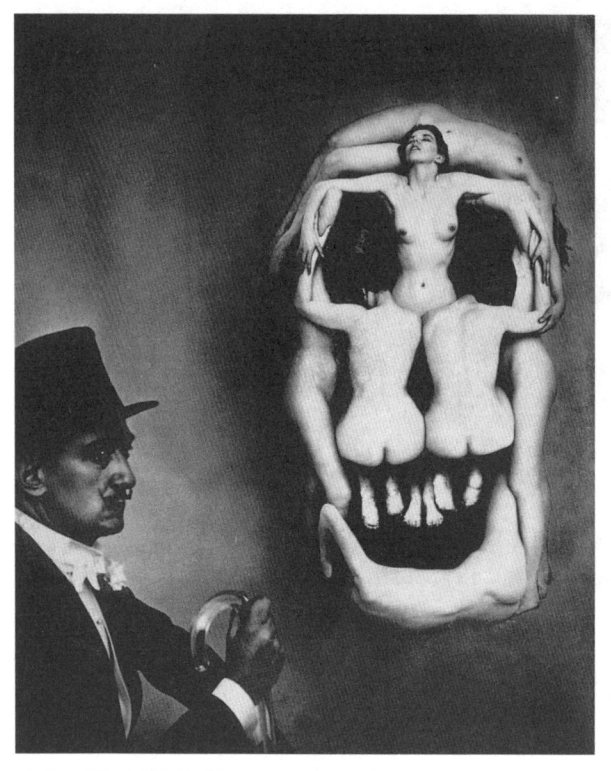

精神分析引論
A General Introduction to Psychoanalysis

裸體構成的骷髏 薩爾瓦多·達利 西班牙

接受精神分析的人，他們所做的夢都是常人所不能理解的。達利用女性的裸體組合成了骷髏，裸體象徵著性慾，骷髏象徵著死亡，從美麗和性中看到死亡，一切患有精神病和自殺傾向的人都有可能如此。

夢，在現實中也存在，從這種夢中你們還可以發現夢的結構與臆想症的一些症候十分相似，不過此種夢的特性並不是所有夢都具有的。我給你們講述了以上幾種學說所描述的特殊夢例，只是想告訴你們不要認為它們的觀點是完全科學的，或者說不要對於我關於夢的解釋有什麼懷疑。

（四）有這樣一種觀點，接受精神分析治療的患者，常常使敘述的夢境與醫生所推崇的知識相吻合，因此，有的人便夢見了自己產生了性衝動，有的人在夢中見到了自己可以控制別人，更有的人夢見自己竟然死而復活。這樣一來，對於夢的研究就缺少了真實客觀的材料，那麼由此得出的結論也不太可信了。實際上，這種觀點是站不住腳的，原因有以下幾個方面：（1）在精神分析治療法能夠影響夢境之前，人們就已經有了夢境；（2）在神經症患者接受精神分析治療前，他們也會做夢。所以說，這一觀點所陳述的事實不必證明大家也會明白，然而它並不會影響夢的理論。引起夢境的昨日遺念，一般是人們在清醒時對於某一引起興奮的經歷的遺產。如果醫生的談話和所施加的刺激能夠對患者產生影響，那麼這兩者必是融入到了昨日的遺念中，從而成為引起夢境的某種刺激，正如昨日那種引起某種情感跳動的經歷一樣。而這種刺激，與侵擾做夢人睡眠的刺激屬於同一性質。醫生為患者引起的思想情感，和引起夢境的某種思想情感是一樣的，它們或者在顯夢中表現出來，或者活躍在隱念之中。我們已經瞭解，透過實驗也可以引起夢境，或者說，那些潛意識的材料可以在試驗中進入夢境。精神分析家對於患者所做夢的作用，和實驗家的作用是一樣的，譬如說伏耳德，他在做實驗時，喜歡將被實驗者的軀體擺成一個固定的位置，然後運用實驗手段來使被實驗者產生他所期望的夢境。

第十五章 幾點疑問與批判的觀察

我們可以對他人夢的元素進行移植，然而卻不能移植其夢的意義，畢竟夢的工作機制和潛意識中的慾望，外界是根本無法施加影響的。我們在分析那些由身體刺激而引起的夢境時，由於我們可以從做夢人所受的身體刺激或者精神刺激看出來此種夢的特性和獨立性，因此，如果你們仍然認為對於夢的研究成果不夠客觀以致缺少價值，那麼你們一定又是將夢和引起夢的材料混淆了。

我們對於夢的解釋，已經做了很多的分析研究。你們也許發現了，對於大部分的解釋我都只是簡略地做了敘述，而其中細節都很少提及。主要是因為夢的現象與精神病的症候，其關係是相當密切的，所以我也很難為你們敘說清楚。我的目的是，前面也說了，只是透過對夢的研究來推動對神經症的研究。我認為這種方法相比過去先研究神經

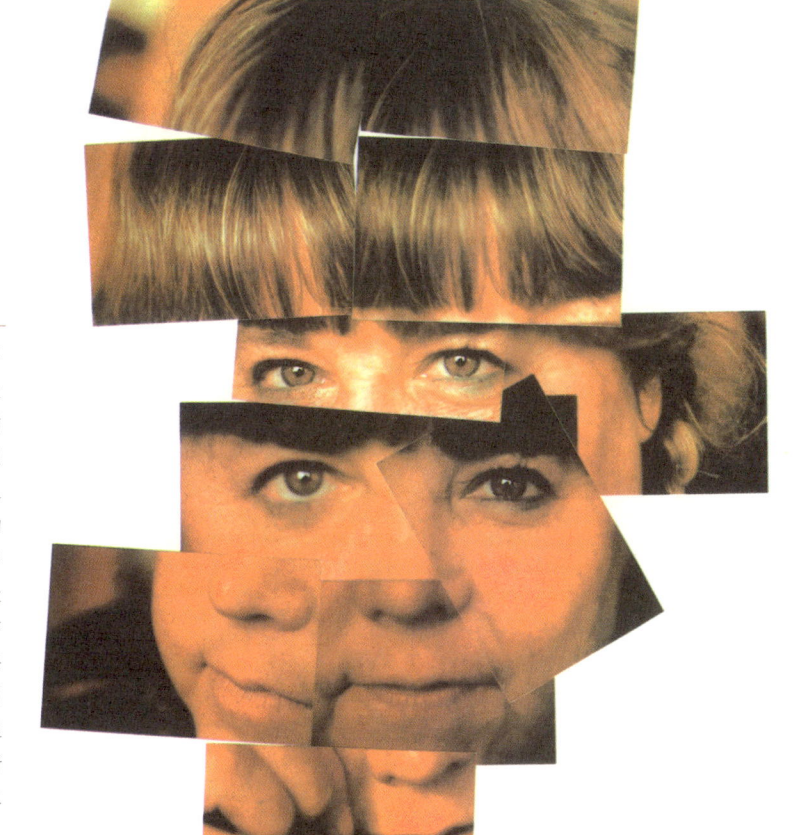

精神病的症候

佛洛伊德認為夢的研究歸根到底只是為精神病研究做準備的，所以只有對神經症有了充分地瞭解之後，才能對夢做詳細的解釋。現代人大多都有人格分裂，這是一個不爭的事實。作品中人物看似一個整體，實際上是將不同的人物的各個側面進行拼貼，藝術家很好地繼承了畢卡索的立體主義畫派的技法。

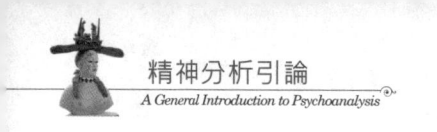

症再研究夢更有效。既然夢的研究只是為神經症研究做準備,那麼我們只有等到對神經症有了充分地瞭解之後,再來對夢做一個詳細的解釋了。

你們是什麼想法我不清楚,不過我認為花費這麼多時間來對夢做出解釋,有其必要的價值。如果你們希望能快些瞭解精神分析理論的精髓,那麼除了遵循這一過程,別無他法了。如果我們想要證明神經症的症候也是有特定的意義和目的的,並且也是有患者的人生經歷所引起的,那麼我們就必須花費大量的時間和精力來做細緻的研究工作了。對於夢來說,雖然最初我們覺得它極為複雜而難以理解,然而要我們指出夢中的種種元素可以作為精神分析的前提,如潛意識的思想作用,及其所依照的活動機制等,實際上只需要數個小時便可完成。如果我們明白了夢中的元素構成與神經症症狀的產生有著極大的相似之處,且瞭解了做夢人是如何在短時間內又成為了一個意識清醒的人,那麼我們便可以推斷,引起神經症的緣由,只是由於人們精神生活的力量失衡而已。

第三卷

神經症通論

　　神經症通論屬於精神分析的技術層面，佛洛伊德在這裡介紹了精神分析的一些方法。即神經症的精神分析和治療。他指出神經症的症候是有意義的，而且與患者的內心生活有著密切的關係。並討論了心路歷程中的潛意識，以及精神分析學對性的認識，提出「人類幻想的一切，都是與性有關的」的觀點。

第十六章
精神分析法與精神病學

我很高興在一年之後又看到你們來聽講。去年我講的主要是用精神分析法來解釋過失和夢,今年我想讓你們對神經症現象有個大致的瞭解。神經症現象和過失以及夢有諸多相似之處,對於這點,你們很快就會瞭解。但是在開始講之前,我必須向大家說明今年的演講態度會和去年有所不同。去年演講時,我總是徵求你們的意見,特意和你們經常討論,允許你們不斷地發問,一切都以你們的「健康常識」為主。可今年不會再這樣了,雖然大家對過失和夢比較熟悉,這方面的經驗也比我多,即便是沒有經驗,也會很容易獲得,但是你們對神經症現象卻不瞭解。你們不是醫生,除了我的報告,沒有其他的方式去接觸神經症現象,而且對即將討論的話題也是什麼都不知道。即便你們善於判斷,也是無濟於事的。

但是,你們也不要因為這樣就認為我會以權威者的身分來演講,只許你們被動地接受。如果你們有這樣的想法,那真是誤會我了。我只是想讓你們產生研究它的興趣,從而破除成見,不是想讓你們產生迷信。如果你們對神經症一無所知,沒有任何辨別的能力,那麼你們就只需靜靜地聽講,什麼也不要去信從或辯解,只在內心深處對我的話產生見解就行。信仰不是那麼容易就可以形成的,就算是坐享其成,也很快就會失去價值。你們不像我,對神經症有研究而且有所發現,所以你們也就無所謂這類問題的信仰權利。但是我們在做學問時也不能盲目地迷信書本,應該加以分析,辯證地去看待。你們要知道所謂的一見鍾情其實是一種異常的感情心理影響,我們也不要求病人信仰精神

痙攣病人

激情姿態的順序由左到右:神志恍惚→嘲弄→開始發作。在醫院中,最引人注目的場景莫過於痙攣病人發作,一些精神科醫生認為,此種症狀都是「精神力激動」的後果。

第十六章 精神分析法與精神病學

分析並支持它,因為極端的信仰會使我們產生懷疑。當然,我希望你們能持有合理的質疑態度,讓精神分析在心中潛移默化,並藉機對一般的或精神病學的認知產生影響,最終形成自己堅定的見解。

但是反過來講,你們也不能認為我所說的精神分析是主觀臆造的觀點。其實這些觀點是來源於經驗,有的是直接得益於觀察,有的是得益於觀察後的結論。而這些觀點是否可信就取決於這個學科將來的發展情況。我對這些觀點做了25年的研究,也可以稱得上的是老學究了。我可以這樣說,這些研究工作是艱難而專一的。我時常覺得,很多的批評家都不願意探討那些基礎的知識,好像這個理論就是主觀臆造的,大家可以任意地指責。對於這樣的看法和態度,我不能原諒。或許有些醫生不注意病人,不留心他們的傾訴,以至於沒能做出詳細地觀察,從而有所發現。在此我想趁機告訴大家,在我的演講裡,不會摻雜任何的個人觀點。也有人曾說:「辯論是真理的源泉」,但是我不贊同這種說法,我認為這種說法來源於希臘的詭辯哲學,而詭辯派則是過分地誇大辯論的作用。我認為那些所謂的辯論是沒有什麼效果的,更不用說辯論時還帶著自己的偏見。我曾經也做過一次比較正式的科學辯論,是和慕尼黑大學的洛溫費爾德相辯,後來我們成了朋友,友誼一直持續到現在。但是這麼多年過去了,我卻再也沒有做過辯論,誰也無法保證再次辯論後會不會還是這樣的結果。

我這樣直接地不接受辯論,你們肯定會認為我是個固執而且自大的人。對於你們這樣的看法,我會做出以下的回答:如果你們精心鑽研後得出了一個信仰或觀點,那麼你們肯定會一直堅信下去。我可以這樣說,從我開始研究,期間我已經多次修改過我的主要觀點,有的刪除了,有的增加了,這些我都如實地刊登和發布。但是我如此的做法得到了什麼呢?有些人不去查看我已經修改過的,只是抓著我以前的觀點不放,胡亂地對我進行批判;而有的人則抨擊我善變,說我不夠堅持己見,不斷改變自己的觀點當然不能稱得上是堅持己見,或許我最終修改的觀點仍然有錯誤的地方;但是堅持自己的觀點,不肯妥協的人,又會被認為是固執、自大的人。對於這樣相互矛盾的抨擊,我只能是不去在意,走自己的路,讓他們去說吧,因為除了這樣我也沒有別的辦法。我會根據以後得來的經驗,不斷修改我的觀點,但我的最基本觀點,我不認為有需要修改的地方,希望將來也不會有,這就是我對待我的學說的態度。

現在我要仔細地講述精神分析對於精神病症狀的理論,為了能夠更好地透過對比和推論來達到講解的目的,我需要舉一個與過失和夢現象相似的例子。神經症裡有一種症候性動作,我的訪問室裡也會經常出現這樣的動作。病人在訪問室中訴說了自己多年的疾病困擾之後,分析家們不會做出任何表示。別人也許會說那些人其實沒有得病,只需用水療法治療就可以了;但是分析家是博聞多識的,不會發表這樣的意見。有人曾問過我的同事要如何對待那些訪問室的病人,對此他只是聳著肩說要那些病人賠償他被損失的時間。所以,當你聽到最忙的精神分析家也幾乎沒有人訪問時,就不會覺得很奇怪了。我在訪問室和待診室之間設置了一道門,訪問室中也有一道門,裡面還鋪著地毯。

精神分析引論
A General Introduction to Psychoanalysis

格林斯泰德咖啡館　渥克爾　油畫　1903年　維也納歷史博物館

咖啡館是人們閒暇時交流時事，暢談人生最後的休閒場所，維也納的格林斯泰德咖啡館就是這樣一個地方，它有「浮華世界」的稱號。在這裡的人大多都是無所事事而又自命不凡的人。

這樣設計的理由很明確，在我讓病人從待診室進來時，他們常常會忘記關門，有時甚至會讓兩扇門都開著。出現這樣的情況時，我會很生氣，要求他或者她把門關好再過來，不管他是一個紳士還是一個時尚的女子。我這樣的行為可以稱得上是高傲。有時我是會誤會，但我正確的情況占據大多數，因為如果一個人將醫生的訪問室和待診室之間的門敞開著，那他就是一個不文明的人，不值得我們去尊重。當然，在我的話還沒有說完之前，希望你們不要誤會我。病人只會在待診室只有他自己時才忘記關閉訪問室的門，如

第十六章 精神分析法與精神病學

果有陌生的病人和他一起等著,他就不會出現這樣的情況,因為,他為了維護自己的隱私和利益,保證自己和醫生的講話不讓旁人聽到,會謹慎地將兩扇門關好。

所以說,病人忘記關門這件事不能說是毫無意義或無關緊要的,因為由它可以看出病人對醫生的態度。就好比有些人要去拜見有地位的人,仰慕他的權勢時,他會提前打電話預約,詢問拜訪的時間,同時也希望會有很多的訪問者,就像現在歐戰時雜貨店裡所出現的那種情形。但是,當他進來後看到一個很普通的一間空房子時,會很失望。他會認為醫生這樣很失禮,應該給予懲罰,於是就將待診室和訪問室的兩扇門敞開,意思就是說:「現在這裡沒有別人,不管我待多長時間,也不會出現第二個人。」即便他在剛開始時沒有這樣的想法,但是在談話時也會出現傲慢無禮的態度。

像這種小症候性動作,它的分析主要有以下幾點:(一)這種動作有著它本身的動機和目的,不是偶然出現的;(二)這動作是有心理背景的,這些心理背景是可以逐一列出的;(三)從這種小動作中可以推斷一個更為重要的心理歷程。除此之外還有一點,那就是做這種動作的人是下意識的,因為將兩扇門敞開的人不會承認自己是想藉機表達對我的報復或輕視。的確有很多人會對空著的待診室感到失望,但是這種失望和後面所產生的症候性動作,是在他們意料之外的,也就是說他們是無意識地做出了那樣的動作。

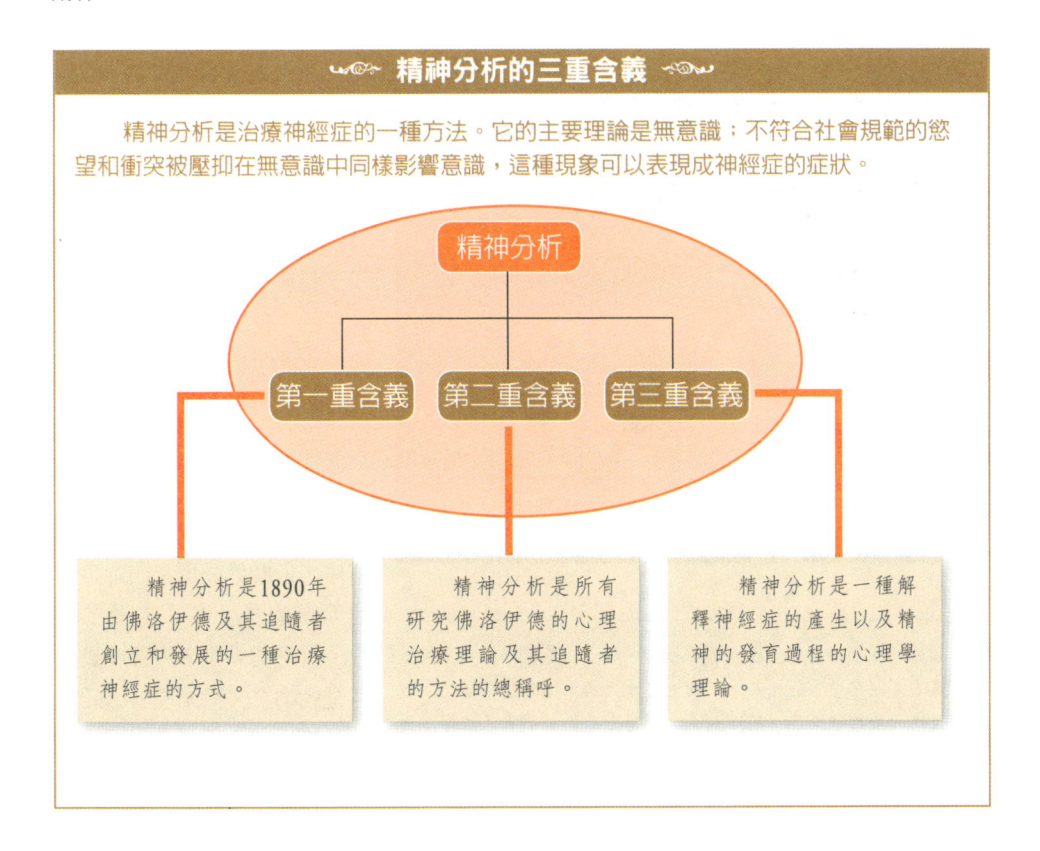

精神分析的三重含義

精神分析是治療神經症的一種方法。它的主要理論是無意識;不符合社會規範的慾望和衝突被壓抑在無意識中同樣影響意識,這種現象可以表現成神經症的症狀。

```
           精神分析
    ┌─────────┼─────────┐
 第一重含義  第二重含義  第三重含義
```

- **第一重含義**:精神分析是1890年由佛洛伊德及其追隨者創立和發展的一種治療神經症的方式。
- **第二重含義**:精神分析是所有研究佛洛伊德的心理治療理論及其追隨者的方法的總稱呼。
- **第三重含義**:精神分析是一種解釋神經症的產生以及精神的發育過程的心理學理論。

精神分析引論
A General Introduction to Psychoanalysis

　　現在我們將這個症候性動作的分析和對某一病人的觀察做一個比較性的研究。對此，我想選舉一個最近發生的例子來講述，這個例子比較簡單、便於講述。但在講述上，有些細節性的問題還是不能少的。

　　一位青年軍人請假回家，請我去為他的岳母治病。這位婦人年約53歲，身體健康，性格比較和善，為人誠實，有個幸福的家庭，但是卻感到無聊。這使得她和她的家人很是困擾。在見到我時，她馬上就講述了自己的病情：她有個幸福美滿的婚姻，丈夫是某工廠的經理，對她是關懷備至，疼愛之情無以言表，他們同住在鄉裡。在戀愛和結婚的30年裡，他們從未發生過爭執、冷戰，或者是哪怕一秒鐘的忌妒。她的兩個兒子也都結婚了，但她的丈夫出於責任仍在工廠任職。但是一年前，出現了一件她不能接受或明白的事情。她收到了一封匿名信，信中說她丈夫和一少女偷情，對此她信以為真。從此後，她的幸福生活就消失了。其實這件事情的始末大致是這樣的：她有一個十分信任的女僕，此外還有一個出身和女僕很相似的女子，但是這名女子在生活上比較幸運。她曾經接受過一種商業訓練，後來進工廠裡工作，由於工廠內的男職員去服役了，她便因此升了職並受到優厚的待遇。她住在工廠裡，所有的男職員都認識她，並稱呼她為「女士」。所以，那名不得志的女僕就十分仇恨她，總是尋找機會給她安上各種罪名。有一天，這位老太太在和女僕議論一位前來拜訪的老先生時，聽說他沒有和妻子住在一起，反而在外面包養了一個情婦。這位老太太當場就說：「他的妻子難道就沒有察覺到嗎？要是我聽說我的丈夫也在外面包養情婦，那真是一件可怕的事情。」結果，第二天她就收到了一封匿名信。信上的筆跡是陌生的，信上的內容講的正是她所說的可怕的事。老太太認為這封信可能是居心叵測的女僕所寫，因為信中那個她丈夫的情婦正是女僕所仇恨的人。老太太雖然沒有相信這封欺詐信件，但她最終還是因為這封信而得病了。老太太受了刺激，並把丈夫叫來大聲斥責，但是她的丈夫只是笑著否認了這件事，並且應付得很好。首先他請家庭醫生來為自己的妻

情人

圖中的少女似乎就坐在我們的面前，陽光照進屋子的真實感，似乎讓人身在其中。陽光將少女的乳房和大腿照耀的閃閃發光，就如情人內心跳動的火焰一般。老太太妄想自己的丈夫有了情婦，而這個情婦可能就是她的女僕。這種非理性的夢境就源於她自身的一種忌妒和妄想。

第十六章 精神分析法與精神病學

羅德和他的女兒

佛洛伊德認為:「年老的丈夫也有和少女發生關係的潛在可能性」,其實每個人的內心都有亂倫的慾望,都要承受性慾的干擾。圖中的人物及其背景原型來自於《聖經‧舊約》,羅德家族因被上帝滅絕,為了種族的延續,他和自己的女兒發生了關係,但在當時,這種現象被認為是沒有罪的。

子診治，並極力安慰她，然後做了很合理的第二件事，就是辭退了那名女僕，而不是那名被冤枉的假情婦。後來，老太太認為自己已經再三考慮了這件事，而且對信上的內容也不再相信。但是在她聽到那假情婦的名字，或街上碰見時，她總是會懷疑、憂慮。這樣的情緒經常出現。

老太太的病情大概就是上述這樣。就算沒有精神病學的相關經驗，我們也能得出以下兩點結論：（一）她在講述自己的病情時太過於平靜，或者是有所隱瞞，所以她的病情和其他種類的神經症不一樣；（二）她現在仍舊相信匿名信上的內容。

一個精神病學者會如何看待這種病症呢？透過他對待病人敞開診室的門這一症候性動作的態度，我們不難知道，他將這一動作解釋為下意識發生的，沒有心理學上的情緒，不需要做研究。但是他在對待這種病症時卻不再是那樣的態度。症候性動作好像變得無關緊要，症候卻引起了他的全部關注。從主觀層面上來說，症候會伴隨著巨大的痛苦；從客觀層面上來說，它可能會破壞家庭。自然而然地它就引起了精神病學者的關注。首先，他們會對此症候羅列一些屬性。那些影響著老太太的觀點從自身來講不能說是毫無意義的，因為即便是年老的丈夫也有和少女發生關係的潛在可能性。但是，這個觀點卻有著很多無意義和不能理解的地方。老太太除了匿名信外，沒有其他任何理由可以斷定自己忠誠的丈夫會做出這樣的事，當然，這樣的事也不能算是一件小事。她知道這個消息是偽造的，也準確地找到了消息的來源，所以她也應該明白她的這種忌妒其實是毫無緣由的，她確實也曾這樣說過。但是她仍然覺得這件事好像真實發生過，並對此深感痛苦。這種不符合實際和邏輯的觀點，我們稱之為「妄想」，所以，老太太的痛苦是源於一種「忌妒妄想」。這就是這一病情的主要特點。

以上這個觀點如果成立，那麼我們對精神病學的研究興趣也會有所增加。一種妄想如果不會隨現實情況而消失，那麼它就不是來源於現實。妄想究竟是來源於什麼呢？妄想本是包含有諸多內容的，為什麼這個病情的妄想獨獨只有忌妒這一項呢？哪一種人會產生妄想，而且是忌妒的那種呢？對此，我們請教了精神病學者，但是他的答覆仍讓我們一知半解。我們問了很多問題，但他只研究了一個。他從老太太的家族史著手研究，給了我們一個答案，那就是他認為一個人的家族中如果經常發生相似的或者是截然不同的精神紊亂，那麼他本人也將會有妄想症。也就是說，老太太之所以會產生妄想，是因為她有引發妄想的遺傳因素。這句話雖然有些道理，但是它沒有詳細地表明我們想要瞭解的一切，也不是致使老太太患病的唯一因素，我們不能就此判定病人只發生這樣的妄想而沒有發生其他妄想的現象是無所謂的，是隨意的，是無法解釋的。那些遺傳因素真的可以支配一切嗎？不管她的一生有過什麼樣的經歷和情緒變化，總免不了要產生妄想嗎？你們或許想知道為什麼這些所謂的科學的精神病學卻無法給予我們更深的解釋。對此我可以這樣回答你們：「一個人有多少，他才能給你多少，只有騙子才會說空話欺騙人。」精神病學者不知道如何對這種病情做更深層次的解釋。你雖然經驗豐富，但也只能憑藉診斷和推測病情將來可能有的變化來滿足自己了。

第十六章 精神分析法與精神病學

也許你們會問精神分析就能獲得更好的效果嗎？對此我可以肯定地告訴你們，是的。我想讓你們知道即便是這樣不明朗的病症，我們也有可能有更深層次的瞭解。首先，請你們注意一下那些晦澀的細節，老太太的妄想是來源於匿名信。其實這封匿名信是她自己引來的，因為在前一天她曾對那個狡猾的女僕說，如果她的丈夫與人偷情，那將會是世界上最可怕的事情。可以說是她的話讓這個女僕有了寄送匿名信的邪念。因此，老太太的妄想並不是因為匿名信的出現而產生的，妄想應該是發自內心的一種恐懼或願望吧。其次，兩個小時的分析所發現的問題也值得我們去留意。在老太太講述完病情的發生過程之後，我再請她講述一下自己的想法、觀點和回憶時，她冷然地回絕了。她說她什麼都講過了，更沒有別的任何想法。兩個小時後，我們不得不終止分析，因為她說她已經完全好了，那樣的妄想不會再產生了。她這樣說一方面是在抵抗，另一方面是因為害怕再被分析。可是在兩個小時的分析中，她不經意間說的一些話，讓我們做出了一些研究，

佛洛伊德和女兒 1938年

畫面中是佛洛伊德和他的女兒安娜抵達巴黎時的情景。安娜得到父親的遺傳，也是一位心理學家，她是佛洛伊德和馬撒的第6個、也是最年幼的孩子。她出生在維也納，後來她一直跟著父親，對新開闢的心理分析領域做出了貢獻。她與父親不同，在工作中更強調自我的重要性。

而這一研究正好可以解釋她嫉妒妄想的來源。原來她迷戀著她那請我前來診斷的女婿。她對這種迷戀毫無所知或者是知之甚少，由於他們是丈母娘和女婿的關係，所以她把這種迷戀變換為母親般毫無傷害的慈愛。根據我們所掌握的一切，很容易推斷出這位老太太、好母親的心理。這樣的迷戀，是一種不可能有結果、不應該出現的感情，所以她不能把這種感情放在心靈深處。可是它又確確實實的存在著，讓老太太在潛意識中總是有一種巨大的壓力。壓力產生後，就要尋求解決的辦法，而最快捷的方法就是透過嫉妒來轉移壓力的焦點。如果不僅僅只是她和少年女婿戀愛，她的丈夫也和別的少女戀愛的話，那麼她就不用因為不忠誠而承受良心的譴責了。老太太幻想自己丈夫的不忠其實是對自己內心痛苦的一種慰藉。而她那對女婿的迷戀的愛，被她深埋在內心而不自覺，但是妄想給了她諸多的便利，於是她的那份愛就在妄想的「反影」（指偽造丈夫和少女偷

245

精神分析引論
A General Introduction to Psychoanalysis

拾玫瑰的女人

畫家安排主人翁在一個最不合乎常理的地方採摘玫瑰，旁邊還有一位中年女士默默地注視著她。這就像老太太懷疑自己的丈夫不忠一樣，其實這是她對自己內心痛苦的一種慰藉，因為她的內心曾經迷戀著她的女婿，這是一種不正常的戀情。

情的事情）下成為理所應當的，奢望的，有意識的了。於是，所有的指責都變成無用的，徒勞的，因為這些指責都只是針對那些「反影」，而不是針對那深埋在老太太心中的「原物」（指老太太迷戀女婿的愛戀）。

現在讓我們總結一下精神分析對這種病情的研究結果，當然我們要假設所收集的資料都是正確的，這些你們不用質疑。其結果如下：第一，那些所謂的妄想不再是毫無意義和無法理解的了，它有了自身的意義、背景和動機，而且和病人的情感經歷有著一定程度的聯繫。第二，妄想是對另外一種精神經歷的反映，而這種另外的精神經歷可以透過各種表示進行推斷。而且妄想之所以被稱為妄想，以及它那對抗真實和客觀性思維的特徵，都是因為和另外一種精神經歷有著特殊的關係。妄想源於慾望，是用來安慰自己的。第三，這個妄想之所以是忌妒妄想是由它的發病經歷決定的。你們也能看出它和我們前面所分析的症候性動作有著兩個重大的相似之處：（1）症候背後所存在的動機；（2）症候和潛意識慾望之間存在的關係。

當然，這些並不能解決此病引發的所有問題。其實，問題還有很多，有的是還沒

第十六章 精神分析法與精神病學

解決，有的是因為情況特殊而不能解決。比如說，為什麼這位婚姻幸福的老太太會迷戀上她的女婿呢？就算是產生了戀愛，也有很多其他推托的理由啊，為什麼非要把自己的這種情況嫁禍到丈夫身上以求解托呢？你們不要認為這些問題是無關緊要的，其實我們收集了很多資料，可以對這些問題進行種種解答。老太太在年齡上進入了一個關鍵性的時期，在她不喜歡的性慾中增加一個興奮點，這樣或許可以解釋她為什麼會迷戀女婿。也許還有另外的原因，那就是忠於她的丈夫在性方面已經遠遠不能滿足她仍然高漲的需求。透過調查我們發現只有這樣的男人才會特別忠實於自己的妻子，會特別撫愛她們，照顧她們不安的精神情緒。以女婿為迷戀目標也是一個重要的現實問題，也可以算是一個發病原因。母女本來就有著很密切的關係，所以對於女兒的性愛很容易轉嫁到母親身上。我在這裡要告訴你們，其實岳母和女婿的關係，自古以來，就被人們認為是最容易發生性意味的一種關係，而且諸多的野蠻部落，也因此設定了一種強勁的禁令（參照1913年版的《圖騰和禁忌》）。不管是從積極方面來說，還是從消極方面來說，這種母婿關係會經常超越文明社會的限制。我們剛剛所討論的問題是受三個因素中其中一個影響呢，還是受兩個影響，或者是三個都有影響呢？這我就無法告訴你們了，因為我們當時只有兩個小時的分析，後來並沒有連續下去。

我知道剛才我所講的都是你們不曾瞭解的，我說那些是想對精神病學和精神分析進行一個比較。但是我想先問你們一件事：你們認為這兩者之間是相互衝突的

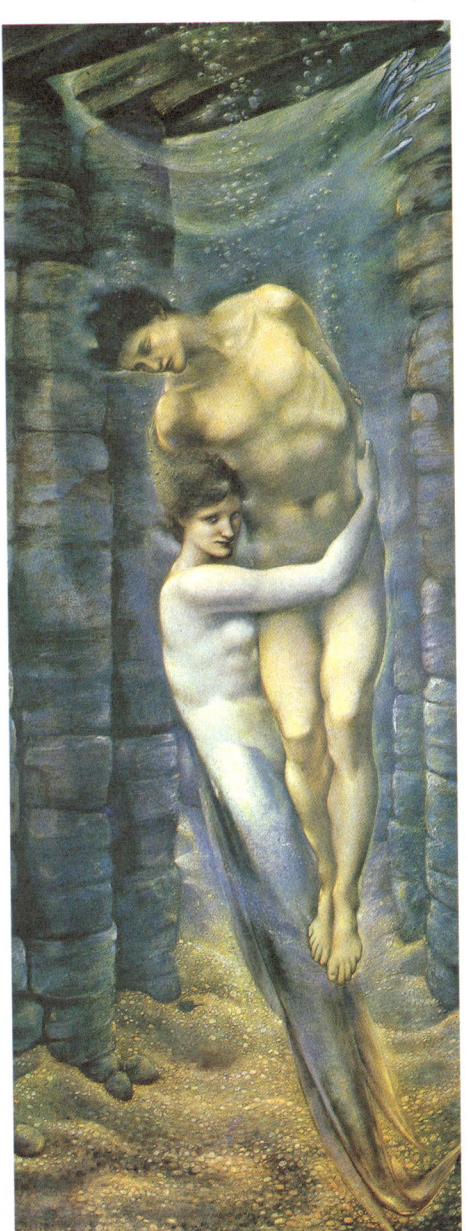

海洋的深度

處於熱戀當中的男女都會有這種沉入大海的勇氣，毫無例外，這是一種禁忌的懲罰。佛洛伊德在《圖騰與禁忌》中指出：亂倫會經常超越文明社會的限制。性與力比多能夠使許多人違反道德的禁忌，做出常人不能理解的事情。

247

精神分析引論
A General Introduction to Psychoanalysis

精神分析與精神病學的對比

精神分析

精神分析來說，精神分析師並不接受某個人所說的話，而是將這個人所說的話加以詮釋，幫他分析情況，以此來讀出他言語裡的含義，告訴他所擔心的原因，但這個方法會使人產生更多的疑惑，卻沒有實際幫助的效果。

精神病學

精神病學的療法則更加暴力：治療師會使用藥物控制、外科手術等，以此來粉碎個體的意志和活動的方式，以此讓病人變得更加安靜。這個方法使得病人變得更加容易被控制，卻沒有得到收穫和幫助。

比較

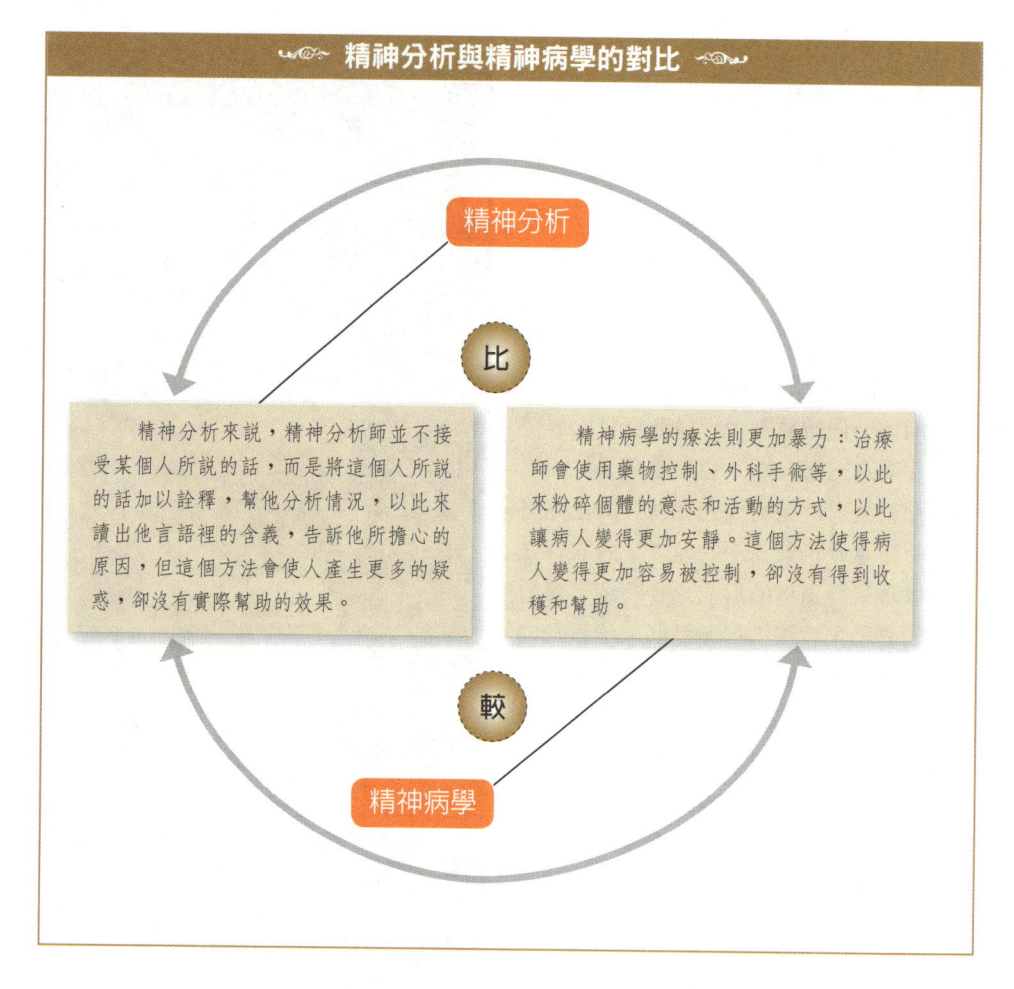

嗎？精神病學並不採用精神分析的技術，也不探討妄想的相關內容，只是說出遺傳這一觀點，給我們一個普遍存在的次要原因，而不是積極地探尋比較特殊的主要原因。可是兩者之間必須要存在衝突嗎，相互輔助不可以嗎？遺傳的因素難道就不能和經歷相結合嗎？其實你們很快就會發現精神病學的研究和精神分析的研究之間根本不存在相互衝突的地方，所以，那些反對精神分析的其實是精神病學者而非精神病學本身。精神分析對於精神病學來說就好比組織學之於解剖學：一個是眼界器官的表面形態，一個是研究器官的內部構造，比如組織和其他構成元素。這兩種研究貫穿始終，很難看出兩者有什麼衝突和矛盾的地方。解剖學現在是醫學研究的基礎，但是在以前，社會可是明令禁止醫學研究者解剖屍體來進行身體內部構造的研究，就好比現在社會斥責我們用精神分析來研究人類的心路歷程。或許在不久的將來大家會發現，沒有潛意識精神生活歷程的相關知識，是不能作為科學的基礎的。

第十六章 精神分析法與精神病學

　　雖然精神分析屢遭指責，但是你們當中或許仍舊有人對它很感興趣，希望它在治療疾病方面能夠無懈可擊。你們或許會認為既然精神病學沒有能力治療妄想，而精神分析又瞭解妄想的機制，那麼它就一定能夠治療妄想。對此我只能給予你們否定的回答。不管怎樣，就目前來說，精神分析和其他治療的方法一樣，還沒有能力去治療妄想。病人有什麼樣的經歷，我們雖然瞭解，但是沒有辦法讓他們也同樣瞭解。對於妄想，你們也知道，我們只是做了最初的簡單分析。或許你們認為這種分析是沒必要的，因為沒什麼結果，可是我卻不這樣認為。不管什麼時候見效，都不放棄研究，這是我們享有的權利，也是我們應盡的義務。或許有一天，我們把所有的研究結果都轉變為治療的能力，但是這一天究竟會在什麼時候什麼地方到來，現在我們還不得而知。更進一步說，即便精神分析不能治療妄想和其他的精神病及神經症，也可以作為科學研究的一種工具。目前我們還沒有實現這種技術，這也是沒有什麼不能直說的，而且做研究的都是人，而人都是有生命和意識的，做這樣的研究首先要有動機，可是有些人現在沒有這樣的動機。所以，我想用下面的這句話作為今天演講的結束語：對於大多數的神經症來說，我們的研究結果確實有了一定的治療能力，況且這些疾病原本是不容易被治療的，但是現在，在一些特定的情形下，我們的技術成果，在醫學上也可以稱得上的獨占鰲頭了。

疾病發作

　　精神病學是否能治療妄想症，這一直是人們很感興趣的話題。即便是有一天，所有的研究能力都轉變為治療能力，我們也還是要尊重人的生命和獨有的意識的。

249

第十七章
症候的意義

在上一章裡，我曾說過臨床精神病學並不關注個別症候有什麼樣的形式或內容，而精神分析卻以此為出發點，認為症候本身就有著重要的意義，並且和人的生活經歷相關。在1880年和1882年間，布洛伊爾曾研究並治癒了一例臆病（一譯歇斯底里），此後，人們便開始大力關注這個疾病，而他也是第一個發現神經症症候意義的人。其實法國的讓內也曾得到過同樣的結論，而且公布結果要比布洛伊爾更早。布洛伊爾是在十年之後（1893-1895年，我們合作期間）才公布他的觀察結果的。究竟是誰先發現的已經沒有那麼重要了。你們也知道每次的發現都要經歷很多次，不是一次就能完成的，而且成功也不一定非要和功績成正比，就比如美洲並不因哥倫布而聞名。著名的精神病學者伊萊特曾在布洛伊爾和讓內之前提出過狂人的妄想，如果我們能夠對其進行解釋，會發現它們是富有意義的。我知道我一直都很贊同讓內關於神經症症候的學說，因為他把這些症候看做是控制病人心理的隱意識觀念。但是後來讓內卻變得十分謹慎，似乎他認為「隱意識」只是一個詞語，一個暫時適宜的名詞罷了，卻沒有實在的意義。後來，我就不能理解讓內的學說了，但是我可以肯定的是他就這樣在不知不覺中失去了自己的高尚地位。

神經症的症狀和過失與夢一樣，都有著各自的意義，同時，它們都跟病人的心理有很大的關聯。這一點很重要，我想透過幾個例子進行解釋。我只能說（雖然還不能證明）不管什麼形式的神經症都是這樣的，不管是什麼人，只要進行了一番考察，都會相信這一點。可是由於某些原因，我不會在臆病中舉例，而是在另外一種比較特殊的神經症中舉例，它的來源和臆病很相似。我需要先對這種病做一些說明，這個病是強迫性神經症，沒有臆病那麼普遍。或者說，它比較隱蔽，常隱藏在病人的心事中，在病人身體上沒有任何的表現，只

布洛伊爾

布洛伊爾是佛洛伊德早期的合作夥伴。早在與佛洛伊德合作以前，他就已經開始嘗試用催眠來治療臆病。不過，在1895年，布洛伊爾因為移情作用和催眠術的困難，離開了這一工作領域，同時也結束和佛洛伊德的合作。

第十七章 症候的意義

是表現在精神方面上。早先的精神分析是以臆病和強迫性神經症兩種病情的研究為基礎的,而我們的治療也是結合了這兩種病情。但強迫性神經症沒在身體上有所表現,所以在精神分析的研究上它比臆病更容易讓人理解,現在我們已經知道它的神經症組織特點要比臆病更加明顯。

強迫性神經症有以下這些表現形式:病人總是有種做什麼都沒情趣的感覺,而且特別的衝動,而且被迫去做一些毫無意義但又必須要做的行為。那種感覺(或強迫的觀念)本身就是沒有什麼意義的,只會讓病人感到愚昧和乏味,但是病人又總是以它們為強迫行為的出發點來不斷地耗費自己的精力,雖然心裡不情願,但又總是在不知不覺中產生了這樣的行為。他們把自己逼迫的好像是在面臨生死攸關的大問題,經常焦躁不安,無法自控,心中的那股衝動也是這般的荒唐和毫無價值。這些症狀讓人害怕,比如病人在面對犯重罪的引誘時,不但會因為這種行為的不應當而排斥,還會提心弔膽的躲避它,用各種方法來阻止它。其實,病人們沒有一次讓那些衝動行為成為事實,總是在最後有效地制止和掙脫。他們真正做的都是一些無關緊要的小事(也就是我們所說的被迫做的行為),是對日常生活的不斷重複和練習,以至於像洗漱、上床、穿衣、散步等這些普通的行為最終演變成了無趣繁瑣的事情了。這些不正常的想法、衝動和行為並不是按照同樣的比例組成強迫性神經症的,也就說它們當中有的占重要地位,有的則不是那麼重要,病情的名稱也就因此形成了,但是這些表現形式的特點仍舊是很明顯。

這真是一種瘋狂的疾病。我想就算精神病學者想要呈現他們無比離譜的臆想,也必定編造不出這樣的疾病。如果不是親眼看見這種疾病,我也不敢相信。你們不要認為透過勸說他們不去在意那些感覺和想法,盡力擺脫那些行為,用正常的動作去代替那些繁瑣無用的動作就能治療他們。其實這些也正是他們所希望的,因為他們也知道自己的情況,也同意你們對他的強迫性神經症症狀的看法,並且這種看法,他們自己也能提出來。但他們總是會不由自主,就好像背後有一隻大手,操控著他們去做那些強迫性的動作,而且還無法用自己的意識去違背這隻大手。無奈之下,他們只能用替換這種方法。他們用輕鬆平和的想法替換原本極端的、不合情理的想法;用防止替換原本的衝動;用簡單的動作替換原本繁瑣的動作。總之,他們盡可能的以此代彼,但是卻不能完全取消。這種替換(包含原本形式的徹底改變)是這個疾病的一個重要特點,而且這個疾病在精神層面上所表現的相反價值或極值(是指強弱明暗等相對的觀點)好像分解的更為明顯。病人除了受到積極的或消極的強迫外,思維層面也開始出現質疑,演變為對原本真實的事情也開始懷疑。雖然強迫性神經症患者都是精力充沛、擅長分析,具有超高的智商,但是這些強迫卻完全可以讓他們變得猶豫不決、精力喪失,因此失去自由。這些病人一般都比較有道德心,最怕做錯事,通常是無罪的。你們可以想像一下,在這種相互抵觸的德行和不健康思想的影響下,要尋找這個病情的原因,是多麼不容易的一件事。我們現在的工作就是對這種疾病的一些症狀進行解釋。

在聽了前面的講述後,你們也許想瞭解現代精神病學對強迫性神經症的研究都做

強迫症的病發機制

強迫性神經症（簡稱強迫症）。是以反覆的持久的強迫觀念和強迫動作為主要症狀。這些症狀有病人的心理所產生，但卻不是病人自願的。明知不可為而為之，但病人自己卻無法擺脫，使得病人很痛苦，以至於自己本身也顯得格格不入。

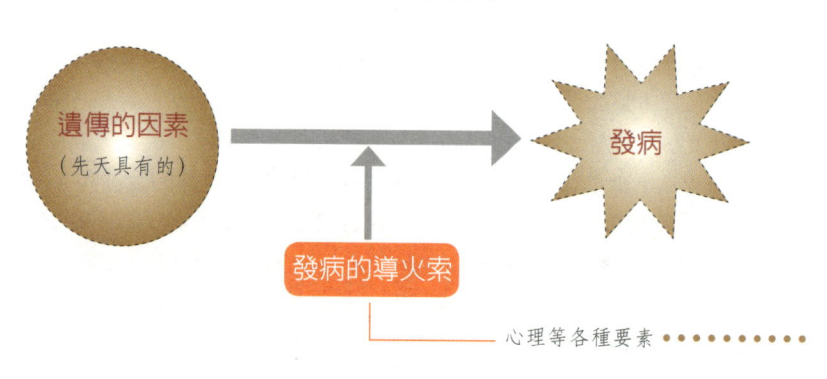

遺傳的因素（先天具有的） → 發病

發病的導火索 ………… 心理等各種要素

出了哪些貢獻，其實那只是一些微弱的貢獻。精神病學只是為各種強迫行為賦予了相對應的名稱，其他也就沒什麼了。他們只是稱呼這些患者為「退化的」，這讓我們無法得到滿足，因為這只不過是一種價值的判斷，或者是一個貶低的詞語，不能算得上是一種解釋。我想我們判斷退化的結果應該就是會產生各種各樣的奇怪形態。我們原本認為患有這種症狀的人是與眾不同的，但是他們真的比其他神經症患者、臆病患者及神經錯亂者「退化」嗎？「退化」這個詞太膚淺了。如果你們知道那些有著特殊才能，名垂史冊的人也會有這種症狀，那麼你們或許就要開始懷疑「退化」這個詞使用的是否恰當了。因為那些名人的謹慎和寫書之人的失真，現在我們很難瞭解他們的性格，但是他們當中不乏有人是摯愛真理的，比如左拉（參照陶拉斯，「埃米爾·左拉」，《醫學心理學研究》，巴黎，1896年），而且我們還知道他一生都有著很多奇怪的強迫性行為。

精神病學只是把他們稱為「退化的偉人」就算完結了。但是透過精神分析的結果可以看出，這些強迫性的症狀是可以永遠消失的，就像那些沒有退化的患者身上的所有症狀一樣。我就在這方面取得過收穫。

現在我將要舉兩個例子來分析強迫性症狀：第一個是老的例子，因為我還沒有發現比它更好的例子；第二個是最近見到的例子。由於講述需要詳細明瞭，所以我就只舉這兩個例子。

一個女人，將近30歲，她患有嚴重的強迫性症狀。如果我的工作沒有因為生活的突然轉變而遭受打擊，那麼我是可以治療她的。這一點我會在以後慢慢告訴你們。這名女子一天之中，除了其他動作外，總是會時常做下面這個奇怪的強迫性動作。那就是她經常會從自己的房間跑到隔壁的房間，然後在隔壁房間中央的一個桌子旁邊站著，按響電鈴讓女僕進來，有時會吩咐女僕做一些小事，有時沒事就又讓女僕出去，最後她又跑回

第十七章 症候的意義

埃米爾·左拉的肖像 1868年 巴黎奧賽美術館藏

　　左拉的這幅肖像看著像人物描寫,但實際上更像是靜物描寫。但是左拉本人卻對此很滿意,因為他在擺這個姿勢的時候,手腳都不能動彈了,想必是他是想為自己的「付出」討一個「說法」吧。

253

精神分析引論
A General Introduction to Psychoanalysis

貝塔‧巴本罕小姐

貝塔‧巴本罕小姐患有嚴重的強迫性症，強迫症是出在病人內心的，是病人不願意去想的，自知不合乎情理，但卻又不能擺脫，使病人感到很痛苦的一種症狀。

自己的房間。這種行為原本也沒什麼危險性，但是這卻引起了我們的好奇心。這種行為的原因是由病人自己說出來的，並沒有經過分析者的協助。我沒有猜測出這個強迫性動作的意義所在，也沒能給予解釋。我也曾多次詢問病人為什麼要進行這樣的動作，這個動作的意義是什麼，但她總是回答說不知道。偶然有一天，我勸說她不必對某些行為懷疑後，她突然明白了這個強迫性動作的意義所在。然後她詳細地講述了產生這一強迫性動作的過程。十年前，她嫁給了一個比她大很多的男人，在新婚之夜，她知道了這個男人沒有性能力。在那一夜，他不斷地從自己的房間跑到她的房間，想測試自己的本事，但都以失敗而告終。在第二天早上，他羞惱地說：「這樣會讓鋪床的女僕看不起我的。」於是他就在被單上面倒了一瓶紅墨水，但是沒有倒對地方。剛開始時我不明白這件事和那個強迫性動作之間有什麼關聯，因為在我看來，這兩件事除了那名女僕，和從這個房間跑到那個房間的動作外再沒有其他相似之處。後來，我被患者帶到隔壁的房間裡，看到了桌布上的紅印記。她進一步解釋說自己站在桌子旁邊就是為了讓女僕一進來就能看到這個紅印記。於是，我們就能判定強迫性動作就和新婚之夜的情形有著相對應的關聯，雖然我們還需要對這件事繼續觀察。

首先，我們明白患者是把自己看成了她的丈夫，由這個房間跑到另一個房間，她是在模仿她丈夫的行為。為了能盡可能的相似，我們還要假設她把桌子和桌布當成了床和床單，雖然這樣說有點牽強附會，但是在夢的象徵研究資料上，我們會看到桌子在夢中通常是代表床的，「床和桌」的結合就代表著結婚，所以桌子可以代表床，床也可以代表桌子。

以上這些都可以說明強迫性動作是有其自身含義的，可以看成是對一些重大情節的模擬。當然，我們也不能只是拘泥在這一個相似點上，如果我們能查清楚這兩個情景之間的關係，或許就能夠推測出這個強迫性動作的目的是什麼。這個動作的重點是把女僕召喚引來，然後讓女僕看到這個紅印記。這一切都是在針對她丈夫的那句：「這樣會讓鋪床的女僕看不起我的」。她這一模擬動作使得她的丈夫沒有在女僕面前丟臉，因為那個紅印記出現在了正確的位置上。她的這一動作不僅是對舊情景的模擬，更是引申和修正，讓那個情景毫無紕漏。此外，她的動作還有另外一層意思，就是對新婚之夜需要紅

第十七章 症候的意義

墨水這一情景，也就是她的丈夫沒有性能力這件事，進行改正。這一強迫性動作就是為了表明：「他沒在女僕面前丟臉，他是有性能力的。」她就像是在做夢，這個強迫性動作滿足了她的願望，保住了丈夫倒紅墨水後的聲譽。

患者的全部情況使我們對她那難以理解的強迫性動作做出了以上這樣的解釋。她和丈夫長久分居，正準備和他離婚，但是她總是無法忘記他，她強迫自己要忠誠於他。於是她離開群體獨自居住，想以此避免他人的引誘，而且她不斷幻想自己寬恕了他，並對他進行美化。她這個病最大的目的就是想讓他免受那些惡劣的詆毀，讓他們的分居變得無懈可擊，讓他過愜意的生活，儘管他已經失去了她。我們在分析這個毫無傷害的強迫動作時，卻發現了她的病因，同時還推算出了一般性的強迫性神經症的特徵。我也希望你們能對這樣的病例多加關注並進行研究，因為所有的強迫性神經症中那些難以預料的情形都集聚在這裡了。那些症狀的解釋是病人在一瞬間意識到，分析者並沒有進行指點或干預，而這些解釋不是源自於幼年時被忘卻的事情，而是源自成年後所記憶的事情。所以評論家針對我們關於症狀所作解釋的所有抨擊，現在也都站不住腳了。這的確是很難遇到的好例子。

另外還有一件事，這一強迫動作直接涉及到了病人最隱私的事情，難道你們對此不感到驚訝嗎？一個女人最不願與人分享的就是她的新婚之夜，可是現在我們卻知道了她性生活的全部隱私，這可以說是偶然嗎？可以說是毫無特殊意義嗎？你們也許會說我選擇這個例子就是為了自圓其說。對此我們先不要急著下定論，讓我們先看一下第二個例子。第二個例子與第一個是截然相反的，它是很普通的一個例子，是關於上床睡覺前的準備的。

霍蘭代斯女士 沃爾特・理查德・西科爾特 德國 布面油畫 1906年 倫敦泰特畫廊

畫家是一個專門描繪黑暗題材的人，這幅作品的靈感來自於一個被謀殺的妓女，人物的臉部隱藏在陰影中，昏暗的光線還是將她的胸部和大腿暴露了出來，女人坐在床上，畫家故意不讓我們看到她的臉，也許是為了掩飾她的行為。

有一個19歲的漂亮聰明的女子,她是家中的獨生女,她的智商和受到的教育都比她的父母要高,她原本也是一個活潑開朗的人,但是最近幾年她突然變得不正常。她變得很容易發怒,特別是針對她的母親;她經常憂憤煩悶、質疑彷徨,後來她宣稱自己不能獨自到廣場和大街上。對於她的這種複雜症狀,我不想做過多的闡述,從她的症狀,最起碼可以得到這樣兩種判斷:廣場恐懼症和強迫性神經症。現在讓我們來關注這個少女上床睡覺前的一系列準備工作,這些準備讓她感到擔憂。一般來說,正常的人在上床睡覺前都會有一些準備,或者,需要一些條件,不然的話就無法入睡,像這種由醒著到睡著的過程往往會形成一種模式,每夜都會出現。對於一個正常人睡覺所需要的條件我們可以做一個合理的解釋,如果外界的環境使這些條件發生了改變,他也能很快的適應。但是不正常的準備工作卻是不會有所改變,還要時常做出很大的努力去維護這些無謂的準備。從表面上看,它也有著合理的動機為目的和藉口,但是和正常的差別就在於它執行起來太過小心翼翼。從更深層面來看的話,這種動機和藉口的理由是不充分的,而

沙伯特利耶的電療場景　版畫　巴黎國立圖書館

電療法按照電流使用的不同,可分為三項功能:一是強化組織,二是促進組織細胞的養分供應,三是鎮靜作用。電療法大多用在神經系統疾病上,主要問題出在病人的神經通道不夠暢通。對一般性的強迫性神經症有一定的療效。

且這些理由也不能對準備工作的習慣進行解釋，甚至有些習慣是和理由相互矛盾的。病人為了保證睡眠，說她在夜間需要安靜的環境，必須杜絕一切聲音的喧嚣。為此她做了以下兩件事：第一，她把房間裡大時鐘調停，把所有的小時鐘放在房間外面，甚至連床邊桌子上的小手錶也拿到外面。第二，她把房中所有的花盆和花瓶之類的東西全都小心地放在書桌上，以免它們會在夜間掉落，打擾她的睡眠。她自己也清楚這些尋求安靜的做法是不合理的。小手錶就算放在桌子上，她也不會聽到它的滴滴聲。時鐘有規律的滴答聲不僅不會影響睡眠，反而會催人入睡。她也明白就算把花盆花瓶放在原地，它們也不會掉落摔碎，這些擔憂都是多餘的。而這些準備中的有些動作又違背了尋求安靜的要求。比如她強烈要求半敞開自己的房間和父母房間之間的那扇門（為了實現這個目的，在門口放置了很多的物體），但是這樣又會召來一些聲音。可是最關鍵的準備都是和床相關的，床頭上的長枕頭不能和木床相挨，小枕頭要以菱形的形狀疊跨在長枕頭上，然後她會把頭恰好放在這個菱形上。她在蓋上鴨絨被之前會先抖動鴨毛，讓鴨毛下降，被子隆起，可是她又會把被子壓平，使得鴨毛再一次組合。

自動催眠器材　19世紀　巴黎醫學史博物館

醫生在治療患有失眠症病人的時候，往往會採用相關的輔助儀器，如催眠器，它可以把病人的眼光固定在某一光亮體，一個相對安靜的環境，杜絕一切聲音的喧嚣，這樣病人即可安然入睡。

　　對於準備工作中的其他細節我就不做詳細的介紹了，因為這些細節不但不能給我們提供新的有用資源，而且描述起來還會偏題太遠。但是你們不要認為我上面所說的那些小事就很容易進行。不管哪件事，她總擔心會做不好，於是她就一次次地重複一件事，懷疑這做得不好，懷疑那做得不好，終於一兩個小時過去了，她才能入睡，或者是讓憂心的父母入睡。

　　對於這個病狀的分析並不像前一個那麼簡單。對於我所提供的關於那些解釋的觀點，她要麼直接否決，要麼嘲笑質疑。可是她在拒接了我的解釋後，又開始考慮我在解釋中所提及的可能性，關注它所帶來的一些聯想，回憶所有可能的關係，最後，自發地認同了這些解釋。認同後，她就開始慢慢地削減那些強迫性動作，治療還沒有結束，她就完全丟掉了那些準備工作。但是我還要告訴你們一點，我們的分析工作是不會一直糾結在一個獨立的症狀上，直到我們把它的意義完全明瞭。因為我們會經常把正在研究的一些話題丟在一邊，但是又會在別的方面將它重新提出來。所以，我現在要告訴你們的這些關於症狀的解釋，其實是對很多結果的整合，而這些結果，因為某些原因被迫停止，要在幾個星期或幾個月後才能獲得。

精神分析引論
A General Introduction to Psychoanalysis

病人後來慢慢知道她在夜裡把鐘錶放到房間外是因為鐘錶代表著女性生殖器。鐘錶除了這層意義外，也許還代表其他東西。它之所以是女性生殖器的代表是因為它們兩者之間都有著週期性的動作和規律性的間隔。女人經常用鐘錶的規律性來比喻她們的經期。患者之所以害怕鐘錶的滴答聲會影響她的美夢，是因為她把鐘錶的滴答聲比作了性慾高漲時陰核的激動。她的確曾多次因這種感覺從夢裡驚醒，她害怕陰核的勃起，於是就每晚都把鐘錶放在外面。花盆花瓶和所有的容器一樣，都代表著女性生殖器，防止它們在夜裡掉落摔破是有其含義的。我們知道一種很流行的訂婚風俗，那就是在訂婚時打破一個花瓶或盆子，然後在場的人各拾一個碎片，表示自己不會對新人有任何的想法。這個風俗可能是由一夫一妻制引發的。病人對這一部分的準備工作也有一些回憶和聯想。在她還是孩子的時候，有一次拿玻璃杯或瓷瓶，突然摔倒了，手指被割破了，流了很多血。她長大後對性交有了一些瞭解，害怕在新婚之夜，因為不流血而被懷疑不是處女。她害怕花瓶掉落摔碎，就是想要丟掉貞操和處女流血這一情結，也是想要擺脫到底會不會流血這一焦躁情緒。其實這些擔憂和阻止聲音之間是沒有多大關係的。

有一天，她想起了準備工作的重點，突然間明白為什麼自己不讓長枕頭觸到床背了。她說她覺得長枕頭就好比一個女人，那直直的床背就好比一個男人，而她就好像用一種神奇的儀式，把男人和女人分開了。也就是說，她把父親和母親隔開了，不讓他們發生性行為。在以前沒有這些上床前的準備工作時，她會用一種更加便利的方法來實現她的目的。例如她謊稱自己膽量很小，或者是藉助她的恐懼心理，讓她和父母房間之間的那扇門得以敞開，這個辦法至今還在使用。這樣她就可以偷聽到父母的行為，其實這件事也曾害得她好幾個月睡不了覺。但是對於這樣的分隔她還是不滿足，她那時甚至會睡在父親和母親之間，把「床背」和「長枕」真正的分離開來。後來，她長大了，不方便再和父母同床睡了。於是，她就假裝很害怕，讓母親和自己換床睡，自己和父親睡在一張床上。這就是幻想的源頭，至於結果如何，我們在她的準備工作中可以清楚的看到。

如果長枕頭是女人的代表物，那她抖動鴨絨被讓鴨毛往

時鐘 工藝品 約1745年左右

時鐘根據鐘擺長度決定它的速度，反過來它也可以控制時鐘的運行。女人經常用鐘錶的規律性來比喻她們的經期。患者之所以害怕鐘錶的滴答聲會影響她的美夢，是因為她把鐘錶的滴答聲比作了性慾高漲時陰核的激動。

第十七章 症候的意義

陽台 保羅·德爾沃 比利時

少女在兒童時期都有偷窺的慾望，尤其是父母。圖中，少女在窺視母親的裸體。孩子小時候都喜歡和大人在一起睡覺，因為這樣不僅滿足自己的性心理需求，而且還能得到一定的心理滿足。

精神分析引論
A General Introduction to Psychoanalysis

希臘英雄賈森與他迷人的妻子米迪亞　15世紀

　　畫面中英雄賈森和他迷人的妻子，在一張典型的中世紀歐式風格的床上正準備和衣而睡的情景。畫面不乏讓人感覺有些小溫馨，據傳說，米迪亞為賈森生了兩個孩子，但無情的賈森最後還是拋棄了她。

下移動，被子抬高的這一行為也是有著具體含義的。它的含義是什麼呢？是懷孕。其實她是不希望母親懷孕的，因為這麼多年來她一直害怕父母發生性行為後會再生一個孩子，讓自己多一個競爭對手。反言之，如果長枕頭代表母親，那麼小枕頭就代表女兒。為什麼小枕頭要以菱形的形狀疊跨在長枕頭之上，而她的頭恰好放在菱形的正中間呢？因為她記得在圖畫上或牆面上菱形是代表女性生殖器的。她把自己看做了男人（或者是她的父親），把自己的頭看做是男性生殖器。（殺頭代表閹割的說法是可以考證的。）

你們或許會問，處女的心中會存在著這麼可怕的想法嗎？對此我的回答是肯定的。但是你們要記住我並沒有製造這些概念，我只是把它們提了出來。上床睡覺前的這些準備還真是夠新奇的，但是你們也不能否認我的解釋中這些準備工作和幻想之間的相似之處。我覺得更重要的是，你們要知道這些準備不是單個幻想的所得物，是很多幻想合併後的所得物，只不過這些幻想會最終聚集在一個點上。此外你們還要知道，她的這些準備對性慾有積極和消極兩方面的表現，有的是對性慾的贊同，有的是對性慾的抗拒。

如果我們把這些準備和病人的其他病癥結合起來，或許會分析出更多的結果，但是我們的目的不在此。你們只需知道病者曾經在年幼時對父親產生過一種「性愛」就可以了，這種性愛曾讓她神魂顛倒，如痴如醉。或許就因為這些，她才會對母親如此的不友善。還有一點我們需要提一下，那就是這個病症的分析還牽涉到了病人的性生活。對神經症症狀含義和目的研究的愈深，我們對這一切也就愈發覺得不奇怪了。

臆病

1. 臆病患者在病發前的過程
2. 失眠、頭痛、倦怠等引起的不祥感
3. 自己似乎被他人監視
4. 心理很敏感，發現別人難以發現的事情
5. 被外部環境控制情緒
6. 自己所想好像總是被他人操控
7. 產生幻覺、幻聽，愛妄想
8. 情緒很容易緊張、激動
9. 失去自己獨立的人格，精神沒有寄託

什麼是臆病

臆病，是一種常見的精神障礙，大多患者受個人的精神因素影響，如生活事件、內心衝突或情緒激動、暗示或自我暗示等。病因主要是心理因素及遺傳，但性格因素，如情感豐富、暗示性強、自我中心、富於幻想等，也可能成為臆病的誘因。

透過上面這兩個例子，我們可以看出神經症症狀和過失與夢都是有著其意義的，而且這些症狀都跟病人的生活經歷有著緊密的聯繫。但是我也不能僅憑這兩個例子就讓你們認同我這一觀點，你們也不能讓我一直舉例直到你們認同為止。因為每一個病人的治療都是需要很長時間的，如果我要對神經症理論進行充分的補充和討論，那麼就算我們一星期講5個小時，也要一個學期才能講完。所以，我只能以這兩個例子作為我觀點的證明。此外，你們可以去參考這一問題的其他論述，比如布洛伊爾的關於臆病（他的第一個病例）症狀的闡述，榮格的關於早發性癡呆症狀的分析（那時的榮格還只是一個精神分析家，並未成為一名理論家），以及現在很多雜誌上刊發的論述報告。總之，關於這一問題的研究是很多的。現在眾分析家都忽略了神經症的其他問題，只關注於神經症症狀的分析和研究。

你們當中不管哪一位，如果有人對這個問題做過一定的研究，就會感慨資料的豐富，但即便資料很豐富，還是會遇到一些問題。現在我們已經瞭解到一個症狀的含義是和病人的生活經歷相關的，如果症狀的形成和表現因人而異，那麼我們就更能肯定它們之間是有關聯的。所以，我們的任務就是要為每一個無趣的想法和每一個多餘的動作尋找它們產生和存在的大背景。比如那位病人在桌邊按鈴來叫喚女僕的這一強迫動作，就是這個症狀很好的一個例子。但是也有很多與此完全不同的症狀，比如一些經典的症狀，是各個病例所擁有的共性，不存在特殊性，這樣不容易看出症狀和病人生活經歷之間的關係。現在，讓我們再回到對強迫性神經症的討論上來。可以以那位在睡覺前做很多不必要的小事的患者為例，雖然她有很多特殊性的行為是用來做一種「歷史的」解釋的。其實所有的強迫性神經症患者都會有某些動作，然後不間斷地、有規律地去重複。比如有的患者會一天裡不斷地洗滌。又比如那些不再被認為是強迫性神經症者，而被認為是焦慮性臆病的廣場恐懼者也會一直單調地重複一個動作，儘管他們不情願。他們害

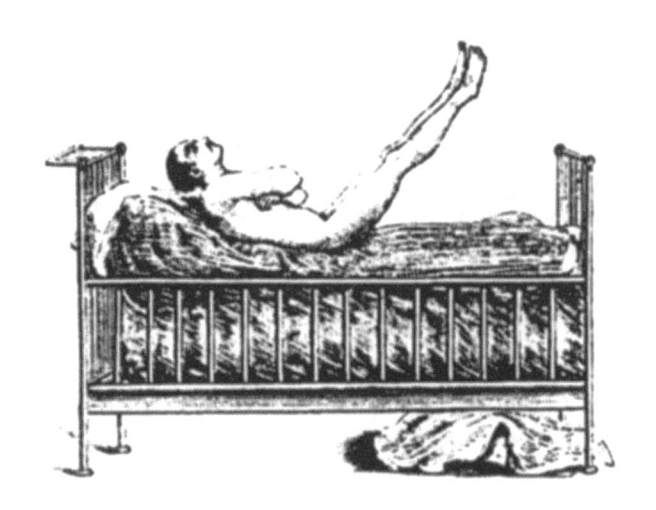

強迫性神經症患者

畫面中的男子因為患有嚴重的強迫性神經症，所以他正在做這一動作，儘管這不是他們的意願。其實所有的強迫性神經症患者都會有某些動作，然後不間斷地、有規律地去重複。

第十七章 症候的意義

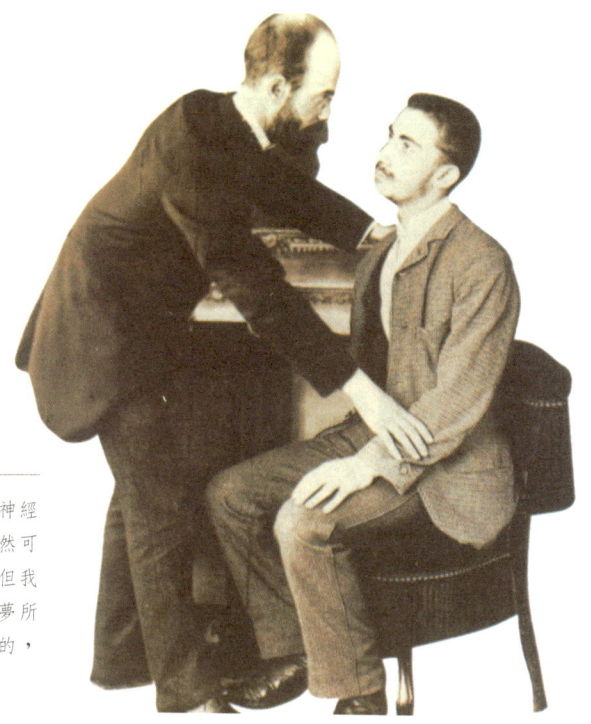

直視

畫面中的醫生正在直視這位患有神經症的患者，神經症症狀的特殊性，雖然可以憑藉病人的經歷獲得很好的解釋，但我們卻無法說出這些病例的共性症狀。夢所揭示的意義也是一樣的，夢是很複雜的，而且因人而異。

怕那些被包圍的空地，廣闊的場地，修長的大道或者小徑。如果有人同行或者是身後有車行駛，他們就會覺得好像受到了保護一樣。除了以上這些最基本的共同點外，每個病人都有著自己的特殊情況，顯示彼此的差別。比如有的患者只是害怕小路，而有的患者是害怕大道；有的患者是周圍沒人時才敢前行，而有的患者是四周都有人時才敢前行。臆病也是這樣，除了因人而異的特點外，有很多共性的症狀，而這些共性不能以個人的經歷作為解釋的依據。但是我們也要知道，是先有了這些症狀，然後我們才開始進行診斷的。如果我們知道臆病的一個特殊的症狀是因為一個經歷或一些經歷（比如嘔吐是受惡臭的影響），可是現在卻又發現另外一種嘔吐的症狀是因為截然不同的經歷，這時就會覺得很困惑。臆病患者的嘔吐總是因為一些不為人知的原因，而那些由分析得出的原因，只是患者胡亂編造的或因內心需要而說的一些假話，是用來掩飾的。

於是，我們總結出了這令人不甚滿意的結論：神經症症狀的特殊性，雖然能憑藉病人的經歷獲得很好的解釋，但是我們卻無法說出這些病例的共性症狀，而且我在尋求一個症狀的含義時所遇到的各種困境，也沒有對你們提起。我之所以不告訴你們，是因為我不想讓你們在我們的研究之處感到困惑或驚奇，儘管我不願對你們有所隱瞞。我們對於症狀解釋的研究，雖然是處於初期，但我還是想堅持已有的經驗和理論，去慢慢征服那些未知的困境。現在我想用以下這種觀點來激勵你們：各個症狀之間，很難說有著最基本的區別。如果每個人的症狀都能用他們的經歷來解釋，那麼與某一經歷有關的有

代表性症狀也能以人類共有的經歷進行解釋。神經症的那些常見特點，比如強迫性神經症的重複性動作和質疑等，是有著相同的反應的，病人只是因為病情的不同或變化而把這些反應加重了。總之，我們沒有藉口去失望和喪氣，我們要關注有什麼是我們能發掘的。

在講述夢的理論時，我們也遇到了這樣的困境，不過我們在前次探討夢時並沒有對那個困境進行列舉。夢所揭示的意義是很複雜的，是因人而異的，對它分析所得出的結論，我們已經詳細地講述了。可是有些夢是代表性的，是大家都會有的，它們的內容都一樣，分析起來一樣的困難。比如夢到被人拉著、掉落、飛行、漂在水面上、身體赤裸、游泳以及各種焦慮的夢。這些夢因為做夢的人不同解釋也會不同，至於大家怎樣會有相同的夢，目前還沒有任何的說明。但是我們留意到在這些夢中，它們的相同部分也在襯托著各人的特點。也許透過對別的夢進行研究而獲得的相關知識可以解釋這些夢，無需曲解，只需不斷充實我們對這些夢的認知就可以了。

第十八章

創傷的執著——潛意識

前面我就已經說過，我們要把已經獲得的理論作為更深層次研究的出發點，而不是那些已經出現的質疑。雖然前面兩例的分析獲得的結論很有趣，但是我們還沒有開始進行討論。

海邊的僧侶　卡斯帕·達維德·弗里德里希　德國　布面油畫　1809年　柏林國家博物館

患有神經症症狀的人，大都有借病隱世的心理，就像古代去寺院裡修行的僧侶一樣，他們想要去擺脫現狀，但卻不知道該如何去擺脫，導致現在和未來脫節。畫面中是一片空曠，天空、海岸和大海融為一體，一個人影（僧侶）獨自立在那裡。畫家為我們描繪了一個精神至上的神秘世界。

精神分析引論
A General Introduction to Psychoanalysis

首先，我認為兩個病例中的患者都對過去的某一點有太多的執念，不知道該如何去擺脫，導致現在和將來脫節。她們好像是在借病隱世，就跟古代的僧侶隱居在寺院修行以此了度餘生一樣。就拿第一個病人來說吧，她的婚姻雖然早就結束了，但對她的生活卻產生了很大的影響。她透過這種病症保持了和丈夫的某種關係。在她的症狀裡，我們似乎可以看到她在為他辯解，為他可惜；她在寬容他，稱讚他。雖然當時她還很年輕，可以獲得其他男士的青睞，但是她都以各種或真或假（魔法的）的緣由來保留她對他的忠誠。於是她就不見陌生人，不打扮自己，一旦坐下就不願起來；還不肯為他人簽名，也不贈送他人禮物，不讓自己的一切東西出現在他人的手中。

拿第二個例子裡的病人來說，那名少女在年少時對父親的愛戀，如今更是愈發的作祟。她知道自己患了病就不能與別人結婚，我們猜測她患病就是為了逃避結婚，然後可以經常依賴她的父親。

如果這種奇特的、毫無益處的態度是神經症的共性，而不是這兩個人的個性的話，那麼我們禁不住會問：一個人在生活上為什麼要採取這種態度，或者是他會怎樣採取這種態度。其實，這的確是神經症的一個普遍而又重要的特點。布洛伊爾第一次治療的那個臆病患者，就是在她的父親得重病，她在照看時表現出了一種執念。後來她雖然痊癒了，但是自那時起，她就覺得自己無法應對生活，因為她處理不好一個女人的本職工作。透過分析我們得知，每一個病人的症狀和結果都會使他對過去生活的某一階段產生執念，對大多數病例來說，這過去生活的某一階段一般是指生活中最早的那一階段，比如兒童期或更早的哺乳期。

與神經症人的這一行為最為相似的是歐戰時比較流行的「創傷性神經症」。這種病症發生在大戰之前，比如在火車發生事故或者是經歷了其他危及到生命的行為之後。創傷性神經症和我們日常分析治療的以及自然發生的神經症不同，我們也不能運用別的神經症理論來對它進行解釋和說明，這一點我會在以後告訴你們原因。但是，需要強調指出的是，它也有和別的神經症完全相同的地方。對創傷性神經症來說，病的根源就是對

死亡軍人的屍骸 美國 1864年

創傷性神經症，是指對異乎尋常的威脅性、災難性事件的延遲和（或）持久的反應。患者以各種形式重新體驗創傷性事件，有揮之不去的闖入性回憶，有頻頻出現的痛苦經歷的夢境再現。美國戰爭史上的南北戰爭，是美國戰爭史上最為殘酷的戰鬥，畫面中是人們在戰後重新回到戰場清理士兵的遺骸，那殘破的軍裝和累累的白骨充分體現了戰爭的殘酷。

創傷發生時的執念,這一點很明確。因為這些病人時常會回憶創傷發生時的情景,對那些可以被分析的臆病來說,臆病的產生也是對情景的回憶。病人在以前就不能應對這個情景,現在似乎還是不能應對。所以我們就不得不特別關注這一點,因為我們可以藉此瞭解精神歷程中的「經濟的」概念。「創傷的」一詞其實是經濟的表示。一種經歷如果能在短時間內讓心靈受到一種高度的刺激,導致無法用正常的方式去適應,從而使心靈的能力分布遭受持久的混亂,那麼我們就稱這種經歷為創傷的。

佛洛伊德夫婦 1911年

佛洛伊德和瑪莎他們在年輕的時候就是一對相互熱愛的對象,夫妻之間也是相敬如賓,互相奉獻著彼此,這是他們在結婚25年的婚慶留影,瓊斯說他們之間唯一爭執的話題居然是:煮香菇的時候要不要去掉莖?

透過這個對比,我們就可以把神經症執拗的經歷稱為「創傷的」。於是,我們就為神經症提出了一個便利的條件,即一個人如果不能應對一段激烈的情感經歷,最終變成了神經症,所以說神經症的起因和創傷病類似。實際上,在1893-1895年間,布洛伊爾和我為了把觀察的新事實歸納為理論而整合的第一個公式,就和此觀點十分相近。就拿第一個病例中與丈夫分居的女子來說,這個公式是相符的,因為她對這名存實亡的婚姻生活的確很遺憾,於是她就對創傷情景產生了執念。而對第二個病例中愛戀其父親的少女來說,這個公式又有了缺陷。主要表現在兩點:第一、女兒對父親敬愛是一件很正常的事,它會隨著年齡的增長而有所減輕,於是「創傷的」一詞在此就沒有什麼意義了。第二、從這個病的形成過程來看,對初次性愛的執念在當時也是無害的,只是在幾年後,才演變為強迫性神經症的症狀。由此可以說神經症的起因是複雜多變的,但是我們也不能把「創傷的」這一觀點作為錯誤的理論而丟棄,因為它在別的地方或許會有所幫助。

所以,我們剛剛走出的那條路,現在不得不捨棄,因為這條路已然行不通,我們也就沒有再進行研究的必要,這樣才能去尋找更好的研究之路。可是我們在放棄「創傷的執念」這個觀點之前,應該知道這個現狀在神經症以外也是隨處可見的。每一個神經症都包含有一個執念,但不是每個執念都會引發神經症的,也不是每個執念都和神經症相結合,或者是出現在神經症發生之時的。比如說悲傷,它可以看做是對過去某件事的情

精神分析引論
A General Introduction to Psychoanalysis

感執著的一個例子或原型，而且還和神經症一樣，完全和現在及將來脫節。可是悲傷與神經症的區別，大家一眼就能看出來。不過反過來講，有些神經症也可以稱得上是不正常的悲傷。

一個人的生活狀態，如果因為有過創傷的經歷而發生了改變，那他的確會失去生機，對現在和將來都不感興趣，只是沉迷在對過去的回憶裡，但是這樣的人也不一定會變成神經症。所以我們不應該把這個特點看得太重以至於把它當做神經症的一個屬性，儘管它比較常見和重要。

其次，讓我們講述分析得出的第二個結論，對於這個結論，我們無需限定它。拿第一個病例中的病人來說，她做的那些無聊的強迫性動作，以及由此引發的回憶，我們都已經瞭解了。至於兩者的關係是怎樣的，我們也曾進行了列舉，並由這層關係推測出了強迫動作的目的所在。可是我們卻完全忽略了一個值得我們極力關注的因素。那就是病

夢　盧梭

盧梭是典型的「強迫精神病」，在他的這幅畫作中，女人和各種動植物等自然的一切生靈融為一體。盧梭本人的生活經歷是很複雜的，他曾離過幾次婚，寫過戲劇，還差點被送進監獄，他因為遭到女人的拒婚而精神崩潰。這幅畫就表現了他當時想要和一個女人結婚的願望。

人在重複強迫動作時，並不知道自己的這個動作與以前經歷之間的關係，這個關係被隱藏了起來，她並不知曉是怎樣的一種衝動在促使她去重複那一動作。後來在治療的影響下，她忽然明白了這個關係並把它講述了出來。但即便是在那時，她仍舊沒有明白這個動作的目的就是為了改變以前的痛苦經歷，維護她那親愛的丈夫的聲譽。經過長期的努力，她終於明白並承認了這種目的促使了強迫動作的形成。

　　結婚第二天早上的情景以及她對丈夫的溫柔感情，這兩者構成了我們所說的強迫動作的「意義」。但她並不知曉這個意義所包含的兩個層面，她在重複這個動作時並不知曉動作的起因和動作所要制止的。於是某些精神歷程就一直在她內心深處運作著，而強迫性動作就是它運作的結果。她後來知道了這個結果，但是在知曉結果之前的那些過程，她卻是毫不知曉。伯恩海姆曾做過這樣一個催眠試驗，他讓被催眠者在醒來5分鐘後把房間裡的一把傘打開，被催眠的人如實照做了，但卻不知道為什麼要這樣做，我們的病人也是如此。其實，這就是我們所說的潛意識的精神歷程。如果有人能對此事做出更合理的科學解釋，那麼我就會放棄潛意識精神歷程存在這一設想；如果你們做不到，那我就會堅持這一設想。要是有人反對，認為潛意識在科學上只是為了應對某些情況而暫時採用的說法，是徒有虛名的，那麼對於他那難以理解的觀點我們就會進行反駁。像潛意識這樣難以實在抓握的東西，竟然能產生強迫動作這樣真實可見的力量，誰能想到呢！

　　對第二個例子中的病人來說，也是如此。她制定了一個規則，不讓長枕頭和床背相接觸，但是她並不知曉制定這個規則的原因，意義和作用是什麼。對於這個規則，她不管是欣然接受，還是加以反抗，亦或是拒不執行，都是沒用的，是必須要去實現的。雖然她想查清原因，但是這也是徒勞的。因為對於強迫性神經症的這些症狀，觀點和衝動行為，沒有人知曉它們的來源。可是它們卻能夠抵抗正常的精神生活所無法抗衡的力量，所以就算是患者自己，也會覺得它們是從另一個世界過來的強大的妖魔，或者是混雜人群中的鬼魅。在這些症狀中，我們會明顯地發現一個特殊區域的精神活動，它是與其他方面相分離的。也就是說，這些症狀是潛意識存在的證明。正因為如此，那些只認可意識心理學的臨床精神病學對這些症狀也是毫無對策，也只能說它們是特種退化的代表。其實強迫性觀點、衝動行為和強迫動作的執行一樣，都不算是潛意識，因為如果它們不進入到意識中，是不會導致症狀出現的。但是那些經分析而發現的精神歷程和由解釋而得出的連鎖反應確實是潛意識，最起碼，它們在病人沒有因為分析研究而明白其過程之前是潛意識。

　　另外，請再思考以下幾點：（1）各種神經症的每個症狀都能證明這兩個例子的全部實情；（2）對於症狀的含義病人是毫不知曉；（3）透過分析可以得知，潛意識的精神歷程是這些症狀的起因，可是在順境中，這些歷程又可演變為意識。由此你們可以得知，如果沒有潛意識，精神分析就會變得無計可施，更何況我們還時常把潛意識看作實在的東西而進行處理。此外，你們還得認可一點，那就是那些只知道有潛意識這個詞

語，但是對於神經症症狀的含義和目的從不進行分析、解釋和研究的人是沒有資格對這一問題進行發言的。我多次強調這件事就是希望你們知道，既然精神分析能夠探知神經症症狀的含義，那麼就可以充分證明潛意識的精神歷程是存在的，或者，至少我們應該對此有所假設。

此外，還有別的證明。那就是我們從布洛伊爾的第二個發現（這是他自己研究的，但我認為比第一個發現更重要）中更加清楚了潛意識和神經症症狀之間的關係。原來症狀不僅含義是潛意識的，而且它本身還可以和潛意識相互替換，而潛意識的活動導致了症狀的存在。對於這一點，你們很快就會明白。於是，我和布洛伊爾就有了這樣一個認知：即我們可根據所遇到的每個症狀來判定病人心中有某種潛意識存在，包括症狀的含義。但反過來講，這個含義必須先是潛意識的，這樣症狀才會出現。因為症狀不是在意識的歷程中產生的，一旦潛意識的歷程變成意識，那麼症狀就會消失。看到這些你們會立刻感覺這是精神治療的一個新出路，是治療神經症症狀的一個新方法。布洛伊爾就曾用這種方法把他的病人治癒了，或者是解除了症狀的約束。另外他還想出了一個方法，就是讓病人把擁有症狀含義的潛意識歷程引向意識，這樣症狀就會消失。

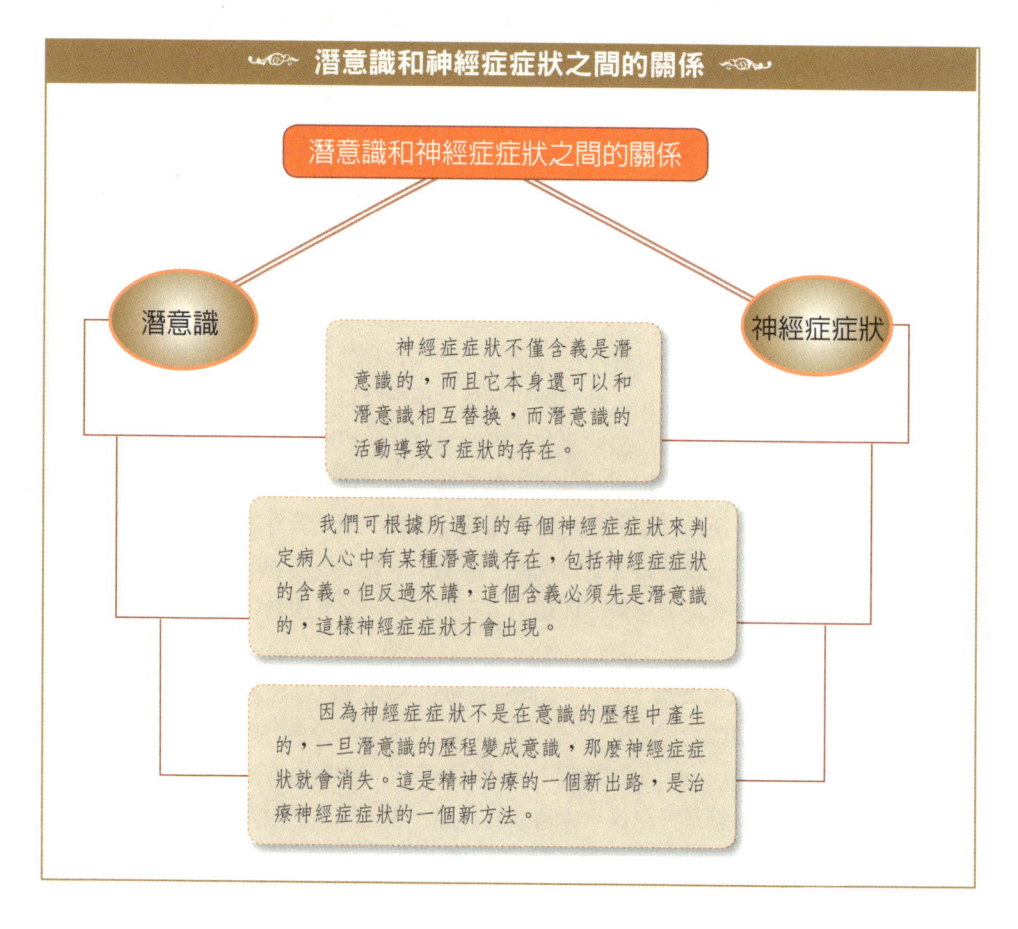

潛意識和神經症症狀之間的關係

潛意識和神經症症狀之間的關係

- 潛意識
- 神經症症狀

神經症症狀不僅含義是潛意識的，而且它本身還可以和潛意識相互替換，而潛意識的活動導致了症狀的存在。

我們可根據所遇到的每個神經症症狀來判定病人心中有某種潛意識存在，包括神經症症狀的含義。但反過來講，這個含義必須先是潛意識的，這樣神經症症狀才會出現。

因為神經症症狀不是在意識的歷程中產生的，一旦潛意識的歷程變成意識，那麼神經症症狀就會消失。這是精神治療的一個新出路，是治療神經症症狀的一個新方法。

布洛伊爾能夠這樣的發現並不是依靠推理，而是憑藉病人的協助，有機會進行了這樣一個考察。但是你們不要試圖把這件事和你們所知的事進行對比，然後有所瞭解，你們要做的是認可這樣的新事實可以解釋很多別的事實。所以，我還要對它進行以下這樣的延伸。

症狀的形成其實是潛意識中其他事物的替換。有些精神歷程，如果在正常情況下能夠讓病人在意識中清楚的知道的話，那它就不會被症狀所取代；但是如果它做不到這點，或者是這些歷程突然被阻礙演變成了潛意識，那麼症狀也就隨之出現了。由此可見，症狀就是一種取代品。如果我們能用精神療法讓這個歷程還原，那麼我們就可以治療症狀。

柏林街景 恩斯特・路德維希・基希納 1913年

布洛伊爾曾經因治癒了臆病，而名噪一時。畫家用扭曲的人物和色彩來表現在都市的形象，這是一個充滿敵意和異己的世界。畫家用一種近乎臆病的筆觸將一幅焦灼的畫面呈現在我們的面前，畫中充斥著一種強烈的暴力感，是畫家潛意識的替代物。

布洛伊爾的發現也是精神分析治療的基礎。因為透過後面的研究結果可以得知，雖然在工作中我們會遇到很多困難，但是我們還是可以證明當潛意識歷程演變成意識的歷程時，症狀就會消失。然後我們要做的就是把潛意識下的某件事變成是有意識的，只有這樣，我們的工作才能完成。

現在我要插幾句題外話，免得你們認為這個治療的效果可以輕易的實現。由我們所

精神分析引論
A General Introduction to Psychoanalysis

蘇格拉底的雕像 工藝品

蘇格拉底是古希臘的哲學家，他和他的學生柏拉圖及柏拉圖的學生亞里斯多德被並稱為希臘三哲人。他是西方哲學的奠基者。據記載蘇格拉底最後被雅典法庭以引進新的神和腐蝕雅典青年思想之罪名判處死刑。神經症的起因是對於那些應當知道的精神歷程缺乏瞭解，這就好比蘇格拉底的罪惡是因為他對那句名言毫無所知。

得的結論可知，神經症的起因是對於那些應當知道的精神歷程缺乏瞭解，這就好比蘇格拉底的罪惡是因為他對那句名言毫無所知。在分析病症時，有經驗的分析家會很容易得知病人是哪種潛意識情感，於是他治療起來就很容易。要消除對病症的不瞭解其實有兩種方法：一是那些容易瞭解的。你只需告訴他相關的訊息，讓他有所瞭解就可以了。症狀的潛意識的含義中有些地方就可以運用此方法。二是那些不容易推測的。就像病人生活的經歷和症狀之間的關係，分析者不瞭解病人的一切經歷，他要等病人慢慢地告訴他。但是他也可以透過其他途徑來獲知病人的相關訊息。比如向病人的親屬和朋友詢問病人的經歷，一般情況下，他們會知道是哪件事給病人帶來了創傷，或者將病人年幼時發生的病人自身也不知道的那些事情講述出來，讓分析者有所瞭解。如果能把這兩種方法結合起來，那麼或許在短時間內就可以把病人那不為人知的病因找出來。

要是真能這樣就好了，但是很多事情總是會打的我們措手不及。各個瞭解之間是不相同的，而且瞭解的種類也不一樣，在心理學看來它們是沒有等同的價值的。莫里哀的那句「Il y a fagots et fagots」（人各不同）說得很對，因為醫生的理解能力和病人的是不一樣的，效果也不相同，就算醫生把自己所瞭解的一切都告訴病人，也是沒用的。這樣講或許不夠準確，我們應該說這個辦法並不能讓症狀消失，而第一種說法其實是一種很直接和堅定的否決。其實這個方法有另外的作用，那就是讓分析繼續。病人現在已經對症狀的含義這一說法有所瞭解，但是他的瞭解是有限的。所以，我們說無知也是分很多種的，我們只有對心理學有了更深的掌握，才能區分這些無知。可是「瞭解症狀的含義就能讓症狀消失」這句話也是正確的，但它的正確也需要一定的條件，即所謂的瞭解是建立在病人內心改變的基礎上，而我們則用精神分析法來改變病人的內心。到此我們就遇到了問題，不過這些問題很快就會成為症狀構成的動力學。

到此我想停下來，詢問你們是否覺得我講述的內容太過高深和混雜？我是不是說了一段話後又停止，引起了一連串的反思後又放任不管，以至於你們感到很難理解。如果真是這樣，那麼我很抱歉。可是我不想為了簡單就放棄真理，我情願你們認為這個學科是複雜而困難的，而且我認為就算我的話你們一時之間無法理解，那也是沒關係的。我

第十八章 創傷的執著——潛意識

知道你們中的每位都會將聽到和看到的內容按照自己的想法進行重新排列組合，以長縮短，化繁為簡，把自己最想瞭解的知識整理出來。有人曾說開始時聽的愈多，最後獲得的也就愈豐富，大體上來說，這句話還是不錯的。所以，雖然我講得很冗雜，但是我希望你們已經明白了我說的潛意識、症狀所代表的含義，以及它們兩者之間的關係等各個要點。也許你們還記住了我們以後的這兩個努力方向：（1）這是一個臨床問題。即要知道人們是怎麼患病的，是怎樣對生活採用了神經症的心態。（2）這是一個精神動力學問題。瞭解他們是怎樣以神經症為起點，出現了一系列不健康的症狀。這兩個問題之間必然後會有一個重合點。

今天我本不想再接著討論，但是由於還不到下課時間，所以請你們注意一下上面兩個分析中的另外一個特點，即記憶缺失或健忘症，這一點你們在以後會明白它的重要

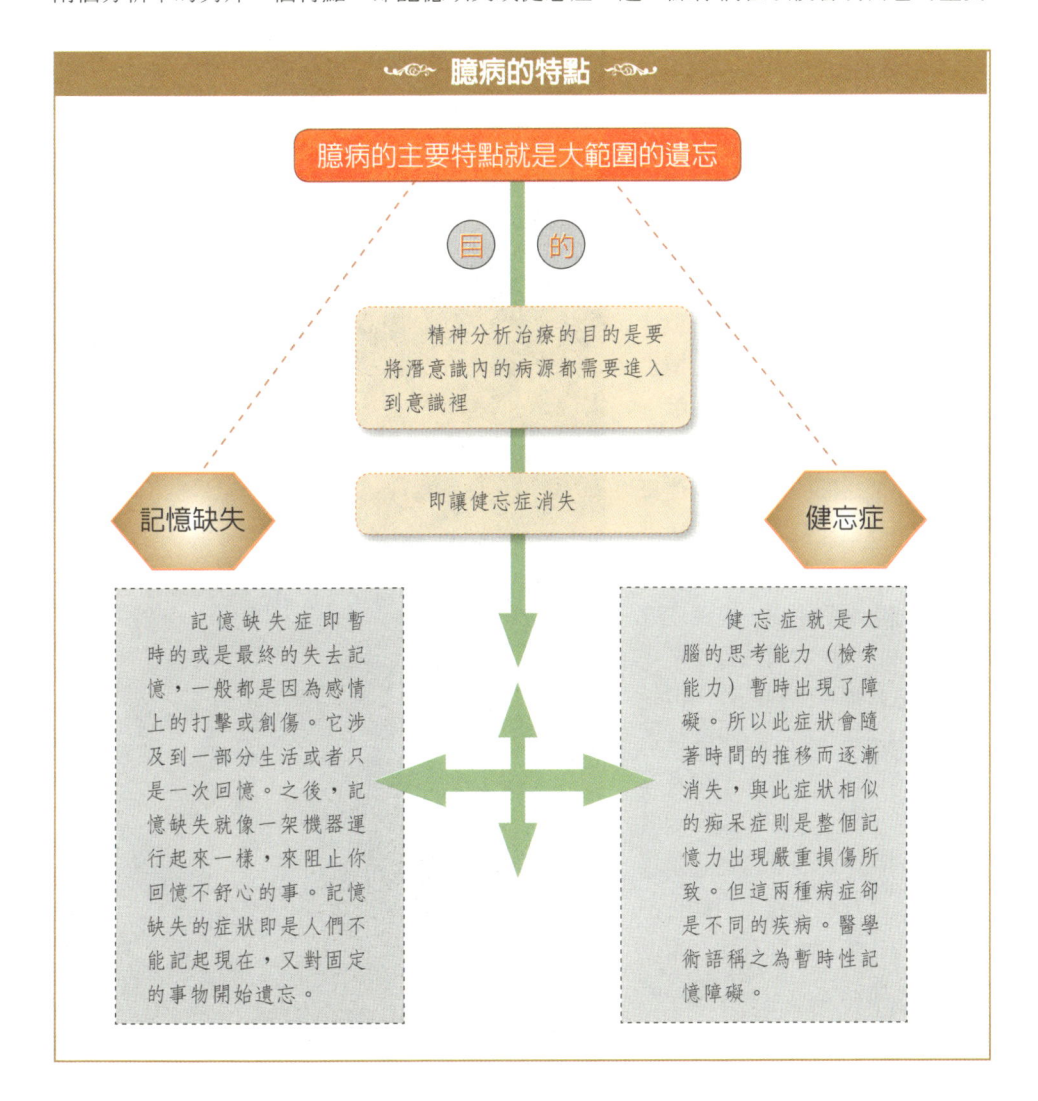

臆病的特點

臆病的主要特點就是大範圍的遺忘

目 的

精神分析治療的目的是要將潛意識內的病源都需要進入到意識裡

即讓健忘症消失

記憶缺失

記憶缺失症即暫時的或是最終的失去記憶，一般都是因為感情上的打擊或創傷。它涉及到一部分生活或者只是一次回憶。之後，記憶缺失就像一架機器運行起來一樣，來阻止你回憶不舒心的事。記憶缺失的症狀即是人們不能記起現在，又對固定的事物開始遺忘。

健忘症

健忘症就是大腦的思考能力（檢索能力）暫時出現了障礙。所以此症狀會隨著時間的推移而逐漸消失，與此症狀相似的痴呆症則是整個記憶力出現嚴重損傷所致。但這兩種病症卻是不同的疾病。醫學術語稱之為暫時性記憶障礙。

精神分析引論
A General Introduction to Psychoanalysis

性。現在我們可以用下面這個解釋來總結精神分析的治療：只要是潛意識內的病源都需要進入到意識裡。不過還可以用另外一種解釋來說，即必須充實病人缺失的全部記憶，也就是說，我們要想辦法讓他的健忘症消失。對於這種說法，你們或許會覺得奇怪。其實他們的意思都是一樣的，那就是我們要明白，病症的發展和健忘症是有著重要的聯繫的。但是如果我們對第一例中分析的病人進行仔細考慮的話，又會發現健忘症的說法又是不成立的，因為病人並沒有忘記引發強迫動作的情景，甚至是清楚的記得，而且也沒有忘記引發病症的其他因素。還有第二例中強迫進行準備工作的少女，她的記憶也沒有缺失，只不過是不太明瞭。對於前幾年的行為，比如把父母和自己房間之間的門敞開，使母親不能再睡在父親的床上等，她還清楚地記得，只是感到不安罷了。在這兩個例子中，需要注意的是，第一例中的病人雖然是在不斷地重複那一強迫動作，但她從不覺得這和新婚之夜後的情景有什麼相似之處。當我們讓她尋找病因時，她也想不起來。同樣的，第二例中的少女雖然也是每夜都在重複那些動作，但是也不認為動作和情景之間有什麼相似的地方。雖然她們都不能算是健忘或記憶缺失，可是本應該存在

第十八章 創傷的執著——潛意識

一個哲學家利用太陽系儀解釋關於宇宙運轉的理論 約瑟夫·賴特 英國 油畫 1766年

　　畫面中有一名哲學家正利用太陽系儀解釋由哥白尼、開普勒和牛頓等天文學家和科學家提出來的宇宙運轉的理論。油燈代表太陽，那位哲學家透過一個轉動手柄讓那些行星在交叉的同心帶上圍繞「太陽」旋轉。哥白尼是第一位提出太陽為中心——日心說的歐洲天文學家。他指出太陽是眾多的恆星之一，地球亦是行星之一，更主張人類在宇宙中也不是唯一的。這種主張與當時教會對《聖經》的解讀發生了嚴重衝突。他在1600年被判火刑，在羅馬當眾焚屍。所以，為了避免引起人類對精神分析的不滿，是要有能證明潛意識存在的有力的證據的。

的，用來引發記憶的線索卻沒有了。這種記憶上的阻礙就導致了強迫性神經症的出現。可是臆病卻不一樣，它的主要特點就是大範圍的遺忘。大致來講，臆病每一個症狀的研究都能引出以前的全部記憶，這些記憶被回想起來之前，可以說是真正地被遺忘了。這些記憶可以探尋到最初的幼年時期，所以臆病的遺忘是和嬰兒時期的遺忘有一定關係的，我們之所以不能明白精神生活中最初的記憶，就是因為嬰兒時期的遺忘。此外，還有一點令我們很驚訝，那就是病人最近發生的一些經歷也很容易被遺忘，特別是引發病症或使病症嚴重的原因，即便是不完全被遺忘，至少也有一部分是不能被記起來的。那些重要的情節有的是完全被忘記了，有的是被另外的假象所取代。也就是說，那些最近經歷的事情的記憶，沒有被分析者注意，致使病人的全部經歷中有了一個引人注目的地方，直到分析快要結束時，這些記憶才會慢慢地在意識中出現。

像這種對記憶能力的破壞，我們已經說過它是臆病的表現，而且有時症狀性狀態雖然發生了，但卻沒有留下回憶的必要。由於強迫性神經症不會如此，所以我們可以推斷遺忘只是臆病的特徵，而不是一般的神經症的共性。但是透過下面的討論，我們會發現這個區別也就沒那麼重要了。一個症狀的含義是由兩個因素組成的：來源和趨勢或原因。也可以這樣說：（1）引發症狀的記憶和經歷。（2）症狀所想表達的意思或達到的目的。症狀的來源是各種記憶，這些記憶是來自外界的，最初是有意識的，後來可能因為別遺忘而變成潛意識的。而症狀的趨勢或原因卻是內心的發展歷程，一開始可能是有意識的，但也可能永遠不是有意識的一直存在與潛意識中。所以症狀的來源和維持症狀的記憶是不是也像臆病一樣被遺忘，已經不是那麼重要了；而症狀的趨勢，或許最初是潛意識的，於是就致使症狀依賴於潛意識。這在臆病和強迫性神經症中是一樣的。

我們這般看重精神生活的潛意識，肯定會引起人類對精神分析的不滿。對此你們不必感到詫異，認為這個不滿是因為難以認知潛意識，或是難以尋求證明潛意識存在的證據。其實我認為它有著更深層次的原因，其一就是對人類自尊心的沉重打擊。人類的自尊心曾兩次受到科學的沉重打擊。第一次打擊是人類知道地球不是宇宙的中心，而是龐大的宇宙體系中的微小的一點。這是哥白尼發現的，雖然亞歷山大也曾發表過相似的觀點。第二次打擊是生物學研究讓人類失去了高於萬物的創生權利，淪落成一種動物物種，有著同樣的不可消滅的野性。這種重新定位是本時代的查理·達爾文，華萊士以及前人鼓吹的功勞，曾經受到了同時代人最強烈的反擊。可是這次人類卻遭受了來自現代心理學研究的最沉痛的打擊，也是人類自尊心受到的第三次打擊。這一研究向我們每個人證明，就算是在自己的屋內我們也無法主宰自己，而且只要我們稍微獲得一點關於潛意識的知識，就會感到很驕傲。其實要觀察人類內心的，不僅僅只有我們精神分析家，也不是從我們開始的，我們只是認為這是我們應該做的，並用世人認為是秘密的經歷作為證明而已。人們普遍的指責精神分析，甚至是不顧分析者的態度和嚴謹的邏輯，也就是因為我們把他們所謂的秘密作為了研究的證據。此外，從另一層面上講，我們可以說是打亂了世界的寧靜，這一點你們很快就會明白。

第十九章

抗拒與壓抑

　　如果我們想要對神經症有進一步的瞭解,那麼就需要更多的資料。現在有兩種觀察是很容易的,它們比較特別,開始時還會讓人感到詫異。去年我們曾做過一些準備工作,現在講起來應該很容易理解。

　　(一)我們在對病人進行治療時,他們會有強烈的反抗,這讓人感到很奇怪,讓人無法相信。其實我們最好不要把這件事告訴病人的親友或家屬,因為他們會認為你這是在為治療的緩慢或失敗找藉口。而病人自身就算有了這種反抗,他們也不會承認。如果我們能讓他認識並承認這一事實,那麼我們在治療上有了很大的進步。其實病人和家屬不承認這種反抗心理也是有原因的,病人因為症狀而讓自己和親友變得焦躁不安,為了治療又在時間、金錢和精神上做出重大的犧牲,結果卻因為病症抵觸所有的治療和幫

身著長袍的外科醫生　法國 15世紀

圖中身著長袍的醫生正在指導他的學生該如何配藥,右邊的助手正在從園子裡採摘,左邊的學生正在搗製藥汁。他的身後便是他的診療室。在給病人治療的時候,盡量避免挑起他的焦躁情緒,否則他們會有強烈的反抗。

助，這話說出去不是太不可思議了嗎？然而事實就是這樣，如果你們要責怪我們，那麼我們只能舉出相似的例子來回答，讓你們明白。有一個人牙痛去看牙醫，可是在他看到醫生要用鉗子去拔除他的壞牙時，他卻想辦法拒絕了。

　　病人往往有很多巧妙的拒絕方法，而且你很難看出來，分析家需要小心防備。對此我們在精神分析治療時採用了一些方法，想來你們也因解夢而有所瞭解了。這個方法就是：我們想辦法讓病人處於一種比較安靜的自我觀察狀態，什麼都不去想，然後把內心的感情、思想、記憶等，按照在內心慢慢出現的順序講述出來。我們可以明確地告訴他，不管他認為那些觀念是因為太無聊或厭惡而說不出口，還是因為太重要或無意義而沒有講述的必要，都不要對自己的觀念（設想）進行選擇或取捨。我們只讓他注意出現在意識表面上的觀念，不要有任何形式的抵觸，同時還告訴他治療的成敗，特別是治療時間的長短，都取決於他是否遵守這個規則。透過解夢的方法，我們知道只要是那些有懷疑或否認的設想，總會包含著一些資料，這些資料有助於發現潛意識。

夏爾科的診斷課　　布魯葉 油畫

　　夏爾科是現代神經症學的創始人，也曾是佛洛伊德的老師，是他最為尊敬的人。圖中描繪的是夏爾科在學生面前診斷病患的情形。這位女病人神經緊張、全身繃緊。夏爾科的講解對佛洛伊德的潛意識中性本能決定論的形成產生了巨大的影響。

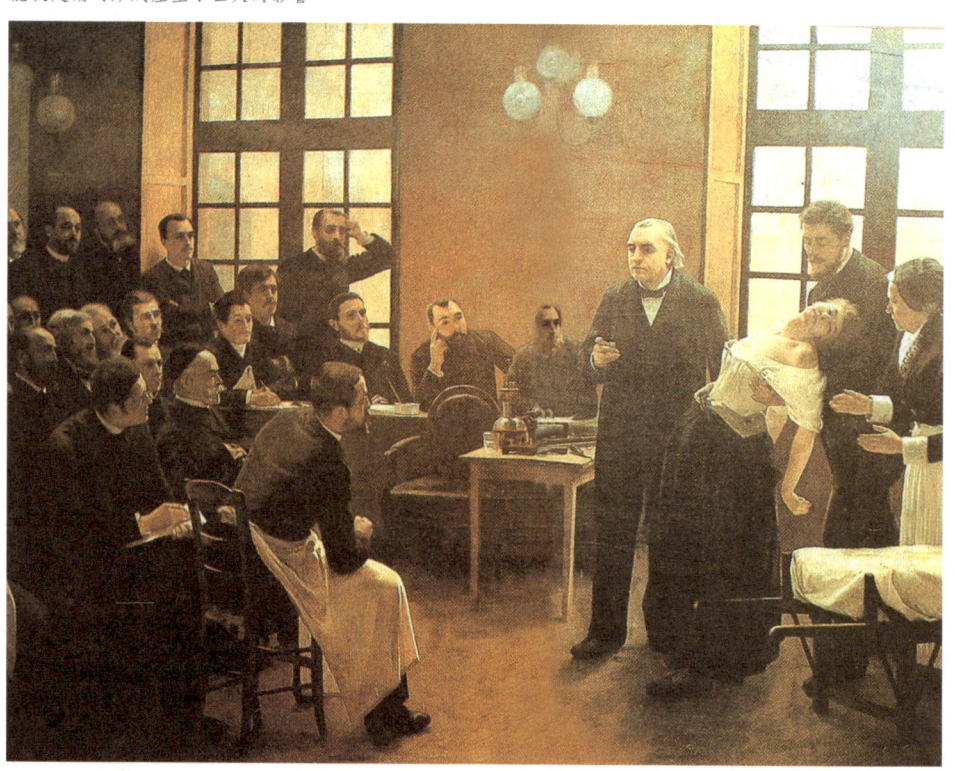

第十九章 抗拒與壓抑

這個規則形成後,隨之而來的,首先就是病人把他作為抵觸的首要目標,病人會盡可能地採用一切辦法來躲避它的約束。他首先會說心中什麼也沒有,然後再說想到了很多,不知道該如何選擇。其次,透過病人在談話時的停頓我們會驚奇地發現他們一會兒批判這個觀點,一會兒批判那個觀點。最後,他們還會說自己實在是不能把那些羞恥的事講出來。於是這樣的態度就使得他不再遵守約定了。有時,他會想起一件事,但卻是別人的事,與自身毫無關聯,於是就因此不去遵守規則。或者,他想到了一件事,要麼是太過重要,要麼是毫無意義,要麼就是匪夷所思,認為我不會讓他說出來。於是他就這樣敷衍著、推遲著,一會用這樣的方法,一會用那樣的方法,他雖然一直說要講出一切,可結果什麼也沒有講。

不管哪一個病人,總是想盡辦法把自己的有些思想隱匿起來,防止那些分析者的逼迫。有一個病人就很聰明地用這種方法把他認為很甜蜜的愛情隱藏了幾個星期,我告訴他不該破壞精神分析的原則,可他卻說這是他的私事。當然,精神分析的治療是不能容許這樣的隱藏出現的。如果我們允許了,那就好比我們在設法逮捕罪犯的同時,還允許在維也納設立特區,並嚴禁在市場或聖斯蒂芬教堂旁的廣場上抓人。於是,犯人就可以藏身在這些安全的地方。我以前也曾給了病人隱藏的權利,因為他必須要恢復他的辦事能力,而且他還是一個文官,因為誓言而無法把一些事告訴他人。對於治療的結果,他很滿意,可是我卻一點都不滿意,自此,我就決定不再給病人隱藏的權利。

我們的治療規則常因強迫症病人的多心和懷疑而變得形同虛設,有時更會因焦慮性臆病的病人而變得滑稽可笑,因為他們經常會說一些風牛馬不相及的聯想和回憶,讓分析無從下手。我並不是要告訴你們治療上的艱辛,只是讓你們知道我們憑藉著毅力和決心,終於能讓病人稍微遵守一下治療的規則。但是他們又換了一種抵觸方式,就是進行理智的批判,以邏輯為武器,以平常人提出的精神分析的不可信之處為依據。於是,我們經常從病人的口中聽到那些科學界對我們的批判和反對。外界對我們的批判,毫無創新之處,這就像是小茶杯的風浪,但是對於病人還是可以用道理來解說的,他們會很喜歡我們去教導他,和他辯論,還給他們指出一些參考書,讓他們有進一步的認知。總之,只要不涉及到他,他就會成為精神分析的擁護者。但是就在他們尋求知識的過程中,我們還是能看出他們的抵觸。他們只是想借這些事情來躲避他們要面對的工作,對此,我們當然是不同意的。強迫性神經症會利用一些策略來進行抵觸也在我們的預料之中。於是分析就不受限制地順利進行,病例中的所有問題也漸漸清晰。可是到了後來我們開始奇怪,為什麼這些解釋沒有實際的效果而症狀卻有了一定的改善?結果發現強迫性神經症的抵觸又恢復了以往的狀態,即以懷疑為主要特點,這讓我們也變得一籌莫展。病人似乎很喜歡說下面這樣一句話:「這很有趣,我也願意繼續接受分析。如果這都是真的,對我當然也有好處。可是我對這些一點都不相信,既然不相信,那我的病情也就不會受影響。」長此以往,他們連最後的這點耐心也用盡了,於是又表現出強烈的抵觸。

精神分析引論
A General Introduction to Psychoanalysis

理智的抵觸還不算是最壞的，因為我們能克服它。可是病人卻懂得怎樣在分析本身上進行抵觸和反抗，克服這些反抗才是精神分析上最困難的事情。病人不對以往的某些情感和心境進行回憶，而是把它們再現出來，透過那些「移情作用」來對醫生和治療進行抵觸。比如：如果病人是一個男人，那他就假借父子關係，讓醫生代表他的父親，他就以獨立來進行反抗，這種獨立包括個人的和思想的；或者以野心來進行反抗，這種野心最初的目的就是想和父親平等或者超越父親；或者以不再負責來進行反抗，這個責任主要是針對感恩。有時我們會覺得病人只是在找麻煩，想讓分析者感覺自己很無能，想打敗分析者，甚至是想磨滅分析者治療他們的願望。而如果病人是女子，那她們就會移愛於分析家，以此來達到反抗的目的。但這種愛達到了一定的程度後，她們就會失去對實際治療的一切興趣，消除治療時的所有制約，然後就會出現忌妒以及被拒後的怨恨。這些都會破壞她和醫生之間的關係，於是，分析也就失去了它強大的推動力。

我們不應該對這種抵觸行為進行指責，因為這些抵觸中往往包含有病人以往生活中諸多重要的訊息，而且這些訊息的表現是如此的讓人深信不疑。所以如果分析家能夠巧妙的運用技巧，那麼就可以把這種抵觸轉化為對自己的幫助。但是我們需要注意的是這些訊息是先作為一種抵觸，一種假象，來阻礙治療的。或者我們也可以說病人是用他的性格特點和個人態度來抵觸治療的。這些性格特點隨著神經症的狀況和去要求而有所改變的，我們也就因此獲得了一些平時不易見到的訊息。但是你們也不要認為我們把這些反抗看做是對分析治療的威脅，其實我們知道這些反抗是肯定會出現的，我們只有在它們不能讓病人明白這就是反抗時才會感到不滿。於是，我們明白了克服這些反抗才是分析的重點，是證明治療有效果的證據。

第十九章 抗拒與壓抑

潛意識的對手　泰德馬

不管是哪一個病人,總是想要把自己潛意識的思想隱藏起來,殊不知精神分析的治療是不容許這樣的隱藏出現的。就像圖中的這兩位古羅馬婦女,她們表面上親密的關係隱藏了他們潛意識中的競爭關係。

精神分析引論
A General Introduction to Psychoanalysis

此外你們還要注意,病人時常會利用分析時出現的偶然事件來阻礙分析的進行,比如那些可以分散注意力的事物,或者是他所信仰的朋友對精神分析的指責,或者是能夠加重神經症的機體失調。有時症狀的每一個改變都可作為反抗治療的動機。由此你們可以想像我們在分析時會遇到和克服多少反抗。這一點,我之所以如此不厭其煩地講述,就是要告訴你們,我們對於神經症的動力學概念,就是來源於這些病人反抗治療的經驗。布洛伊爾和我曾用催眠法作為心理治療的工具,他的第一個病人是在催眠暗示的狀態中被治療的,我最初也是採用這種方法。我那時的治療進行的也是比較順利的,時間運用得也很少,但是療效確實是反覆的、不持久的。於是,我最終放棄了催眠法。我知道只要運用催眠法,就不能瞭解這些病狀的動力學,因為在催眠時,醫生是觀察不到病人的抗拒的。催眠可以使抗拒的力量消失,雖然我們可以劃出一部分來進行分析,但是抗拒力會因此積聚在這部分上,難以攻破。於是,它就和強迫性神經症的懷疑產生了一

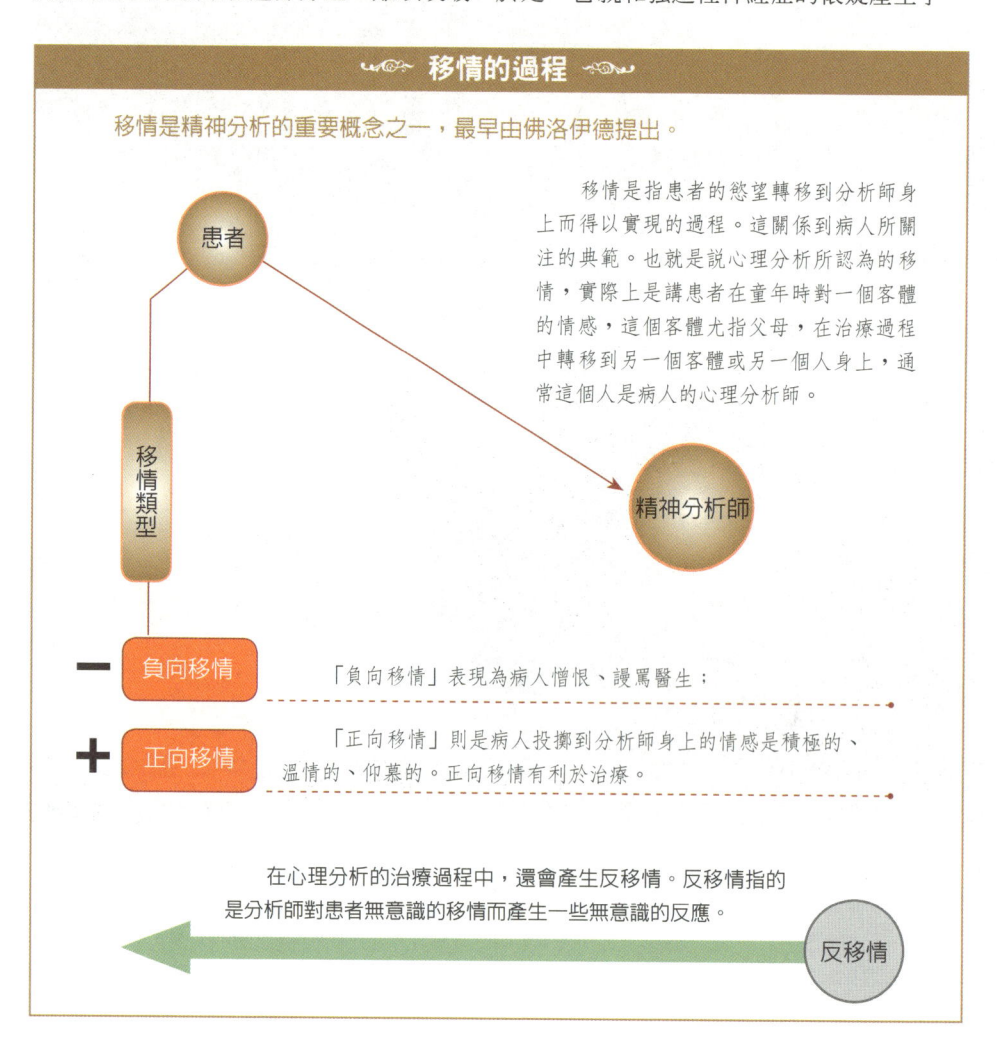

移情的過程

移情是精神分析的重要概念之一,最早由佛洛伊德提出。

移情是指患者的慾望轉移到分析師身上而得以實現的過程。這關係到病人所關注的典範。也就是說心理分析所認為的移情,實際上是講患者在童年時對一個客體的情感,這個客體尤指父母,在治療過程中轉移到另一個客體或另一個人身上,通常這個人是病人的心理分析師。

患者 → **精神分析師**

移情類型

− **負向移情**:「負向移情」表現為病人憎恨、謾罵醫生;

+ **正向移情**:「正向移情」則是病人投擲到分析師身上的情感是積極的、溫情的、仰慕的。正向移情有利於治療。

在心理分析的治療過程中,還會產生反移情。反移情指的是分析師對患者無意識的移情而產生一些無意識的反應。

反移情

第十九章 抗拒與壓抑

樣的影響。所以說，我們只有丟掉催眠法，精神分析才算是真正的開始。

如果對於反抗的測定真的如此重要，那麼我們就不應該輕率地假設它的存在，而是應該仔細地考慮。也許有些神經症的確因為其他原因被迫設想停滯不前，也許我們應該對那些指責我們學說的聲音加以關注，也許我們不該把病人的理智的抵觸看做是反抗，從而不予理會。以上這些說法或許都不錯，但是我要告訴你們的是，我們對這件事的判斷並不是草率而為的，我們一直在觀察這些病人反抗情緒出現之前以及消失之後的狀況。在接受治療時，病人的反抗力度是不斷變化的，當我們接近一個新問題時，他的反抗力度會有所加大；當我們進行研究時，他的反抗力度會上升到最高；當我們研究完，結束時，他的反抗力度也就消失了，而如果我們不在治療方法上出現錯誤，那麼就不會引發病人的極力反抗。所以我們在分析時會發現，病人會反覆地一會兒進行批判反抗，一會兒又會同意順從。如果我們把那些讓病人感到痛苦的潛意識訊息放入他的意識中，他就會強烈地反抗，即便是他以前已經瞭解並接受了這些，此時也會前功盡棄，而在他極力反抗的時候，他的行為和智力缺陷或情緒性遲鈍者的行為是相似的。但是如果我們幫他克服了這個新的反抗，那麼他就又獲得了理解的能力。其實他的批判力是不能獨立活動的，因為它只是情緒的奴隸，受抗拒的控制，所以我們不必加以重視。只要是他不喜歡的事情，會巧妙地進行指責和抗拒，只要是他認同的事情，就會堅信不疑。一個被分析的人，他的理智之所以如此明顯地受感情的控制，那是因為他在分析時受到了很大的壓力，或許我們大家也都是這樣。

對於病人極力反抗症狀的消除和心理過程恢復常態這樣的事實，我們該做怎樣的解釋呢？對此我們說是在反對治療時遇到了一種強大的殘留力量，當初引發病症的也是這股殘留力量。在症狀形成時，一定也有某種歷程，我們可以透過治療的經驗來推斷這種歷程的性質。透過布洛伊爾的觀察，我們知道症狀的前提是某種精神歷程在常態下沒能得以繼續，最終沒能引起意識，而症狀就是這種沒有完成的歷程的替代品。現在我們知道了上面提到的那股力量在哪裡了，病人肯定曾極力讓有關的精神歷程無法進入意識，演變成為潛意識，因為潛意識是不能構成症狀的。於是在分析治療時，病人的這種努力再次出現，就是為了阻止潛意識變成意識，這就是我們所瞭解到的反抗的方式。由反抗而想像出的得病過程就是壓抑。

現在我們要對這個壓抑過程進行詳細的講述。這個過程使症狀得以發展的前提條件，可是它又和別的過程不同，它沒有相似的可以比較的現象。現在舉例進行說明，有一個衝動或者精神歷程想要轉化為實際的動作，但是可能會因實施此動作的人的拒絕和責難而被制止，這時精神歷程的力量就會因為無法前進而有所削弱，但是它仍舊能夠存在記憶裡。這整個的決斷過程是由實施動作者自己所充分認識的。但如果是同樣的衝動受到了壓抑，那麼結果就會大大的不同。衝動的力量雖然還有，但是在記憶上卻不會留下任何的跡象；自我雖是一無所知，但壓抑的過程仍舊可以完成。可是，這樣的對比仍然讓我們無法對壓抑的性質有更深層次的理解。

精神分析引論
A General Introduction to Psychoanalysis

憂鬱 多米尼戈·菲奇 義大利 布面油畫 1620年 巴黎羅浮宮

這幅作品創作於畫家生命的晚期，圖中的女子在低頭沉思，在她的腳下有一本捲了邊的書，一顆人們不曾注意的圓球，還有幾枚廢棄的天文學徽章。繫在她旁邊的狗是圖中唯一陪伴她的活物，狗的面部有明顯的緊張和不安，與女子的疲憊形成對比。在古代，狗是不好脾氣的代表，圖中的女子美麗而富有智慧，但是她一直想要擁有的卻是一直困擾著她的。

其實壓抑這個詞可以因為一些理論的概念而具有比較明確的含義，現在我就要來說明這些概念。為此，我要先從潛意識一詞純粹描述的意義轉化為描述系統的意義，也就是說，我們要把心路歷程的意識或潛意識看成是該歷程屬性的唯一一種，但不必是決定性的。假定此歷程是潛意識的，那麼它無法進入意識或許只是它所要面對的經歷的一個信號，而不是它最後的經歷。為了能夠獲取這個經歷的更加具體的概念，我們可以說每一心路歷程（但是也有例外，這點以後再講）必先存在於潛意識狀態之內，然後再轉變到意識的狀態。這就好比照相首先是底片，然後沖洗成正片，最後成為圖像。但是並不是每一個底片都能沖洗成正片的，同理可知，並不是每一個潛意識的精神歷程都能轉化為意識的。這個說法可以用下面這句話進行更好地說明：每一個歷程最初都是屬於潛意識的心理系統，然後在某一條件下，由潛意識的心理系統轉化為意識的系統。

而對這些系統最直接的描述是空間描述。於是，潛意識的系統就可以比作是一個大房間，在這個大房間裡，諸多的精神興奮就像是一個個的個體，彼此擁擠在一起。與臥室緊挨著的是一個小房間，就像接待室一樣，意識就在這裡面。可是這兩個房間門口上站著一個人，他是負責守門的，考察和檢驗那些精神興奮。那些他不認可的興奮是不能進入接待室的。那麼你們立刻就能想像出守門人是怎樣阻擋各種衝動進入接待室的，或者是在衝動進入接待室後如何將它們趕出去的，其實，這並不重要，因為這只關乎他辨認周密敏捷的程度問題。其實這樣的描述很方便我們運用詞彙。在大房間內，潛意識裡的興奮是小房間裡的意識所不能覺察到的，所以它們在最初是一直留在潛意識裡的。如果他們逼近門口時，卻被守門人趕了出來，那他們就不能成為意識，這時我們就說它們是被壓抑的。但是那

些被允許進入接待室的興奮也不一定就能成為意識,它們只有在引起意識的關注時才能成為意識。於是,這個接待室就成為前意識的系統,這種轉變為意識的過程也因此可以說成是純粹的描述的意義。我們在說任何一種衝動都是被壓抑的時,意思就是說它們因為守門人的阻攔無法進入前意識,導致它們不能衝出潛意識。而那些守門人就是我們所說的在分析治療時用來解放被壓抑的意念而遇到的反抗。

或許你們會認為這樣的描述奇怪而且不精確,是科學的描述所不能接受的。我知道這樣的描述過於簡單,也知道它是錯誤的,但是如果你們能證明我是錯的,那麼我們就能用更加準確的描述來取代它。不過到了那時你們是否還會認為它是奇怪的,我就不得而知了。但不管怎樣,現在這樣的描述還是有解釋作用的,就好比安排的那個侏儒在電流中游泳的試驗。只要它們有解釋說明的作用,我們就不應該歧視它們。可是現在我仍然認為比喻為兩個房間和兩者之間的守門人,及小房間中觀察興奮的意識等這樣簡單的描述是和現實情況比較相似的。而且我們所說的潛意識、前意識、意識等詞,還沒有其

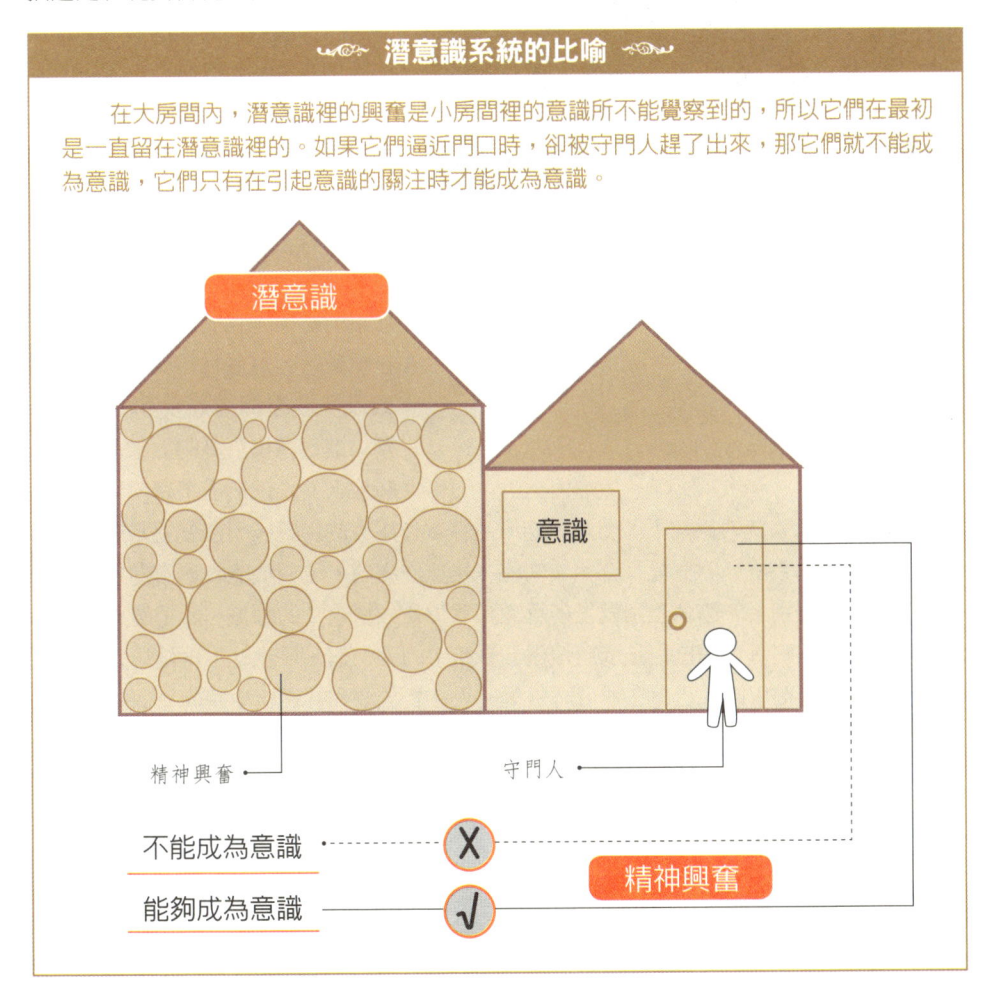

潛意識系統的比喻

在大房間內,潛意識裡的興奮是小房間裡的意識所不能覺察到的,所以它們在最初是一直留在潛意識裡的。如果它們逼近門口時,卻被守門人趕了出來,那它們就不能成為意識,它們只有在引起意識的關注時才能成為意識。

精神分析引論
A General Introduction to Psychoanalysis

他學者提出或使用的下意識、交互意識、並存意識等詞少見，同時還比較容易進行解說。

假如真的是這樣，那麼我們對於神經症症狀心理系統的假設就能擁有更為普遍的作用，進而使常態的機能表現的更為顯著。這是很重要的一點，你們也能想像得出，當然，這也是正確的一點。至於這個結論，現在我就詳細講述了。但是，如果我們能透過對病態心理的研究而更深入地瞭解常態心理機能的話，那麼我們對症狀形成心理學的興趣就會大大增加。

再者說，難道你們沒有察覺到這兩個系統以及它們與意識的關係依據嗎？潛意識和前意識之間的守門人就是控制顯夢形式的盤查人員，那些白天所留下的經歷就是潛意識的材料，它們能引發夢刺激。在睡覺時，這個材料就會受到潛意識以及被壓抑的慾望和興奮的干擾，進而運用自身的力量，再加上想像，於是就形成了夢的隱義。這

岩石上的男孩　亨利·盧梭　法國　19-20世紀

畫家創作這幅作品時，正是乖誕藝術的流行時期，藝術家們也是趨於反省自我，並開始關心起自己潛意識的夢，因為那個時候佛洛伊德的理論已經被世人所熟知，畫家們也開始探索自己非理性的一面，以此獲得更大的創作自由。圖中的男孩好像是不費吹灰之力便坐在了群山之上，男孩非站非坐的狀態，都給人一種夢幻的感覺。

個材料在潛意識系統的操控下，受壓縮作用及移置作用等的影響，現在就連常態的精神生活（前意識的系統）對其歷程都無法知曉，也無法認同。這個機能的不同點主要體現在兩個系統的差別上。這個差別就是前意識和意識是一種永久的關係，於是透過它和意識的關係就能確定每一個歷程是屬於這兩個系統中的哪一個。夢也就不再是病態的現象了，因為就算是健康的人也會在睡覺時做夢。現在對於夢和神經症症狀的每個結論都可以運用到常態的生活上去。

我們現在已經講述了壓抑的作用，說它只是症狀形成的一個必備的前提條件。現在我們也知道症狀只是那些被壓抑作用反駁回來的一些歷程的取代品，可是如果真給了我們一個壓抑作用，我們還是要花費很長時間的研究才能明白這個取代品的形成過程。對於壓抑作用和其他問題，比如：哪一種精神興奮會被壓抑？壓抑背後擁有的是怎樣的力量？有什麼目的等，我們只是在某一點上有些微小的瞭解。還有，我們對反抗的研究，

第十九章 抗拒與壓抑

也只是知道反抗的力量源於自我，源於那些顯著的或隱秘的性格特點，也就是說這些力量導致了壓抑作用，或者說是至少發揮了一定的壓抑作用。

我以前所講述的第二種觀點現在可以幫助我們解決上面的難題。我們運用分析能夠得知神經症症狀背後的目的，這一點你們已經不再陌生，因為前面兩個神經症案例中已經提出了這點。可是僅僅兩個例子能讓我們得到什麼呢？當然，你們可以要求我講兩百個或更多的例子來進行說明，可是我卻無法同意。所以，你們要憑藉自己的經歷或觀念去深入瞭解，這種觀念可以以各個精神分析者公認的證據上為起點。

你們還記得前面兩個例子吧，前兩例中透過症狀分析的結果，使我們探知到了病人比較隱秘的性生活。第一例中的症狀目的或表現趨勢比較明顯，而第二例可能是受到了別的因素影響，稍微有點不明顯，至於這個別的因素，我會在以後慢慢地告訴你們。由這兩例可以推斷其他接受分析的例子也會是這樣。不管在什麼時候，我們都可以透過分析推測病人的性經歷和性慾望，同樣的，不管在什麼時候，我們也都可以肯定症狀就是

聖浴

夢並不是一種病態的現象，因為就算是健康的人也是會做夢的。畫中的少女在潛意識中總是想用各種方法來滌蕩自己羞恥的感覺，想要用轉移的方法來隱藏自己內心真實的想法，但是這種扭曲的心態只會加重她心理上的負擔，使得這些負擔導致了壓抑作用。

精神分析引論
A General Introduction to Psychoanalysis

為了達到滿足性慾的目的。病人是想透過症狀來取得性慾的滿足，其實症狀就是無法得到的滿足的取代品。

現在請你們再試著思考一下第一例病人的強迫動作。她和丈夫分居是因為他身體上的缺陷，他們無法共同生活。可是因為她要忠誠於他，所以不能用別人代替她丈夫，而她的這一強迫性症狀恰好使她的慾望得到了滿足。她可以用這個動作維護丈夫的聲譽，否認他的缺陷，特別是他的性無能。這個症狀在慾望的滿足上可以說是和夢一樣；可是在性愛慾望的滿足上卻和夢不太一樣了。至於第二例中的病人，她上床前的準備就是為

擠壓　攝影

臆病症狀的人，想要在性慾方面得到滿足，他們會在潛意識裡扭曲這種願望。畫面中所呈現給讀者的是一個人似乎別擠壓在了玻璃上，而不能動彈。這是一幅充滿擠壓感和張力的攝影作品，在一定程度上表現出了人在精神上所承受的壓迫狀態，但這種無形的擠壓會時刻威脅著人的心理健康。

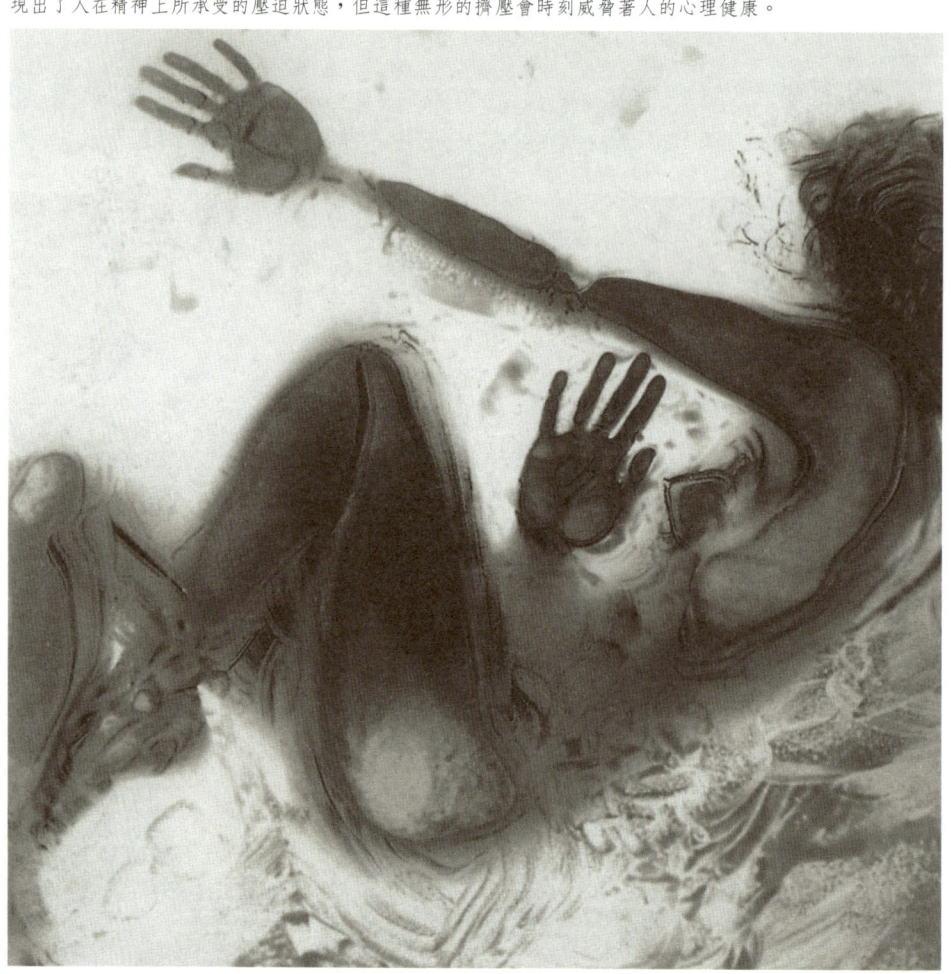

第十九章 抗拒與壓抑

了阻止父母發生性行為或者是再生一個孩子，或許，你們也會認為她是想透過這些準備來取代她的母親。於是，她的這個症狀就是為了除去那些讓性慾無法獲得滿足的障礙，以此來滿足病人自己的性慾。對於第二例的複雜之處，我很快就會進行講述。而滿足性慾這樣的話也不是什麼時候都適用的。現在我想請你們關注的是我曾說過的一句話，壓抑作用、症狀形成和症狀解釋都是源自於對三種神經症的研究，而現在可以運用的也僅僅是這三種，即焦慮性臆病、轉變性臆病以及強迫性神經症。我們通常將它們並稱為移情神經症，它們都可以接受精神分析的治療。而其他神經症目前還沒有獲得如此嚴謹的精神分析研究，就拿其中一例來說，它之所以還沒有獲得研究，是因為它無法接受治療的影響。你們不要忘了精神分析是一門新學科，它的研究之路還很長，不僅會耗費很多的時間，還會遇到諸多的困難，而且不久之前，此學科只有一個人在研究。可是現在我們已經從各方面對非移情神經症的症狀有了深入的瞭解，由此說明這門學科的發展是很快的。我希望在不久的將來為你們講述的，是我們的假設和結論是怎樣在適應新材料時有所發展，同時還要向你們表明，我們的深入研究不但沒有與理論產生矛盾，反而促進了我們理論的統一。所以，對於前面所說的一切都僅僅適用於這三種移情神經症，我現在想再補充一句，這樣會讓症狀的含義更加清晰明瞭。這句話就是：如果能對患病情景進行比較，那麼就會產生這樣一個結果，這個結果可以用一個簡單的說法表示，即這些人患病的原因是現實讓他們的性慾無法獲得滿足，進而使他們感到一種缺憾。這樣表達後，你們就可以看到這兩個結論是相輔相成，相互補充的。到此，症狀就可以解釋為是生活中無法滿足的慾望的替代品。

　　神經症的症狀是替代性慾的滿足，我的這一說法的確會引發各種非議，但是今天我只準備討論非議中的兩點。第一點，如果你們當中有人曾對眾多的神經症人進行分析，那麼他或許並不贊同我的說法，而且會說：「這句話並不適用所有的症狀，因為有些症狀有著截然不同的目的，它們的目的是抑制和阻止性慾的滿足。」對於他的這一觀點，我不打算進行爭辯。因為從精神分析的角度來看，事情遠比想像的複雜，否則也就不需要用精神分析來進行解釋了。就像第二例中的病人，她的準備工作中確實有很多動作是對性慾的抑制。比如：她把時鐘放在外面就是為了防止晚上陰核的勃起；防止花盆等跌落摔碎，就是想保住自己的貞操。從其他的已經被分析過的上床前的準備工作來看，這種抑制性慾的意味更加明顯，她整個的準備工作就好像是為了壓制性慾的回憶和誘惑而展開的防禦工作。但是透過精神分析我們已經知道，就算是相反的事情也不一定會形成矛盾。或許我們可以擴大這一說法，把症狀的目的看成不是對性慾的滿足就是對性慾的制止。臆病的主要特點是積極地滿足慾望，而強迫性神經症的主要特點是消極地抑制慾望。症狀之所以可以有滿足性慾的目的，也可以有抑制性慾的目的，是因為這個對立性在症狀機制的某一因素上有著十分合適的基礎，而這個機制，我們目前還沒有機會提到罷了。實際上，症狀是兩種截然相反的傾向相互調解的結果。這兩種傾向一個是被壓抑的被動傾向，一個是壓抑其他傾向而導致症狀出現的主動傾向，這兩種傾向有一個在症

289

精神分析引論
A General Introduction to Psychoanalysis

奢華、寧靜與愉悅　亨利·馬蒂斯　法國

這幅圖中沒有多餘的細節，但卻用最精湛的筆觸描繪出了女人美麗的胴體，還有同性歡樂的激情。這一點只有野獸派的創始人馬蒂斯能做到，正好符合了佛洛伊德提到的女人在性潛意識世界裡複雜的心理動態。

狀中占據絕對地位，但是另一個並沒有完全失去地位。對臆病來說，這兩種傾向經常合併在一起並出現在同一個症狀中，而對強迫性神經症來說，這兩種傾向時常有著區別，此時的症狀是雙重的，有著兩種相互抵制的動作。

而非議中的第二點就很難處理了。如果你們要對症狀的解釋全部進行討論，那麼首先你們會認為，只有極力擴充性慾的替代滿足的概念才能把這些解釋包含在內。其次你們還會指出這些症狀並不能提供真實的滿足，它們只是再產生一種感覺，或者是製造一種由性慾情結而引發的幻想。最後，你們還會認為這種性慾的滿足是幼稚的，毫無意義的，甚至是一種自淫的行為，也許會讓人回想起早在兒童時期就被制止的那些醜陋的行為。此外，還有一點你們會感到很奇怪，認為怎麼會有人把凌虐的、令人驚駭的、不自然的慾望的滿足看作是性慾的滿足呢。其實，除非是先有人對性生活有了絕對的研究，進而規定了「性的」一詞的範圍，否則對於這些問題我們是不會有相同的觀點的。

第二十章

人們的性生活

對於「性」一詞的含義，你們肯定會認為是沒什麼疑問的。首先，所謂「性的」，就是指不正當的，是不能說出來，寫出來的。以前有一個很著名的精神病學者，他的一些學生想讓他承認臆病的症狀是有著性意味的。為此，他們把他帶到一個有臆病的女人床邊。這個女人的症狀就是模仿生孩子的動作，對此他卻說：「生孩子不一定就是性的啊。」他的這一說法是正確的，因為生孩子不一定就是不正當的啊。

我知道你們對我這種對於大問題也講笑話的行為很不贊同，但是這句話也不能說全是笑話。其實要給「性的」一詞下一個準確的定義是很不容易的。或許，只有那些與兩性之差相關的才能用「性的」一詞來進行界說，可是這樣的話又會顯得太過空洞和不確切。如果以性的動作本身作為一個中心點，那麼你們或許會認為「性的」就是指從異性身上（特別是性器官）獲得快感的滿足。狹義地講，就是指生殖器的結合以及性動作的完成。可是按照這種說法來講，你們又會認為「性的」和「不正當的」是一樣的，而生孩子這個事就和性毫無關係了。如果以生殖的機能作為性生活的重點，那麼你們又會把自慰和接吻等看作不是「性的」行為，雖然自慰和接吻不是以生殖器為終點，但它們的確是屬於性行為的。現在我們知道要對「性的」下定義會遇到很多困難，也就沒有再嘗試的必要了。但是我們或許可以這樣認為：對於「性的」一詞我們不必有確切的定義，但是當大家提起「性的」一詞時，又大致的知道它的含義。

從一般的認知來說，「性的」一詞主要包含有兩性的區別、快感的刺激和滿足、生殖的能力、不正需要隱藏的觀點等。這個認知在生活上是比較適用的，但是在科學上是遠遠不夠的。因為大量的艱苦的研究（這種研究要自制精神才能完成）表明，有些人的性生活是和一般人不同的，這些人被稱為「性的錯位者」，他們當中的有些人在生活中並沒有兩性的區別。在他們看來，同性才能引起他們的慾望，異性（特別的異性的生殖器）絲毫不能引起他們的性刺激，甚至還會讓他們感到恐懼。於是，這樣的人完全沒有生殖的能力，他們被稱為同性戀者。但是他們往往會在其他方面的心理發展上（不管是理智的還是倫理的），有著別人難以企及的高指標，只因為有了生殖上的缺陷而稍微顯得的不完美。科學家稱他們為人類的一個特殊種類，也就是所謂的「第三性」，與其他兩性有著同樣的權利。對於這個觀點，我們或許以後有機會進行批判。他們不是他們口中自誇的「優秀者」，他們當中也有著和兩性一樣繁多的惡劣的沒用的人。

精神分析引論
A General Introduction to Psychoanalysis

潘和賽姬

「性的」就是指從異性身上（特別是性器官）獲得快感的滿足。狹義地講，就是指生殖器的結合以及性動作的完成。畫家為這幅作品就創造了一個這樣的氛圍，佛洛伊德認為凡是與精神分析有關的，那也是與性有關的，所有的動機都來源於根本的性的慾望，除了性本能之外，其他一切都不重要。

第二十章 人們的性生活

　　這些性的錯位者本來也是有著情慾的對象，進而達到常人所想達到的目的。但是他們當中有著很多種變態的人群，這些人的性活動和一般人的性興趣差別很大。這些人種類繁多，行為怪異，他們就像布勞伊格赫爾為了表示聖安東尼的誘惑而畫的各種怪物，或者是像福樓拜所描繪的在他的懺悔者面前走過的那一大群衰老的神像和崇拜者。他們是一群亂七八糟的人，如果我們不想把自己弄迷糊，就需要對他們進行分類。他們可以分為以下幾類：第一類，他們的性對象發生了改變，和同性戀者相同；第二類，他們的性目標發生改變。這裡又細分為五種人。第一種人是歸屬於第一類，都不讓生殖器結合，而是用對方的其他器官或部位來代替生殖器（比如用嘴或肛門來代替陰道），他們不管這樣做是否有阻礙，也不管這樣的行為是否可恥。第二種人雖然也以生殖器作為性對象，但卻不是因為生殖器的性的能力，而是因為其他相近的能力。對這些人來說，別人認為不雅觀的排洩機能卻可以引起他們全部的性興奮。第三種人完全不以生殖器作為性對象，他們以身體的其他部分，比如女人的胸部、腳或毛髮等作為情慾的對象。而第四種人甚至是連身體上的一些部分都覺得毫無意義，反而從一件衣服，一隻鞋子，或一件襪子上獲得情慾的滿足，這些人就像是拜物教的教徒。再往下分，第五種人雖然也有對象，但它們卻採用一種很特殊的方式，有時甚至選擇不能進行抵抗的死屍，這也太可怕了，受犯罪強迫觀念的影響，他們竟然從死屍上來獲得慾望的滿足。這些令人毛骨悚然的事情我就不多說了。

　　第二類中的那些性錯位者，他們的性慾目標只是常人所做的一種性準備動作。有的人透過看、撫摸、偷窺別人最隱秘的行為，來滿足性慾。有的人卻是裸露那些不應該裸露的身體部位，隱約地希望對方也能這樣做。還有的人是虐待狂，專門給對方痛苦或懲罰，輕者只是讓對方臣服，重者卻會讓對方的身體受到很大的傷害。有的人是與虐待狂相對應的被虐狂，他們只是希望能被對方懲罰，能夠臣服於對方，不管是真實的還是表象的。有的人是同時擁有這兩種病態的心理。而且這兩大類的性錯位者中的每類又可以分為兩種：一種是從實際的行動上來獲取他們特殊方式的性慾的滿足；一種是在想像中獲得滿足，他們不要求有真實的對象，只是進行創造性的想像。

　　這些瘋狂的，怪異的，令人毛骨悚然的行為毫無疑問的構成了這些性錯位者的性生活行為。不但他們自己承認了這些行為的取代性質，而且我們也必須承認這些行為在他們生活中所占據的地位，就和我們正常人的性滿足在生活中所占據的地位一樣，有著同樣或是更大的付出。此外，我們還可以簡略地或詳細地講述這些變態行為和常態行為的相同處和不同處。你們還會知道性行為中所有不正當的性質都在這些變態行為中存在著，有時會強大的讓人厭惡。

　　對於這些變態的性滿足行為，我們該採取怎樣的態度呢？如果我們表示憤慨和憎恨，並表明自己沒有這樣的慾望，其實是沒有多大用處的，因為這不是問題的關鍵。這種現象其實和下面這種現象很相似：如果你說這些行為是奇怪少見的，所以你想對此不予理會，那麼你會受到反駁的，因為這些行為是隨處可見的。但是如果你們認為這些行

293

性的錯位者的分類

性的錯位者的分類

「性的」一詞主要包含有兩性的區別、快感的刺激和滿足、生殖的能力、不正當需要隱藏的觀點等。有些人的性生活是和一般人不同的，這些人被稱為「性的錯位者」，他們當中的有些人在生活中並沒有兩性的區別。

第一類

一種是從實際的行動上來獲取他們特殊方式的性慾的滿足；

他們的性對象發生了改變，和同性戀者相同；

此類人不讓生殖器結合，而是用對方的其他器官或部位來代替生殖器（比如用嘴或肛門來代替陰道），他們不管這樣做是否有阻礙，也不管這樣的行為是否可恥。

第二類

一種是在想像中獲得滿足，他們不要求有真實的對象，只是進行創造性的想像。

他們的性目標發生改變。

①以生殖器作為性對象，但卻不是因為生殖器的性的能力，而是因為其他相近的能力。

②完全不以生殖器作為性對象，他們以身體的其他部分，比如女人的胸部、腳或毛髮等作為情慾的對象。

③以一件衣服，一隻鞋子，或一件襯衣上獲得情慾的滿足，這些人就像是拜物教的教徒。

④有時甚至選擇不能進行抵抗的死屍，這也太可怕了，受犯罪強迫觀念的影響，他們竟然從死屍上來獲得慾望的滿足。

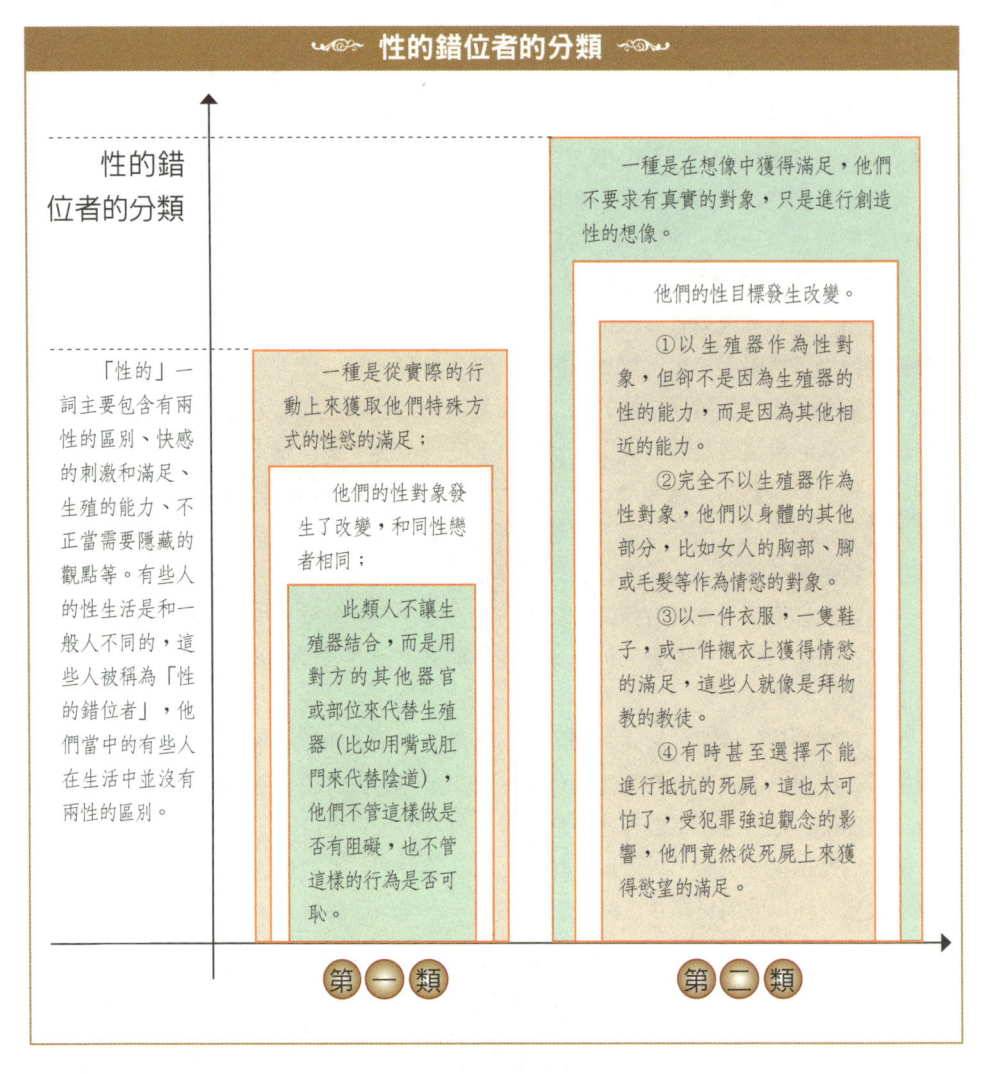

為只是性本能上的變態，沒有必要對人類的性生活理論進行修改，那麼我們就必須鄭重地進行一場辯論了。如果我們不能瞭解這些性的變態行為，進而使它們和我們常態的性生活有了關係，那麼我們也就無法去瞭解常態的性生活。總而言之，我們必須要在理論上很好地解釋所有錯位的存在和常態性生活的關係。

為了實現這一目標，我們可以運用一個觀點和兩種新的證據。這個觀點是伊凡·布洛赫得出的，他認為「一切錯位都預示著退化」的說法是不可信的。因為不管在哪個時代和哪個民族，從遠古時代到現代，從最原始的部落到現在最文明的民族，都有著這樣變態的性目標和性對象，而且這種變態行為有時也能被常人所接受。而那兩個證據則是來源於精神分析對神經症病人的研究，它們在性的錯位理論上有著至關重要的影響。

前面我們已經說過神經症的症狀是性的滿足的取代品，同時還說過，透過對症狀的

第二十章 人們的性生活

分析來證明這句話是會有很多困難的。其實我們應該把那些所謂的「錯位的」性需求看作是一種性滿足，因為我們太頻繁地用這句話作為症狀解釋的根據。那些同性戀者常自詡為人類的優秀者，但假如我們知道每個神經症者都有同性戀傾向，而且大多數的症狀都是潛藏的同性戀傾向的表現，那麼他們的這種自詡就會站不住腳了。那些明目張膽地宣稱自己是同性戀的人，只是因為他們的同性戀傾向比較自覺或明顯，與那些只有潛藏的同性戀傾向的人相比，他們所占據的比例是很小的。其實，我們應該把同性戀看做是愛能力的一種正常表現，而且它正變得愈來愈重要。當然，同性戀和正常戀愛的差別不會因此就不存在，實際上這些差別仍舊很重要，只是在理論上的作用被削弱了。現在我們可以說妄想症（屬於精神錯亂，已經不再屬於移情神經症）是由試圖壓制同性戀傾向引起的。你們還記得我前面說的第一例中的那個病人吧，在強迫動作中，她在模仿和她已經分居的丈夫的行為。通常，神經症的女人都會產生這種女扮男的症狀。這樣的行為在現實中雖然不能說是起因於同性戀，但卻和同性戀的起源有著緊密的聯繫。

或許正如你們所瞭解的那樣，臆病能夠在身體的各個系統上產生症狀，也可因此打亂身體上的所有機能。由分析結果我們可知，那些用其他器官代替生殖器的錯位衝動會在這些症狀中有所變現，所以，身體上的其他器官也可以成為生殖器的取代品。我們也是在對臆病症狀有所研究後，才知道身體上的器官除了它們原本的作用外，還同時具有性的意味，而且如果性對它們的要求太強烈，就會使原有的機能受牽制。所以，在原本和性沒有關聯的器官中，我們看到的那些臆病症狀的感覺和衝動都是對變態的性慾望的滿足。透過這些，我們也能更好的瞭解營養器官和排洩器官是怎樣激發性興奮的。其實，性的

出現　巴黎羅浮宮美術館藏

美麗的莎樂美在為希律王跳舞，只要她跳舞希律王就會滿足她所有的願望，出人意料的是她想要深愛的人的頭顱——先知約翰。想必這種心理在許多熱戀中的人都存在過。性愛的異化會導致兩種結局。一種是性變態，一種是拒絕性行為的心理病。莎樂美似乎是兩者皆而有之。

精神分析引論
A General Introduction to Psychoanalysis

錯位也有這樣的表現，只是性錯位的症狀容易看出，而對臆病症狀的解釋需要費一番工夫。另外，你們還要知道，錯位的性衝動是屬於病人人格的潛意識，而不是意識。

在強迫性神經症的諸多症狀裡，最重要的一點是，那些由精力過剩而形成的虐待狂，他們會有比較變態的性傾向目標。這些症狀在強迫性神經症中，有的是用來抵抗那些變態的慾望，有的是用來表示其滿足和抗拒之間的矛盾。但是滿足卻沒有採用巧妙的手段，它寧願病人吃苦受罪，也要在他的行為中慢慢地達到目的。這種神經症的症狀還有別的表現方式，比如過度的煩惱和沉思；又比如過度地把正常性愛中的準備工作看成是性的滿足：像偷窺、撫摸、探索等一系列的慾望。由此，我們就明白了為什麼那些接觸的恐懼和強迫的洗手會在這種病中占據重要的地位。絕大多數的強迫性動作其實就是變化了的自慰，而自慰也可看成是各種性幻想的唯一動作。

要更詳細的講明錯位和神經症之間的關係對我來說也不是一件難事，可是我認為

加布里埃爾‧蒂斯特斯和她的姐妹　　木板油畫　約1590年　巴黎羅浮宮

在這幅作品中，我們看到兩個裸體女人在一個浴盆中，加布里埃爾優雅地舉著一顆閃亮戒指，她的妹妹則毫無掩飾地在輕輕擺弄她的乳頭，整個畫面中唯一穿衣服的就是她們身後的人，這樣更能反襯出這種赤裸的表現，還有她們姐妹間的曖昧關係，畫家意在描繪當時宮廷的同性戀婦女的形象，其實我們應該把同性戀看做是愛能力的一種正常表現。

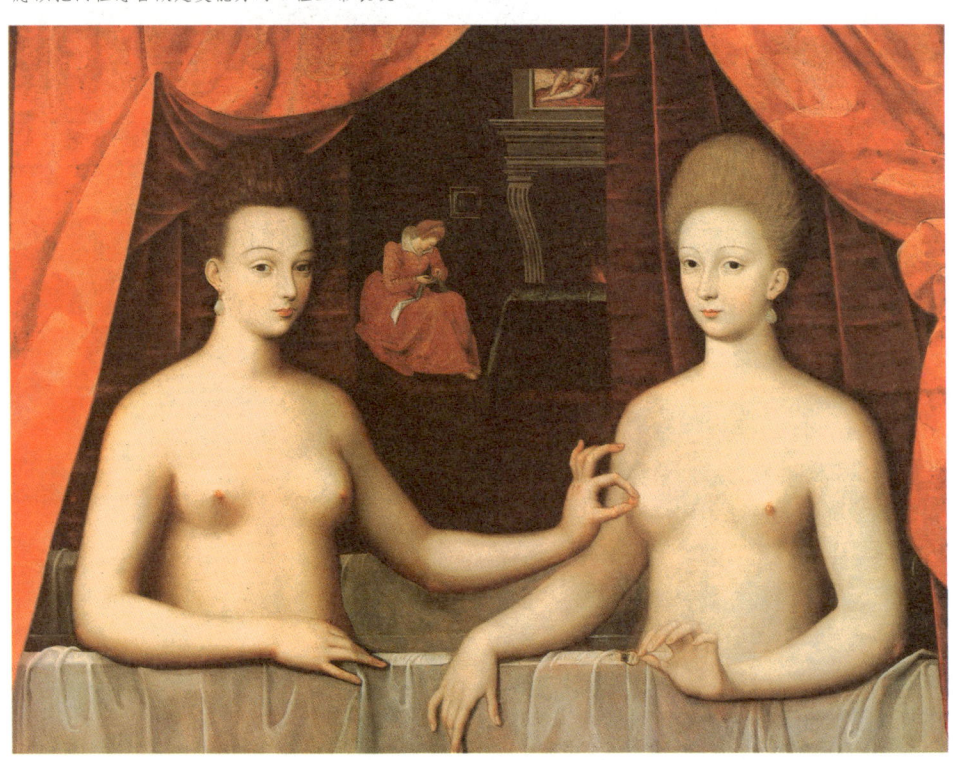

佛洛伊德的麻煩

錯位的性衝動是屬於病人人格的潛意識,而不是意識。在強迫性神經症的諸多症狀裡,他們會有比較變態的性傾向目標。佛洛伊德在治療一位強迫性神經症患者,但他卻成為了這位女患者狂熱的性幻想對象。

我以上的講述已經達到了目的。但是我們也不能因為錯位傾向在症狀的闡釋上占據重要地位,就認為人類的這些傾向很常見和劇烈。你們大家都已經知道如果正常的性得不到滿足的話,就會引發神經症。因為這種性的無法滿足會迫使性興奮去尋求一種變態的發洩,至於這種過程是怎樣的,我們會在以後有所瞭解。不管怎樣,我們現在可以說這種無法滿足會讓錯位衝動愈演愈烈,所以,如果正常的性可以獲得滿足,那麼錯位衝動的力量就會減弱。另外,在比較顯著的錯位狀態中,我們還能看出一個比較相似的起因。由很多例子可知,性本能可能會因為暫時的無法滿足,或因某些制度的限制而很難獲得正常的滿足,於是就引發了錯位狀態。而在其他一些例子中,這些錯位的傾向卻和這些條件毫無關係,它們就像是一些人性生活的原始狀態。

現在,你們或許會認為我的這些闡釋不僅沒有說清楚正常的性生活和錯位性生活的關係,反而變得更加複雜了。可是我希望你們能清楚下面這樣一個論點。如果性滿足的無法實現,真的能讓那些原本不顯露錯位傾向的人顯露出這種傾向,那麼我們就要說這些人容易患有錯位症狀。也就是說,他們的體內潛藏有這種錯位傾向。於是我們就做到了上面曾提到的第二種新證據。由精神分析的研究,我們得知兒童的性生活也需要研究,因為分析症狀時引發的回憶和聯想可以追憶到兒童的最初事情。對兒童的直接觀察現在也已經證實了由此所探知的一切。於是,我們可以說所有的錯位傾向都產生於兒童時期,兒童不但有錯位的傾向,還有錯位的行為,它們是和他的年歲相一致的。總而言之,錯位的性生活就是嬰兒的性生活,兩者只是在範圍和成分上略有不同而已。

現在,你們可以不必再忽視錯位現象和人類性生活的關係,而用截然不同的眼光來看待它了。可是,這些聳人聽聞的新發現可能會引起你們的不滿。首先,你們肯定會不認同這所有的說法——不認同兒童就是性生活,不認同我們觀察的真實性,不認同那個證明兒童的行為和後來的錯位行為有關聯的論證。現在讓我們先來討論你們不認同的原因,然後再大致地講一下我們觀察到的事實。你們說兒童沒有性生活,比如:性興奮、性需要、性滿足等,只是在十二到十四歲時才突然擁有,這是和所有的觀察結果都不相符的,在生物學上也是毫無意義的。這種說法就和假設他們原本沒有生殖器,卻在

青春期裡突然擁有一樣的荒唐。實際上，青春期出現的生殖能力，這個能力在顯示了其作用後，就藉身體和精神中已有的認知來達到它原本的目的。而你們的錯誤就是沒有分清性生活和生殖，因此，也就無法真正瞭解性生活、錯位症狀和神經症的區別。其實你們的錯誤還包含一個原因，這個原因比較奇怪，原因就是你們都曾是孩子，而且在孩童時代都曾受到教育的影響。這些教育最重要的任務之一就是教導個體去壓制和約束（這就是社會的要求）生殖能力的性本能。由於可教育的性是隨著性本能的出現而終止的，所以，社會從自身考慮，就暫時推遲兒童的充分發展，等到他們在理智上比較成熟時再說。相反，如果性本能失去控制，必定會崩潰進而一發不可收拾，而那些精心建立的文化教導也會被清除。可是控制性本能也不是一件容易的事，控制的成功率很小，但有時又會太過。而社會壓制性本能則是出於對經濟的考慮，因為如果社會上有太多的人沒有工作，那麼社會就無法維持他們的生活，所以社會就希望那些不工作的人愈少愈好，而且希望他們把精力放在工作上，而不是放在性生活上。這種生存機制從遠古時代就存在，現在當然也會存在。

夏日慾望　連茲　油畫　1900年　私人收藏

錯位的性生活就是嬰兒的性生活，性興奮、性需要、性滿足等性慾望不是在十二到十四歲時才突然擁有的，這是人類本有的性本能。有的人卻以為性的甦醒只有在青春期才有，佛洛伊德卻認為性慾早在嬰兒時期便已存在。

教育者根據經驗，知道要盡早開始對兒童性意志的培養，應該在青春期之前就開始抑制兒童的性生活，而不是等到性本能出現之後。於是，只要是嬰兒的性活動都要禁止，並讓兒童討厭性活動。教育者希望兒童的生活是「無性的」，長此以往，科學也開始相信兒童是沒有性生活的。為了讓自己一直堅信的事情和自己的目的不與現實相衝突，兒童的性生活就這樣就忽略了（順便提一句，這可是一個不小的成就），而科學還對此沾沾自喜。於是兒童就這樣被假設為純真的、無邪的，如果誰敢對此持否定的觀點，那他就是在污衊非聖誕法。

　　孩子們才不會理會這些，他們只是自然地顯露本性。由此可見那些「純潔的天性」其實是學習得來的。不過令人奇怪的是，那些不承認兒童性生活的人，卻一直堅持在教育上抑制兒童的性本能；他們雖然否定的兒童性生活的存在，卻謹慎地對待兒童的每一個性表現。此外還有一點，兒童五六歲時的表現最能否決「兒童沒有性生活」這一觀點，而這個時間段正好是被很多人遺忘的時期。雖然只有精神分析的研究才能喚回這段遺忘的意識，可是這段遺忘也有可能成為夢，這在理論上是很有趣的事。

佛洛伊德的兒女們　1899年

這是佛洛伊德的兒女1899年在貝希特斯加登的留影。佛洛伊德曾說過：「我的兒女們，才是我的光榮和財產。」他堅持對兒童性意志的培養，因為兒童也是具有性生活的人，我們不能忽略，甚至是否認。

　　現在我要開始講述兒童最明顯的性活動。在開始講之前，我想先讓你們關注一下「力比多」這個詞。而別的詞就不必再理會了，比如：性的興奮和滿足等。力比多和飢餓一樣，是一種本能和力量，只不過力比多是性的本能，而飢餓卻是營養方面的本能，即憑藉這個力量來達到其目的。神經症的解釋一般是和嬰兒的性活動相關的，這一點你們也很容易理解，當然，你們也會以此作為反對的依據。對力比多的這一解釋是以精神分析的研究為基礎，透過某一症狀來追憶其緣由。嬰兒第一次的性興奮是和其他重要的生活機能有著緊密關連的，就像你們知道的，小孩最大的興趣是對營養的吸收。當嬰兒因為在懷抱中睡著而感到滿足時，他的舒適的表情和他成年後獲得性滿足時的表情是相似的。當然，僅憑這一點還不能得出結論。此外，我們還知道嬰兒總是在反覆地做他吸收營養時的吸吮動作，就算他不是在真的吸收營養，他還是會做這樣的動作，所以他們並不是因為飢餓才去做那樣的動作。我們把這種動作稱為「Iutschen」或「ludeln」（在德語中，這兩個字的意思是為了吸吮而吸吮的享受，比如吸吮橡皮乳頭），嬰兒做了這樣

精神分析引論
A General Introduction to Psychoanalysis

吃奶的嬰兒

　　吸吮乳頭是嬰兒生命中最重要的一件事，因為他這一動作，可以同時滿足他吃的慾望和性的慾望，因為吸吮乳頭的慾望其實包含有渴望母親胸乳的慾望，因此母親的胸往往成為了性慾的第一渴求對象。口腔也是人類第一個被喚醒的性感區域。

第二十章 人們的性生活

的動作後才會重新舒服地睡著,而嬰兒如果沒做這樣的動作就無法入睡,由此可見吸吮動作本身就能讓嬰兒獲得滿足。布達佩斯的兒科醫生林德納首次提出了這個動作具有性意味,保姆和護理嬰兒的人雖然不談理論,但是他們對於這種為了吸吮而吸吮的動作也是這種看法。他們都認為這個動作的目的就是為了尋求快感,而這也是唯一的目的,他們還稱這個動作是嬰兒為了尋開心。如果嬰兒不自己改掉這個動作,那麼他們就會強令他改掉。由此,我們知道嬰兒的這個動作只是為了尋求快樂,並沒有別的目的,而這種快樂最先是從吸收營養上獲得的,慢慢的,嬰兒就知道即便是不吸收營養也能獲得這種快樂。他們是用嘴或嘴唇來享受這種快樂的,因此,我們稱身體上的這一部分為性感覺區,而由吸吮獲得快感就具有了性的意味。而對於力比多這個詞的用法,我們還會給予更多的解釋。

如果嬰兒能表達自己的想法,他肯定會說在母親懷中吸吮乳頭是他生命中最重要的一件事,因為他的這一動作,同時滿足了生命中的兩大慾望——吃的慾望和性的慾望。透過精神分析的研究,我們驚奇的發現,這個動作在精神上有著重要的作用,以至於終身都不會丟棄。吸吮乳頭是整個性生活的起點,是後來各種性滿足的最初表現,等到真正需要性時,就會以此動作進行幻想聊以自慰。吸吮乳頭的慾望其實包含有渴望母親胸乳的慾望,因此母親的胸往往成為了性慾的第一渴求對象。至於胸部在後來各種性對象的選擇上占據怎樣的地位,以及透過改造和替換而對其他的精神生活有怎樣重大的影響,在此我就不細說了。但是當嬰兒能夠為了吸吮而吸吮時,胸就會被嬰兒自身的一部分所取代,比如嬰兒會吸吮自己的拇指或舌頭。於是,他不必藉助外界的事物也能感到滿足,而且還能將興奮區域擴大到身體的第二區域,增強快感。性感覺區是不能產生相同的快感的,正如林德納醫生所講,嬰兒不斷地在自己身上四處撫摸,會覺得生殖器區域的快感強於其他區域,於是就會放棄吸吮而進行自慰,所以說性感覺區不會有同等的快感是很重要的一個結論。

嬰幼兒的性慾與心理的關係

人類的本能

生 生的本能

- 性(性的慾望)
- 自我保存(吃的慾望)

死的本能 **死**

- 自我破壞衝動

301

透過評價吸吮乳頭這一動作的性質，我們會關注嬰兒性生活的兩個要點。嬰兒為了滿足自己身體的基本慾望，會做出自慰的行為，也就是說，他們會在自己的身體上尋求性的對象。吸收營養在性上表現的最明顯，排洩作用在一定程度上也是如此。我們可以說嬰兒曾在大小便中有過獲得快感的經歷，後來他們就會故意重複這樣的動作，希望能在這些性感覺區中透過皮膜的興奮，最大限度地獲得滿足。可是，像盧·阿德里安所曾提出，外界壓力會對嬰兒尋求快感的慾望進行壓制，於是嬰兒在這時依稀體會到了成人才會經歷的內外衝突。即他不能隨意地大小便，而且大小便時間還得由他人制定。成人們為了讓嬰兒放棄這些快感，就會把關於大小便的所有不文雅的、必須忌諱的東西告訴他，而嬰兒為了贏得在他人心目中的地位，就放棄自己的快樂。其實，他對於大小便的態度一開始不是這樣的。他並不對自己的糞便感到反感，甚至還把糞便看做是自己身體上的一部分而不願意丟掉，還會把它當做是第一種「禮物」，送給自己敬愛的人。就算是在由於教育的培養而放棄這種傾向之後，他還是會把糞便看做是「禮物」和「黃金」，而撒尿也是一件值得驕傲的事。

　　我知道你們或許早就不想讓我繼續說下去了，你們會說：「這真是胡說八道！腸子的扭動竟然是嬰兒獲得性滿足的源頭！大便竟然是有很大價值的東西，而肛門竟然變成了生殖器的一種，你覺得我們會相信這些嗎？可是，我們卻因此知道了，為什麼兒科醫生和教育家會如此直截了當地拒絕精神分析和它的理論。」其實你們的這種說法是完全錯誤的，你們只不過是忘記了我所說的嬰兒性生活的事實和性錯位的事實之間的關係，難道你們不知道有很多成人，不管是同性戀還是異性戀，都曾在性交時用肛門來代替陰道嗎？難道你們不知道很多人會把排洩時的那種快感看做是一件很重要的事嗎？你們或許曾聽過那些年紀稍大的、能夠討論這一話題的兒童，說他們對自己的大便很感興趣，而且看別人排大便是件很快樂的事。可是如果你們一開始就一直恫嚇這些兒童，那麼他們就不敢再說這樣的話。至於其他的那些你們不願意相信的事情，我希望你們去翻看精神分析的證據和那些對兒童直接觀察獲得的報告，對於這個問題在不被偏見蒙蔽的同時還能堅持不同的觀點，是需要很大的毅力的。你們認為嬰兒的性活動和成人的性錯位之間的關係令人難以置信，對此，我也沒什麼好遺憾的。這種關係本來就存在，因為嬰兒除了那點含糊的表現外，並沒有把自己的性生活轉化為生殖機能的能力，所以，如果嬰兒有性生活，那這種性生活的性質肯定是錯位的。而且所有錯位的共性就是生殖目的的放棄，判斷性活動是否錯位，就要看它只是為了滿足性慾，還是以生殖為目的。到此，你們就知道了性生活最終是為了完成生殖的目的這一任務，那些不能完成這個任務，或者不是為了實現這個任務而只是滿足性慾的一切性活動，都會被稱為「錯位的」，被世人所鄙視。

　　現在讓我們回過頭來繼續講述嬰兒的性生活。我還可以對其他器官做這樣的研究，作為對前面講述的兩種器官觀察的補充。兒童的性生活主要體現在各種本能活動上，這些本能有的是在自己身上獲得滿足，有的是在外界對象身上獲得滿足，總之是

第二十章 人們的性生活

少女的幻想　巴爾蒂斯　法國

　　畫面中的少女半露著肩膀,雙腿張開,手裡拿著一面鏡子,不知道是在看自己還是她旁邊火爐前的男子?整個房間彌漫著曖昧的味道,少女的慾望也蔓延到整個房間,畫家用輕快的筆觸將少女的性心理描繪的淋漓盡致。這也是兒童性生活的一種具體表現,這是一種本能,這些本能有的是在自己身上獲得滿足,有的是在外界對象身上獲得滿足。

各行其是,互不干涉。這種滿足在身體的器官上,最占優勢的自然是生殖器的滿足,有的人自嬰兒時期起一直到青春期或過了青春期,總是在自慰以獲得自身生殖器的快感和滿足,從不尋求別的生殖器或對象的幫助。但是對於自慰的問題現在卻不好進行仔細講述,因為我們要討論和研究的相關資料太多了。

　　我雖然不願擴大討論的範圍,但是兒童好奇性這一事還是需要稍微講述一下的。兒童對性的偷窺是他性生活的特點,是導致神經症的關鍵,所以不能忽略不談。兒童對性偷窺的起源很早,有時在三歲之前就開始了。性的偷窺不一定非要以異性為對象,性別的差異在兒童眼裡不算什麼,對小男孩來講,他們認為不管是男孩還是女孩都有男性的生殖器。如果一個小男孩偶然間看到了一個小女孩的陰戶,他會不相信自己所看到,因為他無法想像,和他一樣的人竟然會沒有這個重要的器官。後來,當他知道他看到的是真的時,他會很詫異,於是以前對這個器官產生的恐懼,現在開始顯露了。他也因此受到了「閹割情結」的控制。如果他能保持健康的狀態,那麼這個情

精神分析引論
A General Introduction to Psychoanalysis

接受聖禮和逃往埃及　梅爾基奧爾・布勒德雷姆　蛋彩顏料繪於木板上　1394年　第戎美術學院博物館

　　新生兒耶穌在畫面的左側，他在一個聖殿裡準備接受割禮，畫面右邊描繪的逃亡埃及的過程。兒童對性偷窺的起源很早，有時在三歲之前就開始了。如果他發現別人跟他的性器官不同時，他就會受到了「閹割情結」的控制。

結會是他性格的形成原因;如果他陷入病弱狀態,那麼這個情結就會是他神經症的形成原因,如果他接受精神分析的治療,那麼這個情結就會是他抵觸的形成原因。而對小女孩來講,她們因為缺少一個大家可以明顯看見的陰莖,感到十分遺憾,進而會忌妒男孩的好運氣。於是,她就渴望成為男人,如果後來不能有很好的女性特徵發展,她的這一渴望就會演變成神經症。此外,關於兒童性偷窺的起源還有一層,在兒童時期,女孩的陰核等同於男孩的陰莖,因為它也是一個有著很強的性快感的區域,可以用來尋求性滿足。女孩若想轉變為女人,那麼就需要及早把性快感從陰核部位降到陰道口。所謂的女人的性冷感,就是陰核部位保留了這種性快感,而沒能降到陰道口上。

兒童的性興趣最初是專注在分娩問題上的,但分娩問題就像斯芬克斯的謎語一樣困難。兒童對這個問題好奇,主要是從自身利益出發,害怕別的孩子出生。育嬰室的人員在回答孩子從哪來的這一問題時,總是說:小孩是鸛鳥用嘴叼來的。但是孩子對此的認知卻超出我們的想像,他們並不認同這種說法,他們知道自己被承認欺騙了,於是他們就想自己尋求答案。但這又十分困難,因為他的性構造還沒有發展,瞭解這一問題的能力有限。一開始,他認為兒童是由一些特殊的事物和消化的食物混合成

躺著的母與子　　保拉・摩德森-貝克　德國　布面油畫　1906年

畫家本人就是死於分娩的過程之中,這幅作品是她在去世的前一年所作。圖中她描繪了一個母親擁著她的孩子平躺在一起的形象,這其中凝聚了畫家所有的期盼,母親用巨大的身體擋著孩子柔軟的身軀,也許這也是畫家本人美好的想像吧。

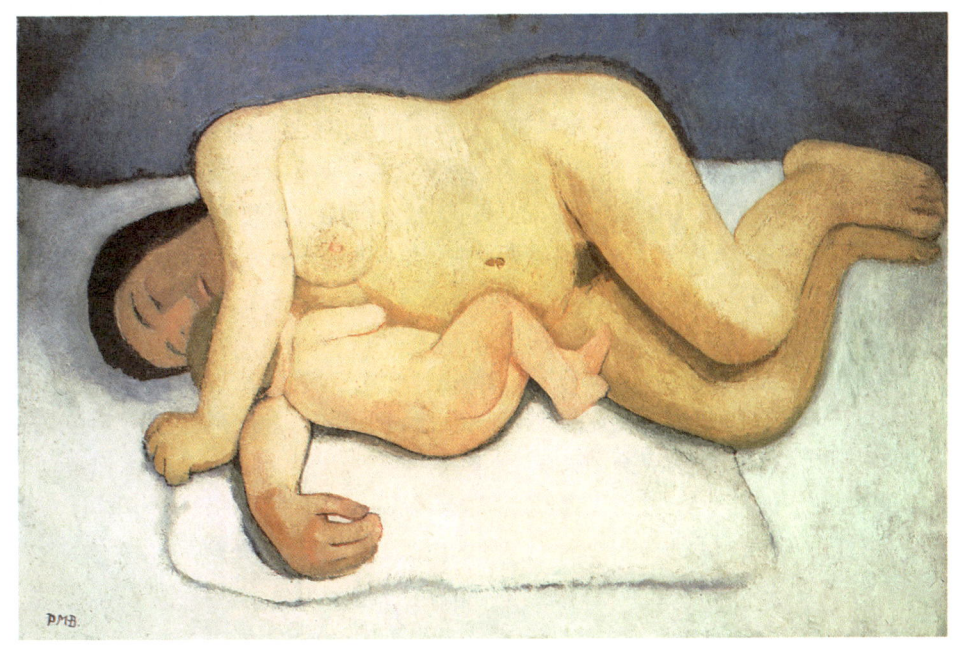

精神分析引論
A General Introduction to Psychoanalysis

斜躺的少女

兒童不管是對乳房的性慾還是對肛門的性慾，都是人類的性慾本能，在精神分析中將錯位者和兒童的性生活加入其中，也是為了還原性的本義和其原本的範疇。圖中少女在夢中有最私密的幻想，毫不例外她的幻想一定是與性有關的。

的，他也不知道生育只有女人才能做到。後來，他知道了自己最初的認知是錯的，於是就把兒童來源於食物這一認知給拋棄了，雖然神話還保有這樣的觀點。再後來，他認為父親肯定和生小孩有著關聯，可是他不知道到底是怎樣的關聯。就算他偶然看見了父母之間的性交行為，也會認為那是男人在設法征服女人，或者只是一場鬥爭。他用虐待來解釋父母的性行為，這當然是不對的，於是他也就不知道這種性行為和生孩子之間有怎樣的關係。如果他看見了母親的床上或內衣上有血跡，也只會認為這是父親傷害了母親的證據。再過幾年，他或許會開始對男性生殖器進行猜測，認為它在生孩子上有著重要的作用，可是，卻仍舊不知道它除了排尿外，還有其他的作用。

只要是兒童，一開始都會認為孩子是從腸子裡生出來的，也就是說，小孩的出生就像是一坨大便。直到對肛門的興趣消退後，兒童才會放棄這一認知，而用另外一種假設代替，認為肚臍或兩個乳房中間是孩子出生的地方。如此循序漸進，兒童對性的事實也慢慢有所瞭解，除非是在青春期以前，他擁有了一種不完全的、不真實的記憶，進而沒有相關的知識，或者是對這些事實沒有注意。而這也往往會成為他後來得病的主要原因。

現在你們或許已經知道，精神分析家會無限制地擴充「性的」一詞的含義，其目的就是維繫精神分析中，關於神經症的性起源和症狀的性意義二者的所有說法。現在你們可以自己判斷，這樣的無限擴充到底有沒有意義。我們擴充性的概念，是為了把錯位者和兒童的性生活加入進去，也可以說，我們還原了性的意義和原本的範疇。而精神分析之外的「性」，只適用於那些正常的，生殖能力所擁有的狹義上的性生活。

第二十一章

力比多的發展與性的組織

我知道，我還沒能讓你們相信性錯位在性生活的理論上占據著極其重要的地位。為此，我會盡自己所能，對已經講過的關於它的內容，進行校正和補充。

當然，你們不要認為是因為有錯位現象，我才會校正「性」的含義，最終引起強烈的反對。其實，我的校正和對兒童的性研究有著重要的關係，而我們更應該參照的是性錯位與兒童性生活的一致。兒童的性表現，在兒童後期雖然會變得比較明顯，但是最初的方式卻慢慢消失，無從得知了。如果你們不留心這種演變的事實和分析的結果，那麼你們就會認為兒童的那些表現不具有性意味，而認為它們具有別的不確定的屬性。你們要知道，沒有統一的標準來判定一種現象是否具有性意味，除非我們把生孩子的能力作為標準之一，但是把性定義為生殖這一觀點，我們已經不再使用了，因為它太狹隘了。弗里斯也曾提出生物學標準，比如23天和28天的週期性，但是也引起了很大的爭議；或許性過程中含有一些特殊的化學性質，但是目前還沒有人發現這些性質。而成人的性錯位現象卻有著明顯的性意味，你們可以稱這種錯位現象是退化現象還是其他現象，但是絕沒有人會承認它是性現象。單憑這一現象，我們也可以說性和生殖能力不是同等的，因為性的錯位會阻礙生殖目的的實現。

現在有一個相似的說法，值得我們去關注一下。很多人都會認為「心理的」就是「意識的」，可是我們卻可以擴大「心理的」這一詞的含義，它還包括心靈的非意識部分。「性的」一詞也是如此，很多人認為它等同於「生殖的」，更確切的說是「生殖器的」，然而我們卻把那些不屬於生殖器的，以及和生殖無關的事情認為是「性的」。雖然這兩件事只是在形式上相似，但是它們卻有著更深刻的意義。

可是，如果在這一問題上，性錯位現象的存在有著如此強有力的證據，為什麼沒有人早就完成了這項工作，解決了這個問題呢？對此，我沒什麼好說的，因為在我看來，性的錯位早已設立了一個特別的禁地，依稀形成了一種理論，甚至還擾亂了科學對它的判斷。好像大家都記得錯位現象是讓人反感的，更是荒誕嚇人的，而他們心中也潛藏著一種忌妒怨恨，想要絞死那些和錯位者親近的人，這種情感正如知名諷刺詩中只是口頭評判卻無實際行動的伯爵的招認：

在愛神山上，良心和義務都被遺忘了！但是，要注意，這跟我毫無關係！

其實，性錯位者很可憐，他必須用沉痛的代價來獲取那些不容易獲得的滿足。

精神分析引論
A General Introduction to Psychoanalysis

佛洛伊德和弗里斯（右）

弗里斯和佛洛伊德他們都是猶太商人的後裔，他們因為共同的愛好成為了好朋友，他們共同探討關於精神分析的各種話題，而且建立了良好的聲譽。

性錯位雖然有著不正常的對象和目標，但它也有著明顯的性意味，因為那些滿足錯位慾望的動作，都可抵達情慾的最高點，進而洩精。這當然是針對成人來說的，因為兒童雖然有一種相似的動作來取代，但他們沒有情慾的最高點，也不可能洩精，而且這種取代，也不能說就是性的。

此外，我想再補充幾點，讓我們對性的錯位有更準確的認知。以上那些現象雖然和正常的性活動不太一樣，為常人所鄙夷，但是透過簡單的觀察，我們會發現，在正常人的性生活中，也會出現各種錯位。比如，接吻最初也能稱為是一種錯位動作，因為接吻是雙方嘴唇上的性感覺區的接觸，並不是生殖器的接觸，可是卻沒人指責接吻是錯位，甚至在影視或舞台上，接吻被認為是美化的性動作。不過，接吻確實可以演變為一種真正的錯位動作，比如接吻的刺激強度增大時，會出現情慾的最高點和洩精現象，這種情況是很常見的。又比如，一個人想要有享受性時，他就會凝視並不停地撫摸對方，另一個人則會在性高潮時，出現手捏或口咬的動作；還有一些人，他們情慾的最大興奮，不是由對方的生殖器引起的，而是由其身體的其他部位引起的，像上面這樣的例子有很多。當然，我們不能說有這種癖好的人就不是正常人，而是錯位者。其實，錯位的本質，並不是性目標的改變，也不是生殖器被取代，更不是對象的轉變，而是那些以變態的現象為滿足，卻完全不以生殖為目的的性行為。至於那些為促進正常性行為完成，或為其做準備的動作，實際上都不再是錯位。由此可縮小正常的性和錯位的性之間的差距，而且還可以明確地推斷出，正常的性生活是由嬰兒的性生活演變來的，其演變過程就是先刪去那些沒用的部分，然後在匯集其他部分，最終歸屬於生殖目的。

根據錯位現象的觀點，現在我們可以更深入更明確地來研究或說明嬰兒的性生活問題了，可是在做研究和說明之前，我想先讓你們關注一下兩者之間的一個重大差別。大致來講，錯位的性生活是十分集中的，它的全部行為都指向於一個目標，基本上也是唯一的目標。即占據重要地位的一個特殊部分衝動，目標可能只有這個衝動，也可能是為了自身的目的而控制其他衝動。從這一點來說，錯位的性生活和正常的性生活是一致的，只是占據重要地位的部分衝動和性目標不同而已。錯位的性生活和正常的性生活，

第二十一章 力比多的發展與性的組織

這兩者分別組成一個系統,這個系統是有組織的,只是統治的力量各不相同。而嬰兒的性生活卻沒有這樣的集中和組織,他的每部分衝動都同樣有效,各自獨立地尋求快樂。透過這種集中的缺乏(在兒童期)和存在(在成人期),我們可以知道正常的性生活和錯位的性生活都是來源於嬰兒的性生活。此外,還有很多錯位的現象和嬰兒的性生活更加相似,因為它們很多的「部分本能」和其目標,是獨立發展的,甚至保留了下來。不過稱這些現象為性生活的錯位,還沒有稱之為性生活的幼稚病準確。

吻 克里姆特 1907-1908年 維也納奧地利美術館藏

這幅作品閃耀著熠熠星光,具有很強的裝飾效果,擁抱在一起的情侶像是被黃金包裹似的,畫家有意識地將男子的服裝用長方形替代,象徵男性的生殖器官;女性的服裝則是以圓形、橢圓形和螺旋形來替代,象徵女性的生殖器官,這些象徵性的物體暗含了接吻之後的性行為。也可以這樣說,接吻是一種被美化了的性動作。

有了上面的介紹，現在我們可以進一步討論那些早晚會遇到的問題。比如：「兒童期的表現，作為成人性生活的起源，既然你承認它們是不確切的，那為什麼還要稱它們為性的呢？為什麼不只描述他們的生理方面？為什麼不說嬰兒早已經有了為了吸吮而吸吮以及迷戀於大便等活動，只是以此來表示他們是在身體器官中尋求快樂呢？這樣，你也就不用說嬰兒也有性生活這樣的話，最終招來人們的反感了。」對於這些，我只能說，「在器官中尋求快樂」這樣的話不會引來非議；而且我也知道性行為最大的快樂也只是身體上的一種快樂，是因為身體器官的活動。可是你們能否告訴我，這個原本無關緊要的身體上的快樂，究竟什麼時候才能獲得性意味呢？我們對於「器官快樂」的瞭解是否比性還要多呢？對此，你們的回答會是在生殖器產生作用時，才有性意味，生殖器才代表性。你們甚至避讓錯位現象這個阻礙，指出就算錯位不憑藉生殖器的接觸，也能比生殖器獲取更多的性慾高潮。如果你們能因錯位現象的存在，而否定生殖和性的本質特點的關係，同時還強調生殖的器官，那麼你們的觀點就又進了一步。而那時，咱們之間的分歧也就沒那麼大了，就轉變為生殖器官和其他器官之間的爭論了。有很多證據可以說明，其他的器官能代替生殖器官來獲得性慾的滿足，比如正常的接吻，放蕩的錯位生活，臆病的症狀，對此你們要如何看待呢？對臆病來說，原本屬於生殖器官的刺激現象，感覺，衝動，或者生殖器的勃起等，往往會轉移到身體的其他器官（比如從下往上轉移到面部和頭部等）上去。於是，那些你們認為是性的主要特點的東西，現在都不存在了，你們也就因此要遵循我的做法，擴充「性的」一詞的含義，認為它包括嬰兒早期用來追求「器官快樂」的所有活動。

現在需要再提出兩點，來支持我的理論。你們也知道，我們把嬰兒早期的一切用以追求快感，但又不太明顯的活動稱為「性的」，因為我們在為分析症狀而回顧這些活動時，所運用的材料全部是「性的」。先假設它們本身不一定就因此成為「性的」，讓我們用一個比喻來說明吧。假設有兩種不同的雙子葉植物，如蘋果樹和豆科植物，它們從種子發育成長的過程，我們無法進行觀察，但如果我們假設這兩種植物為種子植物，由它們充分發育的狀態往回追溯它們的發展過程，直到它們作為種子時。從雙子葉這個角度來說，很難分辨，因為這兩種植物的雙子葉看起來是完全相同的。但是我能因此就認為它們原本是完全相同的，只是後來發育成長時才產生了種類的差別嗎？或者是否可以說在生物學的角度上，這個差別雖然在雙子葉中看不出來，但是已經存在於種子裡了呢？我們稱嬰兒尋求快感的活動是「性的」，也是這個道理。至於每種器官的快感是否都能稱為「性的」，或者除了「性的」之外，是否還有別的快感不能稱為「性的」，在此，我都無法進行討論。由於我們對器官快感和它的條件知道的太少，所以依據逆溯分析的結果，現在還不能對最後所得的成因做確切的分類，這也是不足為奇的。

此外，還有一點。縱然你們極力想讓我相信，還不要認為嬰兒的活動具有性意味的好，可是，你們對於自己所主張的「嬰兒沒有性生活」的說法，卻沒有充分的證據來證明。因為從三歲起，嬰兒就明顯地有了性生活，生殖器已經開始有興奮的表現，有了週

第二十一章 力比多的發展與性的組織

有綠色墊子的聖母瑪利亞 安德利亞·蘇拉里 義大利 木板油畫 1507年 巴黎羅浮宮

　　母親餵養孩子是一件非常神聖的事，宗教也不例外。圖中的耶穌和瑪利亞，像其他母親和孩子一樣，在圖中他們扮演著屬於各自的角色。那塊綠色的墊子為我們更好地烘托出了這種溫馨的氛圍。

精神分析引論
A General Introduction to Psychoanalysis

期性的自慰或在生殖器上尋求自我滿足的行為。而他們性生活的精神和社會層面也是不能忽略的，像對象的選擇。比如偏愛某人或某一性別，以及忌妒之情等，也都在精神分析之前，被公正的觀察所證實。這些現象也是大家有目共睹的。對此，你們也許會爭辯，說自己原本也不否認兒童早就有情感，只是不確定這種情感是否具有性意味。三到八歲的兒童，已經知道把情感中的這個因素隱藏起來，可是如果你們留心觀察，就會發現這個情感是有著「性」色彩的，而那些你們沒能觀察到的各點，則會有分析的研究進行補充。這個時期，性的目的和上面所說的性的偷窺有著緊密的聯繫。此時的兒童還不知道性交的目的，所以這些目的的錯位，有一部分是兒童不成熟的結果。

兒童從六歲或八歲開始，性的發展或出現退化或滯留現象，這其實是往更高程度發展的一個標誌，這個時期也可以稱為潛藏期。有時也可以缺

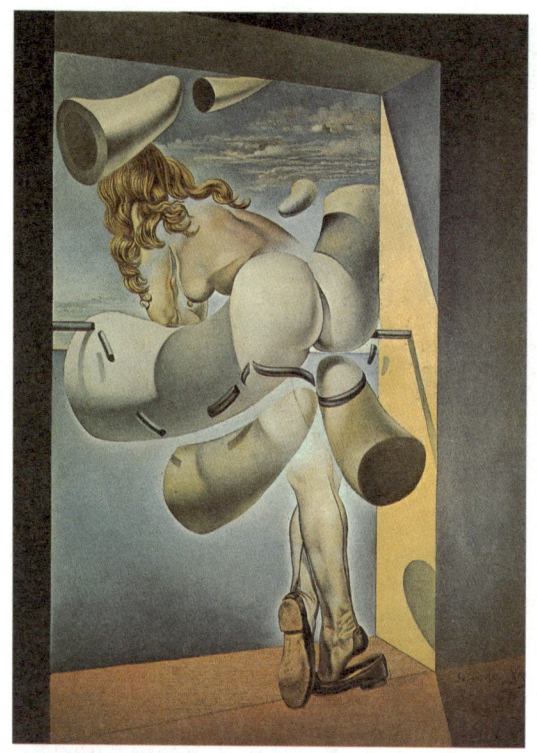

站在窗前的處女　薩爾瓦多·達利　西班牙

性行為最大的快樂便是身體上的快樂，生殖器官只有在身體活動的時候，才會有性的意味，生殖器才是性的象徵，否則就像圖中的生殖器官一樣，它們想從女性的身上尋找突破口，但似乎始終都沒有找到。

少潛藏期，但是當有潛藏期時，在整個時期中，性的活動也不是完全停止的。潛藏期前的那些心理上的經驗和興奮，大多會被遺忘，這就是前面所說過的幼兒期經驗遺失，在此，我們也沒有再回憶幼小時期經歷的必要了。每一個精神分析的目的，就是喚回這個被遺忘的時期，我們可以假設這時的性生活是遺忘的動機，也就是說，壓抑作用導致了這個遺忘。

從三歲開始，兒童的性生活就和成人的性生活有了諸多相似的地方，不同的是以下幾點：（1）由於生殖器還沒成熟，所以缺乏穩定的組織。（2）存在錯位現象。（3）整個衝動力比較脆弱。這幾點也都是我們大家知道的。可是在這個時期之前，性的各個發展階段，或者我們稱之為力比多發展的各個階段，它們在理論上是最有趣味的。這個發展的進程很快，所以無法用直接的觀察來探知。而我們是因為精神分析對神經症研究有幫助，才能追尋到力比多的發展初期現象，進而明白了其性質。這些現象原本只能在理論上推測知道，可是在使用精神分析時，你們便會發現這些推測都各有所需和價值，而

第二十一章 力比多的發展與性的組織

且還會發現，我們可以從一種病態的現象中瞭解那些我們常態中容易忽略的現象。

於是，我們也可以確定，兒童在生殖器控制性衝動之前，性生活所採取的方式了，這個控制勢力在潛藏期之前的嬰兒早期內，就有了根基，從青春期開始就有了永久的組織。在初期，有一種分散的組織，它被稱為生殖前的，因為這時勢力最大的不是生殖的部分功能，而是虐待狂的和肛門的。那時雄性和雌性的區別還沒占據重要地位，占據重要地位的主動和被動的區別，這個區別可以看做是性的「對立性」的前奏。從生殖器的角度來看，這個時期所有雄性的表現容易演變為支配的衝動，有時還會演變為虐待的行為。而那些有被動目的的衝動，大多與這個時期比較重要的肛門性感覺區有關聯，偷窺欲和好奇的衝動也占據很大的勢力，生殖器卻只有排尿的作用。此時部分本能也有對象，但是這些對象不一定就是一個事物，而那個虐待的，肛門的組織就正好是生殖區控制前的一個發展階段。透過比較嚴謹地研究，我們還可以知道這個組織在後來成熟的構造中保留了多少，而這些部分本能又透過了什麼樣的方法，在新的生殖組織中占據了重要的地位。在力比多發展階段中的虐待的，肛門的階段之後，我們還會發現一個更原始的發展階段，它以口部的性感覺區為主。於是我們就可以猜測出，為了吸吮而吸吮的活動就屬於這個階段。看古埃及的藝術你就會發現，畫中的兒童都把手指放在嘴裡，就算是畫莊嚴的賀魯斯（按照埃及的鷹頭神）也是如此，他們對人性的瞭解實在是令人

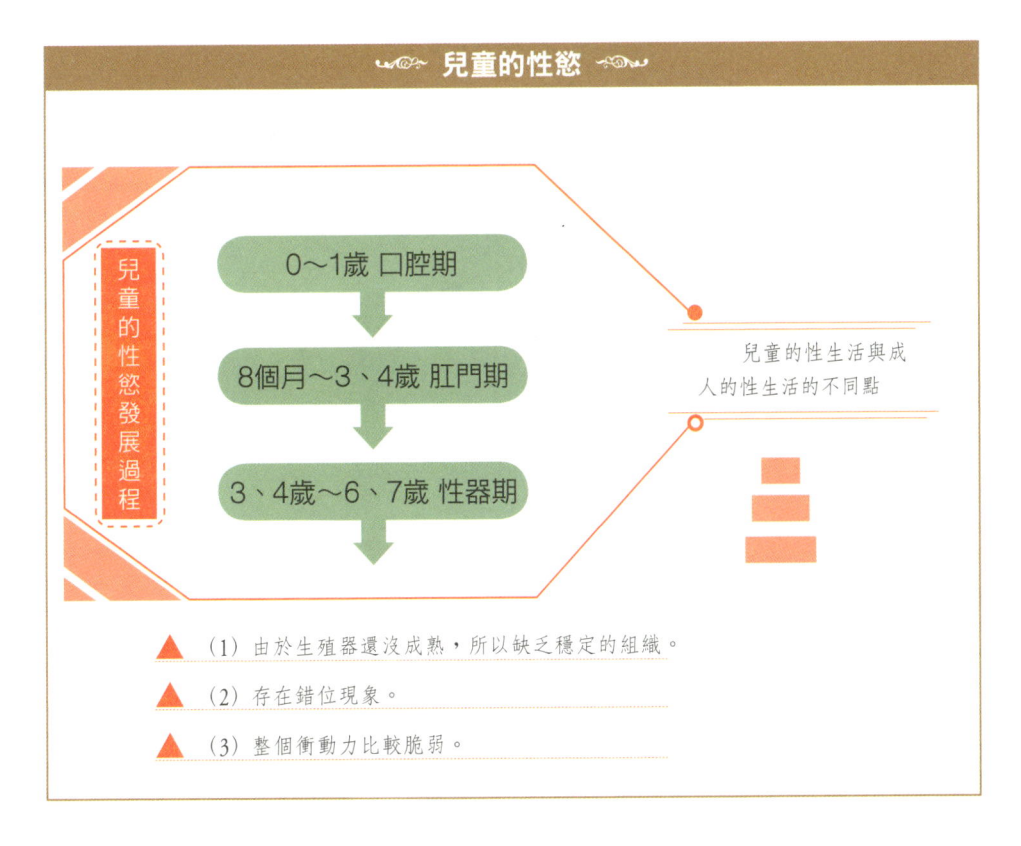

兒童的性慾

兒童的性慾發展過程

- 0～1歲 口腔期
- 8個月～3、4歲 肛門期
- 3、4歲～6、7歲 性器期

兒童的性生活與成人的性生活的不同點

▲ (1) 由於生殖器還沒成熟，所以缺乏穩定的組織。
▲ (2) 存在錯位現象。
▲ (3) 整個衝動力比較脆弱。

精神分析引論
A General Introduction to Psychoanalysis

德政的寓言 安布羅喬·洛倫采蒂 濕壁畫 約1338-1340年作 義大利錫耶納平民宮和平廳收藏

　　畫面中德政的化身高大威武，占據畫面的主體部分，他的腳下有一對孿生兄弟，席尼爾斯和阿斯卡尼爾斯，他們兩正貪婪地吸吮著母狼的乳汁，這是人類最原始的人性表現，他們是古羅馬神話中的人物，同時也象徵了這座城市古老而久遠的起源。左邊穿著白色紗袍的人是和平的象徵。

欽佩。亞伯拉罕最近出版了一本書，說後來的性生活仍然保存著這個原始的口部的性感覺。

我知道你們肯定會認為，這是我所說的關於性組織的最後的話了，與其說我的這些話是理論，還不如說是胡說八道。也許我講得太仔細了，可是，我希望你們堅持一下。因為你們剛才聽到的那些話，在後面會對你們很有幫助。現在，你們要記住性生活，我們稱之為力比多機能，並不是一旦發生就有最終的形式，也不是按照最初的途徑發展壯大的，而是經歷了一系列不相同的形狀，總之，是經歷了很多的變化，就和毛毛蟲變為蝴蝶所經歷的那些變化一樣。這個發展的關鍵就在於生殖區控制勢力支配了一切關於性的本分本能，同時又讓性生活從屬於生殖的能力。在發生這個變化之前，性生活是一些單一的部分衝動在各自活動，每一個衝動都獨立地尋求器官的快感（在身體的器官中尋求快樂）。這種無領導的狀態因為想達到「生殖前」的組織，而有所減輕。生殖前的主要組織是虐待的，肛門的時期，再往前是口部的時期，這或許就是最原始的時期了。此外，還有各種歷程，我們對於歷程知道的很少，但也正因為有了這些歷程，一種組織才能進而發展為更高一級的組織。力比多發展所經歷的這麼多時期，對於瞭解神經症有什麼樣的意義，看了下文之後，我們就會知道。

今天，我們還能夠接著講下去，講述這個發展的另一個方面，即性的部分衝動和對象之間的關係，可是我們要快速地觀察這一發展部分，這樣才會有更多的時間去研究其後來出現的結果。在性本能的所有部分衝動中，有的是一開始就有相對應的對象，而且會一直持續下去，比如操縱的衝動（虐待狂）和偷窺的衝動；有的是和身體的某一特別性感覺區有關，它們只是在剛開始依附那些性之外的機能時，才會有對象，但在離開這些機能時，便會放棄這個對象，比如性本能中嘴的部分，它的第一個對象是母親的乳房，因為乳房能夠滿足嬰兒對營養的需求。當嬰兒在為了獲取營養而有吸吮這個動作時，性愛成分是可以獲得滿足的，但在為了吸吮而有吸吮這個動作時，性愛成分就開始自立，放棄了外界的對象，而用自身的一部分來代替。於是，嘴部的衝動就演變為自淫的，正如肛門及其他性感覺區的衝動一開始就是自淫的。因此，可以簡單地說，今後的發展主要有兩個目的：第一，放棄自淫，用外界的對象取代自身所具有的對象；第二，把各個衝動相對應的對象整合起來，形成一個獨立的對象。只要這個獨立的對象是完整的，和人一樣具有身體，那麼這兩個目標就很容易實現；但如果自淫的衝動不把其他沒用的部分丟掉，那麼這兩個目標就很難實現。

尋求對象也是一件很複雜的事情，目前還沒有人能全部瞭解。為了實現目的，現在我們需要注意下面這個事實：如果這個歷程在潛藏期前就已經達到了一定階段，那麼它所選擇的對象，和嘴部的快感衝動因為營養為選取的第一個對象幾乎是相同的，也就是說，對象雖然不一定都是母親的乳房，但都是母親。我們可以因此說母親是愛的第一個對象，我們這裡所說的愛，主要是指性衝動的精神層面，先不管或先丟掉衝動的物質需求或性方面的需要。大概是在以母親為愛的對象時，兒童就受到了壓抑作用的影響，遺

精神分析引論
A General Introduction to Psychoanalysis

聖母瑪利亞的謙遜
馬索利諾·達·帕尼卡萊 義大利 蛋彩顏料繪於木板上 1415年 佛羅倫斯烏菲茲美術館

聖母瑪利亞懷抱著小耶穌，耶穌也像普通的孩子一樣貪婪地吸吮著母親的乳房，因為乳房是滋養他的來源。佛洛伊德認為嬰兒在為了獲取營養而有吸吮這個動作時，性愛成分是可以獲得滿足的，但在為了吸吮而有吸吮這個動作時，性愛成分就開始自立，放棄了外界的對象，而用自身的一部分來代替。

忘了自己性目標中的某些部分。我們把以母親為愛的對象這一選擇叫做俄狄浦斯情結，它在神經症的精神分析的解釋中占據著重要的地位，或許它也早就成為大家用來反對精神分析的一個重要理由。

在這裡我們可以講述一個歐戰時期的故事。在波蘭境內的德國戰線上，一個信奉精神分析的醫生，對病人經常會有令人難以置信的影響，同事們也因此比較關注他。當有人向他提起這件事時，他就會說自己運用的是精神分析法，而且會立即答應向同事傳授相關的知識。於是，軍營的醫生以及他的同事還有上級軍官，每天晚上都會來聽他講述精神分析。一開始，講述進行地很順利，可是在他講到俄狄浦斯情結時，一個高級軍官就站出來說自己難以相信，而且認為軍醫把這樣的事告訴以死報國的戰士及做父親的人，是一種很粗俗的行為，這個軍官就嚴令軍醫停止演講。後來，這個軍醫就只好移往前線別的地方。可是我認為，如果德國軍隊憑藉這種科學的「組織」來獲取勝利，那還真不是一個好跡象，而且在這樣的組織下，德國科學是發展不起來的。

你們現在肯定是迫切地想知道，這個聳人聽聞的俄狄浦斯情結到底有著怎樣的意義。其實，透過這個名字我們就能明白它的含義。想必大家都知道希臘神話中俄狄浦斯王的故事，他曾被預言說會殺父娶母，可是他一直都在盡自己最大的努力，來躲避這樣的命運，但他還是在不經意間犯下了這兩大罪行，他發現後十分後悔，於是他就刺瞎了雙眼。索福克勒斯把這個故事編成了一個悲情戲劇，我相信你們當中有不少人曾被這個戲劇感動。在他的劇本裡，俄狄浦斯犯罪後，由於長期被巧妙的詢問，以及新證據的不斷出現，他的罪行就曝光了，而那個詢問的過程和精神分析法十分相似。他的母親約卡斯達在被引誘而嫁給他後，在被分析時，對那些詢問滿不在乎，他還說有很多人都曾夢見自己娶母親為妻，可夢是無關緊要的。然而在我們眼裡，夢卻是至關重要的，特別是很多人經常做一些有代表性的夢，我堅信約卡斯達口中的夢，和這個神話中恐怖的故事是有著緊密聯繫的。

很奇怪，聽眾並沒有怒斥索福克勒斯的這一悲劇，但如果要做出怒斥的舉動，他們應該比那個愚鈍的軍醫更有理由吧。因為，說到底這也只是一個關於不道德的戲劇，它描述的是神的力量決定了什麼樣的人應該犯下什麼樣的罪，雖然這些人也曾從道德的角度出發，從心底裡排斥這一犯罪行為，但最終還是於事無補，結果還是觸犯了社會的法律。我們或許可以這樣認為：作者只是要藉助這個神話故事，來傳達他想指控命運和神這一意思。就慣於指責神的歐里庇得斯而言，或許他確實有指控的意思，但是虔誠的索福克勒斯絕不會有這種意思。因為在他看來，即便神規定了我們應該犯下哪種罪行，我們要做的也只是遵從神的意志，只有這樣才能算是擁有高尚的道德，出於對這種宗教的考慮，他處理了劇中的一些問題。可是，我不認為這樣的道德是此戲劇吸引人的重點之一，而且就算沒有這種道德，劇情所產生的影響也不會被減弱，看戲的人也不會因為這種道德而感動，其實作者想揭示的並不是這種道德，而是神話本身所隱藏的含義和內容。對於他們的反應，用自我分析可以發現他們自己內心深處也有俄狄浦斯情結，在潛

精神分析引論
A General Introduction to Psychoanalysis

孩子的大腦

　　俄狄浦斯情結又稱為「戀母情結」，戀母或是戀父情結是每個兒童都曾經歷過的心路歷程。畫面中這個緊閉雙眼，裸露上身，滿臉隱晦的人，是藝術家兒童時期腦海中可怕的父親的形象，桌面上的那本書是母親的象徵，顯露在外的紅色絲帶暗含性的意味。

意識裡把神的意志和那些先兆看做是光榮的事情，想起了自己也曾有過取代父親迎娶母親的想法，但又要厭惡這種想法。他認為，索福克勒斯的意思是：「就算你不承認曾有這個想法，或者就算你說自己曾極力抗拒這些想法，卻毫無作用。可你仍然是有罪的，因為你不可能放棄這些想法，它們會一直留在你的潛意識中。」一個人雖把惡念壓抑在潛意識裡，而且很高興這些惡念不會再出現，但是他仍然有罪惡的觀念，即便他看不到這個罪惡的存在，這就是心理學的真理。

很顯然，俄狄浦斯情結是神經症者有深感羞愧的罪惡的觀念的一個重要原因。另外，我在1913年編寫一本名為《圖騰與禁忌》的書，發表了對原始宗教和道德的研究，那時我就懷疑人類的所有罪惡觀念是來源於俄狄浦斯情結，最終成為宗教和道德產生的原因。我本來想多講述這一層，但還是先講到這吧，因為這個問題一旦被提起，就不能輕易丟掉，我們現在要回過頭來講述個人心理學。

兒童在潛藏期前選擇對象時，如果我們對他進行直接的觀察，那麼他們的俄狄浦斯情結會有什麼樣的表現呢？結果我們會發現，小孩想獨自霸占母親，卻不想要父親；或者是看見父母相擁會非常驚慌，但看到父親離開卻很高興。他經常會直言不諱地說出自己的感情，也認同娶母親為妻的做法，這好像還無法和俄狄浦斯的故事相比，可實際上是完全可以相比的，因為它們的中心思想是一樣的。這個兒童有時也會對父親表示好感，這一點讓我們很是不解，可是這種截然不同的，或稱對立性的感情或許會在成人中引發矛盾，可是在嬰兒中卻能夠一直同時存在而不發衝突，這是和後來這種感情一直保留在潛意識中的狀態一樣的。對此，你們也許會反駁，說小孩的行為是受自我動機控制的，不能成為俄狄浦斯情結的證明，而母親照顧孩子，為了孩子的快樂，自然是無法為別的事分心。這種說法雖然很對，但是對這種情況或別的情況來說，小孩的自我動機只是給予了愛的衝動一定的時機。當小孩毫無顧忌地對母親表示性好奇，或想在晚上和母親睡在同一張床上，或堅持在更衣室看母親換衣服，或做出誘姦行為（這是母親時常看見，並笑著描述的）時，這就明顯地表示了他對母親的性愛意味。還有一點是我們必須要提的，即母親在照料女孩的需要時，和男孩是沒什麼區別的，但是結果卻絕不會相同；父親也會無微不至地照顧男孩，甚至不遜於母

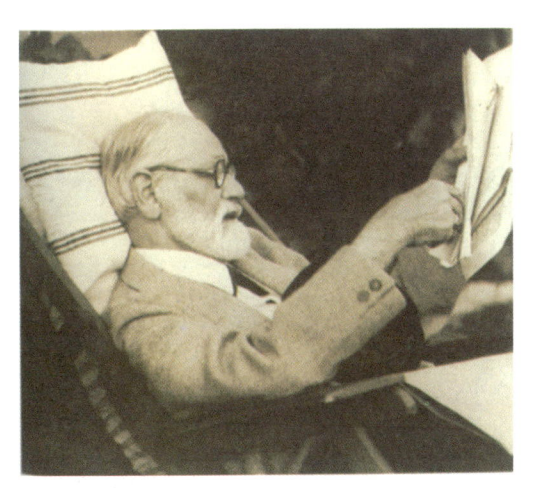

1932年的佛洛伊德

佛洛伊德著的《圖騰與禁忌》是一本關於人類學及心理分析的書，他指出：「圖騰不只是一種宗教信仰，同時也是一種社會結構。」在他的精神分析中，圖騰是父親的影像替代物，這也暴露出小孩對父親的矛盾情感：俄狄浦斯情結（弒父娶母）。

親，可是卻無法得到和母親一樣的重視。總之，不管你們怎麼反駁，都無法抹去這個情況中的性愛成分。因為從兒童的自身利益考慮，如果他只讓一個人照顧，而不是兩個，這種做法不是太愚蠢了嗎？

我上面只是講了男孩和他父母之間的關係，反過來，女孩子也是這樣。女孩經常會對父親著迷，想否定母親並代替她，有時還會效仿成年人的撒嬌，對此，我們或許只會認為她比較可愛，但卻忽視了這種情況會引發的嚴重後果。其實父母也常會引發小孩的俄狄浦斯情結，因為他們對孩子的疼愛也有性別的差異，比如：父親會比較疼愛女兒，母親會比較疼愛兒子，但是這種疼愛還不能夠對孩子的俄狄浦斯情結的自發性產生重大的影響。等到家裡有新生嬰兒出現時，俄狄浦斯情結就會演變成一種家庭情結。當孩子的自我利益因嬰兒的出生受到影響時，他就會對這個新生兒產生一種憎惡感，並有除之而後快的想法。大致來講，這種憎惡的情感與迷戀父母的情感相比，前者會更加直接的表現出來。如果想除掉嬰兒的想法變成了現實，後來這個新生兒真的死掉了，那麼後來的分析就會發現，這種死亡對於兒童來說，是一件很重大的事情，但卻不會留在他的記憶裡。如果他的母親又生了一個孩子，讓他變得不再那麼重要，而且和母親之間的關係也疏遠了，那他就不會原諒母親，此時他的心中會引發一種成人視為痛恨的情感，而且這種情感會成為隔閡產生的基礎。我們已經說過，性的偷窺及結果和以上這些經歷有關。當他的新弟弟或妹妹稍微長大點時，他對他們的態度就會有很大的改變。比如，一個男孩會把妹妹看做是愛的對象，取代他所認為不忠的母親；如果有幾個哥哥共同爭搶一個妹妹的愛，那麼透過育嬰室就可以得知，在以後的生活中占據重要地位的敵對情感。當父親不再像以前那樣溫柔地對待小女孩時，她就會用哥哥來代替父親，或者幻想小妹妹是她和父親所生的孩子。

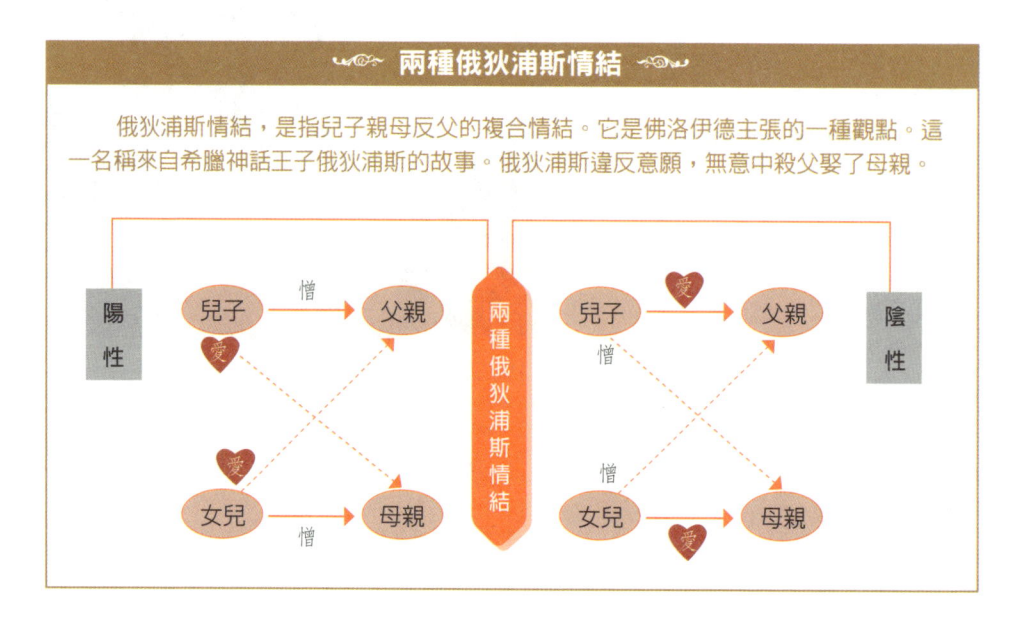

兩種俄狄浦斯情結

俄狄浦斯情結，是指兒子親母反父的複合情結。它是佛洛伊德主張的一種觀點。這一名稱來自希臘神話王子俄狄浦斯的故事。俄狄浦斯違反意願，無意中殺父娶了母親。

陽性	兒子 —憎→ 父親；兒子 愛 母親（交叉）	兩種俄狄浦斯情結	兒子 愛 父親；兒子 —憎→ 母親（交叉）	陰性

第二十一章 力比多的發展與性的組織

約翰·巴肯和他的家庭 阿瑟爾·戴維斯 英國 布面油畫 約1742-1743年 紐黑文耶魯英國藝術中心

主人翁約翰·巴肯和他的家人幸福的在房間裡，享受著難得的時光。右邊靠近窗户的地方有一架望遠鏡和一些科學儀器，以此也可以看出主人的修養。同時，他還在耐心地教育他的兒子怎樣演奏長笛，另外兩個孩子在一起玩紙牌遊戲，還有一個小女兒依偎在母親的身邊。由於家庭中的異性成員因為自小有同居的習慣，所以異性之間不會產生性的慾望；從生物學上來講，又因為有抗拒純種生育的傾向，所以在心理上，有對亂倫的恐懼。

　　如果現在對兒童做直接的觀察，並探討他自己清楚記得的事情，而不是因為分析的影響，那麼就會發現很多相似的事實。除了這些相似的事實外，你還會知道，兒童在兄弟姐妹中的排行，對他以後的生活很重要，那些寫傳記的人要考慮到這一點。但更重要的一點是，這些論點很容易獲得，你們看完後，再回想那些科學上對禁止親屬結婚的解釋，不禁會感到很好笑。為了解釋不能結婚，它們可謂是什麼辦法都用盡了。比如，家庭中的異性成員因為自小有同居的習慣，所以異性之間不會產生性的慾望；從生物學上來講，又因為有抗拒純種生育的傾向，所以在心理上，有對亂倫的恐懼。卻不知如果人們能從自身抗拒亂倫的誘惑，那就不需要法律和道德做出嚴懲的規定了。其實事實正好相反，人類在選擇性對象時，首先考慮的就是家人，像母親或姐妹，為了防止這種選擇

精神分析引論
A General Introduction to Psychoanalysis

俄狄浦斯和斯芬克斯　希臘瓶畫

羅馬梵蒂岡博物館

　　希臘神話中的獅身人面怪獸曾盤踞在道路上，向過路的行人問一個謎語。謎語的內容為：是什麼動物，早上四條腿走路，中午兩條腿走路而晚上三條腿走路？謎語的答案是「人」。早上，中午，晚上分別比喻人的幼年，中年和老年。傳說這個謎題，後來年輕的希臘人俄狄浦斯回答了這個問題，斯芬克司也因此而自殺。這個謎更多地想為我們說明「恐懼和誘惑」，即「現實生活」。

變成現實，就制定了最嚴厲的懲罰。拿現在仍然存在的野蠻和原始部落來說，他們對亂倫的禁令比我們的還嚴厲。賴克在他的學術中說，野蠻人把青春期作為「再生」的代表，青春期舉行的儀式，就是表示孩子已經擺脫了對母親亂倫的想法，恢復了對父親的感情。

　　由神話可知，人們雖然對亂倫深感恐懼，可是卻毫不猶豫的認為他們的神擁有亂倫的權利，而且毫不猶豫的支持。看了古代的歷史，你們就會發現，兄弟姐妹之間的婚姻和亂倫是帝王們的聖潔的一個義務（比如埃及和秘魯的國王們），卻不是普通人所能享有的特權。

　　殺父娶母是俄狄浦斯犯下的兩大罪行，人類第一個社會宗教制度是圖騰制度，而圖騰制度就是以這兩個罪行為戒。現在讓我們再次回到對兒童的直接觀察上來，以此來進一步討論對患有神經症的成人的分析研究。分析的結果對瞭解俄狄浦斯情結有怎樣的貢獻呢？我們現在可以馬上回答這個問題，而答案就是由此發現的情結和在神話中發現的正好是一致的，這些神經症患者都是俄狄浦斯，也就是說，他們在對這個情結做出反應時，都變成了哈姆萊特。透過分析發現神經症患者的俄狄浦斯情結比嬰兒擁有的情結更為明顯和壯大，他們不是只對父親有一點怨恨，而是希望父親去死，對母親的情感，目的直接就是要娶她為妻。兒童期真的有如此強烈的情感嗎？還是說我們在分析時無意中引入了別的因素，而導致我們出錯了呢？其實這個別的因素是很難發現的。不管是誰，也不管在什麼時候，一個人如果想描述過去的一件事，就算他是一個歷史學家，也會在不經意間摻雜有現代的情感和色彩，過去的事情也就因此失去了原本的真相。對神經症來說，他們用現在解釋過去是否是無意的，也不得而知；在將來我們會知道這件事也有其動機，也必須對「追憶過往的幻想」這一問題進行研究。此外我們

維納斯與阿多尼斯　巴索洛米歐斯・斯普朗格爾　荷蘭　布面油畫　1597年　維也納藝術史博物館

　　畫面中所呈現的是希臘最為經典的愛情故事：女神維納斯愛上了凡人阿多尼斯，維納斯用她超凡的預知能力告誡阿多尼斯狩獵將會給他帶來生命的危險，但是他卻不聽忠告，反而嘲笑維納斯。這就如同佛洛伊德所講：一個人進入青春期後就會致力於掙脫父母的約束，而對於男孩來說，這個掙脫就是指在性慾望上不再把母親作為對象，而是在外界尋求一個真正的愛的對象，因為人們總是喜歡執著於自己的選擇。

第二十一章 力比多的發展與性的組織

還會知道,對父親的怨恨會因為別的關係的各種動機而更加嚴重,對母親的性慾望也採取了兒童想像不到的方式。但是,如果我們想用「追憶過往的幻想」和後來引發的動機,來解釋俄狄浦斯情結,那麼就會毫無所獲。這個情結雖然有後來加入的部分,但是它原本的基礎還是存在的,這一點可以透過對兒童的直接觀察來證明。

由此,那些因分析俄狄浦斯情結而得出的臨床事實,就變得十分重要。我們知道,到了青春期性本能會極力尋求滿足,它不斷地把家人作為對象,來發洩性力。我們認為嬰兒在對象的選擇上只是在開玩笑,可是它卻為青春期選擇對象指出了方向。在青春期,會流露出一種很強烈的情感來表現俄狄浦斯情結,但是此時的意識已經開始防範,所以這些情感中的很大一部分就被迫留在意識外。一個人進入青春期後就會致力於掙脫父母的約束,只有這種掙脫成功了,才能說明他不再是一個小孩,而是社會成員了。對於男孩來說,這個掙脫就是指在性慾望上不再把母親作為對象,而是在外界尋求一個真正的愛的對象;另外,如果他對父親仍然有敵意,那他就需要努力尋求和解;如果掙脫不成功,最終只是一味地服從,那他就要致力於擺脫控制。以上這些是大家都會經歷的,但是結果比較理想的,即在心理上和社會上都獲得圓滿的結局,卻沒幾個,這是需要注意的事。而對神經症患者來說,這種掙脫是毫無成功可言的,因為兒子始終不能擺脫父親,無法把自己的力比多引向新的性對象。這種觀點,反過來對女孩來說也是成立的。從這個意義層面來說,俄狄浦斯情結的確是導致神經症形成的主要原因。

你們應該知道,不管是在實踐上還是理論上,關於俄狄浦斯情結還有很多重要的事實,我只能做一些不完全的記載,對於其他各種變化,我就不描述了。對於它那不明顯的結果,我只想講一個,這個結果對文學創作有著深遠的影響。蘭克在他那頗有價值的一本著作中曾提出,各個時代的戲劇創作家都從俄狄浦斯和亂倫的情結及變化中獲取材料。此外還有一點需要指出,即在精神分析還沒出現之前,人們就認為俄狄浦斯的這兩種罪行是難以操控的本能的真正表現。在百科全書派學者狄德羅的著作中,有一段名為《拉摩的侄兒》的著名對話,大詩人歌德把它翻譯成了德文。你們需要注意下面這幾句話:如果這個小孩一直這樣自以為是,保留他的所有弱點,除了在孩童時期缺乏理性,還有三十歲成人才擁有的激情,那他將會殺父娶母。

還有一件事,需要順帶講一下。俄狄浦斯的妻子兼母親可以用來結盟。你們忘了夢的分析結果了嗎?夢的願望常會有錯位和亂倫的意味,或者對親愛的人表現出出人意料的仇恨。那時對於這種惡念還不能進行解釋,現在你們總算明白了。其實,它們都是力比多的發展趨勢,也是力比多在其對象上的「投資」,雖說它們起源很早,甚至已經在意識生活中被拋棄了,但是在晚上它們還是會出現,而且有一定的活動能力。由於這種錯位的、亂倫的、殺人的夢不止是神經症患者有,正常人也會有,於是我們可以推測現在這些正常人,也曾有過錯位現象和俄狄浦斯情結,只不過在正常人的夢的分析中發現的那些情感,在神經症患者身上更加嚴重了而已。我們會把夢的研究作為神經症症狀研究的線索,它們也是一個重要的原因。

第二十二章
發展與退化的各方面、病原學

　　前面我已經說過，力比多機能要經過多方面的發展，才能執行正常的生殖功能。現在我想指出它在神經症起源上的重要性。

　　根據普通病理學原理，我們說這樣的發展有兩種危險：停止和退化，也就是說，生物的發展歷程本來就有變異的傾向，可以不用全部經歷產生、成熟和消亡過程；有些部分，它的機能或許會一直停留在初期階段，導致在正常的發展外，還存在有幾種停止的發展。

　　我們可以借用別的事情來比喻這些歷程。假設有一個部落要離開故鄉，去尋找新的居住地（這在人類早期歷史上是經常發生的事），他們肯定不是所有的人都能到達目的地。除了那些因為別的原因而死亡的人外，這些人中會有一部分人在中途停留，然後定居下來，而其他的人則繼續前行。或者，我再舉一個比較接近的例子，大家都知道，精液腺本來在腹腔深處，高級哺乳動物的精液腺，在胚胎的某一發展階段開始運動，結果就會移動到盆腔頂端的皮膚下。可是有些雄性動物的這對器官，或者其中一個停留在了盆腔之內，或者永久地被阻塞在途徑的腹股溝管內，或者在精液腺透過後，本應關閉的腹股溝管卻沒有關閉。當年我做學生時，曾在布呂克的指導下，做科學探索，要考察一條很古老的小魚脊髓的背部神經根的起源。灰色體後角內的大細胞生出了這些神經根的神經纖維，這種情形在其他脊椎動物身上是沒有的。可是，後來我發現有很多相似的細胞出現在整個後根脊髓神經節

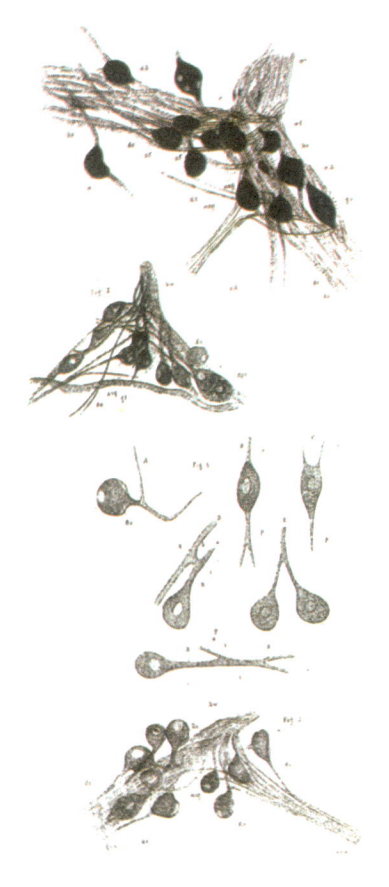

鰻魚的脊神經節與脊髓

　　這是佛洛伊德為論文《脊神經節與脊髓論》所做的插圖。他發現從組織中分離神經細胞的新方法，使得細胞更容易在顯微鏡下觀察。他利用這種新的科學手段，才能夠觀察鰻魚類的脊神經節與脊髓。

的灰色體外，於是，我就判定這個神經節的細胞是有脊髓沿著神經根運動的。從進化的發展角度來看，還能推測出下面這個事實：即這個小魚的神經細胞在途經的路上，有很多半路停留的。對於這些比喻上的缺點，只要進行更嚴謹的研究，很快就能看出了。因此，我們也只能說各個性衝動的單獨部分都可能停留在發展初期，雖然其他的部分可以同時抵達目的地。由此我們可以把每一個衝動比作一條河流，從擁有生命時起，它便不停地流動，而且流動方向可以想像為是持續向前的運動。或許你們認為這些概念還需要做進一步的說明，這是應該做的，但是如果真這樣做了，又會偏題太遠。暫時把一部分的衝動在早期的停留叫做執著。

這種分階段的發展還有一個名叫退化的危險。那些已經向前行進的部分很容易向後倒退，退回到最初的發展階段。一種衝動，它的發展能力如果遇到了外界的強大阻攔，使它無法繼續前行，不能達到令其滿意的目的，那它就只能向後退。我們還可以假設執著和退化是因果關係，所以在發展道路上執著的地方愈多，其機能就愈容易被外界的阻礙征服，然後又退回到那些執著的地方，也就是說，愈是新近出現的發展機能，愈是不能抵抗發展道路上出現的阻礙。比如，一個遷移的部落，如果有很大一部分人在中途停留，那些前行最遠的人，如果路上遇到了強敵，或者是被敵人打敗，那麼他們必能會退回來。而且，他們在中途停留的人愈多，他們戰敗的機率也就愈大。

你們要想瞭解神經症，重要的一點就是要牢記執著和退化之間的這個關係，然後才能真實可信地去研究神經症的起因（或稱病原學），很快我們會對它進行討論。

現在我們主要討論退化。你們對力比多的發展已經有所耳聞了，於是，你們也可推測出退化大概有兩種：（一）退回到力比多的第一種對象，我們知道這種對象的性質一般為亂倫；（二）整個性組織退回到發展初期。這兩種退化都在移情神經症裡出現，而且在各自的組織中有著至關重要的作用，而神經症患者常出現的是第一種退化。如果對自戀神經症也進行討論，那麼將會有更多的話來講述力比多的退化，可是我現在不想多說。這些症狀不但可以給我提供更多關於力比多機能的其他發展歷程的結論，這些結論是我們還未提及的，還可以向我們表明一些新的退化方式，這些方式和那些歷程差不多。但是我認為你們這時應該關注退化作用和壓抑作用的區別，而且還要明白這兩種作用之間的關係。你們應該記住，如果一種心理動作本來可以成為意識的（就是說，它原本屬於前意識系統），卻被壓抑為潛意識，最終降落到潛意識系統中，這種歷程就叫做壓抑。又比如，潛意識的心理動作，在意識閾的門口，被排查作用所排斥，由此無法闖進前意識的系統，這種歷程我們也稱為壓抑。所以，你們要注意，壓抑這個概念不一定要和性發生關係。壓抑作用只是一種心路歷程，甚至可以看做是位置性的歷程。位置性是指我們假設的心靈內的空間關係；或者假設這些簡單的概念對成立學說仍然沒有幫助，那麼我們就再用另外一種說法，就是指一種心理裝置結構，這種結構關乎幾種精神系統。

從剛才所講的比喻可知，我們用的壓抑一詞其實是狹義上的，不是廣義上的。如

第二十二章 發展與退化的各方面、病原學

壓抑作用的分類

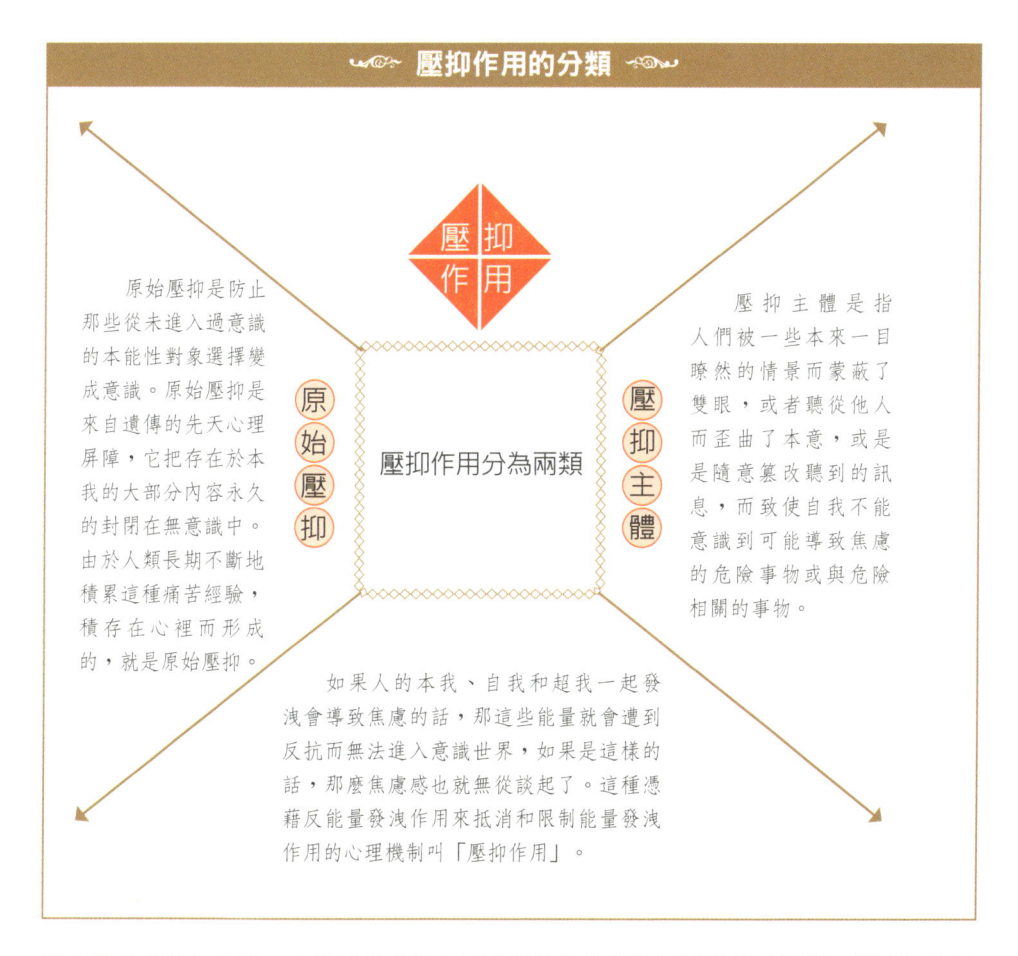

壓抑作用

原始壓抑　　**壓抑主體**

壓抑作用分為兩類

原始壓抑是防止那些從未進入過意識的本能性對象選擇變成意識。原始壓抑是來自遺傳的先天心理屏障，它把存在於本我的大部分內容永久的封閉在無意識中。由於人類長期不斷地積累這種痛苦經驗，積存在心裡而形成的，就是原始壓抑。

壓抑主體是指人們被一些本來一目瞭然的情景而蒙蔽了雙眼，或者聽從他人而歪曲了本意，或是隨意篡改聽到的訊息，而致使自我不能意識到可能導致焦慮的危險事物或與危險相關的事物。

如果人的本我、自我和超我一起發洩會導致焦慮的話，那這些能量就會遭到反抗而無法進入意識世界，如果是這樣的話，那麼焦慮感也就無從談起了。這種憑藉反能量發洩作用來抵消和限制能量發洩作用的心理機制叫「壓抑作用」。

果我們從廣義的角度，來描述從高級發展階段降低為低級發展階段的歷程，那麼壓抑作用就是屬於退化作用的一部分，因為我們可以把壓抑作用看做是一種心理動作中所有還原到較早或較低階段的現象。只不過壓抑作用的退回方向是無關緊要的，因為一個心路歷程，在離開潛意識的低級階段之前，如果停留不前，我們也可以把它叫做動的壓抑作用。由此可知，壓抑作用其實是一種位置的，動力的概念，而退化作用只是我們用來敘述的一個概念。在前面我們曾把退化作用於執著作用放在一起進行討論，得出前者主要指力比多退回到了發展停留之處的一種現象，即從本質上來講，它的性質和壓抑作用是不等同的或沒有任何關聯的。我們不能把力比多的退化作用也說成只是一種心路歷程，退化作用雖然對精神生活有很大的影響，但是機體的因素還是最顯著的，所以我們也不知道退化作用在精神體制中到底占據怎樣的地位。

這樣的討論很容易讓人感到枯燥乏味，所以，我們可以透過舉臨床的例子，來尋求一種比較清晰的認知。大家都知道移情的神經症分為臆病和強迫性神經症兩種。對臆病來說，它的力比多雖然經常退化到以家人為性對象，然而它卻很少，或沒有退回到性組

織的較早時期。於是，壓抑作用就在臆病的體制中占據重要地位。假如我可以透過推測來補充這種神經症原有的相關內容，那麼我們可以進行下面這樣的描述：受生殖區控制的部分衝動，現在都已經相互結合，但是結合後卻受到了前意識系統的阻礙，而這種前意識是和意識相連的。因此，生殖的組織適用於潛意識，卻不適用於前意識，而前意識阻礙生殖組織的結果，就會出現一種和生殖區占優勢前相類似的狀態，可是事實卻不是這樣。對這兩種力比多的退化作用來說，更令人感到詫異的是那個退回到性組織的前一階段的退化作用。因為它不是出現在臆病上，而目前有關臆病的研究又對神經症的整個概念有著極大的影響，所以，我們認為力比多退化遠沒有壓抑作用重要。如果將來除了臆病和強迫性神經症外，我們還能對別的神經症（像自戀神經症）進行討論和研究，那麼我們的觀點可能會有更深一層的擴展和修正。

而對強迫性神經症來說，最顯著的原因是力比多還原到了以前那個虐待肛門組織階段，而且它的還原還確定了症狀應該有的形式。這個時候，愛的衝動就要轉變為虐待的衝動，而「我要謀殺你」這一強迫思想（在它脫離了一些附帶的卻不能省掉的成分時）就變成了「我要享受你的愛」。如果你們能再進一步聯想到，既然這個衝動已經還原到了原來的對象，而且只有最親近的家人才能滿足這個衝動，那麼你們就可以想像的出病人是多麼害怕這些強迫的觀念，而他們的意識又是多麼無法理解這些強迫的觀念。然而在這種神經症的體制中，壓抑作用也是有一定地位的，而且這個地位不是透過直接的觀察就能加以說明的，因為力比多的退化，缺乏壓抑作用，也無法引發神經症，只能產生一種錯位的現象。你們由此便能瞭解，神經症最重要的特點是壓抑作用。有機會，我會向你們講述錯位現象體制的相關內容，到那時你們就會知道，其實這些現象並沒有我們在理論上認為的那麼簡單。

如果把對力比多執著作用和退化作用的解釋，看作是神經症病理學的初步研究，那麼你們會馬上認可上面的這個解釋。對於這個問題，我向你們講述的內容只是一些片

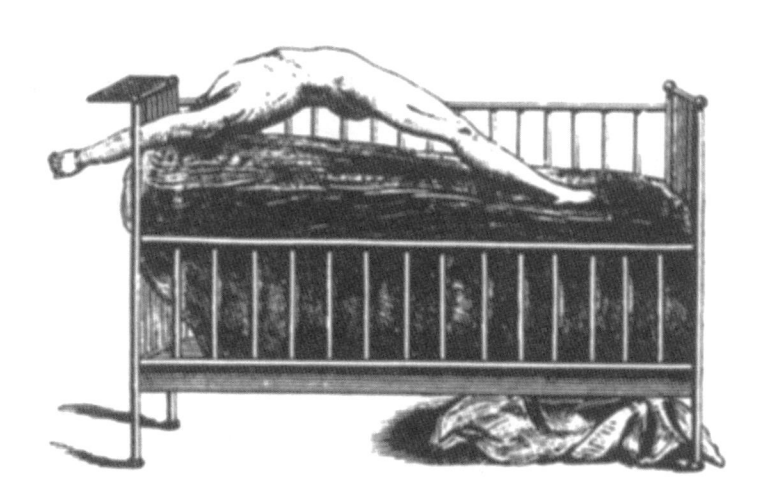

神經系統疾病 沙伯特利耶醫院夏爾科圖書館藏

這幅作品是佛洛伊德在1886年翻譯的夏爾科的《神經系統疾病新講》中的廣告。佛洛伊德很有語言天分，他將夏爾科的著作翻譯的很好，也很有興趣。

第二十二章 發展與退化的各方面、病原學

少女的幻想　鮑里斯·瓦萊約 秘魯

　　在神經症的體制中，由於力比多的退化，可以產生一種錯位的現象。比如作品中的少女，她在青春期的心裡路程中，就自然會有性的幻想，但與正常的性行為不同，她會幻想自己的性愛生活是如何狂野，甚至與魔鬼做愛。

精神分析引論
A General Introduction to Psychoanalysis

段，即人們如果不能滿足自己的力比多，就很容易患有神經症，（所以我才說人們的患病原因是被「剝奪」）而他們的症狀就是代替這種失去的滿足。當然，這並不是說只要剝奪了力比多的滿足，就會引發神經症，只不過是，對那些被研究過的神經症來說，剝奪是大家都看到的，所以，上面這句話反過來講是不成立的。想必大家已經知道，這句話不是揭示神經症病原學的一切秘密，只是想強調一個十分重要的，不可或缺的條件罷了。

現在我們相對上面這一判斷進一步展開討論，卻不知道是應該先從剝奪的性質說起，還是先從被剝奪者的特殊性格談起。剝奪並不是包含所有的能夠致病的因素，如果患病了，被剝奪走的，肯定是人們所渴望的，而且有可能實現的唯一的滿足方式。簡單地說，對於力比多滿足的缺乏，人們有很多辦法來承受以至於它不招來病情。此外，我們還知道很多人能夠對慾望進行自我控制，使其無法帶來傷害，只是他們自制的這段時間，日子或許過得不快樂，或者強忍著無法獲得滿足的慾望卻不會發病。於是，如果我們能用彈性這個詞來描述，我們就會說性的衝動有很大的彈性，即此衝動代替彼衝動。如果這個衝動在現實中不能給予滿足，那麼另一個衝動就會代替它來提供滿足。它們的關係就像是在充滿液體的一組水管中，交互連接成為網狀，即便它們都會受到生殖慾望的支配（受支配的條件很難進行想像）。而且性的部分本能，與包括這些本能的性衝動，二者能夠互換對象，也就是說，它們都能換取一種比較容易得到的對象，這種互換和快速接納取代品的能力，自然會對剝奪的結果產生一種強大的反作用。在這些避免患病的過程中，有一個是在文化的發展上占據重要地位的，正因為它，性的衝動才能丟掉以前的滿足部分衝動或生殖這一目的，而代之以一種新的目的，在生成的角度上，這個新目的雖然和以前的目的有關係，但卻不再被認為是性的，在性質上是社會的。這個歷程就叫做昇華作

吻 奧古斯特·羅丹 法國 雕塑

性的衝動具有很大的彈性，愛即天堂，不愛即地獄。法國雕塑家羅丹的這件作品大膽地表現了人類的性愛，但他卻將它放置在了他的大型群雕作品《地獄之門》的地獄入口處，性難道就是地獄？其實只是一種被扭曲的性本能。

用，因為只有這個作用，才能讓我們把社會性的目的提升到性的（或說絕對利己的）目的之上。順便說一下，昇華作用只是一個特殊的例子，是用來表明性的衝動和其他不是性的衝動之間的關係。這一點，我們以後再進行講述。

如果你們認為既然有這麼多方法來承受性的不滿足，那麼性滿足的剝奪也就微不足道了吧。然而事實卻不是這樣，它仍舊有致病的能力。雖然解決性的不滿足的方法很多，但是都不適用。因為一般人對力比多的承受能力畢竟有限，而力比多的彈性和靈活性，也不是我們大家能夠保留的；不要說很多人的昇華能力很小，就算是有昇華能力，也只能宣洩一部分力比多。在這些限制條件中，很明顯的，力比多的靈活性是十分重要的，因為一個人所能尋求的對象和目的，數量都很有限。你們要記住，力比多的不圓滿發展會讓它執著在早期的性組織（大多是不能滿足的）和對象的選擇上，而且這些執著的範圍很廣（有時數目也很多）。由此可以得知執著是第二大有利因素，與性的不滿足一起組成了神經症形成的原因。對於這一點，我們可以進行下面的概述：在神經症的形成原因中，力比多的執著是內因，性的剝奪是外因。

在此，我想對你們說不要做無用的爭辯。因為在科學的問題上，人們常把真理的一方面認為是全部的真理，然後又因為認同了這一方面，卻開始質疑真理的其他方面。精神分析的運動中就有幾部分因此變得四分五裂，有些人只認可自我衝動，不認可性的衝動，還有些人只關注生活中現存的影響，忽略了以往生活經歷的影響，像這樣的情形有很多，我就不一一詳述了。此外，還有一個令人左右為難的問題沒有解決，即導致神經症出現的是內因還是外因？也就是說，神經症是某種身體構造的必然結果，還是個人生活經歷中某一「創傷」的結果呢？更近一步說，神經症的起因是力比多的執著和性的構造，還是性的剝奪的壓力？這樣的問題就像下面這個問題一樣可笑，即小孩的出生是因為父親的生殖動作，還是母親的懷孕？或許你們認為這二者都是不可或缺的，而神經症的條件雖然和此不一樣，但是很相近。從起因的不同觀點來說，可以把神經症看成是一個持續的系列，在這個系列中有兩個因素，即性的構造和經歷的事情，如果你們願意，也可稱它們為力比多的執著和性的剝奪，這兩個因素若有一個占了優勢，那麼另一個就會相應的位居不重要的地位。在這個系列的一方，有一些可以列舉的極端的例子，比如，這些人由於力比多和常人的不一樣，所以不管有怎樣的經歷或境遇，或者不管生活多麼舒適，最終還是會患病。在這個系列的另一方，也有一些極端的例子，如果不是生活讓他們有這樣和那樣的累贅，他們也不會患病。而這兩者之間的例子，其傾向（性的構造）和生活中不好的經歷，它們是按照一定的比例相互消長的關係。如果這些人沒有某些經歷，那麼其性的構造就不能產生神經症；如果他們的力比多構造不同，那麼生活的經歷變化也不能導致其患病，在這個系列裡，我比較傾向於構造這個因素，但這也要根據你們對神經過敏所畫的界線。

在這裡，我要告訴你們這個系列的名字可叫做互補系，此外還要提前告訴你們，別的方面也有這種互補系。

導致神經症出現的原因

從起因的不同觀點來說，可以把神經症看成是一個持續的系列，在這個系列中有兩個因素，即性的構造和經歷的事情，如果你們願意，也可稱它們為力比多的執著和性的剝奪，這兩個因素若有一個占了優勢，那麼另一個就會相應的位居不重要的地位。

> 它們是按照一定的比例相互消長的關係。

> 如果他們的力比多構造不同，那麼生活的經歷變化也不能導致其患病，在這個系列裡，我比較傾向於構造這個因素，但這也要根據你們對神經過敏所畫的界線。

導致神經症出現的原因

> 如果這些人沒有某些經歷，那麼其性的構造就不能產生神經症。

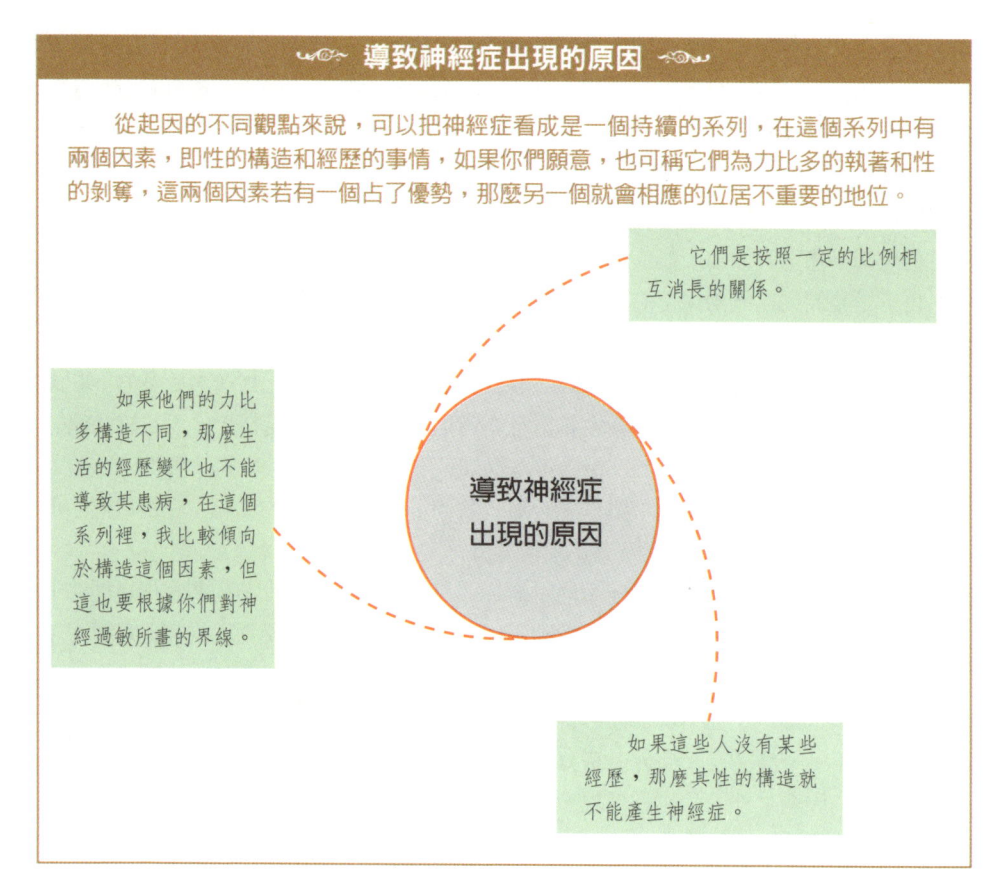

力比多常對特殊的出路和特殊的對象比較執著，這種執著就叫做力比多的「附著性」。附著性是比較獨立的一個因素，因人而異，目前我們不能完全知曉其決定性條件，但它在神經症的病原學上卻有著至關重要的作用。而且，力比多和附著性的關係也十分緊密。在很多情況下，正常人的力比多也會有類似的附著性（目前還不知道其原因）。在出現精神分析之前，也曾有人（比如比納）發現，這些人常能清晰地回憶起幼年時的變態本能傾向或對象的選擇，後來力比多就附著於此，終身無法掙脫。很難理解為什麼回憶對力比多會有那麼大的吸引力。現在我想把我親身觀察過的一個人，作為例子向大家講述。這個人對女人的生殖器和其他誘惑，到現在都是置若罔聞，但是對某種形式的穿鞋的腳，卻有著無法阻擋的慾望。他記得是六歲時經歷的一件事，造成了他的力比多的這種執著。當時他坐在保姆身旁的一個凳子上，保姆在教他英語。保姆是一個年紀比較大的婦人，她的眼睛藍而濕潤，鼻子塌陷而且上仰，那一天她的一隻腳受傷了，穿著呢絨拖鞋，然後把腳放在軟墊上，而腿部則是很優雅的沒有顯露出來。後來進入青春期後，他就偷偷的嘗試了正常的性活動，但是只有類似於保姆那樣瘦而有力的腳才能成為他的性對象，如果別的特點能引起他對那位保姆的回憶，那他就會被其深深地

第二十二章 發展與退化的各方面、病原學

受溺愛的孩子 讓-巴蒂斯特·格勒茲 法國 布面油畫 1765年 聖彼得堡艾爾米塔什博物館

　　圖中的場景設定在了廚房，但是卻太過於凌亂，保姆前面的大罐上晾著衣服，後方桌子上有一個好像從來就沒有洗過的花瓶。她旁邊那個天真又淘氣的孩子，一邊用勺子餵著小狗，一邊還用眼睛斜視著保姆。這種身臨其境的逼真，讓人不得不佩服畫家精湛的筆法和細微的洞察力。

吸引。可是這個力比多的執著還不能讓他變成神經症，只是讓他變成了錯位。於是我們說，他成為了腳的崇拜者。由此你們可以知道，雖然力比多的那些離譜的、不成熟的執著，對神經症來說是不可或缺的條件，而且影響範圍遠超出了神經症的範圍，但是僅憑這一個條件還不足以患病，這和前面所講的性的剝奪是一樣的。

於是，神經症的起源好像變得更加複雜了。其實，在精神分析的研究中，我們已經見到了一個新的因素，這個因素目前在病因中還沒有提到，它只是在那些因突然患有神經症而喪失了健康的人身上顯示。這些人表現出的症狀常和慾望相反，或和精神相衝突矛盾。他的性格，一部分是擁護某些慾望，一部分是抵抗某些慾望。只要是神經症，都會有這樣的矛盾，這也沒什麼特別的，你們也知道我們的生活中都會有這種需要解決的矛盾。所以，在這種矛盾能夠引發疾病之前，要先完成一些特別的條件。這些條件是什麼？此矛盾包含了內心中的哪些力量？這個矛盾又和別的致病因素有那些關聯？這些問題我們現在都可以加以詢問。

雖然對這些問題的回答會有些簡單，但我還是希望能夠有提供令人滿意的回答。矛盾的起因是性的剝奪，因為當力比多無法獲得滿足時，它便馬上另尋出路和對象，但是這些出路和對象會讓人性格中的一部分感到厭惡，受形勢所迫，新的滿足就無法獲得。這就是症狀形成的出發點，這一點以後還要講到。性的慾望被限制後，就會尋找一條曲折的道路再向前行進，而且還需要憑藉各種喬裝改變來突破這個阻礙。曲折道路是對症狀的形成來說的，症狀就是新的或替代的滿足，而性的剝奪是次滿足的起因。

其實，還可以用另外一種描述來講神經矛盾的含義，即病症的形成是由內部剝奪輔助外部剝奪。如果二者真的是相輔相成的，那麼內、外剝奪必定會和不同的出路和對象有關聯，這種關聯就是滿足的第一種可能會被外部的剝奪消除，滿足的另一種可能會被內部的剝奪消除，而這另一種可能正是神經矛盾的癥結所在。我這樣講述也是有用意的，即在人類發展初期，內部的阻礙是有現實生活中外部的阻礙引起的。

但是那股限制性慾的力量，或者另外那一組引發病症的矛盾，到底來自哪裡呢？從廣義的角度來看，我們可以把它們看成是一些非性的本能，屬於自我本能。對移情的神經症的分析，並沒有為我們對這些本能的進一步研究提供更多的機會，只不過是從病人的抗拒中，略微知曉了這些本能的性質。由此，我們可以說，引發病症的矛盾其實就是自我本能和性本能之間的矛盾。其實在這些病例中，不同的性衝動之間也有一種矛盾，而對於引起矛盾的那兩種性的衝動，自我會認同一種，抵抗另一種。總之，這都是一樣的，我們還可以繼續把它叫做是自我和性的矛盾。

學者對於精神分析認為心路歷程是性本能的觀點，十分氣憤地進行反對，認為除了性的本能和興趣外，精神生活中肯定還有別的本能和興趣，還認為我們不該把所有的事情都歸根於性，等等。其實，一個人能讓他的反對者觀點一致，這才是真正的快樂。精神分析一直沒有否認過非性的本能的存在，而且它本身就是建立在性本能和自我本能的區別上，不管別人如何的反對，它一直堅信神經症不是起源於性，而是起源於自我和

第二十二章 發展與退化的各方面、病原學

岩洞裡的女人　保羅‧德爾沃 比利時

　　坐在鏡子前的少女是穿戴整齊的，但是鏡中的少女卻是裸體的。鏡中少女的形象其實就是少女潛意識中的自我形象，看起來似乎是矛盾的。其實不同的性衝動之間也有一種矛盾，對於引起矛盾的那兩種性的衝動，自我會認同一種，抵抗另一種。但它們也是一樣的，可以叫做自我和性的矛盾。

性的矛盾。雖然精神分析一直在研究性本能對疾病和普通生活的影響，但是它從沒否認過自我本能的存在或其重要性。只不過是，精神分析把性本能的研究當做了最重要的工作，因為在移情的神經症中，這些本能是最容易研究的，而且精神分析還要去研究那些被別人忽略的事情。

　　所以，我們就不能再說精神分析否認了人的性格中那些非性的部分。透過自我和性的區別，我們知道力比多的發展決定了自我本能的重要發展，而反過來，自我本能的發展對力比多的發展也有一定的影響。我們對自我本能發展的認知，沒有對力比多深刻，

335

精神分析引論
A General Introduction to Psychoanalysis

因為我們只有對自戀神經症有了研究後，才能瞭解自我構造。可是，費倫齊（參看瓊斯翻譯成英文的，他的著作《對精神分析的貢獻》裡的第八章，第181頁）曾嘗試過在理論上界定自我發展的幾個階段，最起碼有兩點，我們可以把它們當做是進一步研究自我本能發展的基礎。我們知道，一個人的力比多不會在一開始就與自我保存的興趣產生矛盾，相反的，自我在每一個發展階段為了和性組織的階段相協調都會努力地去適應。力比多發展中每一個時期的延續都有一定的規則，但是自我發展對這個規則也會有所影響。此外，我們還可以假設這兩種發展（自我發展和力比多發展）的各個時期間有一種相似或相關的情況，而如果損壞了這種相關，它就會成為引發病症的因素。下面這問題更為主要：如果力比多在發展時極力的執著於較早階段，那麼自我對此會是什麼樣的態度？也許它會允許這種執著，這樣的話就會形成錯位的，或幼稚的情況；但如果它不允許這種執著，那麼結果就會是，當力比多有一種執著時，自我就相應地會有一種壓抑。

於是，我們就可以得出這樣一個結論：引發神經症的第三個因素，即對矛盾的易感性，它和自我發展的關係與它和力比多的關係是一樣的，這樣我們對神經症起因的認知範圍就擴大了。第一個因素是性的剝奪，也是最普通的條件，第二個是力比多的執著（強迫性神經進入特殊的路徑），第三個矛盾的易感性，是由發展排斥力比多的特殊興奮而形成的。所以，這些病因並沒有你們想像中的那麼神秘和難以理解。但是我們對此的工作還沒有結束，因為我們還要增加一些新的原因和事實，還要進一步分析一些已經知曉的事情。

現在我想舉一個例子，來更好地說明自我發展對矛盾趨勢的影響，進而對神經症產生的影響。這個例子雖然是想像的，但也未必沒有這樣的事。我用內斯特羅的滑稽劇名稱為它命名，叫做《樓上和樓下》。假如樓下住著的是傭人，而樓上住著的是主人，他們都有孩子。我們假設這個樓上的主人允許女兒和樓下傭人的女兒玩耍，而不加以干涉，那麼這兩個女孩之間的遊戲很容易帶有性的意味，她們會把自己看做是一對夫妻，扮演爸爸和媽媽的角色，互相偷看彼此的大小便和換衣服的行為，然後相互刺激對方的生殖器官。傭人的女兒可能會扮演能夠引誘人的女人，因為儘管她只有五六歲，卻已經知曉了很多與性有關的事情。這些遊戲的動作雖然持續的時間很短，但是卻能夠引起兩個女孩的性興奮，

桑多爾·費倫齊

桑多爾·費倫齊，匈牙利心理學家，早期精神分析的代表人物之一。他曾經和佛洛伊德保持師徒與父子般的關係近20年，他曾發表的論文《現實感的發展階段》是一篇經典的精神分析論文，他認為，由於認識了自然力量而引起的對兒童誇大狂的替代構成了自我發展的主要內容。

而在遊戲終止後，會有好幾年的自慰。在這一方面，兩個女孩的經歷雖然都相同，但是結果卻不一樣，這個傭人的女兒或許會持續幾年的自慰動作，到有了真正的性生活時就會停止自慰，那時停止自慰也不困難，幾年後，她會嫁人生子，在生活上，不停奔波，也許會成為一名著名演員，最後以貴婦人的身分了卻此生。也許，她在生活上沒有這麼大的成功，但是不管怎樣，以往的那段性遊戲都不會對她產生不好的影響，她不僅不會患上神經症，還會愉快的生活。可是主人的女兒卻不是這樣，在她還是小孩時，就有一種很強烈的罪惡感，不久，她就會極力擺脫掉這種自慰獲取的滿足，但是心中仍舊是鬱鬱寡歡。在長大後對性行為有一定瞭解時，就會產生一種恐懼，希望永遠不要瞭解它，或許她也會因此又有了不可阻擋的自慰衝動，但是她不願對別人講。在她可以結婚時，神經症就發作了，導致她反對婚姻和享受生活。如果我們用精神分析來瞭解這種神經症的過程，就會發現這名受過良好教育，聰穎的女子已經完全的壓抑了自己的性慾望，而這些性的慾望又可以不自覺地依附在她兒時與同伴所玩的那些性遊戲上。

樓上樓下

孟塔古是第一家大英博物館。孟塔古建於1686年，是第一家大英博物館，天花板上的壁畫主要根據希臘的神話故事所繪。圖中的人物，是前來參觀的遊客。

　　她們倆雖然經歷相同，但結果卻不同，造成這種情形的原因就是一個女子的自我發展是另一個女子所沒有的。對傭人的女兒來說，不管是在年幼時還是成年後，性行為都是自然存在而無傷害的。而主人的女兒因為接受了良好的教育，她就會用教育的標準來衡量性行為。她的自我在受到這樣的影響後，就會演變成一種希望女人清心寡慾的願望，這與性行為是無法共存的，而她受過的那些理智的訓練又讓她鄙視那些自己應盡的女性義務。於是，她的自我中這些道德和理智的發展，就使得她和性要求產生了衝突。

　　今天我想對力比多發展的另一方面進行討論，這樣做不僅是為了擴大視野，更是為了證明我們對自我本能和性本能的劃分雖然嚴謹且很難理解，但是卻有一定的道理。如果現在要討論自我和力比多的發展，那就必須要注意前面忽視的一個問題。其實，這兩種發展都是因為遺傳，都是對人類在遠古和史前進化的真實寫照。就拿力比多的發展來說，這個種系發展歷程的起源是很明顯的。試著設想一下，有些動物的生殖器和嘴是緊密相連的，有些動物的生殖器和排洩器官是不分界限的，而有些動物的生殖器甚至是其運動器官的一部分，波爾希在其著作中對這些事情的描述很有意思，大家可以參考一下。可以這樣說，動物是因為有了性組織的形式，才會有各種堅不可摧的錯位現象。但是對人來說，這個種族的發展歷程就不是很明顯，因為遺傳的性質基本上都要重新由個

精神分析引論
A General Introduction to Psychoanalysis

第二十二章 發展與退化的各方面、病原學

公牛 保羅・波特爾 荷蘭 布面油畫 1647年 海牙毛里茲里茲博物館

人們對牛都有憨厚、老實、吃苦耐勞的良好印象，但這僅限於它們對人類的貢獻上的認知，藝術家的眼裡，牠們是一種不可預知，甚至是危險的動物。畫面中的公牛雄健而富有力量，旁邊的柵欄裡還有幾隻羊，羊是一種富有人情味的動物。眼前的這一情景讓人產生直接的移情作用，使藝術家筆下的公牛形象，給了觀看這幅繪畫的觀眾更加深刻的印象。畫家注重公牛的每一個細節，牠毛下的皮膚、圓潤的腹部、後退的骨節，還有那雄壯粗大的生殖器。

體獲得,或者是因為這種獲得的引發條件,現在依然存在著並對個體產生影響。我認為它們原本是產生一個新反應,但現在是引起了一個趨勢。此外,每個個體原本的發展方法,也會受外界的影響而有所變化。但是,我們已經知道的迫使人類有了這種發展現在卻仍舊沒有改變的力量,就是現實所要求的剝奪作用,或者我們也可以稱呼它為必要性,或生存競爭。必要性就好比一個嚴格的女老師,向我們教授了很多事情。這種嚴格的後果就是導致了神經症人的產生,其實,不管是哪種教育都會出現這樣的危險。這個學說是以生存競爭為進化的動力,沒必要對「內部的進化趨勢」的重要性進行削減,如果這種趨勢是存在的話。

　　需要我們注意的是,在遇到現實生活中的必要性時,性本能和自我保存本能的表現行為是不相同的。必要性要控制自我保存本能和別的屬於自我的本能很容易,它們很早以前就接受了必要性的控制,而且還努力使自身的發展區適應現實的要求。這一點也很好理解,因為如果它們不遵從現實的要求,就無法獲的自身需要的對象,而個體如果沒有這些對象,就會死亡。但是必要性要控制性本能就比較困難,因為它們從來就沒有缺乏對象這一感覺。它們不僅能在別的生理機能上寄生,在自身上也能獲得滿足,所以,它們從一開始就不受現實必要性的影響。對大多數人來說,他們的性本能可以不受外界的影響,在這一方面或哪一方面始終保持這種執著性,或無理性。而且一個青年的可教育的性,一般會在性慾爆發時宣告結束。對於這一點,教育者們都很清楚,而且也知道該怎樣應對,或許他們會接受精神分析的結果的影響,把教育的重心向前移到從哺乳期開始的幼年。在四五歲時,小孩就已經是一個完整的生物體了,而其所賦予的那些才能只是到了後來才慢慢顯現。

　　如果我們想對這兩組本能有更深的瞭解,那麼就需要稍微偏離主題,還要講述另外一方面,而這個方面被認為是比較經濟的;這是精神分析中最重要但又最難理解的一個部分。或許,我們可以提出這樣一個問題:心理器官的工作是不是有什麼主要的目的呢?對此,我們的答案是其目的是尋求快樂。我們所有的心理活動好像都是在努力尋求快樂,免除痛苦,而且還會自動地受唯樂原則的調整。我們最想知道的就是哪種條件能夠帶來快樂,哪種條件會帶來痛苦,而我們所欠缺的也正是這些。對此我們也只能這樣猜測:心理器官中,刺激量的減少,下降或消失會帶來快樂;反之就會帶來痛苦。人類最大的快樂的莫過於性行為的快樂,而這種快樂的過程,又在於心理興奮和能力分量的分配,所以我們說這個方面是經濟的。我們可以在強調追求快樂的同時,用別的簡單的話語來講述心理器官的動作,那時我們可以把心理器官看做是用來操控和發洩那些附加在自身上的刺激量和純能量的。很顯然,性本能的發展的目的一直都是追求滿足,而且這個機能會一直保持不變。其實自我本能在一開始也是這樣,只是受必要性的影響後,就用別的原則來代替了這種唯樂原則。由於它們認為免除痛苦和追求快樂是同等重要的工作,所以自我就知道,有時那些直接的滿足是要捨棄的,推遲某些滿足的享受,承受某些痛苦,甚至是必須放棄某些快樂的來源。在接受了這樣的訓練後,自我就會變成

「合理的」，從此不再受唯樂原則的支配，而是遵從了唯實原則。唯實原則說到底也是在追求快樂，只不過它追求的是一種推遲的，縮小了的快樂，因為這樣和現實相符合，所以也不會輕易的消失。

由唯樂原則發展到唯實原則，是自我發展中的一大進步。現在我們已經知道，後來性本能也勉強經過了這個階段，往後還會知道，當人的性生活的滿足僅僅是因為有了外界現實的這種弱小的基礎時，會產生什麼樣的結果。現在還可以在結論中提出一句關於本問題的話。如果人類的自我和力比多有相似的進化，那麼在你們聽到自我也有退化作用時，就不會再感到詫異了，而且還會很想知道，當自我還原到發展的初期階段時，會在神經症中占據什麼樣的地位。

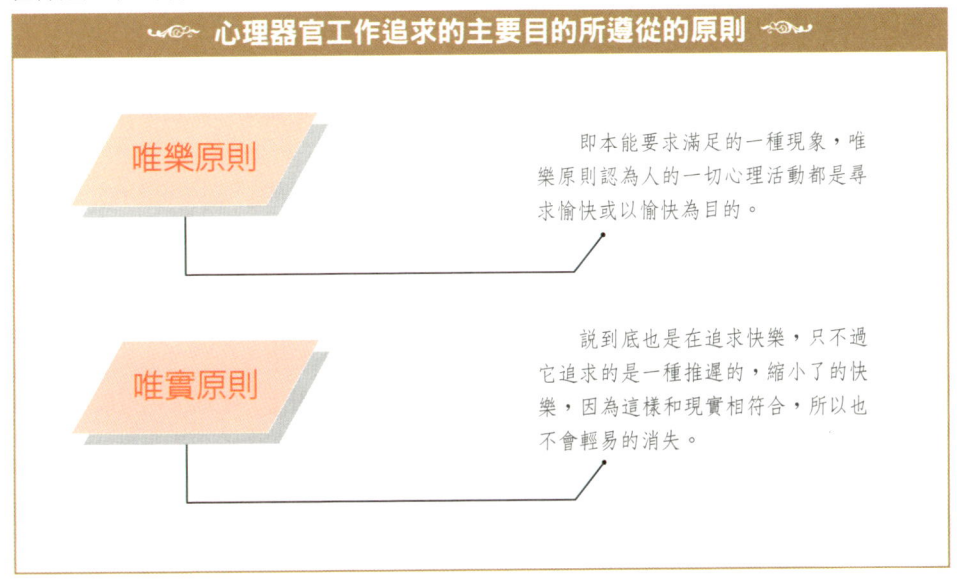

心理器官工作追求的主要目的所遵從的原則

唯樂原則
即本能要求滿足的一種現象，唯樂原則認為人的一切心理活動都是尋求愉快或以愉快為目的。

唯實原則
說到底也是在追求快樂，只不過它追求的是一種推遲的，縮小了的快樂，因為這樣和現實相符合，所以也不會輕易的消失。

第二十三章

症候形成的過程

　　一般人會認為，症狀是疾病的本質，而治癒就是使這種症狀消失。可是在醫學上，就要對症狀和疾病進行嚴格的區分，症狀的消失並不表示疾病已經被治癒。但是症狀消失後，剩下的能夠形成新症狀的能力，就成為了疾病當中唯一一個能夠揣測的部分。所以，我們就先採用一般人的那種觀點，認為我們知道了症狀的基礎，就表示我們知道了疾病的性質。

　　症狀──當然，這裡要討論的主要是精神的（或者心因性的）症狀和精神病──對生命中的各個活動都是有害的，或者最起碼還是有好處的，病人常會為症狀的厭惡而深感苦惱。症狀對病人的傷害，主要體現在對病人所需的精神能力的耗損上，此外病人在和症狀相抗衡時，也要耗損大量的精神能力。如果症狀的範圍擴大了，那麼病人就會在這兩方面上消耗更多的精神能力，導致自己在面對生活上一些重要的工作時，無法進行處理。簡單的來說，最終的結果會怎樣，要看耗損的能力的價值，所以你們可以由此得知，「病」在本質上是一個很實用的概念。但是如果你們只從理論的角度來看，卻不詢

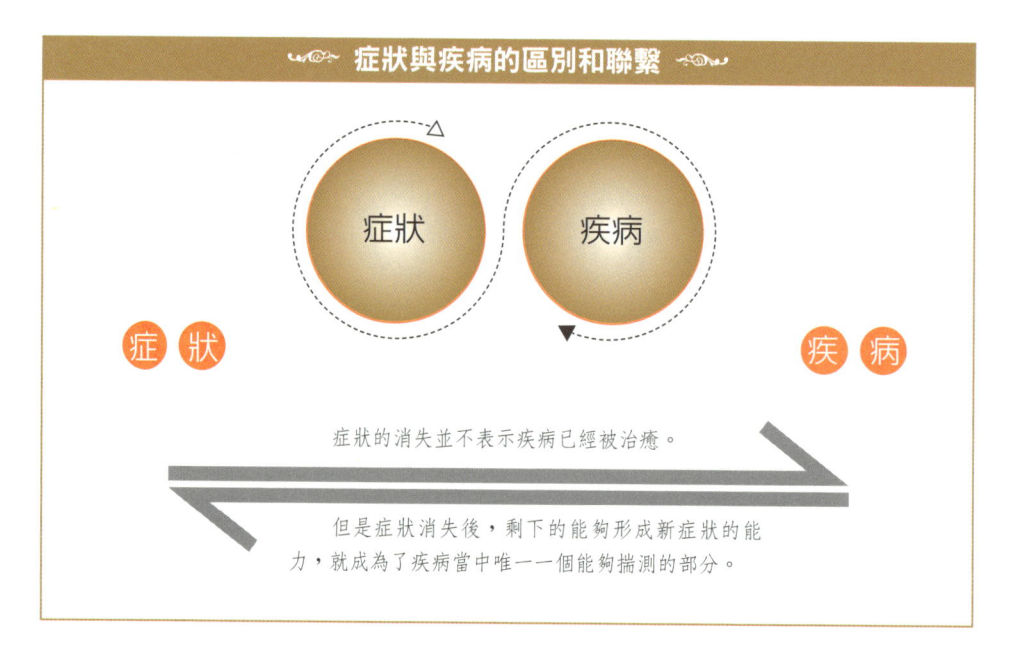

症狀與疾病的區別和聯繫

症狀　　　　　　　　　　　　　　　　　　　　疾病

症狀的消失並不表示疾病已經被治癒。

但是症狀消失後，剩下的能夠形成新症狀的能力，就成為了疾病當中唯一一個能夠揣測的部分。

問這個程度大小，那麼我們每個人都有神經症，因為那些形成症狀的條件都是我們常人共同擁有的。

就拿神經症的症狀來說，我們知道症狀是矛盾的結果，而矛盾則是出現在病人追求力比多的一種新滿足時。這兩種相互抗衡的能力會在症狀中重新會合，而且在症狀的形成過程中，因為相互妥協退讓最終達到了相互和解的一種效果。而症狀也就因此有了抵抗能力，而這種抵抗能力的保持則依賴於兩種能力的相互抗衡。此外，我們還知道在這兩個相互矛盾的部分裡，有一種是沒有滿足的力比多，這個力比多被現實阻擋後，就開始另外尋找滿足的出路。如果這種「現實」是公正無私的，那麼就算力比多用另外的對象取代了原本的為滿足的對象，結果還是要退回來，而從以前已經克服過的一種組織，或從前被遺棄的一個對象中來尋求滿足。於是，力比多就退回到了以前發展中曾經停留過的那些執著的地方。

錯位的形成過程和神經症的形成過程有著明顯的區別。如果這些退化作用沒有引起自我方面的禁止，那麼神經症就不會形成，而力比多仍舊可以獲得一種真實的滿足，雖然這種滿足不是常態下的。可是，如果自我在操控意識的同時，還統治運動的神經支配和心理衝動的實現，如果自我不贊同這些退化，結果就會產生矛盾。力比多被阻擋後，就會另外尋求發洩能力的出路，以此來遵從唯樂原則的要求，它必須要和自我相分開。而那些現在在退回的發展道路上經過的執著點（自我在以前曾用壓抑作用來對這些執著點進行防止）正好可以用來躲避。力比多退回後又重新進入了這些被壓抑的地方，於是就擺脫了自我和自我法則的控制，但以前那些在自我指導下所得的訓練也一併被遺棄了。如果力比多現在就能獲得滿足，那它就很容易被控制，但如果它受到內外剝奪的雙重壓迫，那就很難被控制，會轉而迷戀以前的幸福的生活。這就是它最主要的、不變的性質。由於此時力比多附著的觀念是屬於潛意識系統的，所以它也擁有了潛意識系統所特有的歷程——即壓縮作用和移置作用。於是，力比多的形成的條件就和夢形成的條件相似。力比多在潛意識中所附著的觀念就必須要和前意識中自我的力量相抗衡，就像隱夢那樣，當它一開始在潛意識中有思想本身形成，用來滿足潛意識的幻想的慾望時，就會出現一種（前）意識的活動來進行盤查，只允許它在顯夢中形成一種和解的方式。既然自我這樣抗拒力比多，那麼力比多也只好採取一種特別的表現方式，來讓兩方面的抵抗都有一定的發洩。於是，作為潛意識中力比多慾望的多種改變的滿足，也作為兩種截然不同的含義的巧妙選擇的混合，症狀就這樣形成了。但是從最後一點來說，夢的形成和症狀的形成是有所不同的，夢形成時，所有前意識只是為了保證睡眠，不然擾亂睡眠的刺激進入意識，但對潛意識的慾望衝動，它卻不會嚴令禁止。它的舒緩是因為人在睡眠時的危險性很小，而睡眠的條件本身就能夠讓慾望無法實現。

當力比多遇到矛盾時，它的逃脫全賴於執著點的存在。力比多退回到這些執著點上，就能夠很精巧地躲避壓抑作用，在這種退讓的狀態下，就可以獲取一種發洩或滿足。它用迂迴的方法，經由潛意識和過去的執著點，成功的獲取了一種真實的滿足，雖

精神分析引論
A General Introduction to Psychoanalysis

然這種滿足受到了很大的限制，幾乎無法辨認。對於這一層，還要注意以下兩點：第一，你們要注意力比多和潛意識，與自我、意識和現實之間有怎樣緊密的聯繫，儘管這種關係原本是不存在的；第二，這個問題，不管是我前面講過的，還是即將要講的，都是針對臆病的。

力比多是在哪裡找到這些它所需要的執著點，以此來突破壓抑作用的呢？其實，是在嬰兒時期那些性的活動和經歷中，以及兒童時期那些被拋棄的部分傾向和對象中找到的，力比多就在這些地方尋求發洩。兒童時期的意義是兩方面的：第一，在那時，那些天稟的本能第一次顯現出來；第二，別的本能因為外界的影響和一些偶然的事情，第一次引發活動。在我看來，這兩方面的區分是很有道理的。我們並不否認內心傾向可以

月光下的美人魚　保羅·德爾沃　比利時　木板油畫　耶魯大學英國藝術品收藏中心

畫面有一條不在海裡而在陸地上的裸體美人魚，它們的形象也許只存在於怪異的夢幻世界中。德爾沃筆下的這條美人魚，多了幾分冰冷的誘惑，道路兩旁是一些精緻的樹木和建築，月光照耀到的地方如白晝，沒有照到的地方又如黑夜，明暗強烈，突出了畫面的魔幻效果。

第二十三章 症候形成的過程

表露於外，但是透過分析觀察得出的結果，我們又必須假設兒童期出現的，那些偶然的經歷也可以引起力比多的執著。對於這一點，我沒有發現有任何理論上的困難。天賦的這種傾向自然是來源於祖先的經歷，但也有某一時期獲得的，如果沒有這種獲得性，那麼也就沒有所謂的遺傳了。獲得的特性，本來就可以遺傳給後代，所以很難想像它會一到後代就消失。但是由於我們過於關注祖先和成人生活的經歷，以至於把兒童期經歷的重要性給完全忽略了，其實我們最應該關注的是兒童期的經歷。因為它們是在還沒完全發展的時候發生的，比較容易產生更大的影響，也正是因為此，患病的機率會更大。從魯氏等人對發展機制的研究來看，在一個正在分裂的胚胎細胞內刺入一針，它便會受到很大的侵擾，相反的，如果是幼蟲或已經成長的動物受到了這樣的刺激，卻可以安然無羔。

前面我已經指出，成人的力比多的執著，是神經症體質的形成原因，現在我們可以把這種執著再劃分為兩部分：天生的傾向和兒童期內獲得的傾向。由於學生們都比較喜歡用表格的形式來記憶，所以我用下面的這種列表來闡述它們的關係。

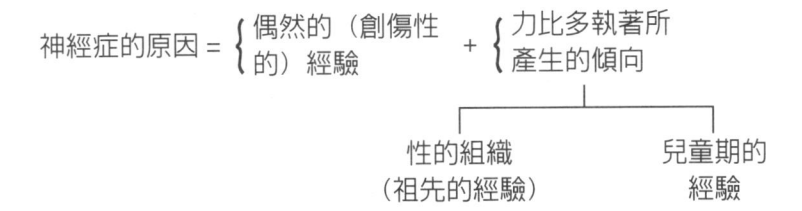

$$\text{神經症的原因} = \left\{ \begin{array}{l} \text{偶然的（創傷性} \\ \text{的）經驗} \end{array} \right. + \left\{ \begin{array}{l} \text{力比多執著所} \\ \text{產生的傾向} \end{array} \right.$$

性的組織（祖先的經驗）　　兒童期的經驗

遺傳的性結構，因其強調的側重點不同，比如：有時是強調這種部分衝動，而有時卻是那種；有時是一種，而有時卻是混合成很多種，所以會表現為很多種不同的傾向。性的組織和兒童經歷的相互結合，形成了另外一種「互補系列」，這個互補系列類似於前面講述的有成人的傾向和偶然的經歷結合而成的些列。每一個系列中，各自都會有相似的極端例子，而各個部分之間也各有相似的關係和程度。此時，我們就可以問，在這兩種力比多的退化中，遺傳的構造成分是不是可以控制較明顯的那一種？對於這個問題，我們先把答案放在一邊，等我們討論了多種神經症形式後再說。

現在我們要特別關注這樣一個事實：精神分析的研究表明，神經症患者幼年時的性經歷控制著他們的力比多，因此，這些經歷對成人的生活和疾病十分重要，對分析的治療工作來說，這個重要性也沒有減弱。但是從另一觀點來說，我們很容易發現這一層存在被曲解的可能，而這個曲解會讓我們從神經症情景的角度來注意生命。但是，如果我們假設力比多是在離開新地位後，才退回到嬰兒經歷的，那麼嬰兒經歷的重要性就會被削弱，而且也可由此得出相反的結論，即力比多的經歷在其發生時是不重要的，只是因為後來的退化作用才變得比較重要。其實我們在前面章節中講俄狄浦斯情結時，也曾討論過這種非此即彼的問題。

其實，要解答這一問題也不難。退化作用極大的增加了兒童經歷的力比多，患病

345

青春期　孟克

　　畫家描繪的這位少女，眼裡明顯地流露出不安和恐慌感，她那雙眼睛就像是一隻哭泣的野獸，在潛意識中顯露了青春期的躁動和內心的複雜。

第二十三章 症候形成的過程

的機率也由此變大,這句話雖然是對的,但如果只把它自己作為決定因素,是會引起誤解的。其實,我們還應該列舉別的因素。比如:第一,由觀察結果可知,幼年時期的經歷,有著其特別的重要性,這一點在兒童期就已經表現的很明顯了。事實上,兒童也會患有神經症,對兒童的神經症來說,時間上的倒置成分必定會減少或完全不復存在,因為神經症是發生在創傷性的經歷之後的。研究嬰兒的神經症,可以使我們解除曲解成人神經症的可能,這就好比兒童的夢能讓我們瞭解成人的夢。兒童的神經症是比較常見的,比我們想像中的還要常見。所以我們很容易忽視兒童的神經症,認為它只是惡劣行為或頑皮的表現,在幼兒園時期常用權威來壓抑它,可是如今再回想,卻發現這種神經症是很容易識別的。它們的表現方式多為焦慮性臆病,而它們的意義,我們會在以後慢慢知曉。若神經症是在年齡比較大的時候出現,那麼分析的結果就會說它是對幼年時期神經症的繼續,只不過在幼年時,它的表現方式可能是具體而隱晦的,但是,在前面我們也曾講過,對有些實例來說,兒童的神經過敏也能一直保持不變。對少數的例子來說,雖然我們可以在神經症的情形下來分析一個兒童,但大多時候我們都是由患病的成人來推測兒童可能有的神經症,只是在推測時要十分謹慎,因為這樣才能避免出現錯誤。

第二,如果在兒童期內沒有事物可以吸引力比多,那麼為什麼力比多要經常退回到兒童期呢?這一點著實讓人難以理解。在發展中,某些階段上的執著點,只有在我們假設它附有一定價值的力比多時,才會有一定的意義。最後,我還可以這樣說,嬰兒的經歷及後來的經歷的強度與病原上的重要性,兩者是一種互補的關係,這與前面所研究的其他兩個系列之間的關係很相似。在有些例子中,引發疾病的原因全在於兒童期內的性經歷,這些回憶有種創傷性的後果,只要有一般的性組織和不成熟的發展加以輔助,疾病就會形成。而另外有些例子,它們的疾病的起因全在於後來發生的矛盾,而分析強調兒童期的記憶,也只是把它看做退化作用產生的結果。於是,我們就有了兩者極端的例子,即「停留的發展」和「退化作用」,而這兩者又有不同程度的混合。

有人認為如果教育能及時地對兒童的性發展加以干涉,那麼就可以阻止神經症的產生,而他們對上面講述的事情也是十分感興趣。其實,如果一個人認為只關注嬰兒的性經歷,或推遲性的發展,不讓兒童被這種經歷給動搖,那麼就算是做盡了防止神經症發生的事情了,那他就錯了。我們知道,致使神經症產生的條件要比這更為複雜,而且如果我們只關注一個因素,是不容易有成效的。那些嚴厲的監督在兒童期是不會有效果的,因為先天的因素使我們無法控制,而且就算能控制,也會比教育家想像的困難,而且我們也不能忽視由此引發的兩種新危險。如果控制的太緊,兒童就會過度地壓抑自己的性慾,結果會是弊大於利,而且還無法去抵抗青春期內才會出現的性的迫切需要。所以,在兒童期內展開防止神經症的工作是不是有利?改變對現實的態度是不是比較容易產生效果?這些我們都還不確定。

現在讓我們回過頭來繼續討論症狀。症狀能讓病人獲得現實生活中所沒有的滿足,

精神分析引論
A General Introduction to Psychoanalysis

涉水的女人和男孩 卡萊爾・迪加丁 荷蘭 布面油畫 1657年 倫敦國家美術館

兒童中的神經症還是比較常見的，但我們以成年人的眼光看待時，他們的舉動和行為只是一種頑皮的表現和惡劣的行為而已。這幅作品本來是一幅令人愜意與愉快的畫，女人（也許是孩子的母親）優雅地提起裙子，防止自己的裙子被弄濕，而她旁邊的小男孩則不然，完全不顧周圍的氣氛，頑皮地撩起衣服解決自己的生理問題。

而滿足的方式就是讓力比多退回到以前的生活當中去，因為它和退化有著密不可分的關係，即讓力比多退回到對象選擇或性組織的早期階段。在前面我們已經知道，神經症患者往往無法掙脫過去生活中某一時期的束縛，而現在才終於明白，這個過去的時期指的就是力比多獲得滿足和感到快樂的時期。患者會回想以往的生活歷程，不斷地去追求這個時期，甚至只憑藉記憶或想像，就想回到哺乳期。在一定程度上，症狀再次出現了早期嬰兒的那種滿足方式，雖然在面對矛盾帶來的檢查作用時，這種方式要有所喬裝和改變，或雖然這種方式時常會轉化為一種痛苦的感覺，同時還包含有引發疾病的經歷成分。伴隨症狀而出現的滿足，但是患者不僅不知道它就是滿足，還對它感到十分苦惱，時常躲避它。導致這種轉變出現的是神經矛盾，而症狀就是在這種矛盾的壓力下形成的，所以，他對以前的那些滿足，現在變得十分抵觸和恐懼。關於這種感情變化的，接下來還有一個例子，是我們比較熟悉的。比如：一個小孩原本很喜歡吸吮母親的胸乳，但是幾年後，他卻變得十分反感乳汁，即便是經過訓練，這種反感也不會消失，如果在乳汁或別的含有乳汁的液體表層上出現了一層薄膜，那麼這種反感就會演變成恐懼。這層薄膜可能會讓他想起以前十分喜愛的母親的胸乳，同時對斷乳時的創傷性經歷也會產生影響。

此外還有一層，讓我們對症狀是滿足力比多的一種方法，感到詫異和難以理解。那些平常被我們認為是滿足的，沒有一個是症狀。症狀基本上不依附於對象，也因此與外界現實失去了聯繫。我們知道這其實沒了唯實原則後，退回到唯樂原則上的結果，但同時也是回到了一種擴大的自淫病上，是一種最早期的滿足性本能的方法。它們不去努力的改變外界的情形，而只是在自身尋求一種改變。即透過內部行動代替外

讀書的少女

兒童在青春期時，我們是否該壓制他們的性慾，這是一個不太容易回答的問題，如果控制的太嚴格，那麼兒童勢必會過分地壓制自己的性慾，結果卻會適得其反，他們只會更加的好奇。圖中的少女如飢似渴地在讀一本書，可是她的態度卻讓我們懷疑，她一定是在看關於性的東西，所以她總是這樣不安地回頭看看是否被人發現。

部行動這一行為，來適應替代活動——從生物史的角度來說，這又是一個十分重大退化作用。如果我們把它與由症狀形成的分析研究而獲得的一個新因素合併在一起來討論，那麼這一點就會變得更加清晰明瞭。而且，我們知道症狀的形成和夢的形成一樣，有相同的潛意識歷程在發揮作用，即壓縮作用和移置作用。症狀和夢一樣，是一種幼稚的滿足的代表，但是，可能是受極端壓縮的影響，這個滿足演變為了一種獨立的感覺或衝動，也可能是受多種移置的影響，這個滿足從整個力比多情結轉變為一個小段的細節。所以，雖然我們可以證明這個滿足是確實存在的，但是在症狀中很難看出力比多的滿足，這也是很正常的。

前面我就已經講過，我們還要研究一個新因素，而這個新因素也確實讓我們感到很奇怪。由症狀的分析得出的結果中，我們已經知道力比多執著於嬰兒的經歷，症狀的形成也是因為嬰兒的經歷。但令人奇怪的是，這些嬰兒經歷不一定都是真實可信的。其實對大多數的實例來說，這些嬰兒經歷都是不可靠的，有時甚至是和現實完全相反的。這件事比別的事實更容易讓我們懷疑產生這種結果的分析，或者懷疑神經症分析和瞭解所依賴的患者本人。此外，還有一件事讓我們十分困惑。如果由分析而得出的嬰兒經歷

鄉間小路　保羅·德爾沃　比利時

彎彎的月亮、交錯的鐵軌、似乎望不到盡頭的相間小路，路中間孤獨守望的少女，還有那幽暗的樹林和發出昏暗光亮的火車站，這些都是兒童在夢中虛構出來的場景和情節。

第二十三章 症候形成的過程

是真實的,那麼我們就會認為有了一個牢固的基礎。如果這些經歷是患者虛構出來的,那麼就需要放棄這個不真實的觀點,另外尋找方法。但事實上,這些經歷既不全是真實的,也不全是虛構的,因為我們知道的那些嬰兒經歷,是在分析中透過回憶而獲得的,它們有時是虛構的,但有時也是真實可信的,而大多數的例子都是真假混合的。所以症狀代表的那些經歷有時是真實的,此時我們就認為它對力比多的執著有很大的影響;有時是病人虛構的,此時我們就不能把這些虛構的經歷作為患病的原因。現在要尋找一個比較妥善的辦法是很困難的,也許我們能從下面這個相近的事實中尋求第一個線索。比如:我們在分析前,那些在意識中保存的對兒童期的模糊記憶,也一樣能夠進行虛構,或者最起碼是真假混合的,其中錯誤的地方很容易看出來,所以我們至少可以這樣認為,對此負重大責任的應該是病人,而不是分析。

如果我們稍加思考,就可以知道這個問題讓人感到奇怪的地方究竟是什麼。其實,這就是對現實的藐視,對現實和幻想區別的忽視,患者用虛假的經歷來浪費我們的時間,確實讓我們很氣憤。在我們看來,幻想和現實有著天壤之別。我們會給它們不同的價值對待。患者精神正常時,偶爾也會採取這樣的態度,他提供一些素材,把我們引向我們想要的情景(建立在兒童期的經歷上,成為症狀的基礎)時,我們研究的到底是現實還是幻想,這一點很是值得懷疑。想要解決這一問題,就必須要依靠後來的某種跡象,而且到那時,我們還要努力讓患者瞭解哪些是幻想,哪些是現實。其實,這項工作很難完成,因為如果我們一開始就對他說,他現在所想到的其實是幻想,是他曾用來掩蓋兒童期經歷的,就像每個民族對已經忘記的古老的歷史加以各種神話一樣,那麼他對此問題的興趣或許就會從此減弱,其實,他也想尋求現實,藐視那些幻想──那麼這樣的結果就會令我們很失望。但是如果我們先讓他認為,我們研究的就是他早先經歷的事情,分析結束後再告訴他實情,那麼我們就會在後面出現錯誤的風險,同時他還會嘲笑我們太容易上當。他要經過很長一段時間才能明白:幻想和現實是可以受到同樣的對待的,而且在開始時,被研究的兒童期的經歷不管是屬於哪一類,都已經不重要了。但是,這又明顯地成為了對他的幻想應該有的唯一的正確的態度。實際上,幻想也是實在的一種,患者虛擬出那些幻想,這的確是一個事實,對神經症來說,這個事實幾乎和他真實經歷過的那些事實同樣重要。這些幻想代表的是心理的現實,而心理的現實與物質的現實是相反的。我們逐漸知道,心理的現實是神經症領域中唯一主要的因素。

神經症患者在兒童期內常發生幾種事情,其中有幾種具有特別的含義,因此我們要特別關注。對於這些,我想列舉下面這樣幾個例子:(一)偷看父母的性交行為。(二)被成人誘惑。(三)害怕閹割。如果你們認為這些事情都不是真的,那你就完全錯了,其實年長的家人都會毫不懷疑的證明這件事。比如,當一個小孩子開始拿自己的生殖器來玩,卻不知道要隱藏這種行為時,他的父母或保姆就會嚇唬他,說要把他的生殖器割掉,或者是把他的手砍掉。當父母被詢問這樣的事情時也會承認,因為他們認為這種威嚇是應該做的,還有人能在意識中出現對這種威嚇的清楚的回憶,特別是如果這

件事發生在兒童後期。如果是母親或別的女人提出這種威嚇，那他往往會把父親或醫生說成是實施處罰的人。從前，在法蘭克福有一個兒科醫生，名叫霍夫曼，他編寫了《斯特魯韋爾彼得》一書，後來此書聞名於世，這本書如此出名就是因為作者對兒童的性和其他情結有著徹底的瞭解。在這本書中，你會看到作者把割大拇指作為對吸吮指頭的處罰，其實這一行為就是閹割觀念的替代。從對神經症患者的分析來看，閹割這一威嚇似乎很常見，但事實上卻不是這樣。我們只能認為，兒童是受了成人的影響，才知道自淫的滿足是為社會所不容的，同時又因看了女性生殖器的構造而受到影響，就把這種知識作為捏造上述威嚇的基礎。也可能有別的原因，一個小孩雖沒什麼認知和記憶，但是也很有可能親眼見到過父母或其他成人的性交行為，這樣我們就有足夠的理由去相信，在後來他就能明白當時的印象所引起的反應是什麼。但是如果他詳細的描述性交行為的動作，其實就表明他根本沒有見過，或者如果他說性行為需要從後面用力，那他的這種幻想必定是受動物交配的影響，比如狗，而他觀察狗的交配是因為他的偷窺欲，而這種慾望是兒童在青春期內沒有獲得滿足的。而幻想他在母親的肚子中觀看父母性交行為的這一說法，那就更加荒謬了。

而誘惑的幻想更加有趣，因為這不是幻想，而是對現實的回憶，但幸運的是，它成為事實，並沒有像想像的那麼頻繁。受同齡人或較大年齡孩子誘惑的機率要比受成人誘惑的機率大，如果女孩在講述自身幼年時的相關經歷時，說父親是誘惑者，那麼引起幻想的性質和產生幻想的動機，就確定無疑了。如果在兒童期內沒被誘惑，那麼他就會用幻想來掩蓋當時的自淫行為，因為他對自慰行為感到十分羞愧，於是就在幻想中認為真的有那麼一個心愛的對象。但是你們也不要因此就認為兒童受親人誘惑的事情是虛假的，大多數分析家在他們治療的病例中，都毫不懷疑的說確有此事，只不過這些事情是屬於兒童後期，而幻想卻把它們放在了兒童早期罷了。

以上的這些似乎只有這樣一個意思：兒童期內的這些經歷是神經症形成不可缺少的條件。如果這些經歷是真的，確實是最好的，但如果實際上沒有這些經歷，那它們就是起源於暗示，成為意匠經營的產物。不管在這些經歷中占重要地位的是幻想還是現實，結果都一樣，因為我們現在也不能在結果中找出它們的區別。這也是我前面討論的那些互補系列中的一種，但卻是最奇怪的一種。這些幻想的必要性和提供給它們的材料來自哪裡呢？當然是來自本能。但是我們又該如何解釋同樣的幻想總是由同樣的內容構成呢？對此我有一個答案，但是這個答案或許在你們看來，是很荒謬的，但是我相信這些原始的幻想（是我對這些幻想和別的一些幻想的總稱）是物種所擁有的，只要個體在自

割禮　費德利科・巴洛西　義大利　布面油畫　1590年　巴黎羅浮宮

畫面中穿著黃色長袍的人就是給小耶穌實施「割禮」手術的外科醫生，瑪麗亞而是在一旁富於同情而痛苦地觀看者，還有一個牧羊人帶著一隻羊在一旁觀看，這也是獻祭的象徵。但人們的目光還是會集中在小耶穌的身上，靜謐的氣氛中有一種無形的光明貫穿整個畫面。

第二十三章 症候形成的過程

精神分析引論
A General Introduction to Psychoanalysis

身的經歷不夠用的時候，就會利用古人曾有過的幻想。在我看來，只是要今天在分析時得出的幻想，比如：兒童期裡的誘惑，看見父母的性交行為而引發的性興奮，對閹割的恐懼等，在人類歷史前期都是真實的，而且兒童在幻想中也只能算是以史前真實存在的經歷來補充自身原有的經歷。於是我們就有了這樣的懷疑：對於人類發展的最初模型，神經症比任何一種學科都更能向我們提供相關的知識。

既然講到了這些事實，那我們就必須要詳細地討論「幻想形成」這一心理活動的來源和意義。雖然幻想在心理生活中的地位還沒有人能夠理解，但是簡單的來說，仍然是很重要的。對於這一點，我可以做一下描述。人類的自我受外界需求的訓練和影響，開

雙性人

女孩在講述自己的幼年經歷時，總會說父親是誘惑者，或是哥哥是誘惑者，在女孩的幻想中，父親或是哥哥都是她心愛的對象，就像圖中的少女一樣，這也是她為什麼想要擁有雙性性器官的象徵。

第二十三章 症候形成的過程

始慢慢地認同現實的作用，進而追求唯實原則，而且也知道如果這樣做，就必須要暫時或永遠地放棄各種能夠獲取快樂的對象和目標，這個對象和目標不僅僅只是關於性的。但是拋棄快樂是件很困難的事，要做到這一點，就勢必會尋求補償。於是，患者就逐漸形成了一種心理活動，在這種心理活動中，只要是屬於已經被拋棄的快樂的源頭和滿足的方法，都可以繼續存在，與現實的要求或「考驗現實」的活動相斷絕。於是，每一個渴望就馬上變成了滿足的意願，而且在幻想中尋求慾望的滿足也能引起快樂，雖然也知道這種滿足不是真的。所以，人類仍舊能夠在幻想中繼續享受不受外界約束的自由，而這個自由早已被丟棄了。所以，他一會兒是尋求快樂的動物，一會兒又更換為理性的人類，因為從現實中獲取的這種微弱的滿足是發揮不了作用的。豐唐說過這樣一句話：「一番作為必定會帶來相應的產物」。幻想的精神領域的創造和這句話所說的情況是完全相似的，即在農業、交通、工業的發展迫使地貌失去原來的形態時，可以構建一種「保留地帶」和「自然花園」。這些保留地帶的構建就是為了保護那些因為某種原因而被迫犧牲了的舊事物，不管這些事物是有害的還是無用的，都可以任意的生長繁殖。而幻想的精神領域就是從唯實原則手中奪來的保留地帶。

我們曾見過的，人們最熟悉的幻想的產物是白日夢，它是對野心、誇大和性愛慾望的想像的滿足。其實，愈是需要謙虛時，在幻想上卻愈是倨傲自大。由此可知想像的快樂，它實際上是回到了一種不受現實束縛的滿足上。這些白日夢其實是夜夢的核心和模型，而夜夢實際上也是白日夢，它是透過夜裡心理活動的肆意設想，又透過夜裡的本能興奮縱容這種自由成為可能。我們也已經知道，白日夢不一定是意識的，潛意識的白日夢也很常見，所以，這種潛意識的白日夢是夜夢和神經症症狀的起源。

讀了下文後，你們就會知道幻想在症狀形成上的重要性。前面我們已經說過，力比多因被剝奪，就返回到了它曾離開過的，但仍有少許能力依附在其上的執著點。對於這句話，我們並沒有刪除或修改的意思，只是想在中間加入一個連接的樞紐。即力比多是怎樣返回到這些執著點上的？其實力比多所丟棄的那些對象和途徑並不是完全的丟棄了，這些對象或其附加物都還停留在幻想中，而多多少少保存著原來的強度。力比多只需要退回到幻想裡，就可以尋到途徑然後回到被壓抑的執著點上。原本自我是允許這些幻想出現的，儘管它們是相反的關係，但是它們並沒有矛盾，自我也能因此取得發展，而它本來是憑藉某種條件而一直保持不變的，這其實是一種數量性的條件，現在因為力比多回到幻想中而被打亂了。而幻想因為有能力附加進來，就努力的向前行進以求成為現實，這時，幻想和自我之間就不可避免地出現了矛盾。雖然這些幻想以前是前意識或意識的，但現在仍免不了要一方面受自我的壓抑，另一方面受潛意識的吸引。於是，力比多就從潛意識的幻想進入到潛意識內幻想的起源，也就是說又回到了力比多原來的執著點上。

力比多回到幻想上，其實是症狀形成途徑中的一個中間階段，我們應該給它取一個特別的名字。榮格曾為它取了一個很適用的名字，叫做「內向」，但是他卻在別的事物

精神分析引論
A General Introduction to Psychoanalysis

白日夢　安德魯·懷斯　美國

畫面中這頂蚊帳似乎是從天而降的，少女優雅、安逸地躺在裡面，昏昏欲睡的情態中顯露出她不為人知的甜蜜和欣喜，窗外透射的陽光似乎想要打破這種寧靜，但卻給少女的胴體增加了幾分嫵媚的質感，讓人不忍去打擾她的美夢。

上胡亂地使用這個詞。但我們一直堅持這樣的主張：如果力比多偏離了真實的滿足，過度地積存在本來無害的幻想上，那麼我們就稱這種歷程為內向。一個內向的人雖然還不是神經症患者，但他一直處在浮動的狀態中，一旦他的正在遷移的能力受到侵擾，就很容易引起症狀的發展，除非是他能夠給被壓抑的力比多另尋出路。力比多在這個內向階段的停留，決定了神經症滿足的虛構性和對幻想與現實二者區別的忽視。

　　在後面幾句話中，我已經在病因的線索中引入了一個新的元素，這個元素是關於數量的，對於它，我們也要多加關注，因為對於病因，一個單一的實質性的分析是不充分的，也就是說，對於這些歷程，一個單一的動態的概念是不夠的，還要有經濟的觀點。我們知道兩種相反的力量，即便它們早已有了實質性的條件，也不必產生矛盾，除非是它們都有一定的強度。還知道先天的成分能夠引發疾病，是因為其部分本能中有一種本能比其他的本能更占優勢，我們甚至可以這樣說，人們的傾向從本質上來說是都一樣的，只是因為數量的不同也有所差異。對抵抗神經症的能力來說，這個數量的成分也是十分重要的，判斷一個人會不會患有神經症，關鍵就看他的能力量有多少，而且還要看

第二十三章 症候形成的過程

究竟有多大的部分能從性的方面昇華，移動到非性的目的上，這個能力量是指所有沒發洩的而能自由保存的。從本質上來說，心理活動的最終目的，可以看做是一種趨樂避苦的努力，而從經濟的角度來看，這種目的就表現為對心理器官中現存的激動量或刺激量進行分配，讓它們無法積存在一起，這樣就可以避免引起痛苦。

對於神經症症狀的形成，我已經講述了很多，但是我要告訴你們，今天我所講的都只是針對臆病的症狀。強迫性神經症雖然與臆病在本質上大致一樣，但是兩者的症狀卻有很大的差別。在臆病中，自我已經開始反抗本能滿足的要求，但是在強迫性神經症中，這種反抗更為明顯，甚至在症狀上占有重要的地位。而對別的神經症來說，這種差別的範圍更大，然而，對那些神經症症狀形成的機制，我們還沒有進行徹底的研究。

在結束本章前，我想請你們關注一下我們大家都比較感興趣的一種幻想生活。其實幻想也有一條能夠返回現實的路，這條路就是藝術。藝術家也有一種反求於內的慾望，和神經症患者很相近。他也會受強烈的本能需求得逼迫，渴望榮耀、權力、財富、聲譽和女人的愛，但卻沒有方法把它們變成現實。於是，和有慾望但是不能滿足的人一樣，他開始逃離現實，改變他所有的興趣和力比多，形成幻想的生活中的慾望。這種幻

病中的少女　素描

觀眾欣賞這幅作品的時候，可能會產生這樣的錯覺：她是在床上還是站在風中？這種虛弱的幻覺，更能體現出少女在病中所做的怪夢帶給她的影響和折磨，她的眼裡滿是痛苦和憂慮的悲情。

人間樂園　博斯　馬德里普拉多美術館藏

畫家的這幅傑作可以說是超現實主義的典範，畫面精緻細膩，到處都充斥著色慾的享樂，還有可怕的怪物，地獄中的苦難。畫面左邊是樂園部分，可能指的是伊甸園；畫面中間有許多裸體人物和不可思議的建築，指的是人間；畫面左邊描繪的是地獄的情景。畫面場景恢弘，充分展現了畫家超凡的想像力。

想很容易引發神經症，而他之所以沒有患病，是因為很多因素集合在一起共同對抗疾病的侵襲，其實，藝術家也經常會因為神經症的出現而讓自己的才能受到部分的阻礙。也許，藝術家的天分中有一種強大的昇華力量，及在產生矛盾的壓抑中有一種彈性。藝術家所察覺到的返回現實的過程可以這樣描述：有幻想生活的不只是藝術家，幻想是人類共同容許的，不管是哪一個有願望但沒能實現的人都會在幻想中尋求安慰。但是那些沒有藝術修養的人，他們所能獲取的滿足是十分有限的，他們的壓抑作用是十分殘酷的，所以，除了允許可成為意識白日夢出現外，不允許享受別的任何幻想的快樂。而對真正的藝術家來說卻不是這樣，主要是因為以下幾點：第一，他知道怎樣去點綴自己的白日夢，消除個人的色彩，而讓大家共同欣賞，他還知道怎樣對白日夢進行修改，讓那些不道德的根源很難被人察覺。第二，他還有一種很神奇的力量，能夠處理特殊的材料，知道它們能夠真實地表達出幻想的觀點；他還知道怎樣把強烈的快樂依附在幻想上，最起碼可以暫時先讓壓抑作用受到限制，而使其無計可施。如果他能把這些事情全部實現，那麼他就可以讓別人共同來享受潛意識的快樂，進而受到他們的擁護和贊賞，到那時他就可以透過自己的幻想，來贏得以前只能在幻想中獲得的東西，比如榮耀、權力和女人的愛。

第二十四章

一般的神經過敏

在前面一章中,我說了很多令人難以理解的話,現在可以先離開主題,聽一下你們的看法。

我知道你們很不滿意,你們認為精神分析引論和我講過的不太一樣。你們想要的是生活中的實例,而不是理論。或許你們會這樣對我說,那個樓上和樓下兩個小女孩的故事,或許可以用來說明神經症的起因,但很遺憾,這個故事是杜撰的,不是實際的事例。或許你們還想對我說,我在一開始講述那兩種症狀(我們希望這也不是杜撰的),來說明其過程以及和病人生活經歷的關係時,症狀的含義確實因此稍微變得清晰明瞭。你們曾想讓我就這樣講下去,但是我卻沒有這樣做,相反的,我向你們講述了很多冗雜而又難以理解的理論,而且這些理論好像永遠沒有停止的時候,總是不斷地進行補充,我還研究了很多以前從未向你們說過的概念。我拋棄了敘述的說明,採用動的觀念,然後又把動的觀念給拋棄,換用一種經濟的觀念,讓你們很難理解這些學術上的名詞到底有多少相同的含義,認為它們的相互替換只是聽著好聽罷了。我還說了很多跑題很遠的定義,比如唯樂原則,唯實原則,以及物種發展的遺傳等詞,但是在還沒對它們進行說明,就又把它們拋得無影無蹤。

男人女人 艾倫・瓊斯 布面油畫 1963年 英國倫敦塔特陳列館收藏

我們在講性之前,肯定不是先講關於性的相關理論,而是要先講關於性的承載對象,比如瓊斯的這幅繪畫,他的主要目的是想要表現人與人之間的聯結是憑藉性來完成,而只有男人和女人的互相融合才能說明此事,但這是一個複雜的事情。畫家的這幅作品便是對這一理論的視覺呈現。

359

精神分析引論
A General Introduction to Psychoanalysis

你們會說，我講神經症，為什麼不先從大家都知道而且感興趣的神經過敏講起，或者從神經過敏者的特徵講起也行，比如待人接物時不能理解的反應，以及他們的興奮性，不可信任性，以及無法完成任何事情的無能性。為什麼不從比較簡單的神經過敏的解釋講起，然後再慢慢地去講那些不可理解的極端的表現呢？

以上這些，我自然是無法否認，也不能認為是你們的錯。我對自己的陳述能力還沒有如此自負，認為即便是缺點，也都有著特別的用意。我原本認為換一個方式來講述，或許對你們更有利，老實說，這的確是我初衷。但是，一般情況下，一個人往往都是無法實施一個比較好合理的既定程序的，而材料本身也時常會加進一些別的事實，使得他必須更改原本的計劃。材料雖然也都是他所熟知的，但是一旦開始陳述，也不能全部按照作者的意思。常常都是話已經說過了，但事後卻不明白為什麼要這樣說，而不是那樣說。

對此，或許會有這樣一個理由：我所講的論題，即精神分析引論，它並不包含討論神經症的這段。因為精神分析引論只包括過失和夢的研究，而神經症理論本身就是精神分析的本論。我不認為我能在如此短的時間內，把神經症理論所包含的所有材料都加以闡述，我只能做一些簡單的講述，讓你們在一定的上下文中，瞭解症狀的含義，及症狀形成時體內和體外所有的條件和機制。以上這些就是我要做的工作，也是精神分析現在所能奉獻的重要的一點。可是，我也因此要對力比多及其發展和自身發展做更多的講述。在聽了最初的一些講解之後，你們已經知道了精神分析法的主要原則，對潛意識和壓抑（抗拒）作用等概念也有了大致的瞭解。而透過下面的這個講述你們將會知道，精神分析的工作是在哪一點上尋找到它的有機連接的。我也曾很明確的說過，我們得到的所有結果都只是來源於一組神經症的研究，即移情的神經症的研究，而且對這一組來說，我也只是詳細地講述了臆病症狀形成的機制。雖然你們或許還無法獲得更徹底地瞭解和詳細的知識，但我總是希望你們已經稍微瞭解了精神分析工作的方法，及其必須要解決的問題和需要講述的結果。

你們想讓我在開始講述神經症時，先描述神經症患者的行為，以及他是怎樣患病的，是怎樣努力與之相抗衡的，又是怎樣設法去適應的。以上這些的確是一個很有意思的論題，不僅值得研究，而且講述起來也不困難。但是，也有很多理由讓我們無法從此處著手。因為從此處著手的危害就是，忽視潛意識，輕視力比多的重要性，而且將會根據患者的自我觀點來判斷所有的事情。人們都知道，患者的自我是不能相信而又有所偏袒的。自我總是不承認潛意識的存在，還迫使其受到壓抑，那麼當自我和潛意識相關的地方出現時，我們將無法相信自我的忠誠，而且受壓抑最深的被否定的性要求，所以，很顯然地，從自我的觀點出發是不能瞭解這些要求的範圍和意義的。在知曉了這個壓抑作用的性質後，我們就不會再允許這個自我，即勝利者，來充當這個抗衡的公判人員。我們要提防自我對我們所說的話，要時刻防止上當受騙。如果是它本身提出了證據，那麼它就一直是主動的力量，似乎正因為它的願望和意志，症狀才得以產生，然而，我們

第二十四章 一般的神經過敏

貯積　羅伯特・勞申伯格　1961年　美國華盛頓國立美國藝術博物館收藏

　　自我與潛意識是研究精神分析重要元素，就像「藝術來源於生活，而高於生活」一樣，它們之間彼此相互聯繫。畫家用鐘錶來表現他創作的開始與結束，左上角的時間是畫家創作開始的時間，下方的時間則代表他創作結束的時間，畫家的自我意識超級前衛，他可以將世俗的物品融入到他的作品之中，在生活與藝術之間創作。

精神分析引論
A General Introduction to Psychoanalysis

知道，它基本上都是被動的，這也正是它想努力掩蓋的事實。但它也不能一直保持這個虛假的狀況，在強迫性神經症的症狀中，它就必須要承認自己碰到了一些必須努力抗衡的勢力。

如果一個人不留心這些警告，而是願意被自我的表面價值所欺騙，那麼，一切都可以順利的進展了，精神分析強調的潛意識，性生活及自我的被動性引發的抗議，這些他都可以避免了。對於阿德勒說的神經過敏是神經症的原因而不是其結果，他也可以表示認同，但是對於夢或症狀形成中的任何一個細節他卻無法去解釋。

如果你們問我，我們是否可以既重視自我在神經過敏和症狀形成中所產生的作用，又不忽略精神分析發現的別的因素呢？對此，我的回答是肯定的，而且遲早也會這麼做。但是目前精神分析所要做的研究，把這個終點作為起點是不適宜的。當然，我們也可以提前指出一點，把這個研究包括在內。有一種神經症叫做自戀神經症，自我和自戀

布賴頓小丑 1915年 倫敦美術協會藏

自我和神經症在症狀的形成中各有不同的作用，它們就像是一台戲劇裡的不同角色一樣，有的是貴族，有的是丑角，就像這幅作品中的小丑一樣，他可以為喜歡他的觀眾帶來樂趣，這就是他所扮演的身分，帶給他和其他人的價值所在。

神經症的關係，與我們曾研究的別的神經症相比更為緊密。對這些神經症的分析研究，能讓我們正確而又可靠地估測出自我在神經症中所占據的地位。

但是，自我和神經症之間還有一種很明顯的一眼就能明白的關係。這種關係好像是各種神經症共同擁有的，但在創傷性神經症中更加明顯。其實，各種神經症的起因和機制都有著相同的結果，只是對這種神經症來說，這種因素在症狀的形成上占有重要地位；但對另一種神經症來說，又是別的因素占有重要地位。就好比戲團裡的演員，每個演員都會扮演一個特殊的角色，比如主角、密友、惡人等，每個人都會根據自己的喜好來選擇不同的角色。所以，形成症狀的幻想並沒有臆病表現的那麼明顯，而自我的反擊或抗拒就非強迫性神經症莫屬，妄想狂的妄想是把夢中的點綴機制看作特點。

對創傷性神經症來說，特別是對因為戰事而出現的創傷性神經症來說，那些自私利己的動機及自衛和對於自我利益的努力，都將給我們留下特別的印象。雖然只有這些是不能產生疾病的，但是疾病一旦形成，便要靠它們來維持。這個趨勢就是為了保護自我，讓其沒有引發疾病的危險，但除非危險不再來進犯，或者雖然有危險，但也有一定的報酬，否則它是不會願意恢復健康的。

自我對別的所有神經症的起因和推遲都感興趣，而且這種興趣是相似的。前面我們也已經說過，症狀有一方面能讓壓抑的自我趨勢獲得滿足，所以它也受自我的保護。況且，用症狀的形成來解決精神矛盾，也是一種十分簡便的途徑，與唯樂原則的精神也最是相符，因為自我能因症狀而免去精神上的痛苦。其實，對某些神經症來說，就連醫生也必須要承認，用神經症來解決矛盾是一種最無害且最被社會允許的方法。對於醫生說有時他也很同情那些正在被治療的疾病，你們不感到很詫異嗎？其實，在生活中，一個人沒必要把健康看做是最重要的，他應該也知道，這世上的病痛不是只有神經症一種，還有別的痛苦存在，一個人也可以因為需要而犧牲自己的健康。此外，他還知道，如果一個人患了這種疾病，那他就可以免受別人要承受的各種痛苦。於是，我們雖然可以說每個精神病患者都躲在了疾病裡，但也必須要承認在很多病例中，這種躲避是有著相當充足的理由的，對於這種情況，醫生也只能默許。

但是，我們可以不必理會這些特例，繼續我們的討論。簡單地來說，自我躲進神經症之後，就能在心中因病而獲得利益，在有些情況下，還能同時獲得一種具體的外部利益，這在現實中也有一定的作用。現在舉一個最普遍的例子來進行說明。比如：一個女人被丈夫用暴力虐待，如果她有神經症傾向，那麼此時她就會躲在疾病中。假設她很軟弱或保守，不敢透過偷情來安慰自己；假設她不夠勇敢，不敢公然與外界的攻擊相抗衡，進而與丈夫離婚；再假設她沒有能力去獨立生活，也沒想過再找一個更好的丈夫，最後，又假設在性方面，她仍舊迷戀著這個粗暴的丈夫，那麼除了躲在疾病裡，她再也沒有別的辦法了。疾病就是她用來反抗丈夫的武器，可以用來自衛，也可以用來報復。雖然她不敢對婚姻有所抱怨，但可以把這種疾病的痛苦公開地講述出來，此時醫生就成了她的良友，而本來很暴力的丈夫，現在也被迫饒恕了她，為她花錢，允許她離開家

精神分析引論
A General Introduction to Psychoanalysis

庭，他的壓迫也稍微減少了。如果因疾病而獲得這種外部的偶然的好處十分明顯，而且在現實中又沒有一定的取代物，那麼你們就很難收到治療的效果。

對於神經症是由自我所欲和自我所創這一說法，我曾極力反對過，現在你們會認為我剛剛所說的「因病而獲得利益」，卻是在為這種說法辯解。現在請你們稍安勿躁，或許「因病而獲得利益」這句話是這樣一種意思：即對於自身始終無法避免的神經症，自我只能對其表示歡迎，如果神經症有什麼可以利用的地方，那麼自我就會極力加以利用，但這只是問題的一個方面。假如神經症是有好處的，那麼自我就自然很樂意與它和平相處。但同時我們也要考慮到這一點，即利益中也會有各種不利。簡單地說，很顯然的，自我接受神經症是會有損失的。自我是能解決矛盾，但代價太大。此外，伴隨症狀出現的病痛，和症狀之前的矛盾相比，它們痛苦的程度相當，或許前者會更大一些。自我希望能夠免除症狀帶來的痛苦，但又不願放棄有疾病而獲得的利益，這也就是它無法兩全其美的事情。由此可知，自我不願像它一開始所認為的那般，始終主動關心這個問題，這一點我們要牢牢記住。

如果你們是醫生，對神經症患者有相當多的認知，那麼你們就不會再希望，那些抱怨病痛最厲害的人能輕易接受你們的幫助——其實，事實正好是相反的。但不管怎樣，你們不難明白下面這句話：每增加一件因病獲利的事，都能夠加強由壓抑引發的抗力，進而增加治療的難度。此外，還有一種由病獲得的利益並不是伴隨症狀出現的，而是在症狀發生後才出現。疾病那樣的心理組織，如果持續的時間很長，那它就會獲得一種獨立實體的性質，和自付本能有著相似的功能。它構成的「暫時安排」，和精神生活的其他力量相結合，連相反的力量也不例外。它基本上不會放棄那些有用和有利的機會，而這些機會可以重複地表現自身，於是，就獲得了一種第二機能，來鞏固自身的地位。我們現在不從病例中舉例子，先從日常生活中舉例：一個能夠做事的工人，在工作時因意外傷害而變成了殘疾，他雖然不能再工作，但卻可以獲得少量的賠償，而且還學會了利用殘疾來過生活。他的這種新生活方式雖然有些卑賤，但也正因為原來的生活被破壞才能夠保持。如果你想治療他的殘疾，那你就把他維持生活的方式給剝奪了，因為我們不確定他是否還能繼續以前的工作。如果神經症也有這種附加的利益，那我們就能把它和第一種利益相提並論，把它叫做因病而獲得的第二重利益。

我想對你們說，不要輕視因疾病而得利的實際重要性，但也不用過於重視它的理論意義。除了前面已經承認的特例，這個因素也常讓我們想到，奧伯蘭德在《飛躍》一書中所舉的用來說明動物智商的例子。一名阿拉伯人騎著一頭駱駝在高山的小道上行走，

憂鬱的年輕人　伊薩卡·奧利弗　英國　水彩顏料繪於羊皮紙上　1590年　私人收藏

在這個世界上並不是只有神經症一種痛苦，還有其他的痛苦存在，比如說情感的痛苦。圖中的年輕男子穿著講究，精緻，但他卻似乎並不在乎這些，滿臉都是憂鬱的表情，也許他是羨慕遠方那對年輕的戀人，想必這是他痛苦的根源。

被獅子驚起的馬　英國 1770年

這幅作品就如同一個人的噩夢一樣,一匹白馬在大風中行進,遇到了從黑暗中突然躥出來的獅子,牠驚恐地揚蹄而起,牠的身上閃耀著神秘而聖潔的光芒,這個畫面彷彿就在此刻凝固了,牠最榮耀的做法就是和獅子做一次公平的對決。

轉彎時突然看見一頭獅子向他撲過來,這裡一邊是深淵,一邊是峭壁,不管是躲避還是逃走,都是不可能的事,他只能坐以待斃。但是駱駝卻不這樣想,牠縱身一躍,和那個阿拉伯人一起跳入深淵,而獅子只能站在一邊乾瞪眼。神經症能給人們的幫助也不比這好多少,或許因為用症狀的形成來解決矛盾,畢竟只是一種自發的過程,還不能夠應對生活的需要,而且一旦患者接受了這個解決,他就必須要放棄自己的高才能。如果此時還可以進行選擇,那麼最榮耀的方法就是去和命運做一次公平的較量。

我究竟是出於怎樣的目的,不把一般的神經過敏作為出發點?對於這一點,我還要進行說明。也許你們會認為,從這裡開始講會很難證明神經症是起源於性的,如果真這樣認為的話,那你們就想錯了。對移情的神經症來說,它的症狀需要先解釋,然後才能知道是起源於性,而我們把它稱為實際神經症的一般形態,則是因為它的性生活的起因是引人注目而又十分明顯的事實。二十多年前我就知道了這個事實,當時我就開始懷疑,為什麼在檢查神經症患者時,不對與性生活有關的事進行考慮呢?因此研究此事,

我開始被病人厭惡，但是後來，我的努力也使我得出了這樣一個結論：如果性生活是正常的，那就不會引發神經症，我這裡所說的神經症是指實際的神經症。雖然這個結論忽略了個體的差異，但是它在今天仍舊有著一定的作用。那時我就能在某種神經過敏和受傷害的性狀態之間建立一種特別的關係，如果我現在還有相似的材料來供我研究，我還是能夠把這些關係再重複一次。我注意到，如果一個人對一種不完全的性滿足很滿意，像自慰，那他就很容易患有一種實際的神經症；又假如他採用了另一種同樣不完全的性生活方式，那麼這種神經症也會立即變成別的方式。所以，透過患者病情的改變，我可以推測出他性生活方式的變化。我會一直堅持這個理論，直到能讓患者不再說謊而做出證明為止。可是到了那時，他們會選擇對性生活不感興趣的醫生。

到那時我也知道，引發神經症的原因不必一直是性的，雖然有些人是因為性受到傷害而患病，但也有些人是因為破產或患有一種比較嚴重的機體失調而得病。對這些變化的解釋，你們在以後自然就會明白，到那時，對自我和力比多的關係也會有更深刻的理解，而且我們對這個問題的研究愈深入，對它的瞭解也就愈詳盡。一個人只有在自我不

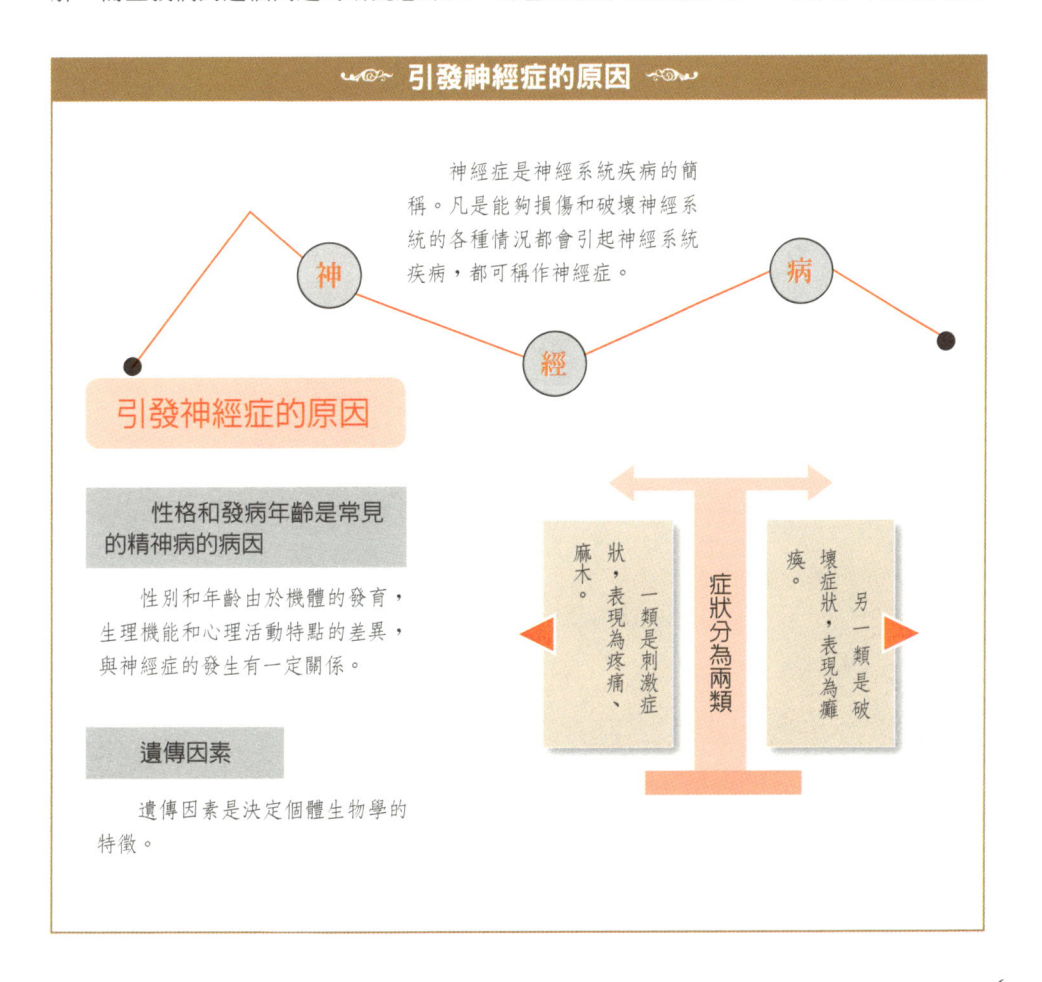

引發神經症的原因

神經症是神經系統疾病的簡稱。凡是能夠損傷和破壞神經系統的各種情況都會引起神經系統疾病，都可稱作神經症。

引發神經症的原因

性格和發病年齡是常見的精神病的病因

性別和年齡由於機體的發育，生理機能和心理活動特點的差異，與神經症的發生有一定關係。

遺傳因素

遺傳因素是決定個體生物學的特徵。

症狀分為兩類：一類是刺激症狀，表現為疼痛、麻木。另一類是破壞症狀，表現為癱瘓。

精神分析引論
A General Introduction to Psychoanalysis

能應付力比多時,才會患病。自我愈強大,它應付力比多就愈容易;自我的能力每減弱一分,不管是因為什麼減弱的,就會讓力比多的要求增加一分,最終就可能會患上神經症。此外,自我和力比多還有別的一些比較親密的關係,儘管現在還不是討論這些關係的時候,那就先把它們放在一邊。最值得我們注意的是:不管對哪一個病例來說,也不管引發疾病的情景怎樣,由於維持神經症症狀的能量都是由力比多提供的,所以力比多的作用也會相應的失去平衡。

現在我應該告訴你們的是:實際神經症的症狀和精神神經症的症狀之間有著絕對的區別,以前我們所講的多是精神神經症的第一組(即移情的神經症)。力比多是實際神經症和精神神經症的症狀的來源,即症狀是力比多的變態用法,是力比多滿足的代替品。但是實際神經症的症狀在心靈中是毫無意義可言的,這些症狀有頭疼,痛苦的感覺,某些器官的不安定狀況,某些機能的減弱或停止等。它們不僅表現在身體上(臆病的症狀也是這樣),其過程還都完全是物質的,它們的發生與我們所知道的複雜的心理機制是互不干涉的。所以,以前認為是精神神經症的症狀和心理無關,現在才知道原來

沐浴　皮埃爾‧博納爾　1925年

畫家本人是一個很有生活情趣的人,他把生活中最常見的一幕展現在觀眾面前。圖中裸體沐浴的女人,正是他的妻子瑪爾特,然而不幸的是這是一個帶有神經症的女人,雖然讓他遠離了他所有的朋友,但是畫家似乎卻能從她身上得到更多的藝術創作靈感。

第二十四章 一般的神經過敏

是實際神經症的症狀和心理無關。然而，它們是怎樣成為力比多的表現的呢？力比多不也因此是一種在心靈中活動的能力了嗎？其實，這些問題的答案都很簡單。現在先對反對精神分析的第一種理由進行這樣的重述，即反對者認為我們的理論是想僅憑心理學來解釋神經症的症狀，由於從來沒有一種疾病可以用心理學的理論來進行解釋，所以他們認為我們成功的機率很小。但是他們卻忘了性的機能不完全是心理的，就像不只是物質的一樣，它對身體和心理生活都有影響。我們已經知道精神神經症的症狀，是性的機能在受到破壞後心理上的結果，所以，在我們聽到實際神經症是性的破壞在機體上所產生的直接的結果時，也就不會感到奇怪了。

我們可以借用臨床醫學給我們提供的一個有用的提示，來瞭解實際神經症。它們症狀的細節及其身體的系統和機能所共同表現的特點，與不同毒素的慢性中毒或猛然解除（醉酒或戒酒後的狀況）後所出現的病況，有著明顯的相似之處。可以用巴西多病（即突眼性甲狀腺腫）的狀況來對這兩種病況進行比較，因為這個病的形成也是因為毒素，只是毒素是來自身體內部的新陳代謝，而不是來自身體外部。透過這些比較，我們不得不認為神經症是性的新陳代謝作用受到破壞而產生的結果，而它被破壞的原因，可能是性的毒素產生的太多，超過了患者能夠處理的範圍，可能是內部甚至是心理的狀況不允許他對這些物質進行適當的處置。古人也早就認同了這種對性慾性質的假設，比如酒後可以產生愛，愛可以稱為深深的迷戀——這些觀點多多少少已經把愛的動力移到了身體之外。此時我們還會想起性感覺區這個概念，同時還能想起各種器官都能產生性興奮。除此之外，與性的新陳代謝或性的化學問題相關的內容還沒有出現在本書上。對於此事，我們一無所知，所以也就無法判斷性的物質是不是分為雌雄兩種，或者是只把一種性的毒素假設為力比多各種刺激的動力就可以了。我們建立的這座精神分析大廈，事實上只是一種上層建築，我們早晚還得為它建造基礎，而我們對這個基礎現在還缺乏相應的瞭解。

精神分析能夠成為科學，關鍵是在於它使用的方法，而不是它要研究的材料。這些方法同樣可以用來研究文化史，宗教學，神話學和神經症學，而保證它們都不失去其最主要的性質。精神分析的目的和成就，只表現在發現心靈裡的潛意識。也許實際神經症的症狀是因為毒素的侵害，這樣的話，它們就不是精神分析要研究的問題了，既然精神分析不能對它們做出解釋，那麼只好讓生物學和醫學來對它們進行研究。而現在你們也終於能更好地明白，為什麼我要對材料使用這樣排列方式了。如果我要講神經症引論，自然是要先實際神經症的簡單形式，然後再講那些受力比多破壞而出現的更為複雜的精神病，這樣才是正確的順序。到那時，我就需要從各個方面來搜集和簡單形式相關的知識，而對於複雜形式就要把作為瞭解這些病況的最重要的技術方法的精神分析引入進來。但是我演講的題目是精神分析引論，所以我認為把精神分析的觀念講述給你們，要比向你們傳授一些神經症的知識更加重要，於是，就不適宜把對精神分析的研究沒有奉獻的實際神經症，放在前面進行講述。我還認為我的這個順序選擇對你們來說是有好處

的，因為一般的受教育者都應該對精神分析加以關注，但是神經症的理論卻只是醫學上的一個章節。

但是你們也有一些理由，希望我能對實際神經症多加關注，而且在臨床上，實際神經症和精神神經症之間有著緊密的聯繫，這就更有理由讓我去關注它了。但是，我要告訴你們，實際神經症的單一形式共有以下三種：（一）神經衰弱。（二）焦慮性神經症。（三）憂鬱症。這樣的分類其實也有值得懷疑的地方，因為這些名詞雖然有用，但是它們的含義卻很難確定。有些醫學家認為，在神經症混雜的世界裡是不能有任何分類

神經病、神經症、精神病三者之間關係

在人們日常生活中，經常會聽到有人罵人「神經病」，其實，人們實質想要表達的內容是「精神病」方面的涵義。但是一般人對神經病、神經症和精神病三者之間的關係都不是很清楚，有的甚至誤以為它們相同的一個概念。

● **神經病**

神經病指神經系統發生的器質性疾病。神經病一般是指中樞與周圍神經或者說內臟神經與軀體神經表現出解剖學上的病理特徵，主要特點就是神經有器質性的病變。

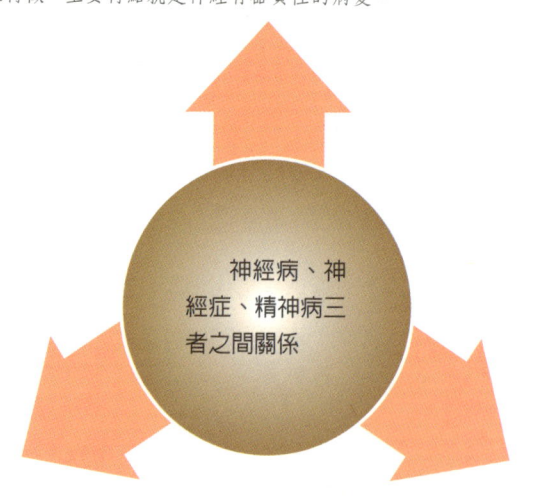

神經病、神經症、精神病三者之間關係

● **神經症**

神經症又稱精神官能症、心理症或精神神經症，是一組輕性心理障礙的總稱。此症一般是由患者的心理因素引起的，基本上是因為患者主觀感覺不良，對周圍的環境和適應能力都和正常人一樣，對自己心理的不適，一般會要求主動醫治。

● **精神病**

精神病患者一般有嚴重的心理障礙，他們的認知行為和心理活動都會出現長久明顯的異常，與常人的行為比起來顯得古怪，不能正常的學習、工作和生活；同時他們在病態的心理支配下，會做出傷害他人的行為；患者往往有不同程度的自知力缺陷，同時也會對自己的精神症狀喪失能力，通常會拒絕醫生的治療。

第二十四章 一般的神經過敏

貝殼 奧迪隆·雷東 法國 色粉顏料繪於紙上 1912年 巴黎奧賽博物館

身體所產生的性興奮就像是一堆沙土,它們都是被牡蠣選作為製造珍珠母的原材料,形成的珍珠便是所引發的精神病。畫家用他的想像力幫我們喚起了一個超現實的世界,貝殼靜靜地躺在那裡,用它的柔軟捍衛著自己的生命。

的,所以,他們反對臨床上所有病症的分類,甚至是不承認實際神經症和精神神經症之間有區別。可是我認為他們這樣的行為很過分,他們在道路上選取的方向不是前進的方向。前面所說的三種神經症形式有時是單一的,但大多時候是相互混雜的,而且同時還具有精神神經症的色彩,所以我們沒必要因此而放棄實際神經症和精神神經症之間的區別。你們也都知道在礦物學中,礦物和礦石是不同的,礦物可以進行分類,有一部分原因是它們常為結晶體,以及環境不一樣,而礦石則是礦物的混合體,但這種混合也不全是依賴機會,是有一定的條件的。對神經症的理論來說,它們的發展歷程我們知道的很有限,不像對礦石的認知那麼深入。但是我們先把能夠辨認的臨床元素提出來,這也不失為一種正當的研究方法,而那些元素可以比作是個別的礦物。

實際神經症和精神神經症之間還有一種關係，更值得注意，這種關係對瞭解精神神經症症狀的形成有一種重要的貢獻，因為實際神經症的症狀多為精神神經症症狀的核心和初期階段。在神經衰弱症及移情神經症中的轉化性臆病之間，以及在焦慮性神經症和焦慮性臆病之間，這種關係是最為明顯的，但在憂鬱症和我們要討論的一種神經症中，即妄想痴呆（包括早發性痴呆和妄想狂兩種）之間，也能看到這種關係。我們以臆病的頭疼或背疼為例。分析的結果表明，這種疼痛是借用壓縮作用和移置作用而成為力比多的幻想或記憶的替代的滿足，但有時這種疼痛也不是來源於虛構，而是性的毒素的直接症狀，同時也是性興奮在身體上的表現。我們原來不認為所有臆病的症狀都有這樣一個核心，但是事實上卻是有的，而且性興奮在身體上的一切影響都適宜被形成臆病的症狀使用。它們就像是一粒沙土，被牡蠣選作為製造珍珠母的原材料。只要是性交時出現的所有性興奮的暫時表現，都可以成為引發精神神經症症狀的最合適和方便的材料。

　　在診斷和治療上，還有一種歷程也同樣很有意思。有的人雖然有神經症的傾向，但多數都沒有發展為神經症，可如果他們一直保持著病態的機體狀況，就很可能讓症狀形成，而那種病態的機體狀況可能是一種發炎或者是一種損傷。所以，實際上的症狀就馬上被看做是那些想有所表現的潛意識幻想的工具。在這樣的情況下，醫生會先嘗試用一種治療法，然後再嘗試另一種治療法；或者把症狀所依賴的機體的基礎想法消除掉，但卻不去過問是否有神經症的傾向，或者竟然要治療已經形成的神經症，卻不管其機體的刺激。這兩種程序有時是這種有效，有時是那種有效，但對兩者混合的症狀來說，目前還有比較普遍的原則可以遵循。

第二十五章

焦　慮

　　你們肯定會認為，我上次對一般的神經過敏的演講是最不圓滿的一次。這點我知道，而且多數神經過敏者都會抱怨說對「焦慮」很是苦惱，認為這對他們來說，是最大的一個負擔。但是我唯獨沒有提出焦慮這一層，我想這是最讓你們感到詫異的地方。實際上，焦慮或恐懼可以變得更加嚴重，導致最無聊的杞人憂天產生。在這個問題上，我不想草草了事，所以，我決定要盡可能清晰明瞭地把神經過敏的焦慮問題給提出來，然後再詳細地進行討論。

　　因為不管是誰都曾親身體驗過焦慮或恐懼這個感覺，更確切地說，應該是情緒，所以就沒必要再對它們進行描述了。但是在我看來，為什麼神經過敏的人比其他人更容易感到焦慮，對於這個問題我們還沒有認真地討論過。或許我們會認為「神經過敏」和「焦慮」，這兩個名詞是相互替換的，好像它們的含義是一樣的，但事實並不是這樣。有些時常感到焦慮的人卻不是神經過敏，而症狀中很多的神經症患者卻沒有焦慮的傾向。

　　不管怎樣，下面這個事實是毋庸置疑的：即焦慮是各種最重要的問題的中心，我們如果能夠解答這個謎語，那麼就可以瞭解我們整個的心理生活。雖然我不認為能給你們一個很圓滿的解答，但是你們可以希望精神分析能夠使用一種和學院派醫學不相同的方法，來研究這個問題。學院派醫學關注的是由焦慮引發的剖析的過程。我們知道，延髓在受到刺激後會向患者傳達訊息，說它在迷走神經上患了一種神經症。延髓的確是一個很好的對象，我記得以前我在研究延髓時也花費了大量的時間和精力。但是現在我卻要說，你們如果想瞭解焦慮的心理學，最不重要的事情就是與刺激所經過的神經通路相關的知識了。

　　也許一個人花費了很長的時間來研究焦慮，但卻不認為它是神經過敏。對於這種焦慮，我們把它叫做真實的焦慮，以此來區別於神經症的焦慮，這樣你們馬上就會明白我的意圖了。對我們來說，焦慮或恐懼似乎是一件最自然而合理的事，我們可以把它看做是對外界危險或意料中的傷害的直覺反應。它和逃避反射相結合，可以看成是自我保存本能的一種表現。而引起焦慮的對象和情景，則多是隨著一個人對外界知識和勢力的感覺而有所不同。比如，野蠻人會害怕炮火和日食、月食，在同樣的情景下，文明人不僅能開炮，還能預測天象，自然就不會覺得害怕。但有時也會因為有知識，能夠預測到危

精神分析引論

A General Introduction to Psychoanalysis

險的到來，這時知識反而引起了恐懼。比如，一個野蠻人在叢林中看到足跡時就會很恐懼而且還會迴避，但是不瞭解的人看見後卻毫無感覺，因為他不知道遇到這種情況就表示有野獸在附近。又比如，一個很有經驗的航海家在看見天邊的一小塊黑雲時，就知道暴風雨要來了，於是就很驚恐，但是乘客看見時，卻覺得沒什麼奇怪的。

但是對於真實的焦慮是合理而有利的這種說法，如果仔細的進行研究，就會發現這也是需要進行修改的。在危險靠近時，唯一有利的行為就是先保持冷靜，用冷靜的頭腦去估計自己可以支配的力量，把這種力量和眼前的危險進行比較，然後再決定最有效的辦法是逃跑，防禦還是進攻。而恐慌是最沒有用處的，相反的，沒有恐慌會有更好的效果。過度的恐慌是最有害處的，因為那時各種行動都會變得麻木，就連逃跑都邁不開步子。對危險的反應一般包含兩種成分：恐懼的情緒和防禦的動作，受到驚嚇的動物會既驚又逃，其實，此時最有利於生存的成分是「逃跑」，而不是「害怕」。

所以，我們肯定會認為對生存來說，焦慮是沒有任何益處的，但是只有在對恐慌的情景做更詳細的分析後，我們才能對這個問題有更深入地瞭解。在分析時，首先要注意的是對危險的「準備」，因為那時知覺會很敏感，而且肌肉會很緊張。這種希望的準備，很顯然是對生存有利的，如果沒有這種準備，可能就會出現比較嚴重的後果。緊跟著準備而出現的主要表現在兩個方面：一方面肌肉的活動，這多是為了逃跑，更高一級的是防禦的動作；另一方面就是我們所說的焦慮或恐懼了。恐懼的時間愈短，最好短到一剎那只產生信號作用，那麼焦慮的準備狀態就愈容易過渡成為行動的狀態，進而整個事情的發展就愈有利於個體的安全。所以在我看來，我們所說的焦慮或恐懼中，焦慮的準備似乎是有益的部分，而焦慮的發展則是有害的部分。

在一般的習慣上，焦慮、恐懼、驚慌等詞是否也有著同樣的意義，對此我就不進行討論了。我認為焦慮是對情景來說的，不關注對象；恐懼則把注意力集中在對象上；而驚慌似乎有著特殊的含義——它也是對情景來說的，但在危險突至時，沒有焦慮的準備。所以，我們或許可以這樣說，有焦慮，就沒有驚慌的憂慮了。

你們難免會認為「焦慮」這個詞的用法有不明確的地方。簡單來說，這個詞常指察覺到危險時所引發的主觀的狀態，我們把這種狀態稱為情感。那麼在動的意義上，情感到底是怎麼一回事呢？當然，它的性質是很複雜的。比如：第一，它包含有某種運動的神經支配或發洩；第二，它包含某些感覺，這些感覺總共有兩種：已經完成的動作的知覺，和直接引發的快感或痛感，這種快感或痛感給情感帶來了主要的情調。但是我並不認為這種敘述已經深入到了情感的本質。對某些情感，我們可以有更深入的瞭解，同時

給人帶來不安的繆斯

畫面中立著的又像人又像建築的模型，是畫家眼中的城市風景，這是一個毫無邏輯的城市，古典式的建築，沒有五官的人體模型搭配在一起，給人一種無法形容的不安的印象。畫家用明亮而且不安定的色彩，給畫面增加了幾分焦慮感。

精神分析引論
A General Introduction to Psychoanalysis

還知道它的核心連同整個複雜的結構，都是對某種特殊的以前的經驗的再現。這種經驗的起源比較早，有著一般的性質，是物種史中的所有物，而不是個體史中的所有物。為了能讓你們更容易理解，我或許可以這樣說：一種情感狀態的構造是類似於臆病的，它們都是記憶的沉積物。所以，臆病的發作可以看做是一種新形成的個體的情感，而常態的情感則可以看作是一種普遍的臆病，而這種臆病已經成為遺傳的。

你們不要認為，我剛才對你們所講的情感的相關內容是常態心理學共有的知識。其實，這些概念來源於精神分析，是精神分析的產物。在我們精神分析家看來，心理學對於情緒的理論（比如詹姆士·朗格說）時沒有什麼意義的，也沒有討論的必要。不過我們也不認為我們對於情感的認識是正確的，因為這畢竟只是精神分析在這一領域所做的初次嘗試。讓我們再接著往下講吧，對於這個在焦慮性情感中重新發現的從前的記憶，我們相信自己能夠知道到底是什麼。我們把它看做是關於出生的經驗——這種經驗包含

什麼是焦慮

什麼是焦慮

產生焦慮症的原因主要有：
- 生物學因素，如遺傳影響與生理因素；
- 心理因素，如認知、情緒等；
- 社會因素，如城市過密、居住空間擁擠、環境污染、緊張、工作壓力過大等。

焦慮分類

狀態性焦慮。由於某一種情境而引起的焦慮，情境改變時，焦慮隨之消失。但有時某種情境很特殊，產生的焦慮十分強烈，有可能產生短暫的人格變化。

特質性焦慮。由於一個人的人格特點與眾不同，在相同的情境中，其情緒反應的頻度和強度也與眾不同。

焦慮是指在不清楚客觀原因之前毫無根據的恐懼，是人們在遇到一些挑戰、困難或是危險時出現的一種正常的情緒反應。主觀上主要表現為緊張、不愉快、痛苦甚至是難以自制，嚴重時會伴有植物性神經系統功能的變化或失調。

鏡前的少女　保羅·德爾沃　比利時

中世紀古羅馬神學家聖奧古斯丁認為「人類的誕生都是不潔的」，他說過：「我們出生在屎尿之間」。這些傳統的西方倫理讓德爾沃那個時代的女性都備感壓抑。鏡前的少女，還有深邃的山洞，她似乎在那一刻可以透視自己的過去。

有痛苦的情感，興奮的發洩以及身體的感覺等，這些都能夠組成生命有危險時的經驗的原型，且會在焦慮或恐懼狀態中再次出現。出生時焦慮經驗產生的原因是新血液的供給（內部的呼吸）已經終止，刺激異常增加——所以第一次焦慮毒液的產生是有毒性的。Angst（焦慮）——angustiac, Enge意思是說狹窄的地方，或狹窄的路——這個名詞強調的是呼吸的緊張，而這種用力的呼吸是因為一直具體的情景（指子宮口），後來幾乎總是和一種情感一起出現。另外，第一次的焦慮是因為與母體分離而產生的這一說法，也很耐人尋味。我們自然相信有機體在無數代之後，重複引起第一次焦慮的傾向已變得很十分明顯，所以沒有一個人是不出現焦慮性情感的，就算他和傳說中的麥克杜夫太太一樣，早就脫離了母胎，不能體現到出生的動作，也不能成為例外。而哺乳動物以外的別的動物，它們的焦慮經驗的原型是什麼性質，對此我們可不能亂說。此外，我們也不知道它

們會有什麼複雜的感覺，而這種複雜的感覺就相當於我們感覺到的恐懼。

對於我所說的出生是焦慮性情感的起源和原型，或許你們迫切地想知道我是怎麼產生這種觀點的。這自然不是因為想像，而是受人們的直覺的啟發。多年前，有很多家庭醫生聚餐，當時我也在場。飯桌上有一個產科醫院的助產向我們講述了助產士畢業考試中的一些趣事，主考人員問如果出生時羊水中有嬰兒的胎糞，這代表什麼意思。有一個考生立即回答說：「那時因為孩子受驚了」。但是她被眾人嘲笑，也因此沒考中。但是我卻在暗自同情她，由此才開始懷疑這個依賴直覺的可憐的女人，她憑藉自己準確的直覺，看出了一個十分重要的關係。

現在我們可以回過頭來討論神經症的焦慮。神經症患者的焦慮有什麼特殊的表現和狀態呢？對此，這裡有很多回答。第一，這種焦慮中有一種普遍的憂慮，一種「浮動著的」焦慮，它很容易附著在任何一種適合的思想上，進而影響判斷，引發期望心理，等待著能夠自圓其說的機會的出現。這種症狀我們把它叫做期待的恐懼或焦慮性期望。患有這種焦慮的人常會對各種可能出現的災難表示焦慮，把每個偶然的事或不確定的事，說成是不祥的徵兆。有很多人在其他方面，雖不能算是有病，但常有這種害怕禍害降至的傾向，他們是多愁的，或悲觀的。但是屬於實際神經症中的焦慮性神經症，它總是把這種過度期待的焦慮看做是不變的屬性。

還有第二種焦慮，是與上面這種焦慮相反的，在心靈內多受限制，時常需要依附一定的對象和情景。這種就是各種不同的特殊的恐懼症的焦慮。最近，美國著名的心理學家斯坦利‧霍爾曾使用一些富麗的希臘語來為這些恐懼症命名。這些名稱聽起來就像是埃及的十疫，但它們的數量要遠多於十。恐懼症的對象或內容可以有以下各種現象：黑暗，空地，天空，毛蟲，老鼠，貓，蛇，蜘蛛，血，雷電，刀劍，獨居，群眾，步行，過橋和航海等。我們或許可以把這些混雜的現象分為三組。第一組中，我們常人感到凶狠可怕的那些對象和情景，確實和危險有一些關係，這些恐懼症的強度雖然看似很過分，但還是可以完全理解的。比如，我們在見到蛇時都會躲避，對蛇的恐懼可以說是人類共有的，達爾文就曾稱自己在看見一條被攔在一塊厚玻璃後面的蛇撲過來時，也不免感到恐慌。第二組中，所有的對象與危險之間仍有關係，但我們常常會忽視這種危險，情景恐懼症多是屬於這一組。我們知道在火車上遇到危險的機率要大於屋內，比如可能會出現火車相撞的情況。此外，我們還知道若船沉了，乘客就會有危險，但是我們卻從沒把這些危險放在心上，在遊玩時，不管是乘車還是坐船都從沒擔心過。比如，在過橋時，橋突然倒塌了，我們就肯定會掉到水裡，但是這種情況出現的機率很小，所以，它的危險也就無法引起人們的關注。再比如，獨處也會有危險，在有些情況下我們雖然不願意獨處，但不代表我們在所有的情形下都不會獨處。其他的例子，像群眾，圍場，雷雨等也都是這樣。對這些恐懼症我們所不能理解的，與其說是它們的內容，倒不如說是它們的強度。因為我們對伴隨著恐懼症而出現的焦慮是無法進行形容的。相反的，那些我們在某些情景中感到焦慮的事情，神經症患者卻毫不害怕，雖然他們也同樣認為它們

第二十五章 焦慮

是可怕的。

還有第三組，我們對其是完全無法理解。比如，一個健壯的成人在自己所在的城市裡，竟然害怕過街道或廣場，一個健康的女人竟然會因為身邊有貓經過，或因為看見一隻老鼠在房間內奔跑而大驚失色，差點失去知覺。我們怎麼看出這些人所擔憂的危險呢？對這種「動物恐懼症」來說，這就不單單是一般人的畏懼增加了強度的事了。比如，有很多人不看到還好，一看到貓就會禁不住的去撫摸牠，進而引起它的注意。老鼠原本是很多女人畏懼的動物，但同時又被用來表示一個親密的稱呼。有些女人雖然喜歡愛人稱呼自己「小鼠」，但真正見到這個動物時，就不免又會大聲尖叫了。一個人害怕過橋和廣場，行為就像是小孩子。因為小孩受大人教導，知道了這種情形的危險性；但對那些患有空間恐懼症的人來說，如果有朋友指引他走過空地，那他的焦慮就會因此有所減輕。

這兩種焦慮，一個是「浮動著的」期待的恐懼，一個是依附在某物之上的恐懼症，二者是完全獨立的，之間完全沒有相互的關係，這一種也不是另一種進一步發展的結

海岸的風暴　克勞德·文耐　法國　布面油畫　1754年　阿克雲頓哈沃爾斯美術館

這是處在風暴下的法國港口，閃電當空，船撞在了岩石上，乘客們都驚恐地落入水中，不斷地向岸上攀爬，港口上的人驚愕地看著眼前地這一場景。人們在面對恐懼的時候，總是會心生焦慮。

果。它們很少混合為一體，即便是混合在一起，也是出於偶然。所以，最強烈的一般性憂慮未必就能導致恐懼症出現，相反的，終身患有空間恐懼症的人未必就有悲觀的期待的恐懼。有些恐懼症是長大後出現的，像害怕空地，害怕坐火車等；而有些恐懼症是與生俱來的，向害怕黑暗，雷電，動物等。前一種是比較嚴重的病況，而後一種則是個人的怪癖。不管是誰，如果他患有後一種的其中一個，那麼我們就認為他同時還患有同類中其他的一些。在此，我要申明一點：所有的這些恐懼症都應該屬於焦慮性臆病，也就是說，我們認為它們與所謂的轉化性臆病之間是有著緊密的聯繫的。

第三種神經症的焦慮是個不解之謎，因為其焦慮和危險之間沒有任何顯著的關係。這種焦慮或許出現在臆病中，和臆病的症狀同時產生；或許出現在不同的刺激條件下，透過這種條件，我們知道會有某種情感的表現，但從未想過它會是焦慮性情感的表現；又或許這種焦慮與任何條件都沒有關係，只是一種沒有緣由卻出現的焦慮病，對此不僅我們不明白，就連患者自己也是雲裡霧裡。對於這第三種焦慮，即便是我們從各方面進

不安的城市 保羅・德爾沃 比利時

整個城市的男女不知發生了什麼大事，個個面露恐慌，也許是那個唯一穿黑色衣服戴眼鏡的人給他們帶來什麼不祥之物，還有地上那個令人生畏的骷體頭，圖中肉體成林，像是超現實版的「創世紀」。

行研究，也還是看不出有什麼危險或危險跡象的存在。不過，透過這些自發的病症，我們可以把焦慮的複雜情況分為很多小部分，把一個特別發展的症狀作為整個病症的代表（來替代）——比如戰慄、心跳、衰弱、呼吸困難等——可是那些我們認為是焦慮的一般情感，反倒消失了。因此，我們可以這些症狀叫做「焦慮的相等物」，它和焦慮本身有著同樣的臨床性和起因。

現在出現了這樣兩個問題：真實的焦慮是對危險的一種反應，而神經症的焦慮卻與危險沒有關係。這兩種焦慮有沒有可能有關聯？怎樣才能瞭解神經症的焦慮？現在我們也只能希望，當焦慮出現時，它所害怕的東西也隨之出現。

可以透過臨床觀察中的各種線索來瞭解神經症的焦慮，現在讓我們進行下面這樣一個討論：

（一）我們很容易看出期待的恐懼或一般的焦慮，與性生活的某些經歷有著緊密的聯繫。對此，我們可以把那些表現有所謂興奮受阻的人們作為最簡單而又耐人尋味的例子。此時，他們強烈的性興奮擁有不充分的發洩，所以缺乏圓滿的結局。比如，男人出現這種情況應該是在訂婚後，結婚前，而女人則會因為丈夫的性能力不強，或為了避孕而很快結束性交行為，而出現上述的情況。在這種情況下，力比多的興奮就會消失，焦慮感就會取代它而出現，然後可能會形成期待的恐懼，也可能會形成焦慮相等物的症狀。不盡興的交合是男人出現焦慮性神經症的主要原因，對女人來說更是如此。所以醫生在診斷這種病症時，要先研究有沒有可能是這種起因。無數的事例證明，如果能夠更正性的錯誤，那麼焦慮性神經症也就會消失。

據我所知，人們已經承認性的節制和焦慮的關係，那些向來精神分析反感的醫生們，也不再否認其關係。但他們仍然想曲解這種關係，認為由於這些人本來就有畏縮的傾向，所以在性上也會顯得格外小心。但是在女人身上，我們卻能找到完全相反的證據，因為從本質上講她們的性機能是被動的，所以，我們可知性的進行關鍵在於男人的態度。如果一個女人愈喜歡性交就愈有滿足的能力，那她也就愈容易對男人的性虛弱，或不盡興的性交有焦慮的表現；而那些對性不是很感興趣，或性要求不多的女人，她們雖然也會遇到同樣的情況，卻不會產生嚴重的後果。

現在，一般的醫生所主張的是性的節制或節欲，可是如果力比多沒有獲得滿足的途徑，一方面堅持尋求發洩，另一方面又無法時間昇華，那麼所謂的節欲也只是成為導致焦慮的條件。而是否會因此患病，那就要看量得成分了。拋開疾病不說，就拿性格形成這一點來說，我們很容易看出節欲和焦慮及畏懼之間，經常是形影不離的，而大無畏的冒險精神與性需求的任意寬容之間，反而有了連帶關係。這些關係雖然可能會因為文化的多種影響而有所改變，但對一般人來說，焦慮和節欲之間是有著緊密聯繫的，這一點是不容我們否認的。

在生成上，有很多證據來證明力比多和焦慮的關係，無法一一講述。比如有些時期內，像青春期和停經期，力比多的成分就會異常增加，這樣就會對焦慮有一定的影響。

精神分析引論
A General Introduction to Psychoanalysis

在諸多興奮狀態下，我們可以直接看到性興奮和焦慮的混合，以及焦慮終於替代了力比多的興奮。於是，由此而獲得一切印象都是雙重的。第一，因為力比多的增多而失去了正常的利用機會；第二，只是身體歷程的一個問題。目前我們還沒有明白焦慮在性慾上是怎樣產生的，我們所知道的只有性慾缺乏後焦慮感就替代它而出現了。

（二）透過對精神神經症的分析，特別是對臆病的分析，我們可以獲得第二種線索。我們知道焦慮常為這種病症的其中一個症狀，而沒有對象的焦慮也可以在發病之時，長時間的存在或表現。患者說不出自己到底害怕什麼，於是我們就藉助點綴作用把他和最可怕的對象聯繫在一起，這些對象有死，發狂，災難等。如果我們對他的焦慮進行分析，或對那些引發焦慮的症狀產生的情景進行分析，對那遭到阻擋而被焦慮的表現所取代的，就能輕易的知道是哪種常態的心路歷程，也就是說，我們可以推測出潛意識的歷程並沒有受到壓抑，而是毫無阻攔地直接進到了意識裡。這個歷程本應該伴隨著一種特殊的情感出現，但現在奇怪的是，這個本應該隨著心路歷程進入意識的情感，不管是哪種形式的情感都能被焦慮所替代。因此，如果我們面前有一種臆病的焦慮，那麼它在潛意識中相對應的事物，可以是一種性質與其相似的興奮，如羞愧、憂慮、迷惑不安等；也可以是一種積極的力比多興奮；還可以是一種反抗的、進攻的情緒，像憤怒。所以每當一定的觀念內容受到壓抑時，焦慮就成了一種通用的貨幣，可以稱為所有情感的替代品。

（三）有些患者的症狀透過運用強迫動作這一方式，好像可以消除焦慮，於是這些人就給我們提供了第三種線索。如果我們對他們施以禁令，讓他們無法做出這些強迫性動作，如洗手，或他種儀式等，或者他們想自發地取消這一強迫動作，那麼他們就免不了要因受忌妒恐懼的壓迫，而被迫去做出這種動作。我們知道他的焦慮隱藏在強迫動

抱腿而坐的女人 埃貢·席勒 奧地利 1917年 捷克布拉格納羅德尼畫廊收藏

席勒的作品有一種很強的表現力，他描繪的大多是扭曲的人物和肢體，大多主題都是他的自畫像。圖中的這位女子，毫無儀態地坐在地上，用一種焦慮的神情直視著周圍，眼神和姿態間有充滿了無限的誘惑和挑逗。席勒在作品中為人物注入的不安和焦慮，明顯受了佛洛伊德無意識理論的影響，他描繪的作品大多與性以及人類的深層心理有關。

第二十五章 焦慮

大力士赫拉克勒斯與九頭怪蛇 安東尼奧‧波拉伊奧洛 義大利 1470年 木板油畫 佛羅倫斯烏菲茲美術館

　　畫面中赫拉克勒斯與九頭怪蛇正在決鬥，本來面對蛇的時候已經足夠讓人恐懼，沒想到這個多頭怪物被砍下一個頭之後，又長出了另外一個頭，對赫拉克勒斯來說，這無疑是一種可怕的災難，但他卻有非凡的力量，是名副其實的真英雄。

作下,而他做這種動作就是為了要躲避恐懼感。所以,在強迫性神經症中,症狀形成就代替了原本要產生的焦慮。而如果我們回過頭來再看臆病,就會發現一種大致相同的關係,即壓抑作用的結果可產生一種純粹的焦慮,也可產生一種混合有其他症狀的焦慮,還可產生一種沒有焦慮的症狀。所以抽象地說,似乎可以認為症狀的行為,其目的就只是要躲避焦慮的發展。因此,在神經症的問題上,焦慮占據了一個重要的地位。

由焦慮性神經症的觀察,我們可以得出這樣一個結論:只要力比多失去自身正常的應用,就可以引起焦慮,因為它把身體的歷程作為了其經過的基礎。由臆病和強迫性神經症的分析,我們還能得出另外一個結論,即心理方面的反抗,也能讓力比多失去常態的應用,從而引發焦慮。所以,對於神經症焦慮的起源,我們知道的也就這些。雖然不是很確切,但暫時也沒有別的辦法來增加這方面的知識。所以我們的第二步工作,是要瞭解神經症的焦慮(用在變態方面的力比多)和真實的焦慮(對於危險的反應)之間的關係,這個工作似乎更加難以完成。有人或許會認為這兩件事沒有可比性,但是又實在很難把神經症的焦慮的感覺與真實的焦慮的感覺區分開。

我們可以藉助自我和力比多的對比關係,來對這個想瞭解的關係進行說明。在前

擁抱　埃貢·席勒　布面油畫　1917年　維也納奧地利藝術博物館

畫面中的男女緊緊地相擁在一起,但是畫家顫抖的筆觸讓觀眾明顯地感到一陣不安和焦慮,畫面的男女發生了什麼事?讓他們如此緊張的擁抱在一起?顯然,席勒想要表現人性深層的東西,如潛意識中的力比多。

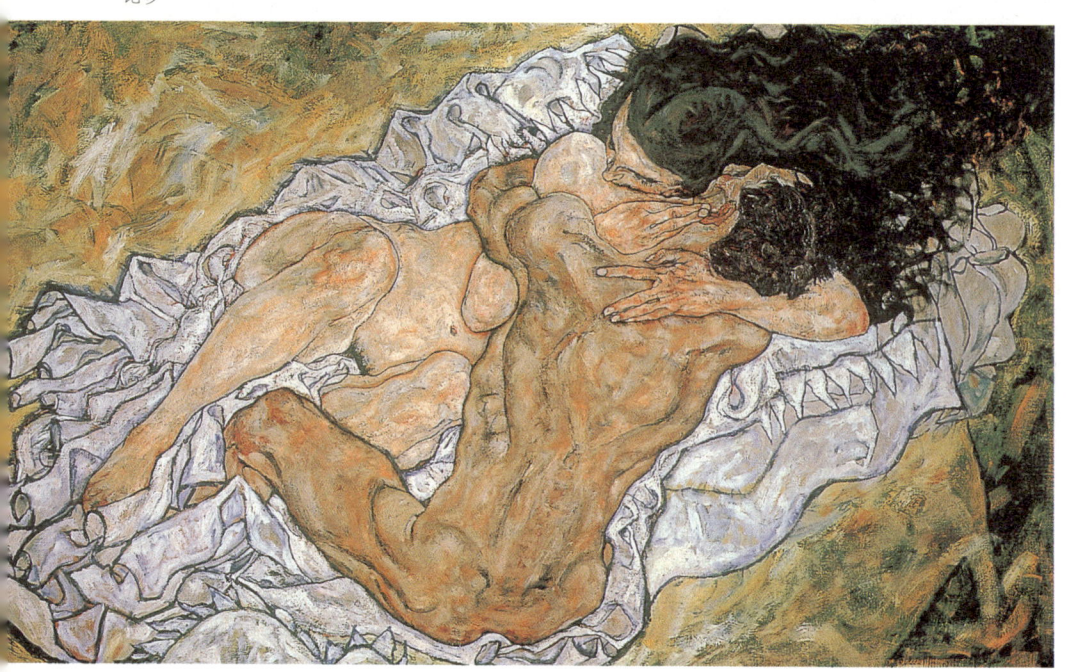

第二十五章 焦慮

面我們已經知道，焦慮的發展是自我對危險的反應，也是躲避之前的準備，那麼我們現在就可以向前再邁進一小步，進而推測自我在神經症的焦慮中，也試圖躲避力比多的要求，而且對待體內危險是和對待體外危險一樣的，那麼若有所思必有所慮這一假設，也就可以因此被證實了。但是這個比喻不僅僅只是這些，就好比躲避外界危險時的肌肉緊張，最終可以站穩腳步來採用一定的防禦，現在神經症的焦慮的發展也使得症狀能夠形成，進而使焦慮擁有穩定的基礎。

難以理解的地方仍在別處。原來，焦慮意味著自我躲避自己的力比多，也就是說，焦慮的起源還在力比多內。這樣的話，我們就難去體會了。我記得，一個人的力比多就是那個人的一部分，不能看作是體外之物。這是焦慮發展中的「形勢動力學」問題，到現在我還沒有清楚明白，比如消費的到底的哪種精神能力？或者這些精神能力是屬於哪種系統？對於這些問題，我也不敢宣稱自己能夠解答，但是我需要另外再尋找兩種線索來幫助解答，所以，我們免不了又要引用直接的觀察和分析的研究，以此來幫助我們推測。現在要做的是，現在兒童的心理學中找到焦慮的源頭，然後再講述神經症焦慮的起源，這種焦慮是依附在恐懼症之上的。

在兒童心理學中，憂慮是一種很平常的現象，我們很難確定它是真實的焦慮，還是神經症的焦慮。這兩種焦慮在研究了兒童的態度後，確實成為比較棘手的問題了。其中一個原因就是，兒童害怕見到陌生人及害怕新奇的對象和情景，我們一想到他們的柔弱和無知，也就會覺得這也沒什麼奇怪的，而且也不難進行說明。所以，我們認為兒童的真實焦慮的傾向十分明顯，如果這種傾向是因為遺傳，那也只是因為它符合實用的要求。好像兒童只是在再現史前人和現代原始人的行為，這些人也是因為無知，所以對新奇的事物及諸多熟識的事物都有一種恐懼感，但是在我們眼裡，這些事物已不再那麼可怕了。如果把一部分兒童的恐懼症看做是人類發展初期的產物，那麼它正好與我們的期望相符合。

從別的方面來說，還有兩件事是不容忽視的：（一）兒童害怕焦慮是各不相同的。（二）對各種對象和情景異常害怕的小孩，長大後往往會患有神經症。所以過度的真實焦慮可以看做是神經症傾向的一個標誌；而怕慮性似乎要比神經過敏更加原始。由此我們可以得出這樣一個結論：兒童及後來的成人害怕自己的力比多，是因為他們對任何事情都感到害怕。所以，現在就可以取消力比多是焦慮的起因這一說法了，而且透過對真實焦慮條件的研究，在邏輯上，我們可以得出下面這個結論，年長時若仍有覺得自身軟弱無助這一意識，即阿德勒說的「自卑感」，那它就是產生神經症的根本原因。

這句話聽起來如此簡單，我們不得不對其加以關注，因為我們的觀點將會因此而出現動搖，這一觀點是指用來研究神經過敏這一問題的觀點。這種「自卑感」及焦慮和症狀形成的傾向，好像確實可以一直保持到成年，但是在有些特殊的例子中，竟然會出現「健康」這樣的結果，於是，這就要有更多的解釋了。可是，透過對兒童怕慮性的嚴密觀察，我們可以得到什麼樣的知識呢？小孩子一開始就害怕見到陌生人，這種情況之所

385

以如此重要，是因為其先涉及到了裡面的人，後涉及到了物。但是兒童害怕見到陌生人並非因為他覺得這些生人是不懷好意的，而是他把自己的弱小和生人的強大進行比較，從而認為他們對自己的生存，安全和快樂會有威脅。這種關於兒童的，認為他懷疑並畏懼外界勢力的學說，實在是一種很狹隘的學說。其實兒童見到陌生人就害怕和退縮，是因為他對親愛而又熟識的面孔比較習慣，同時也希望就是這種面孔，這個面孔通常是指母親的面孔。但是事實讓他失望後，他就會變得驚慌，因為他的力比多沒有辦法消耗，而此時又不能一直保持著不用，所以就藉助驚慌來發洩。這個情況就是兒童焦慮的原型，是對出生時與母體分離的原始焦慮的再現。

兒童最先感到恐懼的情景是黑暗和獨處，黑暗經常能夠一直保持而不消失，而黑暗和獨處都會產生不想讓母親或保姆離開這一慾望。我曾經聽到一個害怕黑暗的小孩子這樣喊道：「媽媽，和我說說話吧，我害怕。」母親就說：「這有什麼用呢？你又看不

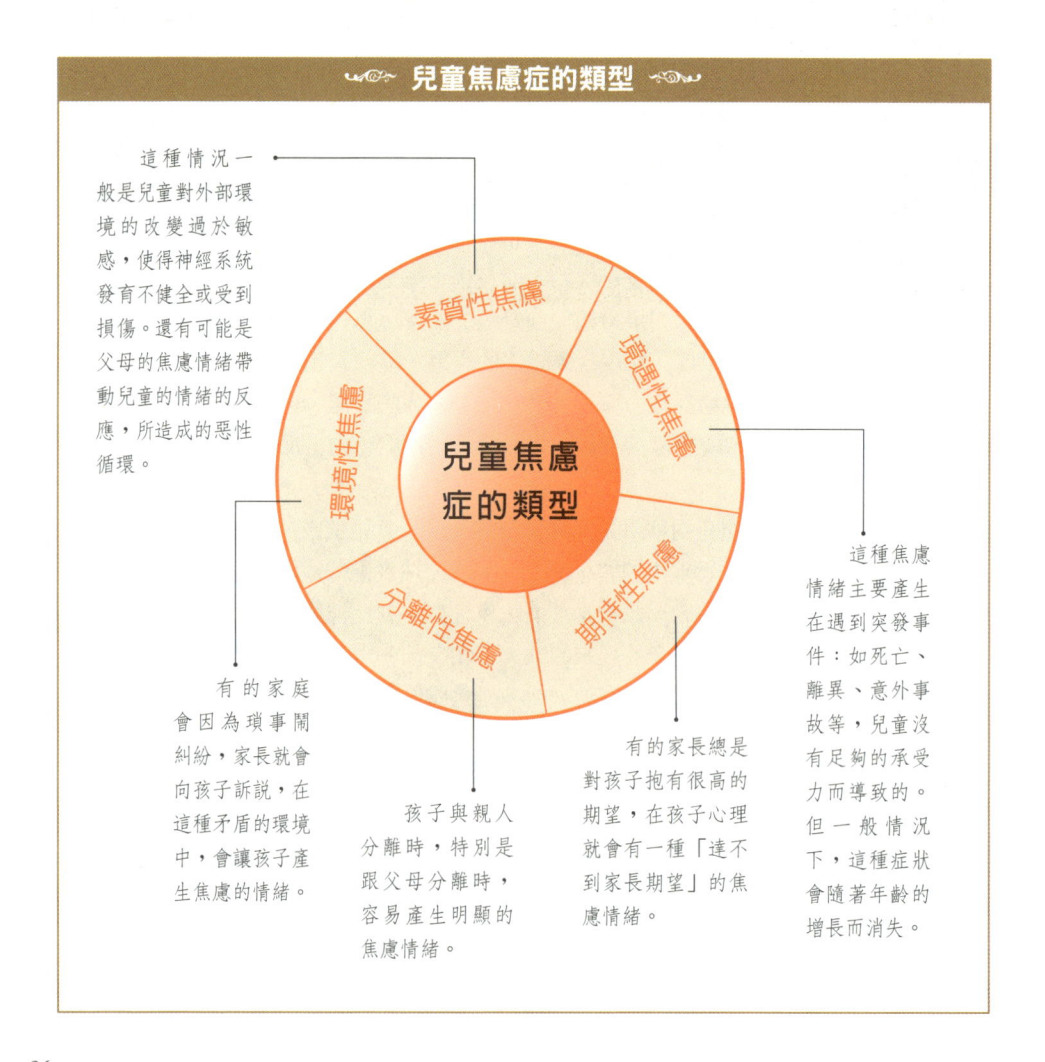

兒童焦慮症的類型

素質性焦慮：這種情況一般是兒童對外部環境的改變過於敏感，使得神經系統發育不健全或受到損傷。還有可能是父母的焦慮情緒帶動兒童的情緒的反應，所造成的惡性循環。

環境性焦慮

境遇性焦慮：這種焦慮情緒主要產生在遇到突發事件：如死亡、離異、意外事故等，兒童沒有足夠的承受力而導致的。但一般情況下，這種症狀會隨著年齡的增長而消失。

分離性焦慮：孩子與親人分離時，特別是跟父母分離時，容易產生明顯的焦慮情緒。

期待性焦慮：有的家長總是對孩子抱有很高的期望，在孩子心理就會有一種「達不到家長期望」的焦慮情緒。

環境性焦慮：有的家庭會因為瑣事鬧糾紛，家長就會向孩子訴說，在這種矛盾的環境中，會讓孩子產生焦慮的情緒。

第二十五章 焦 慮

逃亡埃及途中的休憩 奧拉齊奧·金蒂萊斯基 義大利 布面油畫 1628年 巴黎羅浮宮

聖家族在逃亡埃及的途中，已經筋疲力盡了。約瑟夫由於上了年紀，他已經枕著行李沉沉地睡去，瑪麗亞也已經是疲憊不堪。這個時候，感到最不適的應該是小耶穌了，他由於長途跋涉，也飢餓難耐，迫切地吸吮著母親的乳房。他並沒有感到此次旅行的興奮，在吃奶的時候還是不時地盯著我們，生怕母親受到任何的威脅，包括他自己。

到我。」那孩子就回答說：「如果有人和我說話，我就會覺得房間裡會亮些。」於是，在黑暗中的期望就因此變成對黑暗的恐懼了。神經症的焦慮只依賴真實的焦慮，是真實的焦慮中特殊的一種，這一點我們還沒有發現，但相反的，我們覺得小孩的行為比較像是真實的焦慮，而且它最主要的特點和神經症的焦慮相同，起因都是得不到發洩的力比多。在剛出生時，兒童好像沒有真正的「真實的焦慮」，那些在後來成為恐懼的情景，如登高，坐火車或輪船，過水上的窄橋等，在小孩子的眼裡並不是值得害怕的事，因為知道的愈少，愈不害怕。我們也深深地希望，他們能透過遺傳獲得能夠保存生命的這些本能，那麼我們保護他，讓他免受各種危險的照顧工作就會有所減少。但是事實上，兒童總會高估自己的能力，因為他不知道危險，所以在行動時會無所畏懼。比如，他有時會沿著河邊奔跑，有時會坐到窗台上，有時會拿著剪刀玩耍，有時會拿著火把來玩，總

精神分析引論
A General Introduction to Psychoanalysis

墓地中的孤女　歐仁‧德拉克洛瓦　法國

畫家有一種狂傲，焦躁不安的活力，正如他作品中的這位孤女一樣，她雖然面對近在咫尺的死亡感到恐懼和不安，從她半張著嘴，就能感受到她的心情，但是她眼裡卻並沒有因此而流露出絕望，而是充滿渴求的目光。

之，他的那些行為都會傷害到自身，讓監護者看得膽戰心驚。既然我們不能讓他在痛苦的經歷裡獲得一定的認知，那麼只好依靠訓練來讓他產生真實的焦慮。

如果有些孩子能夠很容易地透過訓練知道恐懼，還能對那些沒被警告的事預知危險的存在，那麼我們就可以猜測，在體質內他們一定有著比別人更多的力比多需求，要不然就一定是因為他們在幼年時習慣了受到力比多的滿足。難怪那些後來變成神經過敏的人，在兒童時期也屬於這一類，我們知道對那些大量的長時間被壓抑的力比多，一個人如果不能忍受，那他就很容易患有神經症。由此可知，是有一種體質的因素在發揮作用，這一點我們也從沒反對過。我們反對的，是由觀察和分析的結果得出，體質的因素本是沒有地位的，或者是就算有地位也只是無足輕重的，但偏偏有些學者要強調這一因素而排斥別的因素。

對透過觀察兒童的怕慮性得出的結論，我們現在進行下面這樣的概述：兒童的恐懼和真實的焦慮（對真實危險的恐懼）沒有關係，但和成人神經症的焦慮有著緊密的聯繫。這種恐懼和神經症的焦慮一樣，都是來源於未能發洩的力比多。兒童一旦失去了他所喜愛的對象，就會用別的外在對象或情景來替代。

現在你們應該很樂於知道，我們透過對恐懼症的分析而得出的並沒有超出我們已經知道的。兒童的焦慮是這樣，恐懼症也是這樣，總而言之，只要力比多無處發洩，它就會不斷地轉變成為一種類似於真實的焦慮，於是就把外界中無關緊要的一種危險作為力比多慾望的代表。這兩種焦慮的一致性是不值得奇怪的，因為兒童的恐懼不僅是後來焦慮性臆病表現的恐懼的原型，而且還是它最直接的先導。每種臆病的恐懼，雖然不同的內容會有不同的稱呼，但它們都是遺傳於兒童的恐懼，只是它們各自所擁有的機制不同。對成人來說，力比多雖然暫時無法發洩，但還不至於演變為焦慮，因為成人知道怎樣保存力比多，或者知道怎樣把力比多運用到別的方面。但是，如果他的力比多依賴的是一種受過壓抑的心理興奮，那麼和兒童（是指在兒童還沒有意識和潛意識的區別時）相類似的所有情形都會再次出現，因為這個人已經退回到兒童時期的恐懼了，因此他的

388

第二十五章 焦慮

力比多很容易變成焦慮。在前面我們已經大致地討論過壓抑作用了，但那時所關注的只是被壓抑的概念的命運，關注它是因為它容易辨認和陳述，而把附著在這個概念上的情感是如何結局的給忽略了，現在才明白不管在常態上是怎樣的性質，現在這個情感最直接的命運就是轉變為焦慮。這種情感的轉變是壓抑歷程中一個更為重要的結果。這一點比較難以講述，因為我們不能像前面主張潛意識觀念的存在的那樣，也主張潛意識情感的存在。一個觀念不管是意識的還是潛意識的，都可以一直保持不變，我們還知道與潛意識觀念相當的東西是什麼；而情感卻是一種和能力發洩有關的歷程，如果我們對心路歷程的假設還沒有徹底的瞭解和考察，那我們就不知道與潛意識觀念相當的東西是什麼。所以，也就不能在這裡進行討論和敘述。但是，對於前面已經獲得的印象，我們仍然要繼續保留，這個印象就是焦慮的發展和潛意識系統之間有著緊密的關係。

力比多如果受到壓抑，就會轉變為焦慮，或者以焦慮的方式來尋求發洩，前面我就已經說過這就是力比多的直接命運。但是現在我需要補充這樣一句話：受壓抑的力比多的最終的、唯一的命運並不是變成焦慮。在神經症中，還有一種歷程，它的目的並不是

卡爾文城堡　理查德·威爾遜　布面油畫　1760年　卡迪夫威爾士國家博物館

恐懼症就好像是一座城堡，而力比多就是外部那些可怕的危險。城堡雖然可以防禦來自外部的危險，但是卻不能顧及到內部的也有潛在的危險，所以恐懼症中的這種防禦系統還是不夠可靠，如果只是單一的把力比多這種危險擋在外部，那是沒有實質性的效果的。這座城堡是畫家對這個國家深厚感情的真實寫照，因為它們是國家的重要組成部分。

只有阻止焦慮的發展這一種，而且實現這個目的的方法也不止一種。比如，對恐懼症來說，很明顯的，神經症的歷程共分為兩期。第一期完成了壓抑作用，使力比多轉變為焦慮，而焦慮是針對外界的危險的。第二期是建構各種防禦圍牆，避免和外界危險接觸。自我感知到力比多的危險後，就以壓抑作用為工具來躲避力比多的壓迫。恐懼症就好像是一座城堡，而那可怕的力比多就是外來的危險，城堡的作用就是抵抗這種危險。城堡雖然可以防禦外面的危險，但是免不了會有來自裡面的危險，所以說恐懼症中的這種防禦系統還是存在著缺點的，只是把來自力比多的危險堵在外面，是永遠難見成效的。於是，別的神經症就運用其他防禦系統來阻止焦慮的發展，這也是神經症心理學中最有趣的一個部分。可是，要討論這個問題的話就會偏題太遠，而且還要有特殊的知識來作為基礎，所以，我現在就簡單地說幾句。前面我已經說過，自我為壓抑作用構建了一種反擊的圍牆，這個圍牆必須要保全好，這樣壓抑作用才能繼續存在，而反擊的工作主要是各種防禦，避免在壓抑後又出現焦慮的發展。

現在讓我們再回過頭來接著講恐懼症吧，我希望你們明白，只解釋恐懼症的內容，只研究它們的起源，像是引發恐懼的對象或情景，而卻不管其他方面，是遠遠不夠的。恐懼症內容的重要性就相當於顯夢，只是一個謎面而已。我們要承認，不管怎麼變動，在各種恐懼症的內容中，仍舊有很多內容會因為物種遺傳而特別容易變成恐懼的對象，這是霍爾曾經講過的。而且這些恐懼的對象，除了和危險有象徵性的關係外，和危險本身並沒有任何關聯。

於是，我們深信，在神經症的心理學中焦慮的問題占據著核心地位。此外，我們還覺得焦慮的發展和力比多的命運及潛意識的系統之間，有著緊密的關係。只是還有這樣一個事實，即應該把「真實的焦慮」看做是自我本能用來保存自我的一種表示。這個事實雖然不可否認，但它只是一個不連貫的線索，此外還是我們理論體系中的一個空隙。

第二十六章

力比多說：自戀

前面我們已經提到了性本能和自我本能的區分：首先，受到壓抑的作用，這兩種本能處於一種對抗的平衡，後來性本能不得不屈服，然而卻藉助其他形式以求滿足。其次，這兩種本能與外物的關係相異，導致了兩者的發展歷程不同，對於唯實原則的態度也不同。最後，我們從分析中得出，相比自我本能，性本能的焦慮感的關係更為密切，雖然這一論斷還有一些不夠嚴密。如果我們證明這種論斷，就需要注意以下的事實：飢渴屬於自我本能，從不會轉化為焦慮，而性本能中的力比多傾向轉化為焦慮，則是很正常的。

我們有充足的理由對性本能和自我本能作一區分，事實上，我們在提到性本能屬於一種特殊的心理活動時，就已經說明了它與自我本能的區別了。我們的問題是，這個區別到底有什麼意義？我們是否對待這個區別過於認真了？要解答這個問題，需注意以下兩點：一是我們能否判斷清楚性本能在生理上和心理上的表現，與自我本能的差異到底有多大，第二就是這些差異所導致的結果有什麼樣的重要性。我們並非認為性本能和自我本能具有本質的差異，即便這種本質差異的確存在，我們也很難瞭解。我們只知道這兩種本能都是個體的力量源泉，然而若是我們想探討出他們是屬於同一性質還是不同性質，僅憑我們掌握的知識是不夠的，還需要藉助生物學的理論。不過我們對於這方面的知識瞭解不多，即便我們掌握了充足的知識，恐怕也對精神分析的研究有什麼幫助。

榮格認為人的本能皆源自一處，所以，凡是本能產生的力量，都可以稱為「力比多」。然而這種理論顯然沒有什麼意義，因為我們運用這一理論，是無法根除精神生活中的性本能的，因此，我們只有將力比多分為性慾的和非性慾的兩種，才能有足夠的瞭解。不過我們仍需保留力比多這種概念，可以用來專指性慾的本能。

因此，以我的觀點，性本能和自我本能的區別，實際上對於精神分析的研究並沒有太大的幫助，精神分析沒必要來專門探討這個問題。在生物學看來，這種區別的重要性在很多方面都能表現出來，因為性的機能是唯一能超越個體而與外物產生聯繫的生命機能。然而當這種機能活動時，它不會像其他機能活動時會有益於有機體，反而會為了使有機體獲得某種高度的快感，而使有機體陷入危險甚至死亡的境地。由於有機體的某一部分需要遺傳給後代，所以便出現了一種不同於新陳代謝的活動歷程，以達到遺傳的目的。有機體本以為自己很重要，而性的技能和其他機能別無兩樣，不過是用來滿足有機體某種需要的手段，然而根據生物學的觀點，單個的有機體不過是繁衍物種的一個階段，相比永恆的種

精神分析引論
A General Introduction to Psychoanalysis

由蜜蜂引起的夢　薩爾瓦多·達利　西班牙

　　少女在聽見邊上的蜜蜂嗡嗡叫，不由的進入了夢鄉，夢裡她毫無掩飾，有象徵性器的刺刀，還有和她做愛的虎群，這是人類性本能的一種反應。就像法國哲學家所預言的一樣：人類瘋狂也是冷靜的另一種形式。

質，它的生命力很弱，只是種質的暫時棲身所在。

然而我們運用精神分析來對精神病做治療，就不需要對此做深入的探討。我們可以透過性本能和自我本能的區別來瞭解「疫情精神病」，對於這種精神病的分析可以探究到某一具體的情境，在這個情境中，性本能和自我本能處於鬥爭狀態，或者可以用生物學的知識來說明，自我本能作為一種獨立的有機體，在與本身的另一種機能，也就是繁衍物種的性機能，在進行著一種激烈地抗爭。這種鬥爭在人類這裡才開始真正凸現出來，所以，移情精神病人相比其他生物更幸運，原因就在於他所患有的精神病。人類的力比多傾向的發展以及由此產生的複雜的精神生活，似乎就是造成這種鬥爭的原因。不過，對於這些原因的探索和發現，大概就是人類相比其他動物的進步之處，而疫情精神病人所患的這種病症，便有些與人類歷史的發展相對立了。當然，這些知識只是我們目前的推測而已。

我們所做的研究是根據這樣一個假設來進行的：性本能的表現形式和自我本能的表現形式是有區別的。而對疫情精神病作分析，也不難發現這種區別。凡是個體對性慾對象所轉移的能量，我們稱為「力比多」，凡是源於自我本能的能量，我們則稱為「興趣」。如果我們能求得力比多的能量、變化以及最終形態，那麼我們就可以對精神生活中各種力量有一個大概的瞭解。而我們這種研究，可以從疫情精神病中尋求所需要的材料。 然而，我們仍然無法瞭解關於自我本能以及構造和技能的種種組織，所以，我們只好藉助其他的精神分析法來對這些問題做出解釋。

關於精神分析的研究範圍，很早就有人開始了對特殊情感的研究。1908年，我曾和亞伯拉罕進行過一次討論，他主張早發性痴呆症的主要特徵就是沒有將力比多能量轉移到外物身上。然而這又產生了一個問題：既然這種病人的力比多沒有依附任何外物，那麼它會有什麼樣的變化呢？當我提出這一疑問時，亞伯拉罕便又主張力比多回歸了自我，並且認為這種回歸是早發性痴呆中狂想症狀的來源。這種狂想就如戀愛詩提高對象的身價一樣。所以，我們透過對精神病人的情感和其戀愛生活的關係的分析，便能發現精神病人情感的特徵。

你們應該知道，精神分析的理論就包含了亞伯拉罕的這種主張，而且此主張已經成為了我們研究精神病的基礎理論了。由此我們也明白了這樣一種觀念：雖然力比多依附於某種對象上，並且透過這種對象求得慾望的滿足，然而它也可能用自我來替代用以滿足的對象。此種觀念已經發展得愈加嚴密了。過去納基稱性的倒錯為「自戀」，也就是一個成年人將對於愛人的愛濫施在自我本身。現在我們常用「自戀」來定義力比多的這種回歸自我的表現方式。

只要我們深入觀察，就能發現這種「自戀」的現象隨處皆是，並非是特例，也並非毫無意義。也許這種「自戀」本來就是一種原始的自然的現象，正是因為有了「自戀」，才會產生對他物的愛。即便今天世上的愛多是「他愛」，然而這種自戀的愛也沒有必要就此消失。你們是否還記得客體力比多（object-libido）是如何發展的？在它發展的最初階段，兒童的性衝動多是從自身得到了滿足，這種行為便是我們常說的自慰。性生活不能順從唯

精神分析引論
A General Introduction to Psychoanalysis

實原則以致退化，就可以用這種自慰的行為來作解釋。所以，自慰行為也可以說力比多傾向在自戀屬性上的性慾活動。

總的來說，關於「自我的力比多」和「客體的力比多」的概念，我們已經有了一個比較明晰的認識了，這種認識還可以藉助生物學知識來加深印象。你們應該知道，構造最簡單的生物只是一團未分化的原形質。這種原形質有時會透過「假足」（pseudopodia）向外伸出，有時也會將假足收縮仍聚集中一團。這些假足就好比力比多，而它的伸出行為，就如力比多慾望傾注在客體身上，不過大部分的力比多還是會留存在主體內。根據我們的研究，在一般情況下，自我的力比多也可以轉化為客體的力比多，而客體的力比多可以被主體收回。

藉助於這些理論，我們就可以對人們的心理狀態做出解釋了，或者說，我們可以用力比多的知識來

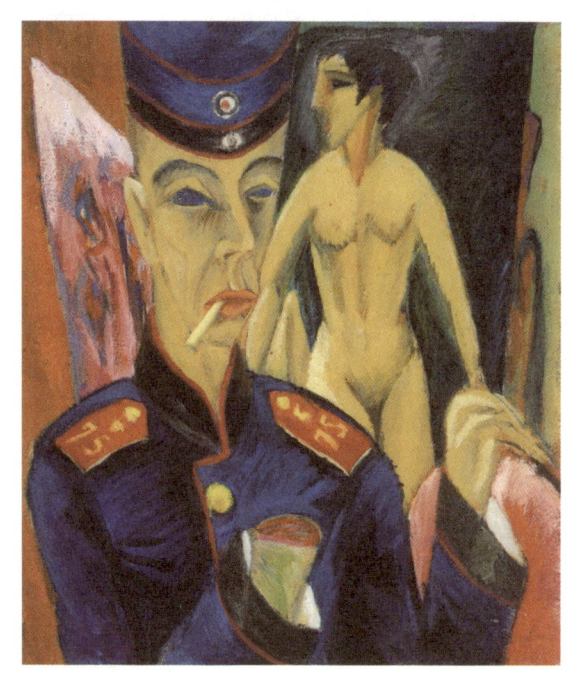

穿軍裝的自畫像　恩斯特·路德維希·克爾赫納　德國　布面油畫　1915年　俄亥俄州阿倫藝術紀念館

畫家在創作這幅作品的時候，正在接受精神病的治療，從他這幅作品中的軍人我們可以看出，他並沒有擺脫一戰帶給他的精神創傷。圖中男子面容消瘦，神情沮喪，一隻手已經殘缺，另一隻手像一隻古怪的鉤子。從他的神情中我們似乎看到他對未來的絕望。

說明日常生活中的那些現象了，如戀愛、疾病和睡眠等。我們選擇睡眠來做例子，先假設睡眠的現象是有機體擺脫外界干涉而集中精神才能完成的願望。我們也明白了睡眠中所引起的夢境，其目的也是保護睡眠不受侵擾，而且夢境的內容實際上被利己主義所控制。那麼藉助力比多這一學說，我們可以進一步認識到，在睡眠狀態下那些轉移到外物的不管是力比多還是利己主義的情感，都會被收回而聚集在自我意識中。難道這些事實還不能使我們更深入地瞭解睡眠所引起的體力缺失和一般疲勞的性質嗎？睡眠和胎兒生活有許多相同之處，這些相同已經得到了證明，而且從心理活動來看，其意義又相當廣闊。因為在睡眠中，不論是力比多的原型還是自戀的原始形式都可以得到重現，當力比多傾向和自戀傾向共居一處時，在主體的自我中，兩者便會合二為一，成為密不可分的整體了。

在這裡順便提一提兩種分析。第一種是我們如何來判斷自戀和利己主義的區別？我的看法是，自戀是力比多為利己主義所做的補充。我們在討論利己主義時只從人們的興趣入手，至於自戀，則認為是力比多所需要的滿足。實際上，兩者的表現形式源自不同的動

機。可能一個人是利己主義者，然而若是他需要在某一個客體上求得力比多的滿足，那麼他必然會將力比多的慾望傾注在這一客體上，從而對其產生強烈的依戀。當出現那種情況時，他內心的利己主義便會因為主體的自我追求力比多在客體上的滿足而受到損害。如果一個人不僅是利己主義者，而且又有強烈的自戀傾向，他自然不需要透過客體來滿足慾望，所以他這種自戀傾向常會表現為性的滿足，或者說是純粹的愛戀，這種愛戀是沒有性慾因素的。就這些情景來說，利己主義是明顯可以感知到的，而自戀傾向，則成為了一種不確定的因素。與利己主義相反的利他主義，不過利他主義並非是力比多傾注於客體的代名詞。利他主義和力比多是絕不相同的，最大的不同在於它並不從客體身上尋求某種慾望甚至性的滿足。然而，如果某種情感發展到了一個極高的程度，那麼利他主義也可以轉化為力比多轉移到客體的慾望。概括來講，客體會將主體的自戀傾向消解一部分，以致主體的自我常對客體關於性慾的願望幻想得過大。如果在這種情況下在引入利他主義，主體將源自愛人的利己主義傾注在客體身上，反而客體會變得至高無上，從而完全感化主體的自我。

如果這些枯燥乏味的科學設想不容易使你們理解，那麼我為你們引用一段詩來說明自

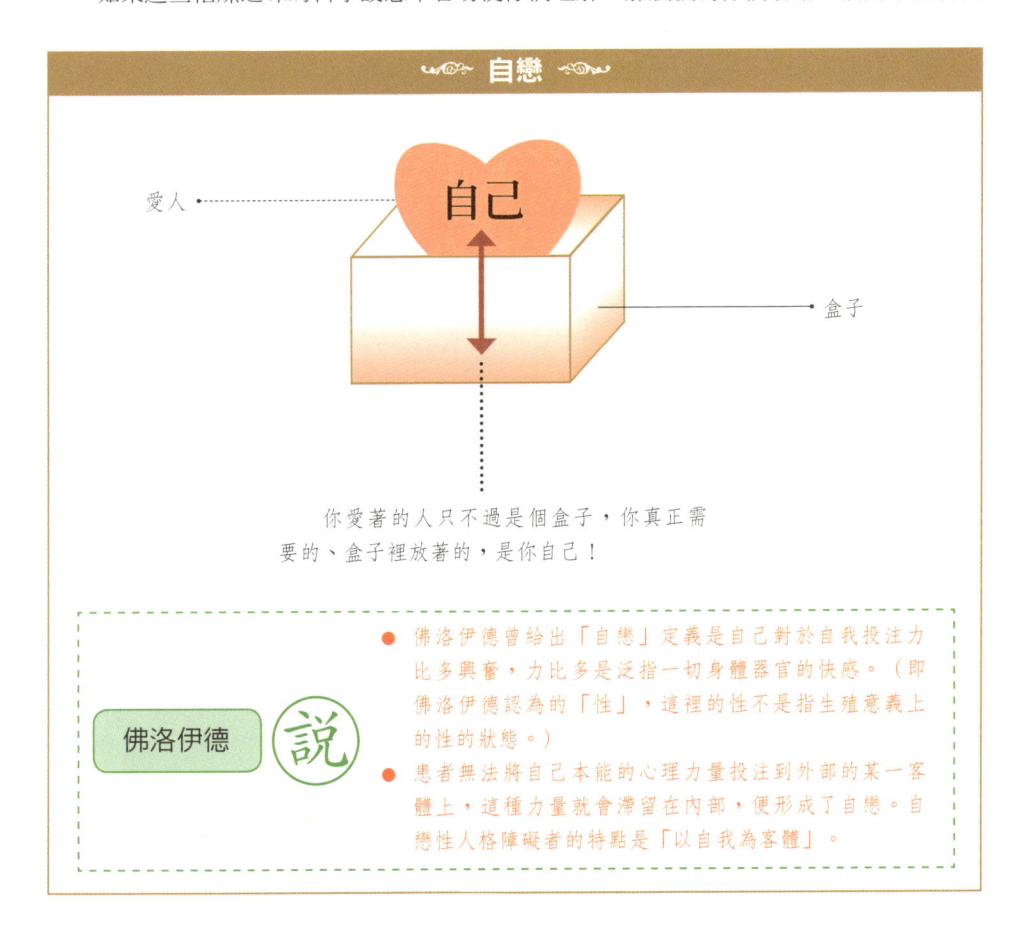

自戀

你愛著的人只不過是個盒子，你真正需要的、盒子裡放著的，是你自己！

佛洛伊德 說

- 佛洛伊德曾給出「自戀」定義是自己對於自我投注力比多興奮，力比多是泛指一切身體器官的快感。（即佛洛伊德認為的「性」，這裡的性不是指生殖意義上的性的狀態。）
- 患者無法將自己本能的心理力量投注到外部的某一客體上，這種力量就會滯留在內部，便形成了自戀。自戀性人格障礙者的特點是「以自我為客體」。

精神分析引論
A General Introduction to Psychoanalysis

長著鬍鬚的蒙娜麗莎 薩爾瓦多‧達利 西班牙

圖中達利的臉和蒙娜麗莎的臉混合在一起，他為蒙娜麗莎加上了自己標誌性的向上捲起的小鬍子，他這種自戀的態度是為了追求自身更多的滿足。

戀和興趣的區別。這種經濟實用的比較，可能會對你們的理解更有幫助。這段詩引自歌德的《東西歌女》，以下是楚麗卡與戀人哈坦的對話：

楚麗卡：奴隸、勝者、還有人民們，他們都承認了，一個獨立的自我才是人們真正的幸福。如果他失去了真我，那麼他就沒法拒絕任何人；如果他能保持真正的自我，他甘願接受什麼損失。

哈坦：就算你說的是真的，我是循著另一條路來的，在我的楚麗卡身上，我感受到了人世間的真正的幸福。如果她真的對我有意，我願意放棄一切。如果她離我而去，那麼我的自我也會立刻消失。而哈坦這個人也將成為過去。如果她愛上了另一個人，那麼我就只能在夢中和她在一起了。

第二種就是關於夢的知識的擴充。我們無法解釋夢的起因，是因為我們發現潛意識的思想被壓抑而不得表現出來。主體的自我為了求得睡眠，雖然已經收回了傾注在客體上的情感，不過這種情感不受睡眠的支配而存在於主體的心理活動中。我們假設潛意識的思想在睡眠中已經表現出來，那麼我們才有可能明白這些潛意識的思想時如何利用檢查作用而消滅上述的情感從以重現當日的經歷，從而在夢中形成一種主體所禁止的慾望。反之，如果當日的經歷和那些被壓抑的潛意識思想已經有了聯繫，那麼這種聯繫可能會產生一種抗力，以抵抗侵擾睡眠的慾望和力比多傾向。所以，我們最好將面前所講的關於夢的構成的知識也運用到這個動力因素中。

像機體的病症、痛苦的刺激或者身體的損傷這些因素，是可以將力比多從客體身上收回，這樣一來，收回的力比多就會集中於自我本身並且傾注到受傷的身體部位。或者我們可以這樣說，在這種情況下，力比多從客體的收縮，相比興趣從外物身上的收縮，更令人驚訝。這種事實對於我們瞭解憂鬱症會有很大的幫助。在發生這種病症時，那些受傷的器官雖然表面上瞧不出有何傷病，卻有一種要求自我關注的迫切願望。不過我們現在沒有必要對這種情景或者其他的關於力比多從課題收回的情境做過多的討論，因為我覺得你們現在一定會有兩點疑問。你們可能會問我，為什麼在討論睡眠、疾病時要考慮力比多和興趣的因素，還有就是性本能和自我本能的區別？如果我們要對這些現象作解釋，只需要假設每個人都有一種性質相同的自由力量傾注到客體上，或者集中於主體的自我上，那麼我們就能看到所期望的這種結果了。你們應該還有一個問題，就是為什麼我會如此膽大，稱力比多從客體的收回為疾病的起因？也許這種客體的力比多轉化為主體的力比多，或者是平

常的自我調節，只是人們在日常生活中的一種正常的心理活動呢。

對於你們第一個疑問，我只有這樣回答了：你們的第一個質疑似乎言之**鑿鑿**。的確，從對睡眠、疾病和戀愛的研究結論來看，可能很難發現客體力比多和主體力比多、或者力比多和興趣的區別，不過你們似乎忘記了我們最初所做的分析了。實際上，我們現在所討論的心理情境，正是以這些分析作為依據的。既然我們知道是移情精神病所引起的心理鬥爭，那我們必須將力比多與興趣、性本能與自我本能加以區分。這樣以後，我們在作分析時就會時刻注意到這些區別了。如果我們想要解釋那些自戀性精神病，如早發性痴呆，

厄休拉的夢 維托雷·卡爾帕喬 義大利 布面油畫 1495年 威尼斯藝術研究院

夢中的潛意識是不受我們主觀支配的，但客體上的情感，卻是存在於主體的心理活動中的。畫面中的厄休拉正在睡覺，她是一位公主，她曾帶領11000萬個貞女去羅馬朝聖，在返回時被一個匈奴國王全部殺害而殉教。她床前的王冠還在閃耀著光輝。

或者解釋這種病與臆想症、憂鬱症這類精神病的異同，那麼我們只有先假設客體的力比多有可能轉化為主體的力比多，換而言之，我們必須假設那種自我的力比多是存在的。這樣以後，我們才可以運用這種我們一直否認的知識來對睡眠、疾病等狀況做出解釋了。我們應該在多方面對這種理論進行驗證，看它最終會適合哪些方面。如果不藉助直接的分析，那結論可能只有一個，那就是：不論力比多依附於客體還是主體，它仍然是力比多，而不會改變為自我的興趣，而自我的興趣也不一定會轉變為力比多。然而，這種結論只能說明性本能和自我本能的區別，這種區別，我們先前已經分析研究過了。從發展的觀點來看，這種區別仍具有價值，不過也許到後來它會被證明沒有用處了呢。

你們的第二個質疑同樣也引發了一個問題，不過你們的論點卻有失偏頗。客體的力比多轉化為主體的力比多，不一定就能致病。通常情況下，力比多都會在入睡前收回，而在醒來時又恢復，這可是已經被驗證過的事實。比如說原形質的微生物在將假足收回後，一般很快就會再伸出。然而，如果有一種情境強迫力比多從客體身上收回，那麼就會產生不同的結果。最終轉化為自戀的力比多很難再還原成客體的力比多了，於是力比多在自由活動上便遇到重重阻礙，那麼主體的自我自然而然就致病了。一般來說，當自戀的力比多積蓄到某種程度，便會無法承受而轉移到他物身上。由此我們也許就能明白力比多傾注到客

體身上的原因了。主體的自我只有釋放出更多的力比多,才能避免因受大量力比多的壓抑而致病。如果我們想要對早發性痴呆症做徹底的研究,那麼也許我應該讓你們明白,促使力比多從客體身上徹底收回的情境和內心的壓抑作用的關係非常密切,所以這種情境也可以被看作是另一種壓抑作用。不管怎麼說,引起這種情境的原因,與引起壓抑作用的原因幾乎一致,如果你們能明白這些因素,那麼你們便可以充分瞭解這些新發現的事實了。我們所說的心理鬥爭與這種事實很相似,並且鬥爭雙方的力量是均衡的。不過,鬥爭的結果當然不會產生臆想症了,只會導致傾向的差異。通常這種病人,其力比多在發展過程中的缺點,往往出現在某一特殊階段,至於引起病症的成分,也會出現在不同的階段,最有可能是出現在早期自戀的階段,而早發性痴呆最終也會回歸到這一階段上來。總的來說,對於自戀性精神病,我們只能假設它的力比多在發展歷程的關鍵時期,遠比臆想症或者強迫

森林之神哀悼寧芙　皮耶羅·迪·科西莫　義大利　木板油畫　1495年　倫敦國家美術館

　　畫家是一個性情古怪的人,但也是一個充滿傳奇的人。這幅作品中所描繪的是神話故事中的普羅克莉斯之死,她被她的丈夫西伐魯斯,在狩獵時所誤殺。這幅畫寧芙的死似乎並不是觀眾最為關心的,而是森林之神對她的態度。我們從畫面中明顯地能看到寧芙身上的傷口,證明她已經死去,而森林之神卻小心地扶著她的肩膀,好像要賜予她重獲新生的力量一樣。

精神分析引論
A General Introduction to Psychoanalysis

症這種精神病要早。然而，你們是否聽過，實際上自戀性精神病的症狀遠比移情精神病要嚴重，只不過從對後者的研究中所得出的結論也可以解釋前者。這兩種病症有著許多相似之處，從某種意義上說，它們屬於同一種現象。因此，如果你們沒有掌握關於移情精神病的知識，那麼你們就很難來解釋這些病症了。

早發性痴呆症與上述兩種病症不一樣，這種病症的引起，往往是由於從客體回歸的力比多積蓄在主體的自我內，與自戀的表現差不多。此病症還有其他的症狀，這可能就是力比多返回客體力求復原所導致的。所以說，這些表現才是早發性痴呆症最明顯的特點。雖然它們與臆想症的症狀相似，甚至有些顯現也與強迫症的症狀一致，但總體來說，它們仍有太多的相異之處。早發性痴呆症的力比多返回客體，的確會有所發展，然而其最終的結果也許只不過是換了個形式而已，比如成為了所依附的原有力比多的影子。限於本次演講的內容，這裡就不再做進一步的說明了。以我的觀點，透過觀察力比多返回客體的這一歷程，我們已經可以對意識的思想和潛意識的思想作一區分。

由此我們就可以進行下一步的分析研究工作了。當自我的力比多這一概念提出後，我們便有了對自戀性精神病做出解釋的可能性了。我們現在要做的，就是探求出這些動力的起因，同時將我們對於主體自我的理論擴充到我們關於精神生活的知識。我們的工作是要

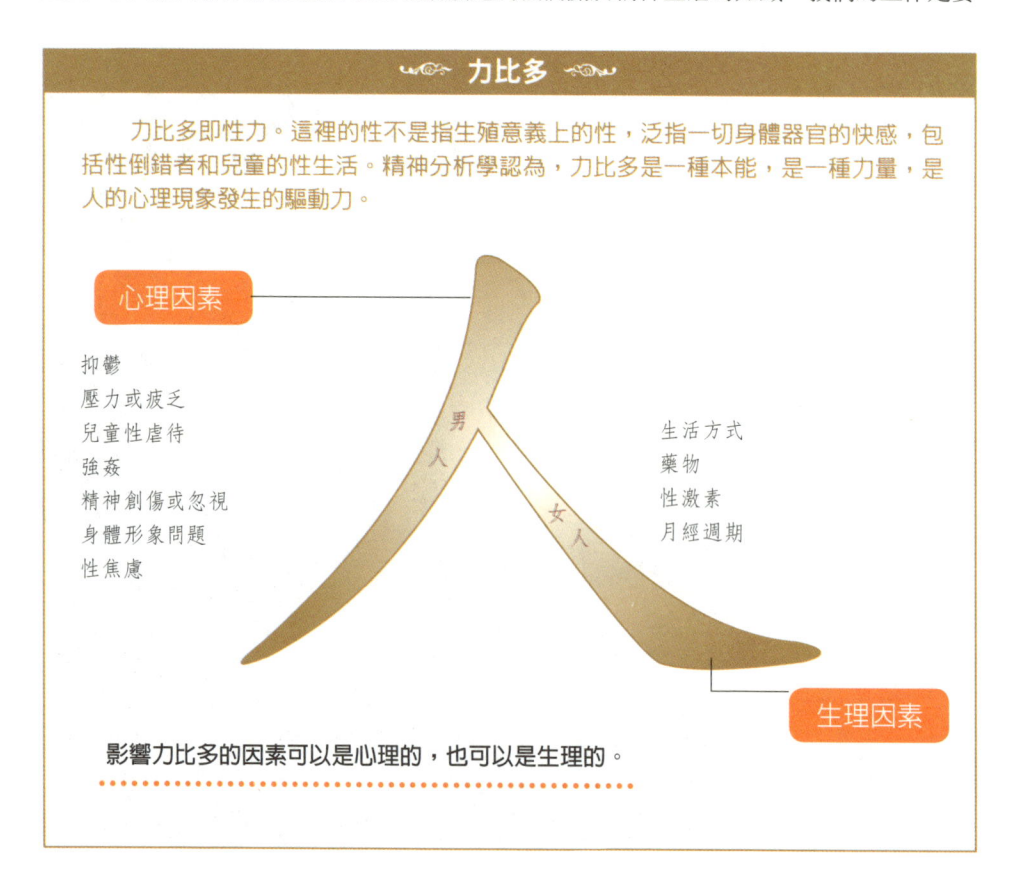

力比多

力比多即性力。這裡的性不是指生殖意義上的性，泛指一切身體器官的快感，包括性倒錯者和兒童的性生活。精神分析學認為，力比多是一種本能，是一種力量，是人的心理現象發生的驅動力。

心理因素
- 抑鬱
- 壓力或疲乏
- 兒童性虐待
- 強姦
- 精神創傷或忽視
- 身體形象問題
- 性焦慮

生理因素
- 生活方式
- 藥物
- 性激素
- 月經週期

男人／女人

影響力比多的因素可以是心理的，也可以是生理的。

第二十六章 力比多說：自戀

建立一門自我的心理學，不過這種自我的心理學卻不能只以我們所搜集到的關於自我的材料為依據，還要像力比多學說那樣將對自戀狂的分析也列入依據的範圍。如果我們的自我心理學能夠被認可，那麼目前我們從移情精神病中求得的關於力比多的理論就沒有什麼用了。不過，目前我們在這一學說上還沒有取得什麼大的進展。對於自戀的分析，我們可不能只用研究移情精神病的辦法，個中原因你們以後會明白的。對於自戀性精神病患者的治療，現在我們只進行了一小步，而且會時時碰壁以致很難有突破性進展。你們應該明白，移情精神病中也有各種阻礙的壁壘，不過這種壁壘最終還是被一層層地突破了。然而我們現在還無法克服自戀的障礙，至多是管中窺豹，略見一斑，滿足一下好奇心而已。所以，為瞭解決這層困難，我們就必須換一種新的方法，不過目前我們還沒有找到一種行之有效的研究方法。我們不缺少關於這些病人的材料，雖然材料十分豐富，卻不足以讓我們解決所有的問題。就目前來說，我們只有運用從疫情精神病中得來的理論來對病人說的話做出解釋。實際上，這兩種病症有許多相似之處，以足夠我們用作研究的切入點了。不過，若用這種方法來做研究，能得到什麼樣的結果只能留待研究結束後才知道了。

此外，阻礙我們研究進程的還有一些其他困難。說實話，只有分析過移情精神病，才有資格對自戀性精神病和與自戀有關的精神病進行研究。然而，精神病專家是從來不會對精神分析感興趣的，而我們精神分析家能夠掌握的關於精神病的材料又太少。所以，目前精神分析需要培養一批精神病專家，在他們從事研究之前，先接受精神分析的指導和訓練。在這一點上，大西洋彼岸的美國走在了我們前面，已經有多位精神病專家開始涉入精神分析的學說，而醫院和精神病院也都開始將精神分析的理論用於對病人的治療中。有時我們也會發現一些隱藏在自戀後的秘密，所以，我覺得有必要將關於這種精神病的觀念告訴你們。

所謂的狂想症實際上是一種慢性的精神錯亂，在現在的精神病學中，我們還無法準確將它歸類。不過此病的引發與早發性痴呆症的關係十分密切。前面我已經提及，這兩種病症都屬於狂想痴呆症（paraphrenia），狂想症的症候會因為所幻想的內容的不同而有不同的名稱，常見的有誇大的幻想、壓抑的幻想、被愛的幻想等。不過我們並沒有指望精神病的理論能夠對這些症候作出說明。現在為你們列舉一個例子，精神病專家曾做過不懈的努力，期望能使這些症候能互為解釋，比如說一個精神病患者認為自己正遭受迫害，於是便幻想自己一定是一個重要的人物，這種幻想逐漸變成了誇大的幻想。不過根據我們的分析，這種誇大的幻想常是由於力比多從客體回歸自我，導致主體的自我過度膨脹所導致的，這就是第二種自戀形式，也是對早期幼稚形式的反應。在被迫害的幻想中，我們透過分析得到了一些事實：首先，在我們所瞭解的大部分事例中，迫害者和被迫害者都是同性別的，對此不難解釋。若是對於某些事例做細緻的研究，就會發現病人在以前健康的時候對於這個同性的人是非常愛戀的，只是在患了病後，才會認為他會迫害自己。對於這種病我們做進一步聯想，可以把這個被愛的同性者患者另一個人，比如把父親換成老師或者某個有威嚴的人。從這些人們都能感受到的事實來分析，我們會發現，如果一個人內心產生

401

了一種強烈的抵禦同性戀的衝動，他便會拿出迫害症來保護自己。當愛變成了恨，這種恨極有可能會危害到病人所愛恨交織的對象的生命。這種轉變就和力比多轉化為焦慮一樣，是由壓抑作用所導致的。我可以舉一個事例來說明。一名年輕的醫生由於曾在寓所裡恐嚇過一名大學教授的兒子，因此被迫離開那裡。那位大學教授的兒子本來和他是好朋友，然而年輕的醫生卻突然覺得這個好朋友變成了魔鬼，對他有邪惡的企圖，他認為近年來所遭受的諸般不幸，以及自己在生活和工作上的種種困難，都是朋友在搞鬼；不僅如此，這位朋友還和他的父親引發了戰爭，致使俄羅斯入侵國家疆域；他們曾經一定用過很多方法想害死自己。有了這些幻想，年輕的醫生便相信了惡人不除，天下難寧。然而在內心深處，醫生仍愛戀著這位朋友，所以雖然他可以舉槍射擊，最終還是手軟了。我曾經與這位病人做過一次短暫的交流，才明白他與朋友的友誼早在學生時代就有了，而且至少有一次他們有了逾越友誼的行為，因為有一天晚上他們發生了性關係。從病人的年齡和秉性來看，無論如何他都會對異性產生興趣和衝動，然而他卻從來沒有過。曾經他和一位美麗的女孩訂

佈道後的幻象　　保羅·高更　法國　1888年

這幅作品描繪的是布列塔尼半島上農婦在教區牧師講解教義時，眼前所產生的幻象。畫家將現實和內在的幻象體驗融合在一起，讓作品中帶有的象徵意味更加濃烈。畫面中一個天使和雅各在格鬥，其實也是畫家本人想與他搏鬥，他想要真實地瞭解對方。

大臣西吉爾　夏爾·勒布倫　法國　布面油畫　1660年　巴黎羅浮宮

畫面中，一位宮廷裝扮的大臣，騎著馬高高在上，滿臉的得意和喜氣，我們在他眼裡還不及圍在他身邊一圈的漂亮的年輕人，這些年輕的小伙子，朝氣蓬勃，曲線優美，裝扮華美。人們或許很好奇，這位大人為什麼像我們炫耀他身邊的這些年輕小伙子，難道他們不僅僅是主人和奴僕的關係？那這裡邊有沒有關於同性戀的暗示呢？

婚，然而很快那女孩便因病人太冷淡而解除了婚約。很多年後，當他真正與一名女孩完成了性行為，他的病也引發了。那名女孩溫柔地躺在他的懷抱中，然而他卻突然感到一種莫名的痛苦，就如利刃剜心一般。在後來他講述這種痛苦時，他說當時好像在被凌遲，身上的肌肉被一塊一塊地切開。由於他的那位朋友是一名解剖醫生，所以他才會覺得那個女孩是受朋友的指使來迫害他的。因此，對於先前他對朋友的種種懷疑，他更加確信了。

然而有時迫害者和被迫害者也可能是異性，那麼上述所講的迫害者是抵禦同性的愛，不就與這種事實發生衝突了嗎？曾經我診治過這種情況的迫害症，雖然在表面上迫害雙方

是異性關係，然而上述的理論也可以對這種病例做出說明。如果一位青年女子幻想自己正遭受一位男士的迫害，這位男士曾經不止一次和她有過性行為，然而實際上，青年女子所憎恨的是另一位女士，這位女士可以是青年女子的母親，或者是其他對青年女子有影響的人。當青年女子與那位男士第二次約會時，她便將這種迫害的幻想轉移到了男士身上，因此，在這個病例中，迫害者和被迫害性別相同的說法仍然成立。只不過當病人向醫生訴說病情時，他並不會提及第一次的迫害幻想而已。所以從表面來看，這種病例似乎與我們關於迫害症的理論相矛盾了。

相比以異性為迫害對象，以同性為迫害對象的情況與自戀的關心更加密切，因此，一旦同性戀的衝動遭到抵抗，這種衝動很容易就會轉變為自戀。有關愛戀衝動的表現方式，在這一次的演講中我所講的並非全部內容，然而我也不能告訴你們更多了。現在我只要你們能記住以下幾句話：對象的選擇，或者說力比多超出自戀範圍的發展歷程，常會有兩種表現形式，一種為自戀型，也就是選擇類似於自我的對象替代自我本身，第二種是戀長型，其力比多常會選擇那些滿足自己幼年時期需要的成年人為對象。力比多這種執著於選擇自戀對象的表現，也可以被認為是那些有明顯同性戀傾向的普遍特徵。

你們應該還記得我在本卷的第一講中，曾引用了一個女人幻想出來的忌妒。而現在我們的演講馬上就要結束了，你們可能想讓我用精神分析說來對幻想進行解釋。可是對此，我所能說遠沒有你們期望的那麼多。幻想不受邏輯和實際經歷的影響，與強迫觀念一樣，都可以用邏輯和實際經歷與潛意識材料之間的關係來進行解釋，而這些潛意識材料一方面被幻想或強迫觀念阻止，一方面卻又藉助幻想或強迫觀念而顯現出來。這兩者的差異取決於兩種情感的趨勢的以及動力的差異。

憂鬱症（可分為許多不同的臨床類型）與妄想症一樣，因此我們也就可以約摸察覺出這種病症的內部結構。我們也已經知道了，令病人感到苦惱的那些無情的自我責備，實際上都有一定的性的對象，而這些對象是自己已經失去的或者是因為某種過失不再珍惜的。所以，我們認為那些患有憂鬱症的人，確確實實是把自己的力比多從客體上給撤回來了，只不過「自戀的用別人來自比」這個過程卻把客體移到了自我中，讓自我代替了客體。對於這個歷程，我只能採用一種敘述的概念，卻不能用形勢及動力的名詞來進行說明。自我也因此被當成了那個被拋棄的客體，而本來要施加在客體身上的所有凶殘的報復，如今都加註到自我身上了。進而可以推測出，透過下面這個假設就能夠更好的瞭解憂鬱症的自殺衝動這一行為，這個假設就是病人對自我的痛恨是和對客體的痛恨一樣的強烈，而這個客體是讓人又愛又恨。患者的情緒在憂鬱症和其他自戀的病症中一樣，都有我們常說的、布洛伊勒命名的矛盾情緒，這個矛盾情緒的意思就是說，一個人會有兩種相反的情緒（愛和恨）。遺憾的是在這些演講中，我們沒有對矛盾情緒這個詞做更為詳細的討論。

我們知道，除了自戀神經症外，還有一種臆病的「以他人來自比」的形式存在。我很想幾句話就能讓你們明白這兩者之間的差別，但我知道這是不可能的。憂鬱症是週期式的或者是有循環性，現在我稍微講一點能讓你們感興趣的內容。當條件合適時，我們可以在

第二十六章 力比多說：自戀

自殺　喬治·格羅斯　德國　布面油畫　1916年　倫敦泰特畫廊

　　畫家的這幅作品作於戰爭時期，畫面左邊有一個男子吊在了一個傾斜的燈柱上，畫面前邊有一個像是骷髏的男子躺在街上，畫面中裸體的女郎和他身後的男人雖然是活著的人，但和自殺沒有任何區別，裸體女郎被後面的奸商逼著賣淫，等同於她精神上的自殺。畫面用強烈的紅色，讓觀者首先產生生理上的不適，其次是感受到了畫家的絕望和理想的破滅。

病情有所好轉但還沒有復發的這段時間裡進行精神分析的治療,來阻止病症再次出現(我多次嘗試後,已經獲得了成功)。因此,我們知道在憂鬱症,狂躁症和其他病症中,都有一種特別的方法來解決矛盾,而在先決條件上,這種方法和其他神經症是一致的。你們可以想像到,精神分析在這方面還是很有用的。

此外,我還要告訴你們,對自戀神經症的分析,有助於我們瞭解自我,及其由各種官能和元素組成的組織的相關內容。以前我們也曾在這方面做過一些初步的討論,透過對所觀察的幻想的分析,我們得出了這樣一個結論:即自我有一種功能,在不斷的監視,批評和比較著,因此,它就和自我的另一部分相互抗衡著。所以,當患者說自己的每個舉動好像都有人在監視,進而知道自己的每個想法並進行考查時,我們就認為他已經說出了一個沒人知其是真理的真理。而他的錯誤之處只有一點,即他認為這個令其感到可恨的力量不是自己自身的,而是外界的。其實,他在自身的發展歷程中,已經創造出了一種自我理想,在自我中感覺有一種官能的界尺,這個界尺可以利用自我理想來衡量自己的實際自我和所有的活動。於是,我們更能推測出,他創造這個理想就是向因此獲得一種自我滿足,這個自我滿足是很幼年時的主要自戀聯繫著的,而這種滿足在年長時因多次遭受壓抑而消失了。這種自我批判的官能就是以前所謂的自我的檢查作用或良心,在夜裡夢中的那些抵抗不到的慾望的表現,也同樣是這種官能。如果這個官能從被監視的幻想中分離出來,那麼我們就能知道這個官能,是在受父母、師長及社會環境的影響,然後以這些模範人物來自比的過程中形成的。

這是在自戀神經症中運用精神分析得出的一些結果。只是這些結果太少,其中還有很多是我們沒有明白的概念,因為只有在對新材料進行長期的研究後,這些概念才能被理解。而這些結果的獲得是因為運用了自我力比多或自戀力比多的概念。正因為有了這些概念的幫助,我們才能夠把移情神經症方面的結論進而推廣到自戀神經症身上。但是如果你們現在問我,能否用力比多來解釋自戀神經症及精神病的所有失調,疾病的發展是否都是因為精神生活中的力比多因素,而完全不是由自存本能的失常引起的。在我看來,對這些問題的解答不是很重要,而且我們現在也沒那個能力進行解答,我們只需靜靜地等待將來的解答。我想到那時,可能證明引發疾病的這種能力是力比多所獨有的。所以說,不管是在實際的神經症方面,還是在最嚴重的精神病方面,力比多都能取得勝利。因為我知道力比多的特點,就是絕不順從現實和必要性的支配。但是,我還有另外一種認為,即自我本能在此也可以有連帶關係,因為力比多有致病的情感,所以自我本能的機能就受到了破壞。所以說,就算我們承認在嚴重的精神病中,自我本能是最主要的受害者,但我也

心理治療　雷尼·馬格利特　比利時　紐約托茲涅收藏

人類想要瞭解自我是一個比較艱難的過程,對於自戀神經症的分析有助於我們瞭解自我。畫面中的男子臉部誇張地變成了一個鳥籠,而看不見他的臉,也許是被他放在了他手裡的提袋裡了吧,另一隻手卻拿著一個女人的臉和嘴巴。我們藉此可以得出一個自我的功能,就是監視。被人監視,不如將自己隱藏起來,也是這一類人群的特點。

第二十六章 力比多說：自戀

精神分析引論
A General Introduction to Psychoanalysis

一位「頹廢藝術家」的畫像 奧斯卡·考考斯卡 奧地利 布面油畫 1937年 英國愛丁堡蘇格蘭國立現代藝術畫廊收藏

藝術家的臉部在色彩的渲染下不斷地變換著，以此表現他的焦慮和憤怒。畫家狂放的基調，是根據自己當時內心的情緒所設定的，也許跟他當時受到壓制有一定的關係。

不覺得我們的研究方向就因此失效。這些等到將來再說吧。

現在讓我們先回來接著講焦慮，希望能對前面不瞭解的地方進行解釋說明。我們曾說過焦慮和力比多之間的關係很明確，但卻與一個不能否認的假設很難相互協調，這個假設就是，針對危險而出現的真實的焦慮是自存本能的表示。但是假如焦慮的情感不是來源於自我本能，而是來源於自我力比多，那麼我們該如何應對呢？焦慮感常會對身體有傷害，而且焦慮的程度愈深，這種傷害也就愈明顯。因為，不管那唯一能夠保全自我的行動是躲避還是自衛，焦慮都時常對其加以干涉。所以，如果我們把真實焦慮的情感歸屬於自我力比多，而把它採取的行動歸屬於自存本能，那麼所有理論上的難題都可以解決了。對於因為恐懼而躲避這一行為，你們也將因此而不再主張。因為恐懼而躲避是來源於對危險的直覺而出現的同一衝動。對於那些遇到危險而倖存下來的人，你們認為他們不曾有恐懼感，其實他們只是採取了一些相應的行動，比如舉槍瞄準進攻的野獸，而這個行動確實是當時對他來說最有利的辦法。

408

第二十七章

移情作用

　　現在我們已經結束了討論，我相信你們心中一定存在著一種期待，不過希望這種期待不要變成誤會才行。也許你們認為我們在對精神分析所有的疑難進行解析後，應該在結尾時列舉一些治療事例來作證，畢竟我們研究精神分析，是以治療為最終目的的。事實上，我並非沒有意識到這一環節，只是與治療相聯繫的，還有另一個事實，而這一事實我們尚不瞭解。如果現在就為你們講述一些治療的病例，你們未必能有深刻的認識。

　　也許你們對於精神分析治療的技術並不感興趣，而認為只要掌握了精神分析的療法以及所能取得的效果便足夠了。你們有此願望，自然是合情合理的，我絕沒有異議，然而我可不願意直接告訴你，還是你們自己去探索最好！

　　你們回想一下，不論是引起病症的條件還是在病人內心產生作用的因素，所有的重要事實，你們都已經瞭解。到底在哪一方面會受到治療的影響呢？首先應該是遺傳的傾向。我很少談論遺傳，因為這個課題在其他學科中經常被分析和強調，而我也沒有什麼新奇的言論。不過我們不應就此而忽視它，我們在做研究時，便知道遺傳的強勢地位了，所以無論我們怎麼做也不能使遺傳有什麼改變。這一論點是我們運用遺傳學知識的前提，這個前提可以使我們認清努力的方向，避免我們做無用功。其次就是幼年時期的經歷，這在我們研究中，通常是最直觀的材料，不過這種經歷屬於以往，我們無法親身體會。還有一點就是人生所有的不幸遭遇，也就是幸福的被剝奪，而這種因素造成了生活中愛的缺失，比如貧困、家庭不睦、婚姻失敗、社會環境糟糕、道德感的淪喪。雖然這一方面我們可以運用現代醫療手段對其做有效的治療，不過最好的辦法還是維也納傳奇中的約瑟王所實行的施恩降禍措施，當權者運用強迫而仁慈的專制手段，這樣的恩惠能贏得公眾信任嗎？況且，我們毫無權勢，兩袖清風，醫治病人是我們的工作，更是我們的謀生手段，我們不可能像亞瑟王那樣無償對那些不幸的人做治療，畢竟我們這種工作是需要花費大量的時間和體力的。也許你們仍是堅持上述幾個方面總有一種有可能被治癒。如果傳統的道德規範是用來剝奪病人的快樂，那麼我們在對病人治療時便可勸告他們勇敢地打破這些壁壘，即便失去了理想，也要求得健康和滿足。雖然每個人的理想在本人心中都具有崇高的地位，不過這世上不太多人迫於現實的壓迫而最終放棄了理想。若是自由的生活可以產生健康，那麼精神分析便會指責違背了傳統道德，只因它為了使個人受益而損害了整個社會的秩序。

精神分析引論
A General Introduction to Psychoanalysis

聖彼得分配救濟金與亞拿尼亞之死　卡米列聖母堂布蘭卡契禮拜堂藏

　　人生中所遭遇的不幸，就是應得的幸福被剝奪，由此造成了心靈上愛的缺失。作品中的故事來自《聖經・新約》，基督被釘上十字架之後，聖彼得便成為早期耶路撒冷基督教會的領導者，他們用教義說服富人將財產分給窮人，圖中就是聖彼得從錢袋裡拿出錢送給一位貧困的婦女，從她身上的穿著也可看出她的貧窮。

第二十七章 移情作用

你們到底是如何得來這種關於分析法的錯誤印象呢？醫生自然會對病人提出一些關於自由生活的勸告，然而如果他沒有這樣做，便是因為在病人的內心中，力比多的傾向與性衝動的被壓制，或者說是性慾思想與禁慾思想之間存在著一種鬥爭。而這種鬥爭，絕不是支持一方反對另一方就能克服的。對精神病患者來說，雖然禁慾思想會占有一時勝算，不過被壓制的性衝動卻會在病發時求得宣洩。如果我們尋求性慾思想在鬥爭中獲勝，那麼那種壓制性慾的力量便會透過病症表現出來。所以不論是哪一種辦法都不是消除鬥爭的良方，總有一方會因受到排斥而另覓途徑以求滿足。這種鬥爭並不是特別激烈，病人不會對此有清楚的意識，所以醫生的勸告很難收到明顯的效果，而那些有療效的例子是沒有分析法的參與。如果醫生在治療過程中對於病人的影響很深，那麼即便醫生對於這種鬥爭沒有採取任何療法，病人也能自主克服它。你們應該明白，如果一個禁慾主義男子想要有不健康的性行為，或者一個性慾旺盛的妻子想要與他人發生一夜情，他們是絕不會開始這種行為前去徵求醫生或者精神分析家的意見的。

對這一問題作分析，有一個重點常被人所忽視，那就是導致患者病症的鬥爭與鬥爭的兩個方面之間的常規平衡不同。這種平衡的兩個方面都存在於病人的內心中，而導致病症的鬥爭，則是兩種力量中的一種由潛意識進入到意識內，而另一種則被禁錮在潛意識內。所以，這種鬥爭不會持久，因為這兩種力量已經被分割開來，根本不會再相見了。如果我們要解決這種鬥爭，就需要讓這兩種力量集合在同一區域，這就是我所認為的精神分析的工作。

還有，如果你們想當然地認為精神分析法主要是對人生進行勸告，這種想法是絕對錯誤的。實際上，精神分析家在治療時都不會將自己扮演成人生的導師，去引導病人解決問題，他們所希望的是病人能夠自己解決所面臨的困難。所以，為了追求這一目標，精神分析家在病人接受治療時都會勸告他們，不要過多地思考生活中的種種問題，比如事業、家庭、朋友等，等到治療結束後再處理會更好。你們大概想不到醫生會採用這種療法吧。對於那些年輕的或者不能獨立的病人，醫生卻不會這樣治療，因為對於這樣的病人，醫生不僅僅是醫生，他們還要作為老師來對開導病人的思想使其轉變。雖然這是一項艱巨的任務，不過他們也會義無反顧的。

雖然我並不主張分析療法可用來推動自由生活，然而你們也不要認為我是崇拜傳統道德規範。實際上，不論是自由生活，還是傳統道德，都不是我們分析治療的目的，我們只是觀察者，沒有能力對社會進行改革，我們能做的，就是批判，所以我們不可能提倡傳統道德，包括對於性行為的保守態度。人們在道德自律方面所做出的犧牲，往往換不來它應有的回報，我們不得不說，所謂的傳統道德既有些虛偽，又有些呆板。我們只是從不向病人隱瞞對於這些道德的批判，並希望他們對於性行為的觀念，也能像對待其他日常問題一樣，能夠客觀理智，而不帶什麼偏見。如果病人在接受治療後，能夠在性放縱與完全禁慾兩者之間做出適當的平衡，那麼無論他以後有什麼樣的表現，我們都可以問心無愧了。不論什麼人，只要他接受了精神分析理論的指導，對人的精神生活有了

精神分析引論
A General Introduction to Psychoanalysis

破布旁的裸體女郎

畫面中一堆破布塊的旁邊站著一個身體裸露的中年婦女,她把「性」作為一種現實,擺在了我們面前。人們心裡都有這樣一種怪現象:可以在婦科醫生面前隨意展現自己的裸體,而在精神病醫生面前卻不行。

新的認識，那麼他的內心就會增強一種抵禦不道德危險的力量，也許他的道德標準與他人不同。禁慾思想在導致精神病上有多大作用，我們不得而知，不過不必太過看重了。只有那些因受壓抑作用或者力比多衝動過多而導致的病症，才可以勸說病人尋求健康的性行為，以見到療效了。

　　然而，我們不能就此認為，所謂精神分析法的療效，便是鼓動病人放縱自己的性生活而得來的。我們還應該去發現其他的解釋。你們應該還記得我前面說過一句話，當時是為了反駁你們的質疑而說的，也許這句話可以是你們的思維回到正規上。我們所說的療效，實際上是指將某種意識取代了病人相對應的潛意識，或者說將病人的某種潛意識改造成一種意識到的思想。如果你們這樣想，才算是正中要點。潛意識被激活而成為了意識，於是壓制作用消失了，病症也消失了，而導致病症的那種鬥爭也演變成為一種常見的心理鬥爭，而這種鬥爭是很容易解決的。我們的精神分析工作就是讓病人完成這種心理轉變，這種轉變會產生什麼樣的成就，病人就會獲得什麼樣的療效。如果說壓抑作用不存在了或者與壓抑作用相類似的心理過程即將被消除，那麼我們的治療才算完成。

安吉利卡與隱修士

畫面中年老的修士面對美麗女人的胴體、雪白的肌膚、豐滿的乳房，不禁心神蕩漾，從他的渴求的眼神中就可以看得出來。但是他只是欣賞，他內心深處有一種不可思議的道德力量在約束著他，儘管他的臉上還有著對性的崇拜。

我們所追求的目的可以這樣表達：將潛意識改造為意識、解除壓抑作用的影響、填充遺忘的意義等，而它們實際上均指的是同一件事。可能你們對於這種解釋感到不滿足，你們認為病人的恢復過程並不一樣。既然病人接受了精神分析治療，那麼他極有可能會變成另外一個人，你們卻認為，所謂的恢復只是病人的潛意識思想減弱，而意識的思想有所增強，不過是一種此消彼長的關係罷了。可能你們對於心理改造的重要性還沒有充分的瞭解，通常來講，病人在接受治療後，雖然其表面的行為與以往沒有什麼差異，然而其骨子裡卻發生了全新的變化，或者說，他已經具備了只有在優秀環境下才能養成的優秀品格了。這樣的變化可不是無足輕重的，如果你們能瞭解精神分析所取得的成就，能明白精神分析家是付出了極大的努力才完成了對病人的這種心路歷程的改造，你們就會知道不同心路歷程差異的重要性了。

現在我們暫且將此話題擱置，先來討論一些「原因治療」（a causal therapy）的意義。如果一種療法不對病人的病情做治療，而是透過其他方面來瞭解致病根源，我們就叫這種療法為原因治療。那麼精神分析算不算是一種原因治療呢？這個問題可有點難以解答，不過有一點很清楚，問題的答案是多方面的。如果精神分析療法的目的不是消除病症，那麼它就與原因治療大體類似。而其他方面則不一樣，因為我們對於原因的追求程度，要遠超過壓制作用、力比多傾向以及內在勢力，還有這種傾向在發展歷程中的意外情況等。如果我們現在運用化學的方式來對心理機制進行改造，或者對力比多分量的增減，或者減弱鬥爭的某一力量而增強另一種力量，如此精神分析才算是真正的原因治療，而我們最常用的分析法就是原因治療的首要觀察工作了。然而此種療法還不足以對力比多傾向施加影響，這點你們也能瞭解。我們的精神分析療法通常不先從病症入手，而是分析病症背後的一層，而這一層只有特殊的情況下我們才有可能瞭解。

為了分析治療取得進展，我們該做些什麼工作才能使病人的潛意識轉變為意識呢？過去我們採用一種直接的辦法，就是將這種潛意識思想告訴病人，讓他們自己做出改變。然而實踐證明，這種辦法實在是一個荒謬的觀念，根本毫無效果。我們所瞭解的潛意識與病人知道的潛意識，實際上不屬於同一性質。我們將潛意識思想告知病人，他未必將其同化為自己的潛意識，並轉化為明確的意識以取代原有的潛意識，至多是兼容並包，收納這種思想，卻並不使其發生改變。所以，我們需要對這種潛意識思想重新審視，從病人的記憶中最初產生壓制作用的那一瞬間開始找尋。我們這種找尋，必須以消除壓制作用為前提，然後我們有可能最終完成潛意識思想轉化為意識思想的工作。不過，我們該如何消除這種壓制作用呢？這就是我們第二階段的工作了。第一階段的工作是發現壓抑，然而是消除這種壓制賴以維持的抵抗。

那麼我怎麼才能消除這種抵抗呢？仍然是傳統的辦法：先發現病人內心的抗力，再將這種抗力告訴病人。抗力可能起源於我們試圖消除的壓抑，也可能起源於早期存在的壓抑，不論是那種抗力，都是為了抵抗某種不合適的力比多衝動。所以我們現在要做的工作與以前的一樣，對這種抗力做出解釋，然後將結果告訴病人，這種辦法是絕不會

公車上的乘客

如果不能從病根上醫治病人，那麼我們就分析病症背後的一層，這樣也許對病情有真實的瞭解。畫面中的情景發生在公車上，四個乘客面無表情，猶如幽靈一般，藝術家將現代人之間的這種冷漠和距離感表現得恰到好處。原因是都市人之間的不信任感，還有人類社會的這種孤獨感，導致人與人之間的疏遠。這也是心理病症背後的真正原因。

錯的。抗力不屬於潛意識，而是自我意識，既然是自我意識，那就可能為我們所借用，即便它有時並非能意識到的，也沒有關係。我們對於「潛意識」的涵義通常都有兩種觀念，一種是現象，一種是系統。你們是否覺得這不算什麼解釋，若是你們回顧前面我們所講的內容，就會明白這兩種觀念是對前面內容的綜述。在過去我們曾說過，如果我們能在分析的過程中發現抗力，那麼我們自然就有希望消除這種抗力了。不過，若是我們希望此種療法能夠取得成功，那麼我們有什麼可以支配的推動力嗎？當然有的，首先就是病人乞求健康的慾望，這種願望會使他們積極配合治療，其次就是病人的理智情感，這種理智情感會接受我們的勸告，並由此而增強。如果我們給予一些暗示，病人就會運用自己的理性思維來辨識內心的抗力，並在潛意識中找出與此種抗力相抗衡的思想。如果我們告訴病人：「抬頭看天，你會發現一個氣球。」或者我請他抬起頭，詢問他看到了什麼，他肯定會如實回答的。當然，這種情況需要一個前提，那就是天空中能看見氣球。當學生第一次使用顯微鏡時，老師就應該告訴學生會看到什麼，不過，即使鏡下有物可見，學生也會說什麼東西也看不見。

實話實說，我們對於精神病的各種症狀、如臆想症、焦慮症、強迫症等所做的假設都是基於科學理論的基礎上，完全可以做研究之用。運用這些假設，我們發現了壓抑、抵抗力以及被壓抑的傾向，由此我們便進行瞭解除壓抑、消滅抗力、將潛意識思想轉化為意識思想的工作。我們在進行這樣的工作時，就會發現，每當一種抗力被消滅時，病人的內心便會有一種激烈的鬥爭，這是兩種傾向在同一處所進行的常規的心理鬥爭，一

生命之舞

畫面中有三種顏色的裙子，黑色、白色和紅色，穿黑色裙子的婦女滿臉陰鬱的表情，她的餘光瞟向了周圍有舞伴的紅裙女子，紅裙女子和她的舞伴則相敬如賓，穿白裙的婦女則似乎在抵抗舞伴對她做出的親昵動作。

種是援助抗力的傾向，一種是消滅抗力的傾向。第一種傾向起源於壓制作用，而第二種傾向則是新近產生的病人的主觀傾向，是用以解決內心爭鬥的。我們可以將那些因受壓抑作用而被緩和的鬥爭重新喚起，用來對病人的治療，其益處很多：首先是向病人表示舊的解決方法可以致病，而新的解決方法則能痊愈，其次，還要使病人明白，那些早先被壓抑的衝動，如今已經發生了改變。因為當時的自我意識比較懦弱，對力比多衝動具有畏懼心理，所以畏縮不前，而現在病人的自我意識已經變得強大了，且經歷也豐富了，又有醫生在旁幫助，所以他們敢於消滅那些壓抑力比多衝動的抗力了。我們透過這種重新引起鬥爭的方法，相比直接去消除壓抑作用更有效果。如果你們仍存有懷疑，那麼我可以運用我在臆想症、焦慮症以及強迫症等精神病的治療上的成功事例來做出證明。

我們還發現了許多與精神病症狀相似的疾病，然而運用我們的分析療法卻無法治癒。在這些疾病中，病人的自我與內心的力比多傾向也產生了一種鬥爭，從而產生了壓

第二十七章 移情作用

抑作用，雖然這種鬥爭和精神病的鬥爭在表現形式上不同。還有，我們既能從病人的日常生活中發現形成壓抑作用的根源，自然也能運用同樣的方法給予病人在治療上的幫助，使他們明白以後應該做的事情。由於治療的時間與壓抑形成的時間有差距，這也有利於鬥爭的有效解決。不過，我們始終未能克制一種抗力並消除那些壓抑作用。有些病人不能被精神分析法治療，如狂想症病人、憂鬱症病人以及早年性痴呆症病人，其中原因並非病人智能偏低，雖然接受精神分析治療需要具有一定的智力，不過也有聰明的狂想症病人，他們的智力未必就比其他人低了。而這類病人的其他推動力量卻從不缺少，譬如說憂鬱症病人不同於狂想症病人，他們雖然知道自己所受的痛苦，然而並不會因而受精神分析的影響。這樣的事實的確讓我們很難瞭解，因此我們不得不審視自己，是否真的具有了治癒其他精神病的能力。

如果我們現在來討論臆想症和強迫症，可能就會遇到另一個難以理解的事實了。病人在接受精神分析治療時，往往會在醫生面前表現出一種怪異的行為。本來我們已經將所有能夠影響治療過程的因素都考慮到了，並在充分把握了醫生與病人所處的情境的前提下採取了預防措施，因此我們便認為這樣的觀念是正確的：我們估計了所有的可能情況，應該沒有什麼意外在治療過程中突然發生。然而，這世上什麼都有可能發生，這個新出現的意外現象，由於其相當複雜，我們無法瞭解，所以我只好先舉出幾個常見的情況來敘述。

通常情況下，病人只會關注自己的精神問題是否得到了解決，然而往往到後來他們會對醫生產生某種特別的情感。他們時刻關心醫生的一舉一動，彷彿這比他們自己的病情更為重要。於是，他們也慢慢不再關心自己的病情了。病人與醫生的關係，有時候會很友善，病人對醫生言聽計從，時時表示出感激之情，而醫生對於病人也會非常親切，他們會慶幸自己的病人會有如此品質。當醫生會見病人的家屬時，也會因為病人向親人稱讚醫生而感到欣喜。當病人在家中時常會將對醫生的讚美掛在嘴邊，言說醫生的美德，親人這時就會對醫生說：「他太佩服你了，所以十

聖彼得以他的影子醫治病人　壁畫 1425年

病人如果乞求健康，那麼他就會積極配合醫生的治療，同時他的理智情感也會告訴他接受醫生的勸告。畫家在當時的繪畫界處理陰影的水平應該是很高超的，他筆下的這個老人形象個性鮮明，表情飽滿豐富。在十五世紀初期，有這樣的成就確實令人稱奇。

417

與精神病症狀相似的疾病

與精神病症狀相似的疾病

主要是由於不同的病因作用於大腦，如生物學、心理學和社會環境等因素，使得大腦原本穩定的狀態受到了破壞，導致認識、情感、意志行為等精神活動出現異常，異常的程度和持續的時間都超過了正常的精神活動範圍，從而損壞人的生物及社會功能的一組疾病。

臆想症

強迫症是以強迫觀念和強迫行為為主要臨床表現的神經症，是神經症的一種，屬於輕的精神疾病。但實際情況，強迫症的治療比憂鬱症、焦慮症都要困難一些，症狀改善較慢。如果不及時正確的治療，會嚴重影響患者正常的生活和工作，同時也會給患者的家屬帶來巨大的痛苦和負擔。

強迫症

分信任你，在他看來，你的話簡直就是天底下的真理。」可能也會有人說：「除了你之外，他從不在談論其他的事情，而且經常用你的話跟我們交流，實在是讓人生氣。」

醫生不僅是謙遜的，而且是清醒的，他認為能贏得病人的尊重，無非有兩點，一是病人希望醫生能幫助他恢復，第二就是在治療過程中，病人一邊恢復，一邊明白了許多醫療知識。而有了這兩種原因，精神分析的治療也會有長足的進展，一旦病人明白了醫生給予的暗示，他就會積極配合醫生的治療，那麼醫生在分析治療時所需要的材料，如病人的回憶、日常生活等，都可以很容易求得。當醫生根據所得材料，運用精神分析療法對病症做出解釋時，可能連醫生自己都會驚訝。因為他們常會有這樣的想法，新生的醫學理論經常會被人們所批判，沒想到病人竟會痛快地接受了，這的確是一件令人興奮的事情。在治療過程中，當病人和醫生的關係和睦時，病人的病情往往也會好轉很快。

不過，人世無常、風雲難測，不可能永遠都是旭日春風的晴天，總有烏雲蔽日的時候。一旦在治療過程中出現了問題，比如病人說自己再也沒有什麼內容相告，這就不由得不使醫生懷疑，病人是否還對治療過程心存期待？有時醫生請病人隨時將他所想到的事情敘述出來，而不需要深思熟慮，他也可能充耳不聞。病人的行為不再受醫生的影響，不再被治療所束縛，彷彿病人從來就沒有接受醫生的治療。若是只看表面現象，便會發現病人是因為心中藏有什麼隱秘的事情而轉移了注意力。不論是什麼隱秘，總之在這種情況下很難再進行治療，因為病人內心又形成了一種新的抵抗力了。那麼，這種抗力又是如何形成的呢？

如果我們希望對這種抗力有所瞭解，追根溯源，我們就會發現，這種抗力的形成與病人轉移到醫生身上的一種強烈的情感有密切的關係，然而醫生的行為及其治療過程又無法對這種情感做出解釋。這種情感雖然特殊，其表現形式和最終目的卻不盡相同，一般根據病人與醫生所處的具體情境而定。如果一名少女和一個年輕男子相處一起，人們自然會覺得很正常，而如果一名女子不僅經常與一位男士單獨相處，訴之以心事，而且那名男士似乎又扮演著導師的角色，那麼女子對於男子的愛慕，雖說是很自然的事，但若這名女士是一個精神病人，那麼這種愛就顯得有些畸形了。不過，這種情況並不屬於我們應該討論的。不過，若是病人與醫生的關係並非是我們設想的那種情況，那麼病人對於醫生的愛慕也未必會使人理解。如果一名少婦沒有嫁人，而為她治療的醫生又沒有妻室，那麼少女極有可能會對醫生產生一種強烈的情感，寧願離婚也要與他在一起，即便這種事情沒有可能，少女也會死心塌地地愛著醫生。這種情況對於我們一般人來說，的確是難以理解的。然而，在精神分析外的領域，這種情況也隨處可見。通常發生了這種情況，不論病人是少女還是少婦，她們都會不加掩飾，由此我們可以認為她們對於治療很難有一種常規的態度。或許她們心中的想法是，除了愛情，沒有什麼辦法能夠治癒她們，而且在治療開始時，她們就希望會發生這種情況，並最終獲得現實生活中所缺少的安慰。就是因為這種思想的存在，所以她們才甘願接受繁瑣的分析治療，從而有機會將自己的想法表露出來。我們也可以補充

人生的三階段

人有生老病死，這是萬古不變的自然定律。圖中地上新生的嬰兒，是生命的開始階段；亭亭玉立的少女，是人生的青春時期；年老的婦女，是人生的衰亡時期。還有象徵死亡的骷髏和時間流逝的沙漏，畫家告訴我們死亡並不可怕，我們應該正面直視它的到來。

419

精神分析引論
A General Introduction to Psychoanalysis

音樂課　加布里埃爾‧梅曲　布面油畫　1658年　英國倫敦國立美術館收藏

　　這對男女坐在一架古鋼琴前面，少女的手中拿著琴譜，顯然他們是在上音樂課，或許畫家是在借用音樂這個媒介，為我們描繪了一幅美妙的愛情畫面。少女的紅色上衣和男子藍色的長褲襪，都為這個和諧的氣氛增色不少。

第二十七章 移情作用

一點，所以她們才能學會那些平日裡難懂的醫學知識了。不過，她們的爽快承認仍令我們覺得可敬，因為之前我們所做的準備沒有產生什麼作用。難道這個問題是我們在前期估算中所忽視的最重要的一點嗎？

確實是這樣。我們經歷得愈多，就愈傾向於對新元素的肯定，卻沒想到這個新元素使我們的整個分析變了質，真正地使精神分析成為了笑柄。這種情況最初出現時，我們甚至認為它是精神分析治療中的一個小意外。然而這種對於醫生的愛慕，是在最不合適或者說最滑稽的情況下發生了，比如老婦人與白頭髮的醫生之間，雙方根本不可能存在引誘的原因，但是它的確發生了，我們不得不承認它是一個令人驚異的意外，而且我們也要承認它的發生與病人的病情有著密不可分的聯繫。

對於這種情況，或者說這種存在的事實，我們稱之為移情作用，大意就是病人將某種情感轉移到了醫生身上。由於無法從治療過程中發現這種情感的起源，因此我們不得不懷疑，這種情感實際上早就存在於病人的內心，只不過藉助治療的機會將其轉移到醫生身上。移情的表現方式可以很熱情，也很舒緩，比如說病人是一名少婦，而醫生是一位老翁，少女對於老翁產生了一種特殊的情感，這種情感雖然不致使少女又稱為老翁妻子或者情人的想法，卻促使她有一種成為老翁女兒的強烈願望，而這種願望則是對力比多衝動改造後而產生的一種理想化的友愛之情。有的女孩子懂得如該改變自己的移情作用，以使其合理表現出來；有的移情則表現得醜陋而原始，以致幾乎不能產生作用。不過，總的來說，這些移情作用的起源都是相同的，且是有目共睹的。

如果你們想瞭解移情作用的存在範圍，那就需要做些補充說明了。比如若是病人為男性的話，會不會有移情作用的發生呢？至少在我們的印象中，男子可不會引起性別或者性的煩擾。然而，男性病人的處境與女性是一樣的，他也會對醫生產生愛慕，也會對醫生的美德進行誇讚，同樣也會對醫生的祝福和勸告言聽計從，同樣也會嫉妒所有與醫生關係親密的人。男人與男人之間的移情常會昇華為愛情，很少會產生性行為，通常病人的同性戀傾向都會以其他方式表現出來。而且精神分析師會發現男性病人常會有另外一種表示方式，這與適才我們所講的種種方式剛好相反，它就是反抗的或者消極的移情作用。

移情作用在治療伊始便在病人的內心中形成了，它是病人內心最強的推動力。正是由於這種推動力，病人才會積極配合醫生，使醫生所做的治療能順利地進行下去，當然，在這過程中，醫生是不會注意到這種推動力的。反過來說，如果移情作用成為了一種抗力，那就肯定會引起人的注意了。這種抗力會改變病人對於治療的觀念，從而引起兩種截然不同的心理：一種是對於醫生的愛慕情感太強烈，以致產生的性衝動，因此便極力引起一種抗力來克制；第二種就是友愛之情轉變為敵視之情。這種敵視情感的發生，常緊隨友愛情感之後，並且以友愛情感為掩飾。如果兩者同時發生，那可算是情感鬥爭的一個典範了，由這種情感的鬥爭可以看出人與人之間那種複雜的關係。因此，敵視的情感和友愛的情感可以同時表示一種依戀的情感，就好比反抗和服從雖然是兩種相

421

精神分析引論
A General Introduction to Psychoanalysis

第二十七章 移情作用

一個在馬廄裡撫摸廚房女僕的老農民 大衛·小特尼爾斯 比利時 木板油畫 1650年 倫敦國家美術館

圖中這個瘦骨嶙峋的老頭,他想要環抱他眼前這個白皙的少女,顯然他是想要占她的便宜。畫家描繪地是如此逼真,而且在空間上的布局,也很合乎人們的觀看角度,這也是畫家作品的藝術魅力。

反的概念，但是必須依附同一個人才能存在。病人對於醫生的敵視，自然也是一種移情，雖然不能從治療過程中求得引起這種情感的緣由，不過我們可以採用上述的觀點來解釋這種反抗的移情作用。

到底移情作用源自何處？它會給我們帶來什麼困難？而我們又該如何來解決這些困難呢？又會從中得到什麼益處呢？對於這些問題，我們只有在對精神分析法進行專門的解釋說明時，才能夠對其做明確的論述，目前我們只能說個大概。由於受到移情作用的影響，病人會對醫生有許多要求，而基於職業道德醫生自然也會盡力滿足他們這些要求，如果醫生拒絕或者對病人駁斥，那麼他就太不明智了。如果醫生想要克制住病人的移情作用，最好直接告訴病人，他內心的這種情感並非由治療過程而形成，與醫生本人也沒有任何關係，而是他對於過去的某種經歷的重現。所以，我們可以請求病人將這種重現改變為回顧。那麼，這種精神分析治療的最大障礙，不管它是友愛的還是敵視的，都將變成治療的有效工具了，我們可以用來發掘病人內心那些隱秘的事情了。不過，你們對於這種情況免不了覺得詫異，所以，我還要多做些解釋以使你們消除你們這種印象。你們應該記得我說過，我們對於病人病情的分析，始終都不會有結束的那一天，因為它就像生命一樣，一刻不停地在發展著。即便當我們開始對病人治療，它還在發展著。一旦病人恢復了健康，那麼整個治療過程的焦點就集中於病人與醫生的關係上。所以，移情作用就如一棵大樹的樹幹與樹皮之間新生的那一層，於是變形成了新的組織，而樹幹的半徑也在逐漸擴大。當移情作用也發展到這種程度時，那麼使病人回憶過去以尋求移情的根源已經不再重要，因為我們所面臨的任務已經不是在治療舊症，而是診治替代舊症的新產生的被改造過的精神病了。這種病有點像改良版或者升級版的舊症，而醫生可以由此追溯此病的起源以及發展變化歷程。醫生可以很輕易地掌握這種病的性

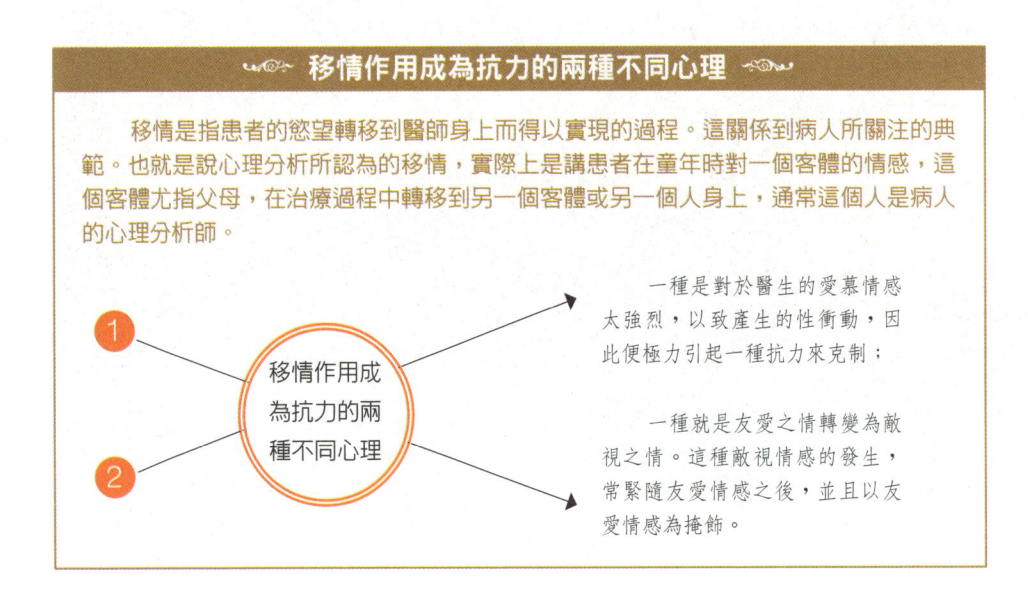

移情作用成為抗力的兩種不同心理

移情是指患者的慾望轉移到醫師身上而得以實現的過程。這關係到病人所關注的典範。也就是說心理分析所認為的移情，實際上是講患者在童年時對一個客體的情感，這個客體尤指父母，在治療過程中轉移到另一個客體或另一個人身上，通常這個人是病人的心理分析師。

移情作用成為抗力的兩種不同心理

1. 一種是對於醫生的愛慕情感太強烈，以致產生的性衝動，因此便極力引起一種抗力來克制；

2. 一種就是友愛之情轉變為敵視之情。這種敵視情感的發生，常緊隨友愛情感之後，並且以友愛情感為掩飾。

第二十七章 移情作用

生病的少女 　*愛德華・蒙奇　挪威　布面油畫　1885年　奧斯陸國家美術館*

　　畫家與這幅圖中的少女一樣，有著十分苦澀的童年。他從生下來便失去了母親，他的父親是一位醫生，後來他跟著父親一起給人看病，才深切體會到了那種死亡的悲痛。圖中的女孩用黯然憂傷的眼神看著她的母親，母親則低著頭，因為她知道女兒要離開自己了，不忍再看到她的憂傷。在這裡，畫家不是一個旁觀者的身分，而這也是他的親身經歷，讓我們這些觀看者也感同身受。

425

精神分析引論
A General Introduction to Psychoanalysis

質,因為它的病發目標就是醫生本人。病人所表現出來的所有病症,實際上都失去了其本來意義,而新生的意義則與移情作用聯繫緊密。否則,就只有那些能夠適應的病症才能被保留下來。如果我們能治好這種精神病,那麼我們就可以治好所有的病了,換而言之,我們才算是完成了治療的工作。如果病人能與醫生保持一種正常的關係,並能脫離被壓抑的傾向的影響,那麼即使是離開了醫生的病人,也能一直保持健康。

移情作用在臆想症、焦慮症以及強迫症等精神病的治療上,可以說有著十分重要的作用,所以,這些精神病也可被稱為「移情的精神病」。不論什麼病人,若是能從分析的結果中求得一種關於移情作用的真實的印象,那麼他就不會再對那些在病症中尋求宣洩的被壓抑的慾望的性質有所懷疑了。這些慾望都具有力比多性質,已經不需要再作證明了。透過我們對移情現象的分析研究,我們可以相信,那些表現出來的病症,實際上都是對力比多慾望的替代物的滿足。

現在我們應該對過去所求得的關於治療作用的動的意義做些更改了,以使其與我們新發現的這種理論相一致。當我們運用分析法發現了抗力,並尋求對這種內心的鬥爭進行解決書,病人就需要一種強烈的推動力來幫助我們解決他的問題,以達到他所期望的健康。若不然,病人就會走回頭路,剛意識到的觀念又被置於壓抑作用下了。如何來解決這種鬥爭,並非由病人的智力決定的,病人的智力雖不弱,也不強,且受到種種束縛,所以不可能會有太大的作用,真正的決定因素是病人與醫生的關係。如果病人的轉移的情感是積極的,那麼他便會認為醫生有權威,便會信任醫生的觀點和治療;如果沒有發生移情作用,或者說病人轉移的情感是消極的,那麼醫生的觀點和勸告就很難使病人聽得進去了。只有愛才能產生信仰,除此之外不需要任何理由。如果被愛者,就是醫生提出另外一種理由,那麼以後肯定會受到懷疑和批判的。而缺乏愛作為基礎,醫生就無法對病人或者其他人產生影響了。因此,理性而言,只有一個人的力比多慾望傾注在某一客體身上,他才有可能受到別人的影響;因此,我們深信,對於那些自戀的人,即便我們運用最先進的醫療技術,對他們也不會產

朱塞特的肖像 胡安·格里斯 西班牙 木板油畫 1916年 馬德里普拉多藝術博物館

畫面中隱約可以看到一個女人坐在凳子上,畫家向我們展示的可能是他的妻子,所以用這種隱匿的手法,運用直角的疊加,也許他想透過這種方法暗示他妻子的多面性。

第二十七章 移情作用

生什麼療效。

將自己的力比多慾望傾注在他人身上，一般人也會有這樣的行為，只不過精神病人的這種移情有些過於瘋狂了。話說回來，這種人們所共有的且相當重要的特性，竟然很少有人能察覺到，難道不令人奇怪嗎？而那些極少數察覺到並加以研究的人中，就包括伯恩海姆。伯恩海姆敏銳地發現，形成催眠的依據便是人類的受暗示行為。他所提出的「暗示感受性」實際上就是移情作用的表現，只不過他將這種表現形式的範圍縮小了，並沒有包括消極的移情。不過，伯恩海姆從未指明他所說的暗示是什麼，起源何處。因為以他的觀念，這種事實隨處可見，不需要證明，也沒有解釋的必要。可惜他並不知道「暗示感受性」伴隨著性慾後者力比多的傾向，後者很少為人發現。所以我們只好在我們的分析中放棄催眠法，因為我們想從移情作用中發現暗示的性質。

夢的解析

畫家用一種近乎夢魘的手法來表現佛洛伊德所講的理論，他的精神分析是關於性的研究，毫無疑問，圖中的弓箭便是男性性器官的暗示。佛洛伊德認為：暗示是催眠的一種有效工具。

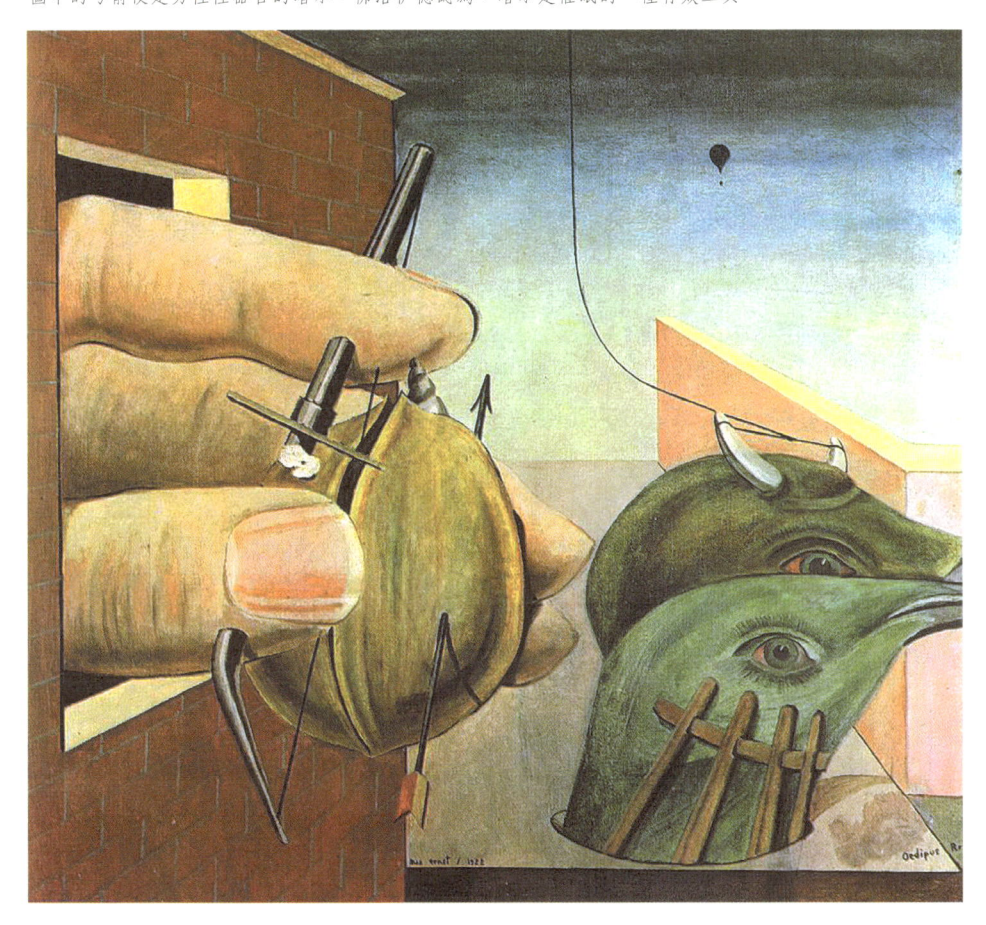

現在讓我們先停下來，你們對於我講的內容仔細思考一番。適才我一直在講述，你們內心不免會產生抗議，認為我不讓你們有機會發表自己的見解，剝奪了你們的發言權。我相信，你們一定會有這樣的疑問：你既然承認了催眠法需要藉助於暗示才能起效，這可是我們始終堅持的觀點。那你為什麼要來對分析過去的試驗，探求潛意識思想，解釋種種改造作用？你浪費了大量的精力和時間，到頭來只是證明了暗示是催眠的一種有效工具。為什麼你不能做一個忠誠的催眠醫生，直接運用暗示法來對精神病症候做治療呢？如果你認為可以運用這些曲折彎繞的方法可以揭露那些隱藏在暗示後的重要心理學事實，那麼你又如何來使這些事實為世人相信呢？所謂的移情作用，其實不就是暗示——不管這種暗示是有意的還是無意的產物嗎？你就不能使病人接受你的觀念，這樣才更有利於你的治療？

你們這些質疑可以說鏗鏘有力，似乎我必須給予答覆。然而現在我真的不能回答，因為演講的時間馬上就要結束了，等下一次再演講。希望你們能理解，我絕不是想躲避或者無法回答。而現在，我必須將演講的內容講完。

我曾說過，由於移情作用的影響，自戀性精神病很難運用精神分析療法治癒。對於這一理論，我認為只需要幾句簡單的話就能解釋了，你們也會明白這個看似朦朧的理論實際上很容易理解的。根據實驗證明，那些自戀性精神病人根本沒有移情的能力，即使有，也是非常微弱。他們拒絕接受醫生的治療，不是因為對醫生有敵視的情感，而是他對於治療缺少興趣。因此，醫生無法對他們這種病人施加影響，醫生的囑咐和勸告他們通常愛理不理，根本不會放在心上。所以，可以使其他精神病人恢復的醫術，對於他們卻不產生任何療效。這種病人盲目自大，常有一些奇怪的行為，他們認為可以恢復健康，然而實際上卻會使病情加重。對於這些情況，我們真的是無能為力了。

前面我提到過，從對這種病人的臨床試驗表明，他們並沒有將內心的力比多慾望傾注在課題上，可是轉為自我滿足的力比多。所以，這些精神病人與那些患臆想症、焦慮症和強迫症的精神病人有本質的區別，這已經由他們接受治療時的表現證明了。由於他們缺少移情他人的能力，所以我們無法對其進行有效的治療。

第二十八章

分析療法

　　我想你們應該瞭解了今天所討論的內容。我曾說過精神分析的治療需藉助暗示，於是你們便提出質疑，為什麼不直接運用暗示來對患者做治療呢？而且還進一步提出另一個疑問：既然暗示在精神分析治療中如此重要，那麼精神分析法所求得的材料是否真的具有客觀性呢？請允許我對你們這些問題做出一一解答。

　　我所說的暗示實際上是給予病人抗禦病症的暗示，需要病人運用自己的主觀意志力與客觀的病症作激烈的鬥爭。我們在觀察這種鬥爭時，不需要理會病症的變化，而應關注患者在抗禦病症時有什麼樣的表現。不管此種鬥爭是否處於催眠之中，其效果都是一樣的。伯恩海姆一直都強調一個觀點，那就是催眠的本質就是暗示，它是暗示發生作用的結果，而被催眠的患者實際上就處於一種被暗示的情境。伯恩海姆喜歡運用一種清醒的暗示，這樣他對患者的病情變化可以有一個即時瞭解，不過這種暗示與催眠的暗示並沒有什麼區別。

　　你們希望先學習前人的經驗，還是先做理性的討論呢？

　　就我個人觀點，我覺得先講經驗比較好。請允許我這麼決定了。1889年我去南錫向伯恩海姆拜師，成為了他的學生，在學習的期間我將他關於暗示方面的著作翻譯成了德文版。在最初的幾年，我為患者治療時常運用「禁止的暗示」（prohibitory suggestions）這種療法，後來才學會了結合布洛伊爾的詢問病人生活的療法綜合使用。所以，透過多方面的治療經驗，我可以對於暗示療法或者說催眠療法做出總結了。根據古人的醫學理論，任何一個理想的療法，都必須具有見效迅速、保障療效、且病人不排斥三個特點，所以伯恩海姆採用的療法

伯恩海姆

　　伯恩海姆，法國心理治療家。他是南錫學派代表人物。研究臆症、催眠和心理治療。他首先創用「精神神經症」一詞，他最早提出「對臆症的治療不是暗示，而是消除暗示」；他認為催眠是一種特殊的睡眠方式。他還指出催眠是基於暗性增高的一種心理現象，正常人只要接受暗示就能被催眠。佛洛伊德曾於1889年跟隨伯恩海姆學習催眠術，這對他以後發展精神分析法有很大的啟發。

就滿足了其中的兩個特點。這種療法相比傳統的分析法見效更迅速,病人也絕不會有什麼不適之感。不過這種療法讓現在的醫生來看,總顯得單調了一些。它對於任何患者均採用相同的方式治療,雖然可以遏制各種病症的發生,卻無法對病症的意義有更多的瞭解。催眠法並非傳統的科學醫療,倒有些像茅山道術,不過若是它能對病人產生理想的療效,我們也不需計較那麼多。理想療法還有第三個特點,但卻不是催眠法所具備的,因為催眠法並不能保證會有理想的療效。這種療法只適合某些精神病的治療,而其他精神病運用此法未必會產生什麼太大的效果,這個中原因,我們尚不知曉。更令人洩氣的是,催眠法的療效不能持續很久,在患者接受治療後,過了一段時間,他可能會舊病復發,或者說表現出其他的病症,到時候我們不得不再次對其催眠。一些有主見的人曾批評過這種療法,他們奉勸患者不要為了治癒自己的病症而不斷地接受催眠,一旦形成了習慣,比如服了麻醉藥一樣,會失去自己的獨立意識。反之,即便使用催眠法對患者做治療,即便有時會達到醫生的期待,在最短的時間內有絕佳的療效,然而對此療效的性

催眠情景　伯格　油畫　1851年　斯德哥爾摩國立博物館藏

圖中的醫生即是伯恩海姆,他正在與催眠的方法為一位失語的病人治療,催眠術是伯恩海姆以及當時的其他心理治療家常用的一種治療心理疾病的方法。

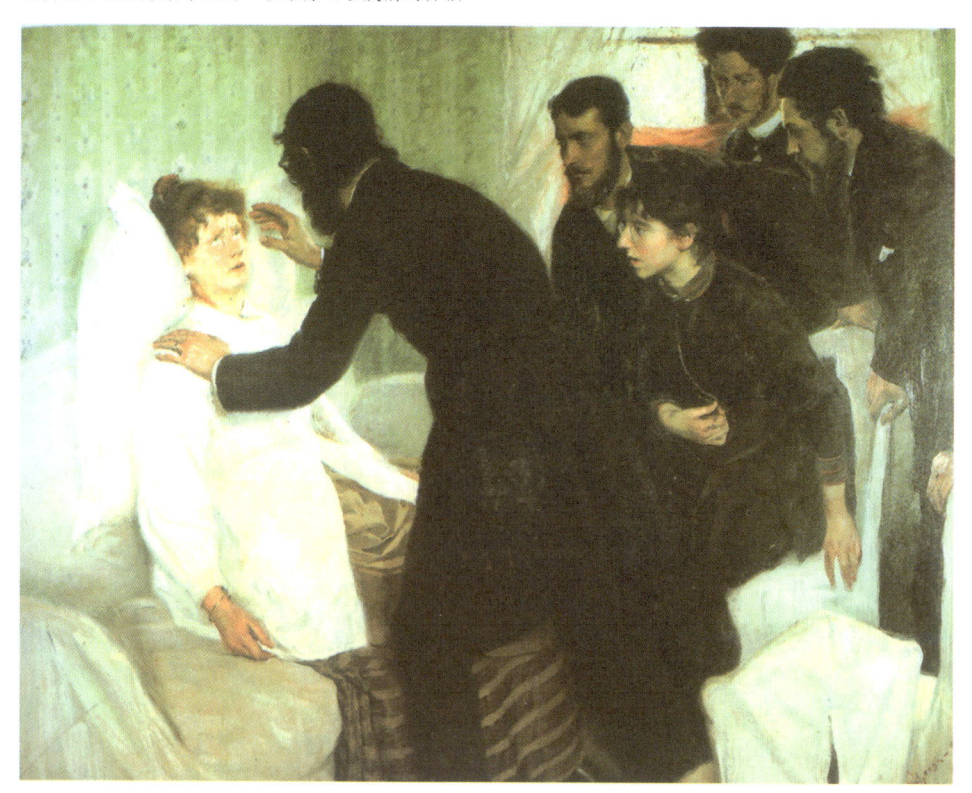

質我們仍沒有充分的瞭解。曾經有一次我以極短的時間對患者做了一次催眠治療,患者是一名女士,當時我已經治好了她的病,然而過了不久她便對我毫無根由地產生了怨恨,並且她的病症又復發了。雖然她後來對我又變得友善了,我也再次將她的病醫好,然而沒過多久她便又對我憎恨起來。還有一次,我做過一個實驗,有一位女性患者,她的病非常奇怪,我多次嘗試消除其精神病的症狀,有一次在我為她診斷時,她突然伸出上臂摟住了我的脖子。不論你是否喜歡這樣的事情,但是它真的發生了,以致我不得不懷疑這種「暗示」療法的性質和療效了。

對於經驗的介紹大致如上述所說。現在你們該明白,即便缺少直接的暗示,也並非沒有其他有效的方法,我們對上述的事例稍作分析便會知道了。醫生在運用暗示法做治療時,實際上是很辛苦的,而患者只需要靜坐著介紹治療就行了。而暗示法也並不會違背大多數醫生對於精神病治療的一致觀點。醫生常會對精神錯亂的患者說:「你只是有些胡思亂想,其實沒有什麼病。我保證我們坐下來說幾分鐘話,你所遭受的痛楚就會立馬消失。」不過,只要醫生運用此療法,即便只付出最初級的努力,且沒有任何輔助性的手段,也會治好患者的病。當然,你們肯定會覺得這與你們固有的醫療觀點是大不相同的。如果我們將各種病的症候做一個比較,便可以根據以往的經驗來判定,這種暗示法並不能治療所有的精神病。不過這種論斷並非毫無破綻,因為誰也不能保證這世上不會有奇蹟發生。

我們從上述的比較中可以得出,催眠的暗示和精神分析的暗示有如下區別:首先,催眠法是將患者藏在心中的事情予以化裝,改變其本來面貌,而分析法則是要將隱藏的事情暴露出來,然而將其解除。前者在於粉飾,後者在於消除。前者運用暗示來抗禦患者的病症,只改變了症候的表現形式,而並不能組織病症的形成和發生,而後者則透過引出精神病的症候,探求其形成緣由,然後運用暗示來消除這些病症。接受催眠法治療的患者,會處於一種無意識和不能活動的狀態,所以一旦受到某種引發病症的刺激,就根本無法抗禦了。至於分析法,則會要求患者像醫生那樣付出努力,用自己的意志力來消除對於內心的抵抗,一旦這種抵抗被壓制住了,那麼患者的心理狀況就會得到極大的改善,並會有一個良性的發展,而且慢慢地就會產生抵抗舊病復發的能力了。分析法的療效就表現在對這種抵抗的壓制,如果患者具備了此種能力,那麼醫生就會使用充滿教育意義的暗示為幫助患者恢復。由此我們可以說,精神分析療法也是一種教育手段。

上述所總結的催眠法的暗示與分析法的暗示兩者之間的區別,你們應該有所瞭解,催眠法的暗示只用於輔助治療,而分析法的暗示則是一種治療手段。我們將暗示的效果與移情作用聯繫起來,因此便發現催眠法的暗示,其療效並沒有保障,而分析法的暗示,至少其效果比較持久。一般來說,能否對患者進行催眠,是由患者的移情作用的條件所決定的,不過這種調節並非我們能左右的。一個接受催眠治療的患者,其移情作用往往比較消極,常見的為兩極性的,也許我們可以採取一種特殊的方法來組織他的移情作用,不過目前我們尚未找到。而分析法則直接從移情作用入手,使其能夠自由發展以

輔助整個治療。所以，我們要學會盡量運用暗示的力量，對病症加以控制，這樣患者才能有規律地掌握自己的情感。如果患者能夠受到暗示作用的影響，我們就有可能利用暗示對於他的病症進行利導。

也許你們會覺得，不論對我們的分析起作用的是移情或者暗示，我們對於患者的治療卻使得我們的精神分析領域的知識也是客觀準確也成為一個問題，精神分析的療效反而使精神分析的研究成果受到了質疑。批評者在反對精神分析是常說的一句話就是：雖然這些理論缺少依據，不過我們仍會對它們保持關注。如果它的確有據為證，那精神分析也只是暗示療法中比較有效的一種變式。至於那些關於病人的生活習性、心理狀況以及潛意識思想等理論，我們更不需要理會了。這些就是批評家常有的想法。他們覺得我們會自己事先推想出關於性的聯想，然後將性的聯想加諸患者身上，以使患者相信。對於這種反對的聲音，光憑理論的反駁是沒用的，我們需要列出實際經驗的證據，那麼反駁才能擲地有聲。任何採用過精神分析療法的醫生，都會明白這種暗示法並不能產生多大的療效。我們自然可以使患者相信某一種信仰，或者是醫生的錯誤觀點，並

催眠的暗示和精神分析的暗示的區別

	催眠的暗示	精神分析的暗示
作用	催眠法是將患者藏在心中的事情予以化裝，改變其本來面貌，用於粉飾。	分析法則是要將隱藏的事情暴露出來，然而將其解除。用於消除。
缺點	催眠法運用暗示來抗禦患者的病症，只改變了症候的表現形式，而並不能組織病症的形成和發生。	分析法則透過引出精神病的症候，探求其形成的緣由，然後運用暗示來消除這些病症。
治療手段	催眠法治療的患者，會處於一種無意識和不能活動的狀態，所以一旦受到某種引發病症的刺激，就根本無法抗禦了。	分析法，則會要求患者像醫生那樣付出努力，用自己的意志力來消除對於內心的抵抗，一旦這種抵抗被壓制住了，那麼患者的心理狀況就會得到極大的改善，並會有一個良性的發展，而且慢慢地就會產生抵抗舊病復發的能力了。
效果意義	催眠法的暗示只用於輔助治療。	分析法的暗示則是一種治療手段。

第二十八章 分析療法

蒙難　馬蒂斯·格呂內瓦爾德 德國 木板油畫 1510年 法國科爾馬下林登藝術博物館

圖中的基督耶穌不僅被釘上了十字架受苦，而且他還患有麻瘋病，他的皮膚也因綠色的瘡子而醜陋變形，這也是畫家所提供的有移情作用的景象。他用繪畫的表現形式來安慰那些在醫院裡同樣受病痛折磨的病人。藝術家將殘酷的現實融入到宗教的痛苦深淵之中。

且他會像學生一樣來表現自己的言行舉止。不過，我們採用此種療法，只能影響患者的思想，而無法治癒其病情。所以當我們告訴患者，他的心靈在期待某事時，他便會認為自己的確在有這樣的想法存在，而他這樣做了，便有了壓制內心抗拒的可能。至於醫生那些錯誤的觀點，在治療過程中也會慢慢消失，並最終被科學的理論所替代。現在我們需要做的，是尋求一種可靠的方法，來阻止暗示法所產生的療效，不過，即便出現了這種療效，也不會對我們的治療有太大影響，因為它並非我們的最終目的。在我看來，如

果我們不能對那些奇怪的病症做出解釋，不能引起患者遺忘的記憶和查找出其內心被壓制的緣由，那我們的分析研究還要繼續。如果我們在沒有掌握充分的條件下倉促求得結論，則此結論只能阻礙我們的研究工作，而並不能使我們的工作有所進展，我們需要探究出造成這種結論的移情作用，至於已經獲得的療效，實際上沒有什麼用處，可以忽視不理。以上說的這些，便是分析法與一般暗示法的區別，所以分析法的暗示所得的療效也不同於純粹暗示法所得的療效。在一般的暗示療法中，移情作用都會被完整地保留下來；而在分析法中，移情作用則成了治療的對象，常對其表現形式進行研究。所以在分析法的療效下，往往是以移情作用被消滅為結果的。不過，若是此種療效能夠持續較長時間，那就不僅僅是暗示的功勞了，還有患者內心的變化，這種變化已經藉助暗示的力量而被克服了。

　　暗示療法在治療時也會產生負面影響，即內心的反抗會在治療過程中粉飾成為一種反面的移情，為了消除此種負面影響，就需要不斷地與內心的反抗作鬥爭。有一個論點

贈送

　　佛洛伊德曾因大膽談論「性」而震驚醫學界，圖中的少女沒有面目，躺在一個山洞口的外面，手裡拿著象徵男性性器官的煤油燈，藝術家透過暗示的手法，指出精神病患者不能享受的人生樂趣。

需要我們關注，那就是，由分析法所產生的許多結果，常會被認為是暗示的作用，不過我們可以運用一些其他材料來證實其形成的根本原因。比如說痴呆症者和狂想症者絕不會受暗示的影響，但是當它們訴說那些潛入意識中的幻象以及象徵的轉化等症狀時，卻和我們對於移情精神病患者所得出的分析結論是一致的。所以說，雖然我們的解釋的確易使人懷疑，不過我們可以尋求到證據來證明的。如果你們願意信賴分析法的療效，那麼你們至少不會犯大錯。

現在我們用力比多理論來闡述這種療法的作用。精神病患者無法享受人生的樂趣，因為他們的力比多並非寄託在現實事物上，也不能活動做事，因為他們的行為能力只能用來支撐處於壓制作用下的力比多，這樣一來便沒有多餘的力量來自我表現了。如果患者的力比多和其自我反抗不再發生衝突，而這種反抗又能有效地控制力比多，那麼他就會痊癒了。由此來說，治療的工作實際上就是將患者的力比多從壓制作用下解脫出來，並拋離其原有依附物，而只滿足與自我的需求。然而，我們該如何來發現患者的力比多呢？其實不難找尋，力比多就附於病症的背後，而病症就是一種替代，以滿足其需求。所以，我們的對於患者的治療工作，便是掌控並消除患者的病症。然而，若要消除病症，須得先查找出其形成根源，探求形成此病症時的種種矛盾，在藉助於一種從未用過的推動力，來解決這些矛盾。如果我們要對壓制作用做一個詳細的瞭解，那就必須根據形成壓制作用的各種線索來做分析，才有可能受過期待的結果。更重要的是，如果一些早年的矛盾在醫生為患者做治療時，在移情作用的影響下又重新爆發，以致患者不斷重複過去慣有的行為，那麼醫生只有絞盡腦汁，運用一切辦法來解決這些舊有的矛盾了。所以說，移情作用包含一切力量，包括患者的反抗力量、患者的主觀意志力、醫生的力量等。

患者與醫生的關係與患者內心的力比多以及與力比多相反抗的力量存在著密切的聯繫，一旦患者的力比多被剝奪，其移情作用可能就會發生改變甚至錯亂，患者就會表現出不同於以往的病症。也許患者的力比多就是以醫生為幻想對象，來作為他內心那些非現實事物的替代。所以，這種由幻想對象而引起的矛盾鬥爭，就需要藉助於暗示的作用，將其昇華到一種比較高級又易見的心理特徵上，然後演化為一種常規的心理矛盾，我們便可能尋求方法解決它了。這時患者已經消除了新的壓制作用的影響，而那種對力比多的自我反抗力量也已經示弱，而患者的內心也漸趨平穩了。當力比多拜託了其幻想對象，也就是醫生時，也不會再回歸原來的寄託對象上，而是真正地開始自我掌控了。醫生在治療時所遇到的這種反抗，其形成常有兩方面的原因，一方面是患者自己對於力比多的憎惡，於是便會表現出一種壓制的意向，另一個原因就是對於力比多的堅持，使患者不願意離開以前所寄託的對象。

那麼，我們的治療工作也可以從兩方面入手，首先使力比多脫離病症的束縛，而集中在移情作用下，然後就需要解決移情作用的問題以使力比多恢復自由。如果我們期望對這種矛盾的解決取得理想的療效的話，那就必須消除壓制作用的影響，使力比多不能

精神分析引論
A General Introduction to Psychoanalysis

精神分析的心理結構

潛意識是精神分析的主要理論之一，與壓抑作用和夢的解析息息相關。

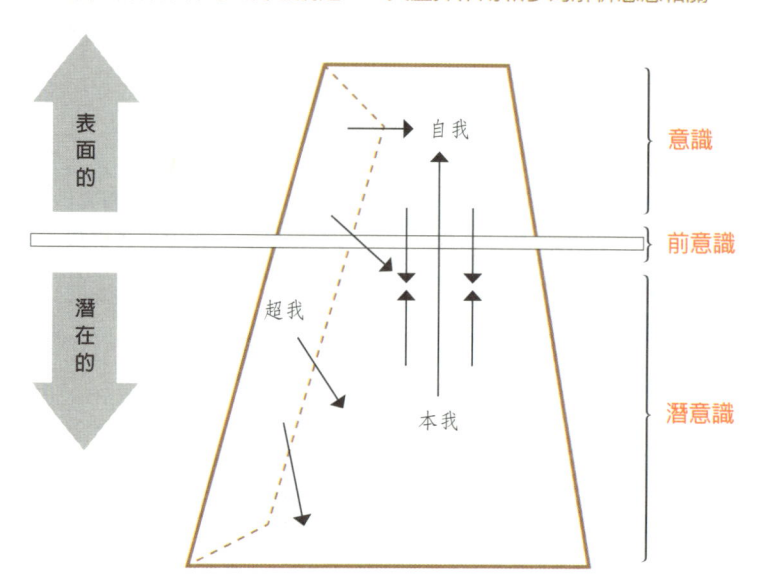

（圖：冰山模型，表面的／潛在的；自我、超我、本我；意識、前意識、潛意識）

人的心理活動就好像是一塊浮在海面上的冰山

- **意識** 指人們眼前所注意到的清晰的感知覺、情緒、意志、思維等的心理活動。其活動遵循「現實原則」。

- **潛意識** 是不為人感知的那一部分心理活動。它包括人的原始衝動、本能活動和被壓抑的願望、被意識遺忘的幼年經歷等。其活動遵循「唯樂原則」。

- **前意識** 是介於意識和潛意識之間的心理活動過程，是意識和潛意識之間的緩衝地帶。

精神分析理論將人格分為三個部分

- **本我** 潛意識深處的性本能和破壞欲等，即力比多，是人類本能的內部驅動力，控制其的機制是「唯樂原則」。

- **超我** 人們將社會生活過程中學會的社會規範、道德觀念等內化，也就是指人類的良心、良知、理性等，大部分屬於意識的，按「唯實原則」行事。

- **自我** 自我的動力來自於本我，即為了滿足力比多；自我又要按「超我」的要求，按「現實原則」調節和控制「本我」的活動。

再隱藏於潛意識中從而使患者失去了自我。這種治療是有可能的,因為患者的自我意識會由於醫生的分析暗示而發生變化。醫生的治療常將潛意識的想法暗示給患者,以使患者的自我意識因為潛意識的明確而昇華到一個新境界,又因為患者與醫生的交流使其內心的力比多達到了一個平衡的狀態,所以在患者的自我意識中,也會在一定程度上給予力比多以滿足。患者的自我意識若能借用力比多來提升,那麼其內心對於力比多的反抗也會逐漸消逝。以上敘述是一種理想的治療,當我們的治療過程愈接近這一理想狀態,所取得的療效也會愈大。然而,這種治療也會存在多種困難,主要有二:一是力比多缺少靈活性,不願脫離所寄託的客體,第二就是患者有嚴重的自戀傾向,不願有任何客體移情的變化。運用治療過程中的動力學可以更清楚地說明這一點:既然我們透過移情作用集中了部分的力比多,那麼我們就使所有的力比多脫離患者的自我控制而為我們所掌握了。

有一點我們必須明白,我們並不能根據分析得來的力比多而推測出過去患者病發時的力比多傾向。如果一位患者將對父親的情感轉移到了醫生身上,而使自己的病得以痊愈,我們也不能就此而認為他得病的原因就是對於父親的一種潛意識的依戀。事實上,父親移情(the father transference)就像是一個競技場,醫生在這個場地內壓制住了患者的力比多傾向。若尋求其來源則需做另一番分析。總的來說,這個競技場並非敵人最重要的堡壘,敵人也沒有在城門前誓死反抗。一旦我們對移情作用做了分解,便可以探求出隱藏於病症背後的力比多傾向了。

透過上述的分析,我們現在可以用力比多來解夢了。一個神經症患者所做的夢,往往與他的過失及聯想相同,我們都可以從中求得病症的緣由進而探究出隱藏的力比多傾向。從慾望的滿足在這種傾向中所採用的形式來看,我們可以發現是哪一種慾望受到了壓制,而力比多在脫離自我意識後,又會依託在哪一種客體上。對於夢的解釋在精神分析治療中具有十分重要的作用,在大部分的事例中,它都是精神分析最有效的一種工具。我們已經瞭解,睡眠本身可以緩和內心的壓制作用,當此種壓制作用的力量被減弱時,壓制的慾望便會進入夢境,在夢境中會有比白天更為明確的表現形式。因此,對於夢的研究是研究被壓制的潛意識最有效的辦法,而被壓制的潛意識就是脫離了我們掌控的力比多的藏身所在。

然而精神病患者所做的夢,與一般的夢沒有什麼不同,簡直是無法區分。所以,如果我們認為對於精神病患者的夢的解釋,不適用於對一般人的夢做出說明,這種想法就未免不切實際了。我們只能得出這樣的結論,精神病患者於正常人的區別僅限於半天,而兩者所做的夢,說有什麼本質的區別是不正確的。所以,我們可以將那些由神經症患者所做的夢以及病症得出的結論來對正常人做出某方面的解釋。有一點我們應該明白,即便是正常人的精神生活,也會有形成精神病症狀或者夢的因素,我們也認為正常人的內心也會存在壓制作用,而他們也必須消耗一定的力量來對其維持,並且他們的潛意識思想中也隱藏了豐富而強烈的受到壓制的力比多傾向,而其中一部分力比多是不受自我

精神分析引論
A General Introduction to Psychoanalysis

丹娜埃 古斯塔夫‧克里姆特 奧地利 1907年 私人收藏

克里姆特的畫主要受到希臘和古羅馬神話的影響。畫中的丹娜埃便是以希臘神話中的人物為原型所塑造出來的。丹娜埃是阿耳戈斯的公主，她的父親阿克里西俄斯國王把她軟禁在塔中。原因是她的父親得到神的暗示，預言她的兒子將會殺死他，所以她的父親不允許她跟任何男人接觸。但是，宙斯有一天將自己變成了黃金雨降臨到丹娜埃的身邊。後來她的兒子珀爾修斯誤殺了阿克里西俄斯，預言就這樣實現了。畫面中極富裝飾色彩的黃金雨即是男人的精液，畫面充滿了情慾的暗示。

意識的掌控的。因此，一個正常的人，在某種程度上說，也是一個精神病患者，只不過他是在夢中來表現自己的精神病症狀。如果你們對於他在清醒時的行為進行批評，就會發現所批評的事實與這種結論是相反的，因為一個看似健康的正常人，其生活中常表現出來的是瑣屑而輕微的症狀。

神經質的健康和神經質的病症兩者的區別可以凝縮為一個非常微小的差異，並且這個差異可以決定實際的結果。比如說一個人的享樂到底能達到什麼樣的程度。對於這個差異，我們可能就要探求自我支配力量與被壓制的力量之間達到平衡時的一個比例了，也可以這麼說，這個差異就是一種力量的差異，而非本質的差異。由此我們就為我們的知識得到了一個理論的依據，那就是，雖然精神病是基於體質的傾向，不過它是有可能被治療的。

所以，我們可以從精神病患者的夢與正常人的夢的一致性推測出健康的特質。然而僅就夢的本身，我們還可以得出這樣以下幾種結論，其一，夢與精神病的症狀有著不可斷絕的關係。其二，若是我們不贊同夢的重要意義，也可以這樣認為，夢是將潛意識思想還原為原始的表現形式。其三，透過夢來探求內心的力比多傾向以及當時的幻想對象，是最有效的方法。

對於精神分析的講演基本技術了。可能你們會覺得失望，說我關於精神分析療法的課題，只是講了些空洞的理論，沒有聯繫實際的治療和療效。你們的質疑沒錯，不過我也有自己的理由：我沒有提實際的治療，是由於我不想你們在決定如何使用這種分析法時受現實情況的影響，而我為什麼不提及療效，則是有以下幾個動機：你們應該記得，我在講演開始前便多次宣稱，我們在特定環境下所取得的療效，絕對不會低於其他醫學療法所能取得的最輝煌的成就；還有，我還可以這樣說，精神分析療法所取得的療效，絕對是其他醫療手段所不能比擬的。如果要我說得再詳細些，可能就有人覺得我是在誇誇其談，只是為一種新療法做宣傳，以抵抗反

漫畫中的佛洛伊德

位於左邊的人物是偉大的物理學家愛因斯坦，中間的是佛洛伊德，右邊的是斯坦納，斯坦納是變性手術的先驅之一。從這幅漫畫中也足以看出佛洛伊德當時的知名度，那時的媒體稱他為「愛情專家」。

精神分析引論
A General Introduction to Psychoanalysis

第二十八章 分析療法

尋找誠實之人的戴奧真尼斯

卡撒・范・埃沃爾丁肯
荷蘭 布面油畫 1652年
海牙毛里茨里茲博物館

　　哲學家戴奧真尼斯站在交易廣場上，他想在這裡尋找一位誠實的人，圍觀的這群人來自社會各個階層，有窮人，有富人，不知道他是不是能從人的表面看到人的內心？也許就是因為圍觀的人太多，想被證明誠實的人也太多，而這種人大多都是不誠實的。精神分析法的治療也是一樣，若有親友在一旁干涉，實則是一件極度危險的事情，而我們在做治療時常會顯得無所適從了。

對者的批判。我們醫學家的一些同行，有時甚至在公共場合，也會對精神分析肆意詆毀，聲稱會講這種邪說的失敗經驗和危害性公之於眾，好使那些受了矇騙的民眾認清楚這種學說的真面目。且不說這種態度有多麼惡毒，他們說能找尋出精神分析的失敗經驗，我看他們也未必能搜集到什麼有價值的證據，以使公眾信服。希望你們明白，精神分析療法是一門新生的學說，它需要經歷長久的磨練和沉澱才能不斷地完善。鑒於此種學說的教學難度，因此初學精神分析的同學們，必須更加努力培養自己獨立研究的能力。你們應該有這樣一個觀點：精神分析家的結論也絕不是精神分析療法最有效、最正確的理論。

在精神分析療法最初時期，有很多治療經常會失敗，主要是由於精神分析家不能辨認哪些病症屬於精神分析療法的治療範疇，所以一概對其做治療，而現在我們可以透過適宜治療病症的特徵將一些不相干的病症排除了，這些特徵也是經過多方面的努力探索才總結出來的。最初我們也不知道狂想症和痴呆症在發展到一個充分時期，便不需要精神分析法來治療了，雖然此療法可以治癒很多錯亂的病症。早期的失敗並非全是醫生的過錯，或者是對於病症的選擇錯誤，不利的外部環境也是一個非常重要的因素。前面講過，患者的內心有一種無法避免卻可以克制的抵抗意識。患者在接受治療所表現出來的反對精神分析的抵抗，雖然在學術研究上沒有什麼價值，然而在治療上卻有重要意義。精神分析法的治療和外科手術有一個相同之處，那就是兩者都需要在最合適的情境下施行治療，才有可能取得成功。你們也瞭解，外科醫生在實施手術前，一般都是布置手術環境，比如選擇手術室、調整室內關係、挑選合適的助手、並需要患者親友迴避等。你們可以想像一下，如果在外科醫生做手術的同時，患者的親友在一旁圍觀，且亂糟糟說不休，那麼你們認為這手術會有多大的成功率？精神分析法的治療也是一樣，若有親友在一旁干涉，實在是一件極度危險的事情，而我們在做治療時常會顯得無所適從了。在治療過程中，我們必須引起患者內心的抵抗，同時還要加以戒備，但對於那些外界的抵抗，就是患者親友的干涉，即便我們戒備了也防禦不了。我們既不能以清理說服他們離開，也無法勸導他們不要干擾，更不能推心置腹地對他們講實話。最後一種情況是非常嚴重的，若是我們講了實話，立刻便會使患者對於我們的信任發生傾塌。到那時患者就會認為我們既然與他的親友站一邊，便不再願意接受我的治療了，而患者的要求是正當的，我們也無法拒絕。作為一個精神分析師，若是我們知曉了家庭不睦的內情，對於患者的親屬不想患者康復而寧願他病情持續惡化的事實，我們也不必感到驚訝了。如果患者的精神病是由於家庭糾紛，那麼家庭中健康的人肯定會將自己的利益放在首位，而不理會生病人的死活。所以，丈夫便常會認為生病的妻子在醫院治病時，自己的缺點就會被暴露無遺，這也就難怪他對於妻子接受的治療百般指責了。丈夫的抵抗，再加上妻子的潛意識抵抗，那麼即使盡了最大的努力，也常免不了會失敗。所以，最初我們的精神分析治療，其成功的難度非常大，可謂是難於上青天啊。

上述事實，我想用不著多舉例子你們就會明白，不過我還要舉出一個事例。在這

第二十八章 分析療法

向一位半老徐娘獻殷勤的農夫 阿德里安·范·奧斯塔德 荷蘭 木板油畫 1653年 倫敦國家美術館

圖中的老婦人頗有幾分姿色，所以引得這位農夫向她獻殷勤。但這幅畫，總是有幾分滑稽的味道，農夫詭秘的笑容，顯然不是一個好人，婦人卻被他的甜言蜜語撩撥得沾沾自喜，臉上洋溢著掩飾不住的高興。這幅場景就像是一隻狐狸在向一隻雌鵝求歡一樣，農夫的手裡還拿著作為禮物的鹹魚，實在讓人忍俊不禁。

精神分析引論
A General Introduction to Psychoanalysis

第二十八章 分析療法

浮現在海岸邊的面孔與水果盤　薩爾瓦多・達利　西班牙　1938年　華茲沃斯文藝協會藏

　　達利語錄中有這樣一句話：「我和瘋子之間唯一的不同，就是我不是瘋子。」他在創作時避免自己陷入精神異常，所以經常在心理層面總是會扮演一名偏執狂病患者，運用此種感覺所產生的幻象而進行創作。畫面中央明顯可以看到一個人的臉龐變成了水果盤，同時也變成了整個畫面的狗的一部分。這種重疊的影像也是達利作品中經常看到的。

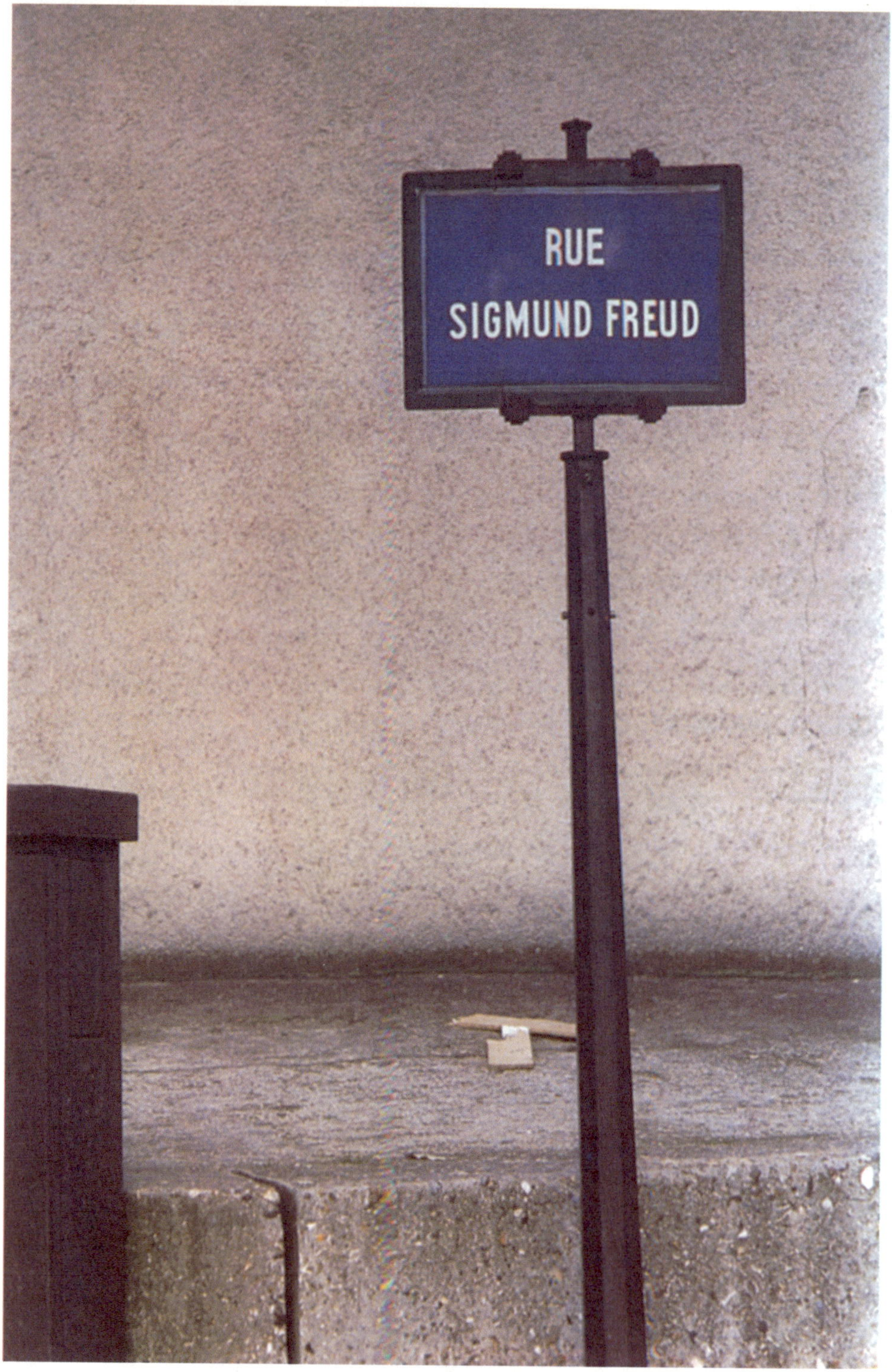
RUE
SIGMUND FREUD

個事例，因為事關職業操守，所以我沒有為自己爭辯過。在幾年前，我曾治療過一名少女，這名少女因為膽子小而不敢出家門，也不敢一個人在家。在我和她交談時，她在遲疑了很久終於承認，她曾經不經意發現自己的母親與一位富豪有過曖昧關係，於是她便對此事感到十分憂慮。後來她便用一種很幼稚，或許是很巧妙的方式將自己這種憂慮暗示給母親。她這種暗示方式有這樣幾點：第一是在母親面前盡量變得積極主動一點。第二是時不時聲稱除了母親之外，沒有人能消除她獨自在家的恐懼感。第三就是當母親要出門時，她便擋在門前，阻止母親出去。少女的母親本來患有神經過敏症，不過她已經治癒了，很久都沒有復發了，或者可以這樣說，她在醫院治療期間認識了一名男士，對其頓生好感，便常與其來往。她正覺得幸福，卻因為女兒的奇怪舉動而變得猜疑，最終她明白了女兒這暗示的含義了。她是想將自己的母親關起來，不使她再與情人來往。這位母親便痛下決心不再接受這種對自己有害的治療，然後她將女兒送進了精神病院。這麼多年來，她一直在指責說女兒是「精神分析的不幸犧牲品」，而我也經常遭受她的侮辱。多年來我從來都沒有辯解，因為我有自己的職業操守，這件事屬於秘密，我不能公之於眾。又過了幾年，有個同行去拜訪這位患有神經過敏症的女士才知道，原來她與情人的交往已經人盡皆知，即便她的丈夫和父親也默認不管了。不過她的女兒卻因為這個秘密而成為了「精神分析的犧牲品」。

在這次歐戰開始幾年裡，經常會有各個國家的患者來我這裡求診，出於醫生的職業操守，我肯定不能考慮他們對於我的國家的好惡之感。於是我就制定了這樣一個規定，凡是生活上與家人不和睦，沒有達到法定成人年齡以及不能獨立生活的人，我不會為其診治的。實際上精神分析家不需要有這種原則。也許你們認為我是在對患者的親屬提出警告、或者是鼓動患者離開家人，再或者認為只有離家出走的人才可以接受診治。你們這種想法絕不能算對，病人，或者是疲憊的人，他們在接受治療時，如果仍在反抗生活強加於他們的種種限制，那麼我們的治療才能更有效果。而病人的親屬也應當對自己的行為做出合理的規範，這樣才不會對這種有利的治療條件有所損害，並且他們也不應該再對醫生的工作加以辱罵。不過，我們該怎麼做才能使那些我們根本無法施加影響的人表現出我們期望的態度呢？也許你們認為病人自身的修養以及直接的外部環境對於病症的治療會有更大的幫助。

雖然我們可以將精神分析的失敗歸咎於外界不可消除的因素，不過這已經使精神分析法的療效大打折扣了。曾有支持精神分析的人向我提了個建議，說我們可以將精神分析法的成就進行統計以消除那些因失敗而造成的不利影響。這種建議很好，不過我不能

佛洛伊德街 姬佑 攝影

這是位於巴黎的「佛洛伊德街」。佛洛伊德的精神分析主要是針對神經症在臨床實踐上的一套理論和技術，是對人的精神結構有史以來最為深邃和細緻的考察，精神分析重新建構了人的主體，換句話說，就是梳理了人的整個精神歷史，達到直面症狀、重構人格的自我更新。

同意,理由很簡單,成功的經驗與失敗的經驗相差太多,而且我們所治療的病症也多種多樣,所以這種統計實際上沒有什麼太大的意義。況且我們也沒有什麼時間來做這種不足以證明療效的持久性的統計,因為大多數的病例,根本就沒法對其做記錄。病人通常對於自己的病情以及治療過程都會三緘其口,即便恢復了健康也不會告訴別人。因此,那些反對精神分析的人便常會引用這樣的理由來提出自己的質疑了:醫生在治療疾病上往往不講科學性,不能指望他們會被正確的理論所感化。一種新的療法出現後,有時會受到瘋狂的推崇,如科克首次發布結核菌的研究成果,然而有時也會引起猜疑,比傑納的種痘術,本來是一種極有效的預防療法,當時遭到很多人的反對。那種反對精神分析的觀點,我們可以從下面這個事例集中瞭解。我們曾經治癒了一個疑難之症,於是一個同事便說:「這種病症不算什麼,經過一段恢復期後,病人肯定會好起來的。」然而沒過多久,病人便又遭受了憂鬱症和狂躁症的折磨,所以在一次病發後她來找我求治,當時我為她做了悉心的治療,沒想到不到一個月,她的狂躁症又復發了。因此,她的親屬和其他的醫生都認為,病人的狂躁症是由於精神分析治療所導致的後果。對於這種偏見,我們真是無可奈何。你們該明白,在這次歐戰中,無論哪一個集團國都對另外的集團國懷有深深的偏見。所以,最明智的方法就是沉默以對,那麼這種偏見自然會消失的無影無蹤。而最終有一天,人們會用一種嶄新的科學的、眼光來看待這一事實。至於他們以前對此有過什麼樣的想法,可能連他們自己也記不起來了。

　　如今那些反對精神分析療法的聲音已經漸趨式微,而這一學說則在不斷的推廣傳播著,最有利的證明就是許多國家中愈來愈多的醫生開始採用精神分析療法了。我年輕時,新生的催眠暗示法成為了醫學家的公敵,當時人們對於它的強烈批判與今天那些反對精神分析的偏見有過之而無不及。催眠暗示法雖然可以作為一種治療的工具,不過它的療效的確不盡如人意,而精神分析法則是在對它取其精華去其糟粕的基礎上進行了改善和提升,即便如此,我們也不能遺忘催眠暗示法對我們的鼓勵和啟示。對於有的人指出的精神分析的負面影響,實際上都是病人在恢復過程中的一些表現病症,而恢復過程常會因為我們治療的死板而回突然停止。即便你們瞭解了治療病人的方法,也未必能夠準確判斷,我們為治療所付出的努力是否會使病人受到傷害。分析法可能會產生失誤,尤其對一些昏庸的醫生而言,移情作用會成為一項很危險的工具。然而,醫學治療免不了會產生失誤,但我們不能就此棄用。如果不能用刀做手術,那外科醫生該怎麼辦?

　　至今我的演講,現在可以徹底結束了。我的演講未必盡善盡美,也有不少的缺點,所以我感到很慚愧,這可不是客套話。最讓我覺得抱歉的是,有時會提出一個問題,言說以後再講,然而卻一直沒有對這一問題做出解釋。關於精神分析這一課題,它正處於發展階段,現在還沒有結束,因此我所講的一切,也免不了欠周全之處,還有就是該下定論時,我卻沒有進行總結。不過,我演講的根本目的並非想讓你們都成為精神分析家,只要你們對這一學說有所瞭解或者產生興趣,那麼我便滿足了。